湯顯祖研究資料彙編

上

毛效同　編著

上海古籍出版社

圖書在版編目(CIP)數據

湯顯祖研究資料彙編／毛效同編著. —上海：上海古籍出版社，2016.12
ISBN 978-7-5325-8051-4

Ⅰ.①湯… Ⅱ.①毛… Ⅲ.①湯顯祖(1550～1616)—人物研究②湯顯祖(1550～1616)—文學研究 Ⅳ.①K825.6②I206.2

中國版本圖書館CIP數據核字(2016)第070403號

湯顯祖研究資料彙編
(全二册)
毛效同 編著
上海世紀出版股份有限公司
上 海 古 籍 出 版 社 出版
(上海瑞金二路272號 郵政編碼200020)
(1)網址:www.guji.com.cn
(2)E-mail:guji1@guji.com.cn
(3)易文網網址:www.ewen.co
上海世紀出版股份有限公司發行中心發行經銷
浙江臨安曙光印務有限公司印刷
開本890×1240 1/32 印張45.5 插頁5 字數1,127,000
2016年12月第1版 2016年12月第1次印刷
印數:1—1,100
ISBN 978-7-5325-8051-4
I·3045 定價:158.00元

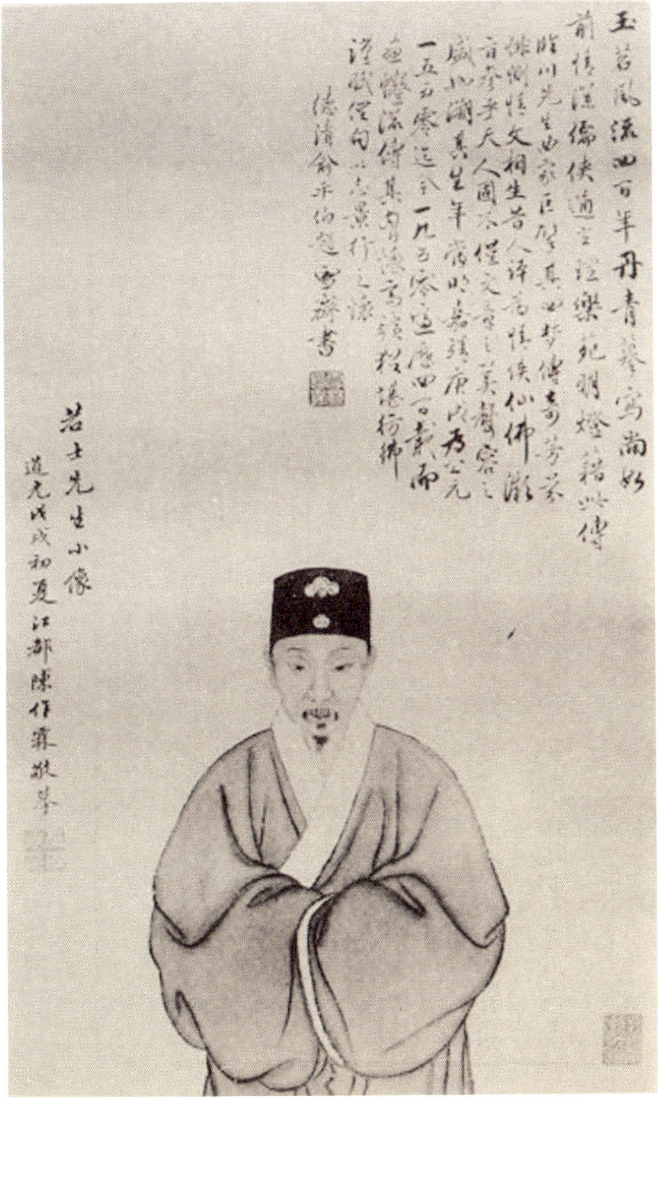

湯顯祖畫像

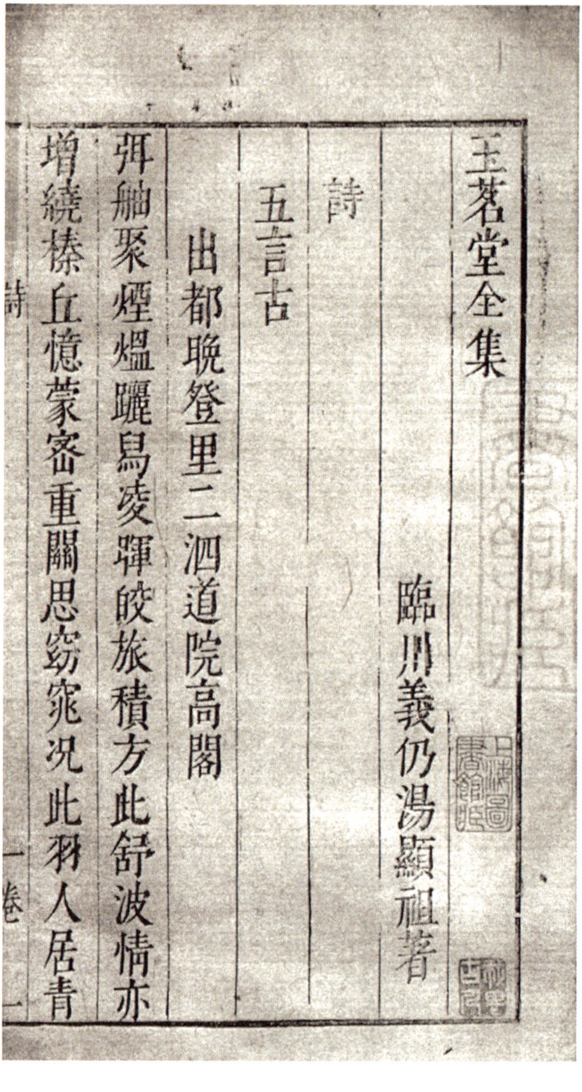
玉茗堂全集

臨川義仍湯顯祖著

詩

五言古

出都晚登里二泗道院高閣

弭舳聚煙熅邐邐舄夌暉皎旅積方此舒波情亦

增繞榛丘憶蒙密重關思窈窕況此羽人居青

詩　卷一　一

明天啓元年刻本《玉茗堂全集》書影

前記

湯顯祖是位大作家。他的思想、作品、爲人，都值得認真研究。我們編纂這部資料，想提供比較全面、翔實的材料給研究者參考。

資料分爲以下十部分：

一、散佚作品

六十一篇。其中五十六篇，《紅泉逸草》、《問棘郵草》、《玉茗堂全集》均未收入。有的是早年尚未成熟之作，有的是棄官以後的抒情長篇。特别可貴的，有的篇章，敍述了湯氏成進士前做山村教師的艱辛生活。這時，湯氏目覩「四民失據，俯仰維艱」，感到不能束手談王霸而忽視民瘼，立下不能參與政治，即將從事著述的志願。這項材料不僅可補傳記、年譜中的空白，還可訂正譜表中某些記載的錯誤。爲徐良傅寫的傳記，顯見湯氏對業師的崇敬；爲青年作家寫的書序，顯出獎掖後進的熱忱。另有五篇，文集雖已收入，但字句大有出入，可以看到湯氏反復修改的嚴肅態度，也可看到文集編者删削的痕迹。中有四篇，疑爲僞作，有待專家研究。

二、生平(傳記、事迹)

傳記十二篇,敘述重點不盡相同,可以互相參證。敘述事迹的文章十二篇,可補傳記之不足。

三、家人

二十二篇。湯氏在詩文中所述的家庭狀況及其所受影響,從這些材料可以得到印證。湯氏對待家人、教養子侄的情形以及子侄輩的成就,亦可窺見一二。

四、交遊

二百十三篇,涉及師友、門人一百餘人,包括七十餘人寄贈的詩文書札和五十餘人的傳記。徐良傅、羅汝芳、李贄、真可等給予湯氏學問、思想上的影響,知友帥機、黄立言、謝廷諒、謝廷讚、姜耀先等時相過從、相互切磋的情景,與東林黨領袖人物以及趙用賢、趙南星、劉應秋諸人的私誼和政治上的相互支持,對公安派三袁在反七子鬥争中的嚶聲相求,對竟陵派譚元春、「江右四家」以及許多青年文人的培育提攜，在這些詩文、書札中都有真實的記載。至于那些諷勸、稱頌其作文行事，記述其聲音笑貌的篇章，也足以使人更多地了解湯氏的性格和爲人。這類資料大多載入善本書籍，分散各地，搜求不易，過去爲人引用者甚少。

五、詩文述評

一百五十九篇。搜羅了從反七子的先驅者徐渭到桐城派林紓的關于湯氏的文論。這部分與「交遊」相通之處甚多，包括了三百年中重要的文學派别。就内容論，有贊成稱頌的，有反對詆毁的；有批評個别篇章詞句的，有論述全部作品的。這些文論，反映了湯氏在文學上的成就及其在反復古主義、形式主義鬥争中的卓越貢獻。有些文章還提供了尚未發現的重要文集（如《雍藻》等）和某些詩文的綫索。湯氏的詩文成就爲劇作光輝所掩，研究者往往忽視，因而論述多不全面。這部分材料也許可以在這方面開一條路。至于論述湯氏制義的幾篇，有無價值，還待研究。

據已得的資料，收顯祖詞的詞集，最早者爲卓人月《古今詞統》。但這些詞都是「四夢」中的東西。後人述評什九不出這個範圍。王昶《明詞綜》説湯氏有《玉茗堂詞》一卷；李雯的和作，毛先舒的引語，似乎又在「四夢」諸詞之外。究竟湯氏有無專門詞集，還有待進一步的發現、研究。這裏的述評文字，姑且作爲「四夢」的補充。

六、戲劇

四百零一篇。包括「四夢」綜論和個别劇作述評。湯氏劇作影響的深遠，這裏提供了多方面的材料。封建的衛道者詆之永墮泥犂，重形式的吴江派爲之咋舌驚嘆，争相模仿改編；有的青年爲之放棄八股，改習聲歌，有些婦女爲之題詠評點，甚至痛悼身亡。清帝玄燁首肯超揆和尚關于《牡丹亭》旨在説禪的闡釋，林黛玉却認爲杜麗娘是自己的寫照。聽了《邯鄲》、《南柯》，失意的官僚政客痛哭流涕，愛國的遺民却奮然而起。這裏也有牽强附會的學究式考證，也有强調啓發民智作用的維新派議論。這些材料也許可以幫助我們更深入地發掘作品内容，對劇作作出更確切的評价。自明朝末年至清代中葉，劇作家模仿「四夢」之風特盛。就連《長生殿》、《桃花扇》的作者也不諱言他們所受的影響。這方面材料的提供，也許對於作品藝術性的細緻研究能有所幫助。劇作畢竟是舞臺演唱的底本。作家的「四夢」，即使被認爲「案頭之曲」的《紫簫》，也曾上演過。不搞文學的人，不一定知道什麽湯顯祖，什麽《玉茗堂文集》，但却知道杜麗娘、柳夢梅，《游園驚夢》；不進行專門研究的人，不深談「四夢」的思想性、藝術性，但對於梅蘭芳、俞振飛等的演出，却津津樂道，百看不厭。事實上，在舊社會，湯顯祖劇作之能流傳發光，得力於藝人者實多。研究英、法文學的人，談到莎士比亞和莫里哀，都喜歡談扮演劇中角色的演員；研究契訶夫的人，誰都會想到莫斯科藝術劇院的許多藝術家。演唱也有體系，有傳統。演唱名作家劇作的傳統，不是外國才有，我們自己也有。在這部分，我們搜集了與湯氏同時代的「宜伶」直到梅蘭芳，不下百餘人的演唱資料。因爲舊社會不重視藝人，這些記載每多出以游戲之筆，留下的又多是一鱗半爪。但是，僅僅從這些零星資料，也可以從梅蘭芳上溯至清末同、光間的陳德霖、喬蕙蘭、梅巧玲、徐小香，乾、嘉間的杜玉奇、金德輝，崇禎、康熙間的王紫稼、徐紫雲，以至於萬曆時候的羅章二、玉雲生，許多有名的、無名的藝人，都把「四夢」作爲保留劇目，且爲之付出大量心血。這些材料有人不屑齒及，但也許對戲劇工作者是有用的，所以我們花了許多工夫，不避瑣屑地把它們整理出來。

七、其他作品述評

三十篇。

宋史記　湯氏晚年致力於宋史的編寫，完成卷數不少，逝世時猶未付梓。這部巨著，過去研究者均未提及。這裏的十九篇文章，歷述其外形、内容和流轉情形。根據這些綫索，也許有一天會發現這份寶貴的遺產。

續虞初志　這書久已被人肯定遺佚。兩年前得見明刻本。湯氏對小説的看法和某些劇作與小説的比較，從題辭和評語中可以窺見。

戲劇研究及題評　湯氏對元人戲曲搜集極富，鑽研亦勤，對時人劇作，則有其獨特見解。這裏的材料對此均有記述。

八、遺迹

三十三篇。有些文字也許能爲紀念物的修建提供可靠材料（據説臨川的紀念館將盡可能恢復明代玉茗堂舊觀）。

九、以湯氏生平爲題材之戲劇

三篇。從事《湯顯祖》劇本的創作活動已有多起，這也許能提供一點參考。

十、著作板本

上述十部分的内容大致就是這樣。對於材料的搜集整理，我們訂了幾個原則：（一）只取直接述及湯氏本人或作品的東西。譬如「交遊」中的傳記，倘以湯氏詩文爲依據，只須取《明史》和江西地方志來翻，就可得到不少。但我們以爲，這種材料壓縮成爲「湯氏交遊索引」則可，收入「資料彙編」，則失之浮泛；又譬如，明人記述真可和尚的種種文字，對湯氏某些詩文的了解不無幫助，但都是可用可不用的東西；因此，一概割愛不録。（二）力求全面詳盡。古人論作者，論作品，往往只用兩三個字，如「清新庾開府，俊逸鮑參軍」之類；論述湯氏作品的文字也有類乎此者。我們總盡力找出（但並不硬挖）與此直接有關的東西，使人確實理解其意義所在。輯録了王夫之有關湯氏詩作的全部評語，才進一步認識這位大思想家稱讚湯氏的不平常意義。輯録了《長生殿》中跟「四夢」相關的評語，才知道洪昇所受的影響。通過這些，進而深入細緻地分析湯氏的成就，就會方便得多。這是件笨事體，也會惹人笑話，但我們認認真真地做了。（三）盡力找出原始材料。明清人筆記多輾轉鈔録，詩話、曲話亦多如此。我們確定：凡在數本中出現的文字，則盡力查出原書，恢復本來面目。考證性文字，雖出于不同作者之手，但其内容雷同而又無特殊見地者，則只取最早一篇，其他概行芟除，或只略加附注。（四）力求精確。例如《紫簫》、《邯鄲》、《南柯》，均據唐人小説，這事許多書都談及，但都不如魯迅所講的精確；而所引李公佐《南柯太守傳》，又都删去李肇的「贊」，跟湯作《南柯記題辭》碰不上頭（題辭開頭就引用「贊」語），所以我們捨去各書引文，而採用魯迅《唐宋傳奇集》中的文章。每篇材料，抄録以後核校至少三次。鄒迪光《湯義仍先生傳》，岳元聲的序文等，有三種書都曾刊載。每見一種，校對兩次，至第六次始完全恢復其本來面目。（五）按内容分類，按作者和作品時代排列先後。對於作者，均注明字、號、生卒、時代及著作，俾便查閲，並可據以尋求自己所需要的材料。

我們都是教學人員，所幹的行當跟作家研究没有關係。由于愛好，利用業餘時間搜集整理這部資料。白天做完業務工作，晚間才讀書、制卡、抄整材料。自己藏書少，就不得不上圖書館。六年之中，有四年的寒暑假和星期日是在圖書館度過的。今年暑假則冒着酷熱到南京、杭州、寧波、南昌、臨川等地搜集。在臨川、南昌的一個星期，碰上攝氏四十度左右的高温，坐在書堆裏，汗流浹背，閲讀抄寫不稍停息；加上舟車勞頓，幾乎使人病倒。六年閲讀和引用的詩文集、詩話、曲話、地方志、筆記和報章雜誌，不下五百種。在近七百卷的《石倉十二代詩選》和四百八十二卷的《明文海》中，所得甚微，費時甚多，有如海裏撈針。只就篇目檢閲，雖較省事，但有些好材料却失之交臂。取巧不行，只好硬着頭皮讀。如汪道昆《太函集》四十八本（連《副墨》），没有一個篇目與顯祖有關；而這種書實在只堪覆瓿，耐着性子翻了三天，只得「義仍、孟弢以博洽奇詭特著」一句。《徐良傅傳》，從殘句到全篇的發現，歷時將近兩年。近日發現的《玉版居》，幾經周折，檢閲了十多種書才得到。得來容易的也有，但不及資料總字數（約四十萬）六分之一。至于抄寫點校，無不自己動手，費時費力亦復不少。凡此種種，都是笨活兒，也都是資料工作中必然碰到的，我們由于水平限制，希望做好的心切，幹得就更笨些，更吃力些罷了。

經過六年的勞動，我們所能提供的就只有這麽一點東西。這是一塊磚頭。我們懇切地盼望得到指導和幫助，能够引出玉來爲社會主義文學藝術大廈的建造盡點力量。

毛效同　殷敏珠

一九六一年十月十八日

總目

第一编　散佚作品

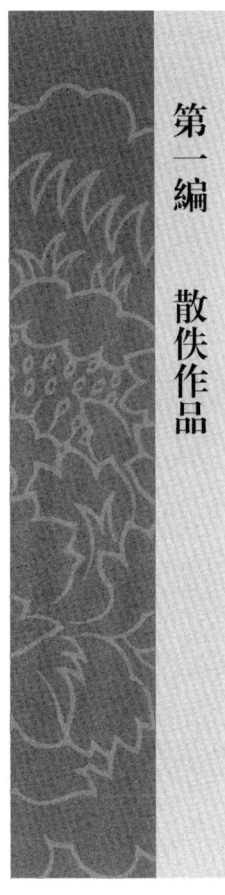

目録

詩

文

尺牘

詞

賦

對聯

時文

存目

詩

開元寺浮圖

對坐芙蓉塔，延觀柏梘雲。青霞城北湧，翠瀲水西分。嶺樹疑嵐濕，巖花入暝薰。風鈴流梵響，玉漏自聲聞。

（《宣城縣志》卷三十二）

湯顯祖《問棘郵草》有《同宣城沈二君典表背衚衕宿，憶敬亭山水開元寺題詩，君典好言邊事》詩。「開元寺題詩」當即指此。

題東光驛壁是劉侍御臺絶命處

哀劉泣玉太淋漓，棋後何須更説棋。聞道遼陽生竄日，無人敢作送行詩！

（《列朝詩集》丁集卷十二，又《明詩紀事》庚籤卷二引）

錢謙益注云：「先是過客題詩哀劉侍御者，遍滿驛壁，義仍書此詩後，人遂絶筆。

瞿元立爲余誦之，與今集互異。」《玉茗堂詩》卷十八（《湯顯祖集》編入卷七）題作《甲申見遞北驛寺詩，多爲故劉侍御臺發憤者，附題其後》，詩云：「江陵罷事劉郎出，冠蓋悲傷并一時。爲問遼陽嚴譴日，幾人曾作送行詩？」

追和洞溪十詠

括蒼蒼色正江南，下有嬋娟百尺潭。似與空明沉翠碧，應開倒影映晴嵐。
空餘洞壑生煙渺，雨過虚源暮色含。獨嘆侍臣青鬢晚，春衣點染思何堪。翠潭

曾羡軒轅駕玉臺，鬱葱佳氣興徘徊。檐楹舊向垂蘿密，户牖新從鑿翠開。
便學東華流霧靄，何如少室倚莓苔。生香更借芝蘭色，天影空青許看來。青室

括蒼山裏一桃源，似楚桃源較不喧。春色也知浮澗曲，美人還似憶湘沅。
不知晉世今何得，欲向天台未敢言。蕩漾東南好溪水，折腰終此寄田園。桃源

也無孤嶼似江心，祇是崔嵬寄碧潯。箭竹迴臨星瀨晚，括蒼分與麗城陰。
春如鼓吹山明翠，秋是瀟湘水氣深。曾住緡雲古仙子，此中長嘯鳳凰音。竹嶼

東溪一枕隱飛湍，青碧琴牀水面安。色映湘靈閒弄好，韻深方響欲浮難。
波間激玉清誰訴，洞裏流泉冷自彈。日暮更爲金石奏，迴風吹作水仙寒。琴石

一片清寒入好溪，好溪真有釣魚磯。應須咫尺通嚴子，只是尋常在會稽。
簑笠雨飄垂柳岸，釣絲春惹落花泥。無緣更值江潭客，白鷺時飛到竹西。釣磯

少小逃虛向赤霞，連廊千步亦無涯。簷前細韻山寮竹，檻外長飄水碓花。
四注空濛雲下宿，一方清冷月西斜。深歌響屧曾誰到，來去蕭蕭説暮鴉。虛廊

溪惡何須到永嘉，高灘勢作雁行斜。崖泉隱枕吹寒碧，山溜迴春吐紺花。
避暑烟雲流漱玉，入秋風雨帶鳴沙。蕭疏近日松濤起，長似高齋聽煮茶。響瀨

層城大壑幾曾逢，積層搏空此路重。插地自應連海影，垂天真欲礙雲容。
晴籠薜荔朝烟澹，溜折苔班晚氣濃。咫尺飛禽不來往，何人面壁正東峯。峭壁

海上歸雲下石帆，嵌空留此夜明巖。幽生洞壑愁龍語，逕轉餘花覺鳥銜。
倒影暫能縈翠碧，迴風長似入松杉。闌干溜迹封苔遍，道有天書在玉函。崎岩

（雍正《處州府志》卷二十）

唐山

唐山三十六潔迴，繞徑如絲雲霧開。獨坐野堂春寂寂，幽香寒雨正東梅。（乾隆《遂昌縣志》卷十一）

此詩原載兩首，其第一首即《玉茗堂詩》卷八（《湯顯祖集》編入卷十三）之《唐山寺》，有序。光緒《遂昌縣志》外編卷二所載亦兩首，與此相同。

寄毛應明

周公源到天，君子山在座。却笑避秦人，桃花我覷破。（光緒《遂昌縣志》外編卷二）

題香雲館作

夢裏吟詩醉寫真，秋光湖上月粼粼。無因嚼得青蓮子，爲覓香雲館内人。（黎遂球《蓮鬚閣文鈔》卷八《香雲館集序》）

詩題爲編者所加。黎遂球《香雲館集序》云：「萬可權曾師事顯祖。當其未晤顯祖時，或以其文置顯祖坐間，隱其名，但署『香雲館』三字，顯祖見而稱賞，題詩云云。於是通姓字，問業於玉茗堂前。」

送友遊廬山

一行歸雁蠡湖停，蕩漾峯頭幾疊青。試就匡廬騎鹿去，銀河瀑布瀉銀屏。王孫原是浄居身，草色香心一半春。堂上白鵶飛欲盡，鉢中香飯施何人？

（乾隆《廬山志》卷十五）

述懷奉送仲文入都並致常潤諸君子三十韻

予故宗伯丹陽鳳阿公官屬也。最受知於公子仲文。仲文以司農郎抗疏忤時相，十年家食，起參江右政。一見憐予瘦生，常欲取道衡泌，大有援絶之語。心實感之，别際愈爲悵然。而里中顧叔時、史際明、于中父、賀知忍前後跫然足音無絶，並予所不能忘懷也。

拓落吾何有？棲遲道亦輕。不應傷去住，長自惜生成。分薄知常淺，年過感易盈。意隨枯樹盡，交愜紫芝榮。

神物分彌巒，朋簪合驟鸞。尚書千里驥，抗疏萬人英。
西候關門入，東歸谷口耕。世珍儒術體，公起國家情。
天地謙恒吉，林園賁復貞。下車求孺子，邀路覺泉明。
瘦訝加餐少，愁知失路并。門衰差有子，家慶幸有兄。
和寡垂三嘆，噓枯許一罃。丹陽懷窈窕，泗上憶崢嶸。
飯飫衙齋語，鐘疲寺榻迎。暮霞開水閣，秋雨會沙城。
嶽族風流厚，江鄉月旦清。爲期欹紱冕，取路顧柴荆。
倏聽呼嵩起，奄觀入洛行。試飛疑或躍，連彙悚于征。
思贈愁平子，書題病長卿。光塵行處擁，幽緒觸時縈。
未濟憐秋水，同人問好聲。酒酤京口熟，鶴弄海天晴。
久與吾流籍，將高汝穎名。鏡波毫髮偃，盤淚才心傾。
消息隨陽雁，行藏出谷鶯。短歌通契闊，長夢滯精誠。
玉女雙投佩，茅君一占瓊。終知及遲暮，常欲向昇平。

玉版居 有序

蘇長公戲劉器之廉景寺燒筍曰：「此玉版師也，令子一知禪悅之味。」黄魯直最爲長公所知，嗜此特甚，豈非其風味有入耶？千載之後，復有魯直，則我鍾陵明府錢塘黄貞父先生是已。大雅清真，無他嗜好，而獨嗜與師遊；得師於城西南古寺而新之以亭。予過之，則秋九月夕也。月露凄凄，風篁竹韻，數爵之後出玉版師焉。淡以腴，温以芳，雖餐瓊截肪，未足云其風趣也。坐右之客，厥惟孝廉李君迺始。顧師囅而笑曰：「惟予三人甘矣，師得無苦乎？」師應曰：「苦實稱名，甘亦無口，身根不立，舌味何存！」予爲之粲然，已而嘆曰：「貞父君上計，而迺始君亦且計偕，食肉刺齒，他日過而存師者，非予林下人耶？」相爲悵然，遂長歌而送客。

東坡老人何杜撰，翠竹爲師參玉版。西湖有客如涪翁，剪拭叢林出青眼。
青齋肉食復何事，蒼莨素封亦玆産。含藏潤碧飽霜露，剥落熒黄映杯盞。
一時雅韻盈風聽，百里心期隨折柬。入饌但聞蔬笋氣，獨醒未厭江潭莞。
美人月出秋河静，高談夜入明星睆。此君風味動禪悦，異日賓遊記山簡。
徘徊竹根焉所如，今夕粲者李麟初。睠此明燈發幽色，翛然玉佩臨前除。
望覺寒蟲氣清切，時聞宿鳥鳴蕭疏。却憶明湖落烟艇，暮風殘雪吹人裾。
回頭揖別臺殿窅，洗耳長如鐘磬餘。恨此林亭隔秋水，瀟湘竹意空踟躕。
城北長雲渺千頃，何不徙置滄浪居。君言得此亦偶耳，且遠市郭藏烟墟。
君當高謁承明廬，李郎將從奏《子虛》。竹廚盤礴那再得，恨無與可畫筆南宮書。

（《進賢縣志》卷廿五）

與友人汪昌朝程伯書登鳩兹清風樓聯句

傑閣中天起，湯　横波大地流。汪　旋題山月映，程　飛陛海雲留。湯

水際成商市，汪　江關鎮帝州。程　人烟檻外合，湯　帆影席間收。汪

紅日明津樹，程　清風滿畫樓。湯　登臨多感慨，汪　一局且悠游。程

（《坐隱先生集》）

詩載汪廷訥《坐隱先生集》革部卌七頁，題爲《與湯祠部義仍程山人伯書登鳩兹清風樓聯句》。

夜醉留別永年

荆溪不羨桃花源，便自真州可避喧。落落書生滿靈氣，霏霏神令吐清言。

差牽墨綬迎中貴，直謝朱門賦小園。江北蒲茸堪擘結，淮南桂樹莫攀援。

驅車厭上三條陌，送酒懸知五柳門。定是子雲誰好事，惟因宋玉可招魂。

當階正是翻紅藥，對榻還須滿緑樽。姑射好容如雪皎，廣陵才氣似濤奔。

通今總問周朝禮，博古仍消漢隴冤。羨子香臺能拂麈，愁余積水未翔鯤。

求羊第合陪高隱，牧馬無因諷至尊。會是金羈數來往，年年春草遲王孫。

（《儀徵縣志》卷六）

文

送張伯昇世兄歸吴序

昔子貢乘軒衣紺而觀原憲之貧，曰：「子病耶？」憲曰：「貧，非病也。」夫貧而無足以相病，非通乎道者不能。古之君子，大之奮其有以滋物匡時，次之以出乎衆，又次以不失其己，皆是也。予弱且冠，而吴婁江起潛張公實來丞郡，見予文而異之。予奉以爲師。師爲政清真簡遠，以休吾人。常罷遣吏史歸習律令，而隸人至結髦以活。獨時進諸生賞拔之。而余恒侍至日夕。猶記己巳臘之四日，余婚焉。詰朝，遣小吏來賀。召以往，笑而迎之坐，曰：「夜得無苦乎？吾以休子。凡昏與宦，皆非爲貧也。梁生得隱者之配以適吴。子之適吴，其以仕乎？」因爲言泰伯延陵季子之事，以爲地有所不得已，道有所欲全，若是焉可也。予佩其言，至于今爲流涕。時公子伯昇兄九齡耳。又數年，拜師于吉安。夕焉甚暑，雷雨解作。夜分，伯昇出見，則凝然後公子也。又十年，而予官南都，則鄉之大夫祠師於其社矣。丁亥秋，伯昇偕其弟仲和以來。鬚眉笑眉，何其肖吾師之甚也。周旋而別，亦未有以與伯昇言。觀其蓄積，知吾師體德風仁，其亦有所似之而已。蓋至于今，予與世遠凡七年。所恨不能以隱者之服，適吴一哭吾師墓下。而伯昇兄乃從吉以來，留二十日而餘。與之卧起，言則寬然儒者也，能談天人之際，運化陰陽出入形勢之微，聖賢儒術所以綜攝人世日用之理，英雄戰伐强弱勝敗成虧之故，下至才伎稗集時物之變。凡予所爲數十年俛仰誦服，游觀四方而無所窺入者，伯昇皆有以顯其意，徵其言。然後知明德之有達人，而吾師之未嘗遠其子也。然予觀伯昇貌清而羸，似乎有病者。敝衣冠，蹴躃貧甚。予笑曰：「貧，吾師所遺，天之命也。子復以能貧爲孝，如病何！」伯昇曰：「子謂我以貧故病耶？吾觀于世物，凡所謂常者，皆無常；而所謂無常者，皆常也。何以明之？吾先人之仕黜無常，而骨肉之去就有變。吾所以拊心嘔血，懟恚悲傷而成病者，非貧之由，則常在乎此也。同堂之憂不可以去，則傷心之病不可以瘳。」已而曰：「將吾所以事之有間與。益以讓，而將以謹，竭之以情而未也，或反以甚。將無西方氏所謂業集報歟。每見其來，輒自念此以減吾業耳。讓如初，久之加者以却，吾病亦以平。凡今之清而羸者，非病也，固異乎世之丹而渥者耳。」於是予憮然于其言。而今乃有盡伯昇之懷於所謂運化陰陽勝負人物常變之數。吾師所謂「地有所不得已，而道有所欲全」者，非以習其言以述其事也？不亦古之君子出乎衆，不失其己者乎？伯昇且去而歸婁江。有子崍，才士也，將奮而滋于時。其於貧與病，足以除其患，然亦患之否耶？詩曰：「教誨汝子，式穀似之。」予以諗于伯昇。曰：「無念爾祖，聿修厥德。」其有望於崍也！時萬曆甲辰重九日臨川通家弟湯顯祖頓首書于玉茗堂。

（《吴郡文編》卷一百六十四）

棲約齋集序

予往來維揚，與大儀李季宣友善。向後音徽莫嗣。頃迺從南州汪魯望所相聞，因以知魯望之材常爲淮海間重。勞思久之。逾年魯望舉秋試，而予偶以龍沙之會如章門，過而問之。出肅軒然與語，道述文雅交游之際，豁如也。後夜復過我玉茗堂中，出其詩讀之，迺復鏘然逸韻，若明璣之乍轉于槃，而利刃之初發于硎也。喜維揚之士能得魯望，雖然，維揚軸天下佳麗之處。登昭明臺，訪舊蕪城，亦足發文士之致；加以臨長江，望遠海，江山助人。所集勝友如騖，以魯望風神意度，出乎人而當此，宜其才思永激，比日以新。然則魯望之與維揚，蓋兩相得也。兹且復如揚而與計吏偕，觀齊魯燕趙之風，盡雍容感慨之氣，至都而人物地形之觀始極。誠有以得之，詩道當亦深廣，豈有窮哉！

（《棲約齋集選》卷首）

汪應婁，字漢章，號魯望。江西新建人。萬曆己酉（一六〇九）鄉舉。《棲約齋集選》，入陣允衡輯《詩慰》。

宋儒語録抄釋序

自孔孟没而微言湮，越千百載而宋四子續。四子之於道也其幾乎。余獨於茂叔、伯淳竊有慕焉。蓋嘗讀《太極説》、《定性書》，而知其學，讀風月玉金之讃，而知其人矣。他如正叔、張、朱，不無少遜，而名言非乏。總之，遜心聖道而窺其藩焉者。往予欲删輯諸子遺言，以爲絶學梯航，而卒未暇也。洎予令平昌，訪士於學博林鶴於公，則聞右族有包子昭氏，約己賑人，課子明經，足迹不履公門，長厚聲於厥邑，迺延致膠庠而賓禮之。厥後子昭氏以天年終。其三子志道、志學、志伊，皆諸生。手一編示余曰：「是先君所手録課諸孤者。先君子壯遊郡庠，卒業於石窗張主政之門，私淑陽明之論議，晚棄舉子業，獨好觀四子語録，而抄釋評騭之，諸孤不敢忘，則手澤存焉耳。」予驩然曰：「予迺今知子昭氏之心矣。昔蔡季通之父，以程、張遺書授之曰：『此孔孟正脈也。』季通深涵其義，辨析彌精。汝三子其有季通之志乎？其梓之以志不忘，且以俟後之遊心於道者。」嗚呼，是編也，獨課兒乎哉，獨課兒乎哉！

（光緒《遂昌縣志》卷十）

沈氏弋説序

漢人《七發》，謂煩屯之疾，可要言妙道説而去也。初謂文士迂詭，迨予接罹大故，荒頓委忽，幾于大病，所謂鮮民之生，何暇世之君子乘間語事乎？而乃有千里之使來自臨安，投以一書，則沈幼宰《弋説》二百首而餘也。取詩「時亦弋獲」之義，弋取傳記以來，國家存亡聖賢豪傑所繇顯隱之故，未遽卒業。循其數端，已踔絶瑋麗，使人踴起，少進而幽憂之色起矣。予殆有意于時，傳記而敏給者歟？今昔異時，行于其時者三：理爾，勢爾，情爾。以此乘天下之吉凶，決萬物之成毀，作者以效其爲，而言者以立其辨，皆是物也。事固有理至而勢違，勢合而情反，情在而理亡；故雖自古名世建立，常有精微要眇不可告語人者。史氏雖材，常隨其通博奇詭之趣言欲所言，是故記而不倫，論而少衷，何也？當其時三者不獲并露而周施，況後時而言，溢此遺彼固然矣。嗟夫！是非者理也，重輕者勢也，愛惡者情也。三者無窮，言亦無窮。予乃以二百則弋彼異時事，别白抉摘，透漏滴博而無餘，乃至一事而要遮前後故實爲其徵，曲折隱見，極波瀾之致。簡者數語，詘然委盡，無復費辭。或逆而探，或順而揄，或郄而批，或全而劃，横發沈入，英藻殊義，病夫爲之解頤，況乎處世能言之士者乎？去年得瞿睿夫，今年得沈幼宰。睿夫感憤《檀弓》，巧譏賢聖，昌言排折，予重其人。幼宰乃復廣爲豪傑發舒，煒燁千載，亦有有爲言之者。故予謂睿夫之作正而奇，幼宰之作奇而正。二子者，足敖然于著作之林哉！萬曆乙卯夏五，友人臨川湯顯祖頓首撰。

（《沈氏弋説》卷首）

月洞詩序

予在平昌，見黄兆山人詩文浸淫魏晉人語。而復得其先人宋月洞先生詩，殆宛然出晚唐人手。宋之季猶唐之季也。觀黄兆山人序月洞云：「節操峻潔，孤炯獨絶。」如律中「青松秦世事，黄菊晉人心」、「沙漲浙江龍去遠，天寬北闕鳳歸遲」，悲歌當泣，此真如司空表聖棄官居虞鄉王官谷爾。絶句如落花依草，婥約蒨妍。詠荆卿者，固亦賦閒情耶！世之達官貴人往往不珍惜其祖之手澤，而叔隆重梓斯集，問序於余。月洞先生可謂有詒厥之力矣。

（《遂昌縣志》卷十）

點校虞初志序

昔李太白不讀非聖之書，國朝李獻吉亦勸人弗讀唐以後書，語非不高，然未足以繩曠覽之士也。何者？蓋神丘火穴，無害山川岳瀆之大觀；飛墓秀蕚，無害豫章竹箭之美殖；飛鷹立鶻，無害祥麟威鳳之遊栖。然則稗官小説，奚害於經傳子史？游戲墨花，又奚害於涵養性情耶？東方曼倩以歲星入漢，當其極諫，時雜滑稽；馬季長不拘儒者之節，鼓琴吹笛，設絳紗帳，前授生徒，後列女樂；石曼卿野飲狂呼，巫醫皂隸從之游。之三子，曷嘗以調笑損氣節，奢樂墮儒行，任誕妨賢達哉？讀書可譬已。太白故頹然自放，有而不取，此天授，無假人力；若獻吉者，誠陋矣！《虞初》一書，羅唐人傳記百十家，中略引梁沈約十數則，以奇僻荒誕，若滅若沒，可喜可愕之事，讀之使人心開神釋，骨飛眉舞。雖雄高不如《史》《漢》，簡澹不如《世説》，而婉縟流麗，洵小説家之珍珠船也。其述飛僊盜賊，則曼倩之滑稽；志佳冶窈窕，則季長之絳紗；一切花妖木魅，牛鬼蛇神，則曼卿之野飲。意有所蕩激，語有所托歸，律之風流之罪人，彼固歉然不辭矣。使咄咄讀古，而不知此味，即日垂衣執笏，陳寶列俎，終是三館畫手，一堂木偶耳，何所討真趣哉！余暇日特爲點校之，以借世之奇雋沈麗者。

（《虞初志》卷首）

西廂記序

余守病家園，傲骨日峭。朝語官箴，輒嗽松風吹去；高人韻士，忙開竹户迎來。兼喜穠文豔史，時時游戲眼前，或剪或裁，或聯或合，欲演爲小説而未暇。歐公之後，又有作《五代史》者，于五史所無者千餘卷皆編入，鳩聚散逸，聯綴改定，除其冗長，掇其精華，以廣異聞，竊謂詳盡亦未易哉！兹崔張一傳，微之造業于前，實甫續業于後，人靡不信其事爲實事。余，人信亦信，讀之評之，好事者輒以旦暮不能自必之語，直欲公行海内。冤哉毒哉，陷余以無間罪獄也！

（《才子牡丹亭》卷首）

自阿傍（程瓊）《批〈才子牡丹亭〉序》録出。文前有「湯撫州序其所批《西廂記》云」之語，文後復引顯祖「事之所無安知非情之所有」句，及「自掐檀痕教小妹」、「畫閣摇金燭」兩詩，故知爲顯祖所作。惟文意未完，殆非全篇。

西廂序

文章自正體四六外，有詩賦歌行律絶諸體，曲特一剩技耳。然人不數作，作不數工，其描寫神情，不露斧斤筆墨痕，莫如《西廂記》。以君瑞之俊俏，割不下崔氏女，以鶯鶯之嬌媚，豈獨鍾一張生。第琴可挑，簡可傳，圍可解，隔牆之花未動也，迎風之户徒開也。敍其所以遇合，甚有奇致焉。若不會描寫，則鶯鶯一宣淫富人耳，君瑞一放蕩俗子耳。其于崔張佳趣不望若河漢哉。予嘗取而讀之，其文反反覆覆重重疊疊，見精神而不見文字，即所稱第一神物，亶其然乎。間以膚意評題之，期與好事者同賞鑒，何可與水月景色無致也？

（《湯顯祖評西廂記》卷首）

□□□序

奇哉清源之口，極人物之萬途，攢古今之千變，使天下之人無故而喜，無故而悲；或窺觀而笑，或市湧而排。貴倨弛傲，貧嗇争施。瞽者欲玩，聾者欲聽，啞者欲贊，跛者欲起。寂可使喧，喧可使寂，飢可使飽，醉可使醒，行可以留，卧可以興。鄙者欲豔，頑者欲靈。孝子以娱其親，才郎以睦其婦，家有此書，人有此聲，疫癘不作，天地和平，生天生地，生鬼生神，豈非以人情之大竇，爲名教之至樂也哉！嗚呼！形骸易泯，不勝留影之難；筆墨未精，安壽終天之玩。

（《才子牡丹亭》）

録自《才子牡丹亭》「圓駕」齣批語。文前有句：「玉茗序人書云。」書名不悉，文意亦有闕略。

花間集敍（疑爲僞托）

自三百篇降而騷賦，騷賦不便入樂，降而古樂府；樂府不入俗，降而以絶句爲樂府；絶句少婉轉，則又降而爲詞。故宋人遂以爲詞者，詩之餘也。迺北地李獻吉之言曰，詩至唐，古調亡矣，然自有唐調可歌詠，猶足被管絃。宋人主理不主調，於是唐調亦亡。嘗考唐調所始，必以李太白《菩薩蠻》、《憶秦娥》及楊用修所傳其《清平樂》爲開山，而陶弘景之《寒夜怨》，梁武帝之《江南弄》，陸瓊之《飲酒樂》，隋煬帝之《望江南》，又爲太白開山。若唐宣宗所稱「牡丹帶露真珠顆」《菩薩蠻》一闋，又不知何時何許人，而其爲《花間集》之先聲，蓋可知已。《花間集》久失其傳。正德初楊用修遊昭覺寺（寺故孟氏宣華宮故址），始得其本，行於南方。《詩餘》流遍人間，棗梨充棟，而譏評賞譽之者亦復稱是，不若留心《花間》者之寥寥也。余於《牡丹亭》「二夢」之暇，結習不忘，試取而點次之，評騭之，期世之有志風雅者，與《詩餘》互賞，而唐調之反而樂府，而騷賦，而三百篇也。詩其不亡也夫，詩其不亡也夫！萬曆乙卯春日清遠道人湯顯祖題於玉茗堂。

（明刊湯顯祖評《花間集》卷首）

花間集序（疑爲僞托）

當開元盛日，王之渙、高適、王昌齡詞句流播旗亭，而李白《菩薩蠻》等詞亦被之歌曲，逮及《花間》、《蘭畹》、《香奩》、《金荃》，作者日盛。古詩之於樂府，律詩之於詞，分鑣並轡，非有後先。有謂詩降而詞，以詞爲詩之餘者，殆非通論。

（《詞苑萃編》卷一）

此文疑有闕略。句容裴暢（芝亭）批注：「詞非詩之餘，意本湯玉茗；竹垞《詞綜敍略》特引用其語耳。」

豔異編序 （疑爲僞托）

嘗聞宇宙大矣，何所不有？宣尼不語怪，非無怪之可語也。乃齷齪老儒輒云，目不覩非聖之書。抑何坐井觀天耶？泥丸封口當在斯輩，而獨不觀乎天之風月，地之花鳥，人之歌舞，非此不成其爲三才乎？從來可欣可羨可駭可愕之事，自曲士觀之，甚奇；自達人觀之，甚平。吾嘗浮沉八股道中，無一生趣。月之夕，花之辰，啣觴賦詩之餘，登山臨水之際，稗官野史，時一轉玩，諸凡神仙妖怪，國士名姝，風流得意，慷慨情深，語千轉萬變，靡不錯陳於前，亦足以送居諸而破岑寂，豈其詹詹學一先生之言而以號於人曰，此夫出自齊諧之口也者，而擯不復道耶？雖然，《詩》三百篇，不廢鄭、衛，要以無邪爲歸。假令不善讀《詩》者，而徒侈淫哇之詞，頓忘懲創之旨，雖多亦奚以爲！是集也，奇而法，正而葩，穠纖合度，修短中程，才情妙敏，踪迹幽玄。其爲物也多姿，其爲態也屢遷，斯亦小言中之白眉者矣。昔人云，我能轉法華，不爲法華轉。得其説而并得其所以説，則樂而不淫，哀而不傷，縱橫流漫而不納于邪，詭譎浮誇而不離于正；不然，始而惑，既而溺，終而蕩。「盡信書則不如無書」，有味乎子輿氏之言哉。不佞懶如嵇，狂如阮，慢如長卿，迂如元稹，一世不可余，余亦不可一世，蕭蕭此君而外，更無知己。嘯詠時每手一編，未嘗不臨文感慨，不能喻之於人。竊謂開卷有益，夫固善取益者自爲益耳。戊午天孫渡河後三日，晏坐南窗，涼風颯至，緑筠弄影，左蟹螯，右酒杯，拍浮大呼，漫興書此，以告夫世之讀《豔異編》者。玉茗居士湯顯祖題。

（《玉茗堂摘評王弇洲先生豔異編》卷首）

紅拂記題辭

《紅拂》已經三演。在近齋外翰者，鄙俚而不典；在冷然居士者，短簡而不舒。今屏山不襲二格，能兼雜劇之長。

（《遠山堂曲品》）

祁彪佳《遠山堂曲品》謂顯祖爲張太和《紅拂記》作序如上，與吕天成《曲品》引述者悉同。

董解元西廂題辭（疑爲僞托）

余於聲律之道，瞠乎未入其室也。《書》曰：「詩言志，歌永言，聲依永，律和聲。」志也者，情也，先民所謂發乎情，止乎禮義者，是也。嗟乎，萬物之情各有其志，董以董之情而索崔、張之情於花月徘徊之間，余亦以余之情而索董之情於筆墨烟波之際。董之發乎情也，鏗金戛石，可以如抗而如墜。余之發乎情也，宴酣嘯傲，可以以翱而以翔。然則余於定律和聲處，雖於古人未之逮焉，而至如《書》之所稱爲言爲永者，殆庶幾其近之矣。清遠道人書於玉茗堂。

（明刊《湯顯祖評董解元西廂》卷首）

虞初志評語

續齊諧記　《金鳳凰》：只一細事，説得如許飛動。《通天犀纛》：此纛結果甚俊美，何爲啼叫？不聞蘭摧玉折耶？《陽羨書生》：展轉奇絶。《七夕牛女》：九日上巳七夕，俱故事耳；而此説到天上，奇爽自異。《眼明袋》：似坡仙《志林》。《清溪廟神》：騷豔多風，得《九歌》遺意。

集異記　《裴通遠》：四女之卒，已有冥數。即不載老嫗，寧便不死？只是一番同載，好情却無着落，豈有物焉以宰之，老嫗有不能自主者耶？《韋知微》：便爲《西遊》小説作俑。《寧王》：《集異》較《齊諧》氣韻便減，矧後世之記載乎？詞意癡木，都不足觀。

柳毅傳　風華悲壯，此傳兩有之。

長恨傳　文亦倩麗。

枕中記　舉世方熟《邯鄲》一夢，予故演付伶人以歌舞之。

李娃傳　叛臣辱婦每出於名門世族，而伶工賤女乃有潔白堅貞之行，豈非秉彝之良有不間邪？觀夫項王悲歌虞姬刎，石崇赤族緑珠墜，建封卒官盼盼死，禄山作逆雷清慟，昭宗被賊宫姬蔽，少游謫死楚妓經：若是者，誠出天性之所安，固非激以干名也。至于娃之守志不亂，卒相其夫以應於榮美，則尤人所難。嗚呼娼也，猶然士乎，可以知所勉矣。

非煙傳　綵箋詩句，映帶甚佳。

高力士外傳　敍上皇燕言首尾甚詳，讀之有無限悽憤；起結二段更煙波跌宕。

東城老父傳　此傳可補開元遺事，較他作徒爲怪誕語者自别。

古鏡記　荒寒峭遠，黯然古色。

冥音録　妍異清峭。《絲竹賞金歌》、《紅窗影》曲名更佳。

蔣氏傳　既歌且舞，一段江天鼓吹。

東陽夜怪録　談詩托道，野興蒼然。

（《虞初志》）

續虞初志評語

杜牧傳　杜牧爲唐第一流風流才子，讀杜集者不可不先熟此傳。

王遠傳　摹畫神仙，誰不能作飄飄霞外語。若此傳，真玉皇案上物。

雷民傳　小説家唯説鬼、説狐、説盜、説黠、説雷、説水銀、説幻術、説妖道士，皆厥體中第一義也。

紫花梨傳　撫事愴情，雜記中惟此爲本色。何必搜冥鬥豔，始足膾炙人口。

月支使者傳　奇物足拓人胸臆，起人精神。

李謩傳　音樂部中不可無此佳話。

薛弘機傳　木石有靈，况經典乎？此意絶妙。

聶隱娘傳　飛仙劍俠無如此快心。每展讀之，爲之引滿。

蘭陵老人傳　文能藥人腐胃，事能壯人死魄，此傳是也。

裴越客傳　虎媒事奇，便覺青鸞彩鳳語不堪染指。

崔玄微傳　花神安可無此一傳？

薛靈芸傳　珊瑚木難，蘭苕翡翠，此等文方爲縟積。

劉積中傳　弄人股掌之上，咄咄作惱，幾爲悶絶。

獨孤遐叔傳　展玩間，神踽踽欲動，如昨日事，所以爲妙。

賈人妻傳　恍惚幽奇，自是神俠。

許漢陽傳　傳記所載，往往俱麗人事，麗人又俱還魂夢幻事。然一局一下手，故自不厭。

劉景復傳　此等傳幽異可玩，小説家不易得者。

東方朔傳　東坡詩云：「狂語不須删。」又云：「使妄言之。」讀此當作此解。

歐陽詹傳　此事數爲詞人爰引，政自佳。

一行傳　神僧巧算，思味幽玄。

崔汾傳　咄咄怪事，使人讀之悶嘆。

陶峴傳　此扼腕傷懷，而托之游戲，以銷其壯心者。自敍處悽憤特甚。

許雲封傳　便似笛考。

崑崙奴傳　劍俠傳夥矣。余獨喜虬髯客、紅綫，崑崙奴爲最。後人擬之不可及。

韋臯傳　已爲今人式歌且舞，不可不拈出。

裴沅傳　三世人血并四角赤蛇二語，奇誕之極。

松滋縣士人傳　真所謂彌天造謊，死中求活。

翾風傳　傳謂王子年形貌極陋，讀此但見其繡豔風流耳。

張和傳　只言白練蒙頭，乞命而去，妓自持鍤開穴以歸，甚不了了爲妙。

却要傳　傳甚奇謔而雅飭間善，所謂弄戲謔者也。

韋斌傳　記侈豔處，何減《西京》《拾遺》之筆。

吕生傳　亦復可喜可愕。

（《續虞初志》）

《明史·藝文志》小説家類録湯顯祖《續虞初志》八卷。此書人多以爲久已遺佚。但原刻實有傳本，僅少見耳。按原本題署「臨川湯顯祖若士評選，錢唐鍾人傑遂先校閲」，計共四卷，四册。收小説三十二篇。《杜牧傳》至《薛弘機傳》爲第一卷，《聶隱娘傳》至《賈人妻傳》爲第二卷，《許漢陽傳》至《許雲封傳》爲第三卷，《崑崙奴傳》至《吕生傳》爲第四卷。各篇末記作者姓名。有眉批、總評若干條。此處輯録者爲各篇總評。

湯賓尹稿評語

「知其説者斯乎」　不説所以然妙。

「德之不修全」　奇而密。

「君子多乎哉不多也」　從「天縱」破來，中題中題。

「欲罷不能」　至末濃澹生接拖帶處，大妙。

「回也其庶乎屢空」　認題神品。

「其身正」一節　只説令不可恃意曲盡，不填冗詞，妙。

「如其善善乎」　尋常題，蘊藉乃爾。

「凡有四端四海」　只照映題字熟，故圓融。

「行有不得多福」　「多福」粘「民歸」，已見聯合之妙。末醒目「自求」二字，尤人所不解。

「故觀於海者其瀾」法故折而捷。

（《湯司成選稿》）

題飲茶録

陶學士謂湯者茶之司命，此言最得三昧。馮祭酒精於茶政，手自料滌，然後飲客。客有笑者，余戲解之云：「此正如美人，又如古法書名畫，度可着俗漢手否？」

（陸廷燦輯刻《續茶經》卷下）

尊經閣記

天下珠碧孔翠香澤奇詭之玩，寒之不可以衣，飢之不可以食，萬里而走五嶺之南，毒蛇飛蟲菵莨，百有一死之地，務取多而争美，以燿其軀顔，充其室御，而相與誇詒，上都中縣之人以爲是能得所不易致者。至于六經，先王聖帥所爲飲食被服天下，入乎性命形色之微，出乎文理事業之大，積之若尺棰，而用之不可既；陳之若九鼎，而于用日新。此其于珠翠奇麗也，不亦急乎！又非有遠萬里險絶瘴蠻之虞，安坐而致，各可以相得而無容以誇者。然過之而不取，取之而不能以多，略其粗而不争其美者，何也？教衰道微，上之人亦猶乎卑古尊今以爲見爾。予友金壇史侯，行嚴而貞，衷理以平；民有弗若，矜哀之不忍以刑。而又深憫乎士之專一經，束于功令者，未能旁暢，恐迹于固陋也，于是廣置經籍，營閣以貯之。既成，進學子弟而告之曰：「尊天者，用其日月風霆，而後曰仁；尊父母者，用其聲色意氣，而後曰孝；尊生者，用其飢渴寒燠之時，而後曰知。經于人，如天，如父母，如生；尊而用之，性命形色之微，文理事業之大，皆取乎是。不然，庋閣之，鐍管之，日而蠹焉；有啓閱者，焉以辨以文？弗躬弗親，此又以六經爲孔翠珠碧之玩者也，非君所貴于尊者。」博士弟子拜手曰：「侯之言大，不可以無傳。」乃千里而謁予爲記。予因嘉侯之能以經術治其邑也，遂記而繫之以詩。其詩曰：屬海于河，或委或原。毗于六經，光響亘延。剖山觀河，恣取而捐。實牣實儲，宜抗而宣。面勢其陰，龍淵所蟠。我經秩秩，我閣憲憲。日月斯成，登降歡忻。圖書若星，衿帶如靈。從侯流觀，于侯笑言。道高且明，莫敢不尊。廣侯德心，奮于斯文。我言是徵，以訊其人。

（《興寧縣志·學校志》）

據廣東《興寧縣志》，史懋文于萬曆乙巳（一六〇五）知興寧縣，改建尊經閣；則記當作于是時，爲顯祖晚年作品。《玉茗堂文》卷八（《湯顯祖集》卷三十五）《惠州府興寧縣重建尊經閣碑》即此文，但字句增加甚多，文字間有異同。

坐隱乩筆記

予嘗聞海陽之地，松蘿奇秀，不讓匡廬、九嶷、巫峽，心竊慕之。戊申秋，偕陳子伯書裹糧履杖其間。海陽里舊門牆之士，復彬彬在側。果飛障蒨葱，列巘迴合。入其里，曰高士里；望其廬，曰坐隱先生宅也。門人皆知先生者，交口而述先生。先生詩文之外，好爲樂府、傳奇種種，爲余賞鑒。正與余同調者，余亟欲闡揚之。先生有園一區，堂曰環翠，樓曰百鶴，湖曰昌湖。其中芝房菌閣露榭風亭，傳記大備，諸名賢之詩歌辭賦不可指數。先生灌花澆竹之暇，參釋味玄，雅好静坐。間爲局戲，黑白相對，每有仙着，近成《訂譜》行于世，人號坐隱先生。蓋先生屏却世氛，獨證妙道，有日月在手、造化生心之意。其精神常與純陽通，提醒假寐，仍見于乩仙語瀝瀝。緑字丹書，獨于先生洩其祕義，稱爲全一真人者，信不誣也。先生行無轍迹，言無瑕謫，夫豈自見自矜，亦豈炫奇駭世哉！蓋不必覯霞標，接玄麈，雅知其爲通籍于八公，藏名于三島者也。予奇其事而愛慕之不已，故爲先生記。萬曆戊申秋九月，臨川湯顯祖爲友人汪昌朝先生記。

（《坐隱先生集》卷首）

相圃書院置田記

余築平昌射堂二十八列，定其房。士相師友而遊。至夜分，莫不英英然，言言然，講於詩書六藝之文。相與爲文，機力日以奇暢，大變陳常。初，余以相圃名堂，蓋非專矍相義，殆欲諸生有將相材焉。徵於今，異時必多有副余望者。余幸斯堂之與人永也，裁道宫之田而食於斯，兼以時葺，爲勒移而示後人。

（光緒《遂昌縣志》卷一）

給相圃租石移文

爲養育學校以垂文化事。萬曆二十二年八月十八日，據本縣儒學廩增附生員徐榮、李春芬、華牧民等呈稱「台下創建射圃，陶鎔士類，千載奇覯。復蒙發租資給修葺，已經學師會議：遞年諸生在圃肄業，輪推一人管收前租；除葺屋宇外，餘租照數分給諸生膏火之助」等情到縣。據此，看得遂昌學宫隘窄，旁無書舍。有社學四所，俱淺小無房。本縣重建射圃，兩旁書舍共三十間，聚諸生有志者，日夜誦習。僻邑得之，號爲盛事。但恐以後無人守視，容易圮壞。因查本縣城隍廟僅廟祝一名，食田二百三十籮；壽光宫道士三名，食田至二百五十籮。夫費國租以養游食之人，不若移以養菜色之貧士。今於城隍廟廟祝糧内撥田八十五籮，遞年遴擇諸生主之。以歲請教官查視修理，稽核實數，年終開報，以免欺冒。又於壽光宮中撥田一十五籮，與住相圃人看守門牆，庶射堂不致圮壞，而諸生永得矍相之觀矣。具由申蒙提督學政蕭批：據申，具見該縣作興教育盛心，如詳依行。繳據此牒學遵行去後，所撥出廟宫田租、土名田畝，若不刻石備照，誠恐年遠，不無更易移换、冒費侵漁情弊。今將申允文移，并撥過土名田畝租額，逐一備細開列其左，以示後來，毋負本縣作興學校至意，須至碑者。

（《遂昌縣志》卷一）

徐子弼先生傳

徐良傅，字子弼，理學名臣紀之子也。世爲儒，治《尚書》。少穎，口涉諸傳紀詞賦。兒時嘗從父觀燈郡城東亡失，諸生湯某見而異之，曰：「此子視不瞬，立不欹，誰家兒也？」問而歸之紀。年十二，爲郡諸生。賦明倫堂，前後使者郡長吏試，輒有奇。太守陳槐至親爲訓義。後槐與平濠功，坐讒者廢。公復爲訟，言其冤。舉進士，拜武進令。見諸曹掾史無所言，閉户卧月餘，檢縣中諸圖記、官文書讀之，盡知其縣山川、錢穀、户口虚實，與其決事比如律故誤失者。明日上堂，召吏口占摘决十數事，一郡人盡驚。乃令曰：「某爲人質，賓客之至於斯也，無廣宴，無張樂，無多賦縣中民一錢。某於聽獄未有嘗也，謹己署楣柱中，出入必視，無作好惡。遵王之道路，誓於獄平。民幸無訟，訟中止者，聽贖一錢以上佐公。家有所没，没吾身也。」于是一縣人知令意不苦民。民父老轉相傳説，勸慰無訟。訟亦不竟。是時縣中役，惟主庫者詘，凡賓宴、幣、金花樹、杯物諸走給，常傾其貲。亦常役高貲者，而武進有富人號吴十萬者，役縣中二年，年裁費百十餘。後公憂去，此吴十萬者，懷千金追送之大末界中。曰：「大人在縣，老人貲無所亡失。謹以此謝。」公曰：「不嘗費汝百十金乎？」曰：「此都使者往來，供張什物所裁，何得廢也。凡上人治貴，下人治富，富貴有時，智者平之。凡爲富，非以豢其妻女繁種族而已，亦將以應縣官之不時。故邊鄙之富人，以牧畜貂罽氂絲巾鹽藁粟，而西北邊耗異日急，未嘗不用之矣。江淮以南，田沃，織作坑冶，質賃兼并，一旦江海急，鄣與吴越間富人無所能愛也。故老人之治富，日夕不休，亦以爲世。夫縣官苦富人深矣，而大人一意休安之，此於老人可耳。人亦有言，廉吏可爲而不可爲，宜有以遺諸公子，無悔也。」公唉然嘆曰：「吾何悔邪！今乃知老人有道者。」受其所遺名畫山川草樹幅四而去。闋服，留給事中吏曹。初公在武進時，南昌萬虞愷令無錫，青州馮惟訥令宜興，孝豐吴維嶽令江陰，皆儁士。虞愷長者，惟訥雅而文；獨維嶽機辨，公與之游，恢如也。嘗嘆曰：「吾屬之爲令也，相爲師；而後吾屬之爲令也，或以相狙。」其後虞愷給事南省中，惟訥且家食，而吴郎西曹在都下，與公知乃獨深。公止給事半年，凡一再疏。疏曰：「臣向爲外臣，見吏部于撫巡諸使者所薦奏文武吏士，並以次補擢，無所疑；而于所知地方人士隱逸者，雖交章言之，不信。夫此逸才者，其廢棄遠或一二十年，近七八年，精幹强志隨年而衰，不及時用之，亦非天所以積賢材持世之意也。吏部所以難用之者，意其人或以卿佐、館職、給事中、御史廢，起當如其官，壅後來者不便。臣愚以爲其人才且賢，亦欲及壯盛時效於世，亦無必復其所廢秩之心，吏部如其材更而用之，亦無不可。不然，專取在者而已。迺有材器不出，衆人物論非是，而幸時承乏，竟以其偏忘其疵，十五而敗。何如取所流佚，感創蓄菀推移用之，必有可觀。」不報。九廟功成，户工兩部郎，有别旨當爲卿。兩人辭求外吏，部奏應如前時，嘗以觀察副使遷兵部郎某，增俸服色可也。上問吏部何以不遵用詔書，公乃疏曰：「宗廟誠重，然其制皆聖心大仁至孝所裁，大臣取具而已。况繕部郎治工，户部郎經費，日夜皆其職守，非有所難，可以爲功，其職不舉，得以爲罪。宗廟完，二臣幸以役無罪，而軒然受功。平日所署職名何者！如此，則户部郎能舉金粟，比部郎能刑名，皆當不外邪？如此，高皇帝、文皇帝首治兩都宗廟、城闕、宫殿，其勞苦萬於茲時，而其時乃當郎吏在事者，一一卿邪？臣竊謂吏部聽二臣辭外遷是也。」報聞。而是時上方事元，然數憂邊事。某年冬，虜入榆林。總鎮張珩報斬虜首七十餘，上嗛之。而關外吐魯番沙速壇兄弟相仇殺，其弟馬速壇至與瓦剌婚爲援，且前據有哈密矣。而潛種沙州田，更請牧内地如牙木蘭，此欲窺甘凉也。珩苦西北寇無時，得失不可測，營入内，以户部尚書領理西苑農事，而以張經代之。公疏曰：「如此，翁萬達在雲中，曾銑在雁門，皆當緣而内徙。大臣在邊鎮久，而後恩威可行，治城障兵甲厲士不久，其地偷而不精。王翱在遼，于謙在晉，陳鑑治秦中，皆十數年；況如珩等，代者或不如珩。珩年力尚壯，而秋冬當駐花馬池，其外河曲虜也，虜方大舉，珩不可行。」疏上，吏部覆如公議，留珩鎮西。是時，貴溪夏言方再相用事。言婦家臨川，公爲舉人時數往矣。臨川太守槐善視之，後來者不如也。言知其才久。言相而良傅上春官也，言目攝典試者曰：「近我而材者，東鄉徐良傅也。」主者卒卒不得問，又不敢忘其言。入試，蹤良傅文字不可得，徒口授吏曰：「署第若干名，徐良傅，東鄉縣學生。」以音近「輔」爲「傅」，又不詳爲郡諸生也。言以爲恩，而公固不往謝，其後亦無報書。令武進未滿秩，起復當補令，而言再相，以故即留給事中，益自謂恩厚矣。公復廷見不謝，又不請問。有所風，不受。言啣之。會某年秋，雷電大雨雹，上以御史言，收前選郎高簡詔獄。而公乃始與其長楊上林論簡罪如吏部郎于楚，已兩人矣，并何遷而三。遷名論學，其學不可用也。縣令茅坤徒以門生故，引爲吏部郎。吏部郎，郎位之絶選也，而簡以爲私。其他令史得補，諸王輔道得早言，簡發而後言之也。時御史楊爵等再繫獄，天雨，獄中大水，公立水中七晝夜，不移踵。已乃謫戍簡，痛杖於庭，令吏部尚書唐龍置對，而數其稱老忘國，削爲民。出都門以死。公與上林得爲民。或曰，大學士言怨之也。公家居凡二十餘年，而同時郡中人士樂司諫護能强請知天文，陳主客九川、黄司理直以諫戍還，章學使袞、王學使蓂雅有經術，吴御史鉞爲詩歌作字，有晉唐人風，吴御史悌、陳御史炌皆里居有清和名；而譚司馬綸善言邊，王侍御紹元善言吏事；皆先後公與遊，所聞著益深。公喜讀書，常晨起自掃其閣中，諷誦不絶，無宴飲絲竹嬉遊之好。其時郡太守、丞令亦多有意治民者，常信用其言，有功郡中。爲文效班固、韓愈，大吏以下多徵用之，其文益以貴。而中丞滁胡公松猶敬信公甚。先是歲辛酉正月，有星芒角入月。公色動，走告郡縣吏曰：「此太白食月也，四方疑有非常，不可不備。」又爲書告都御史張元沖，不聽。程鄉漳泉賊果大至。秋道虔盱，且破我三邑。公又前爲書，迎張元沖來鎮之，元沖懼不至。已而松代之，松乃馳至臨城中，人稍定。而賊大營青泥上頓間，火夜徹城中。公乃入見胡公曰：「夫王段二將軍，婦人也。兵氣不可用，宜檄民伍，中豪必有應者。」胡公如言。數日後，夜半有遶城而呼者，曰：「青泥鄭剪韮殺賊矣。」剪韮者，故河南大盜師尚詔騎從也。亡歸，結婦家兄弟十數人，椎劫藏里中。于時里中長者吴道頫得檄，獨出身説剪韮曰：「美男子而終身亡命乎！」剪韮喜，乃夜從竇中射殺其酋十數人，衣其衣入賊營，斬百十賊。明日上城，士大夫無爲禮者，公獨引剪韮爲上賓。而時有觀察某，騃人也；妄聽一老諸生言兵，令爲剪韮副。老諸生之子，亦諸生也，從公遊。公言於胡公：「君勿用此人也。」又召其子而責之曰：「失剪韮必汝父者。」時賊創沮，不敢薄郡城，略西北厓而去數十里。剪韮令御枚尾擊賊。老諸生曰：「如此無以分功。」乃大呼逐賊。賊覺，盡反向鬬。剪韮時獨立淖田橋中，倉卒中十數槍，墜田中，明日死。而賊不知其剪韮也，乃夜奔。賊平，松極言公知兵可用。而侍御史淮南凌儒薦天下名士六人，公其一也。又前所同時爲令維嶽等，皆顯，亦所在推轂公。而公執禮强重，又貧乏不敢通長安貴人書。相嵩，鄉人也；相階，嘗視學江右，有故。而上性雄忌，終不喜言所廢人，杖凌儒幾死。其後徐相國稍居間，進反嵩者一二人，而九川與公，前後病不可起矣。公爲人長偉美髮，廣口儋耳，行坐甚敦，與笑語，歡如也。公居郡中無所營，獨歲聚生徒百十人，臨高臺，横經講，質疑難，稍以自資。諸生中亦多貴顯者。卒之月，復舉一子君錫，能讀其書云。門生顯祖論曰：予家世受《尚書》徐公知，徐公不喜遊，見遠遊者，未嘗不自恨。其意不遠，然亦其時。鄉有人焉，亦足徵一代之人文矣。乃日就月將，情深而文明，更誰得而窺其際哉！進足以興，退足以容，惟公有焉。語曰「天根見而水涸」，豈不悲乎！

（嘉慶《東鄉縣志・人物志》）

傳後有按語云：「按傳爲湯若士顯祖撰。……舊纂省、府志者皆未及見，故載亦不詳。今得而備録之，何其幸也。」

隱君子傳

吾鄉風節如陳儀部，文章如章督學，嶙峋深湛，弗可及已。然皆位致通顯。先生一布衣，積仁積義，可法可傳，遂與兩公鼎立；則爲兩公易，爲先生難也。

（《臨川縣志》卷四十二）

此文自《李東成傳》摘出。

周宗鎬墓表

生不負人，死不愧屍。

（《臨川縣志》卷四十六）

此文自《周宗鎬傳》摘出。

王德敷先生哀辭

謂天道有知，王孝子無禄；謂天道無知，王孝子有鹿。

（《麗水縣志》卷十一）

此文自《王葑傳》摘出。葑字德敷，所謂「有鹿」，以其雙親墓廬曾有馴鹿之異云。

壽　詞

三星在天，照臨下土。維此良人，錫爾純嘏。萬福攸同，百禄是何。三壽作朋，亦孔之固。既安且寧，爰得我所。子子孫孫，繩其祖武。俾爾熾而昌，俾爾壽而富。長發其祥，受天之祜！隆慶庚午湯顯祖題并書。

（上海圖書館藏湯顯祖手書册頁）

題目爲編者所加。

妙智堂觀音大士像贊

稽首大悲觀世音，百千手眼利羣小。譬如明月當秋空，隨所有水皆現影。此影離聞不可得，出聞而覺名聖人，因聞而迷名凡品。聖凡若離聞性有，一切木偶應聞道。我思菩薩未覺時，初與衆人無異同。衆人忽有一覺者，亦與菩薩無同異。衆生菩薩但是名，究始聞始寧真實。明月如不假浮雲，清光終古誰奇特。浮雲若非以明月，世人謂光有生滅。性光天地萬物君，紂非疏兮堯非親。知而能用千眼全，日用不知光霾塵。菩薩以此垂慈憫。知而能用，手快眼清無量數，廣接羣生入普門。人人與佛無有等，緣象得象象豈忘，自是衆人欠痛想。一輪明月唾霧中，嗜慾淺則天機廣。敢勸諸來觀象流，無多手眼翻爲障。

（乾隆《遂昌縣志》卷十）

尺牘

賀友人（父母雙壽）

即晨河漢在界，雙星在門。瑶姬奏笙，龍女進曲。蒲萄新緑，銀釭乍紅。階下斑衣，堂上珠履。盈門音樂，何羨洞天。

（《振雅雲箋》卷一）

柬黄宫詹

九日登高，得在烟雨樓中，餐英插萸，一任風吹烏帽，大快夙心矣。

（《振雅雲箋》卷三）

柬屠緯真

非羆非熊，既不能候之渡河，又不容聽之負嵎，與衆棄之矣。《祠記》奉覽。

（沈際飛評選《玉茗堂集選》文集）

「祠記」指《遂昌縣滅虎祠記》摘自沈際飛評語。

與楊耆民

孫驛宰鋭然成橋事，去歲活幾百命。官微而德鉅，即以汝水爲峴山可也。記已屬草矣。（沈際飛評選《玉茗堂集選》文集）

記指《臨川縣孫驛丞去思碑》。摘自沈際飛評語。

答鄒爾瞻

黄生道眼甚徹，原不煩知解講論得也。（《吉水縣志》卷三）

此自《黄希周傳》摘出。

答鄭龍如

春風時來，忽得龍如扇頭贈詩。「寰中辟易」，未足仰承；「世外有同心」，差爲厚幸耳。即當袖采懷香，所至誇出座客，雲中沛艾猶惜此隤黄也。南屏大作，時照几閣間。《清言》真如蘭屑冰霤，承教宜附以傳。直去章門急，容寄以復并和章爲笑也。顔謝同游，衰年所托。萬惟自珍！

（《雋區》卷五）

此與《玉茗堂尺牘》卷六（《湯顯祖集》卷四十九）《答門人鄭龍如》有同有不同，此文字句加多。《雋區》作者鄭仲夔（龍如）謂爲「後來記室之誤，且書非全幅」云。

答錢簡棲

姑蘇大雅君子，後先種種，獨吾簡棲先氣岸横絶曹伍，有當于余心。士道固難于槩亮哉！蘇長公云，詩人相愛，唯我與君稀。近得所寄諸未鋟草，造語皆顒珏斐亹。時時置案頭，如與足下相對斷橋江閣間。庚辛金穰飯足，加以内有受之，外有元成，得一二公周旋，足以樂饑。履綦當不出千頃雲縹緲羣峯外也。縮地無術，把臂

何其。弟前爲屬兄于常郡通守陳君處，不知竟能相物色作河侯否？東望曷任依依！（《松樞十九山》）

載錢希言《松樞十九山·討桂編》，題爲《臨川湯小儀義仍書》。此與《玉茗堂尺牘》卷四（《湯顯祖集》卷四十七）《答錢簡棲》大不相同。

詞

千秋歲引

草展華茵，雲披翠幕。畫閣張枰向修薄。角端不堪蠻觸鬥，橘中自有神仙樂。嘆古今，争人我，分强弱！　高士洞知先一着。坎止流行心活潑，日把閒情付丘壑。容易莫教鶯語老，等閒可使花枝落。覓王郎，招謝傅，償碁約。（《坐隱先生集》）

賦

載《坐隱先生集・坐隱詩餘》第一頁。

金堤賦

惟金堤之勢象兮，何龍龍之豐沛。回淵璇之大陂兮，慨雲敦而山逝。風猶搖而翏津兮，夜聞訇其磑纍。瀟蘇胥其澶没兮，似沉秋之寂厲。擊洪澒而降潦兮，久馳精其有衈。獸蕭條而嘷暮兮，濤澀虚而若失。興唐塗而再諦兮，竊獨寒其盪稷。響窮山之奮瀑兮，殷涔雷之切迭。訴中城以朝徹兮，滃空隆而疏越。容搜騷而濩落兮，令人深感而不寐。豈圜輿以條惑兮，石涵牙而踵跖。下曾積以互柱兮，上舒斜而齒陛。基宏縱之旁衍兮，遂蚩有此亭隧。何淫淫之籍籍兮，散流眩而沈射。折湍横而不下兮，曾何遂其弟靡。泊流劉而度絶兮，雪葩華而諰篛。訇余衷而不可佇兮，暢劉觀乎緡媚。草夭延而蔓畏兮，貍壘松籠，參潭乎其灐。困陽春之美悶兮，猶然抒余之能。惟金堤之上都兮，詡幽悠而善思。苕顔羣監於沚曲兮，眺紛芳其可佩。愛沉苔之緑水兮，視鴛鴦而不去。翳長坻之蕤綏兮，惠風流而熠翠，步要那而波睇兮，掩江妃與漢女。固非余心之所殢兮，誓桃華之滀水。扈遥坦而肆歡兮，宇確斯而無外。悦俾倪於逝川兮，澹天泥之墶滯。心滔滔若爵浴兮，膰雄漂而入漻篴。畏松林之旁搚兮，反裴縈而倦息。遲飛梁之友倩兮，車連連而互轊。正佐紀之文昌兮，迺余居之所世。戒雲河之下潤兮，市明堂之升氣。流星貫於紫宫兮，在穹微之子亥。杓龍角以迴衡兮，過閶陽而上直。惟尚煬夫大火兮，又余生之所氏。疑司命之無正兮，攬戴筐而道愧。捷天梁而亘度兮，蝙元蟲之宛結。佷轒轒之美構兮，是誰列其虹霓。甃十二之舟門兮，上列房而裨市。往高堤之磒垝兮，東與西其猶怒。績高陂而并就兮，湧橋門而絓舳。泊柏潛其將齧兮，消泱魁而勃陁。虧與成其有對兮，孰梁埭之所固。庶石災之不壞兮，匯城巒之美氣。緬元流之紀略兮，發圖經而本原。汝伏鄉之血木兮，繳赤芾之飛猿。東梁安而瀨菈兮，陰清江乎石門。略吕滕而赴治兮，鄣西石以訛奔。伐石就捷兮，並東南而抱垣。串冒圮而載北兮，西翕潗夫連樊。始合臨之衆隊兮，羌北徑於黄昏。樅樟櫧之委細兮，發金雞之石冠。介豫章之洋瀾兮，淖靈若之東鄞。貫三門之素蜆兮，珥雙流其若環。帶河山之蜿約兮，壯礨磓之所闌。乍經縈而欒卷兮，又安知夫但曼。汮阺壖之泛朽兮，沰洶洋而慮安。砻隆春而汏穀兮，淦涅欒而忽殷。夜或淚以稍猶兮，淋淫夏以滮涫。旁不可以爲濁兮，泏云何而不分。疇東北之高潬兮，瀆滐濡而馴遷。杚豚砥之平固兮，永無埩其初堅。固寂坎之洪通兮，民乍舞而歡新。步橋欞之曲詰兮，何彤殳飛綏而畫雲。㯓綏維而旦莫兮，若龍鱗之覆川。䍲食鬻之齊人兮，輳殊方之末民。冠衣龐制兮，言語咿咍而不倫。乘余居近市兮，時間用其引緡。居賈輳積兮，難卒單陳。白日出暴兮璀璨瑀璘，巧蘄完兮衆則須珍。瘈惡聱嗥兮爭牙不均，儈狙客兮迎遠津。攀來下兮趣疾鮮，闌河碕兮絙衡權。分别賈區兮更販流轉，周張脱算兮駔魁攫便，來往飛梁兮踵不得還。大賈遨翔兮連倡嬛，文絲縠縞兮縈波煙，吹歌蹋博兮工數錢，敖民無數兮從流緣。令爰甿兮頓悔賤貧，復市道兮何言。便間人兮食薪，庸徒負兮周身，金南歲北兮漕若雲，古公擅兮篤仁。周隄藩兮帶阻水，雄四方兮止戈武。上周墉兮步參差之雲雉，川瀰瀰兮林溝靡靡。作者何勞兮，且今永逸。決廣深其百丈兮，歲千金以投沸。水好淫遊兮，長不處乎堤内。工哉淛獲兮，水中視息。冰雪溓溓兮，不縮意制。咀屑毒藥兮，墳發身熱。修桓對事兮，繆絙夾繘。巨石鎚汔兮，儵忽投入。脱發鉤石兮，平厝底窟。直中繩業兮，方曲若矩。横縱緟叠兮，旋窪勃窣。又似淘佛兮，抽魚疾出。即接褚纊兮，煙熅薄熨。烹狗斟燒兮，反春其寒溧。如鵙如鶻兮，番出代没。竪景波摇兮，遂成墉遏。結效宣梁兮，美徐公之所致。會固有巧兮，半前勤費。增庳培薄兮，終今莫億。亂紅蘸落兮，經條湙辟。遂歷洋洲兮，灌注菑蒿。鈴嚼鍇薄兮，亦莫知其食。藉壖田之涸旱兮，遂蹋引其埃滴。舉鍤爲雲兮，決渠爲雨。連畦秔稻兮，長我稷黍。水鳥盈涯兮，魚鼈熾殖。野豕戴土著紫薪兮，訝文翁之神異。隸名召伯兮，民歌邵父。仙公竟日兮，没水中而陶醉。鄭敬去吏兮，鋪茅靡以爲席。眥甯成之陂田兮，復汝南之鴻隙。夫既溉澤鹵之地，又安得省隄防之費。觀聽休美兮，登臨發滌。軺船利近兮，津城度驛。濛流融羕兮，嘆人工之闕蠠。大夫實高梁之茂美兮，翜越逝悊。最樊議之不然兮，櫜乎差吉。疏利流惡兮，不憚剪篲。芔工發手兮，賞師徒士。獵略金選兮，簿歷淩細。班官考作兮，比次丈尺。飲食樂寬兮，程鼓不鼛。冞巡速巧兮，成功遠迹。旁魰汕擊兮，分鯢拒之發發。無鱦鯤兮，舉不得沫。暮反三市兮，名數填遏。窣兀敞兮，汭阡渠之蚕蜺。衆訊大夫兮，豈不俞悦。自我樂郊兮，谷叟争馳。寬然顧樂兮，左右雲麗。舒鳧雁鶬何離離兮，白鷺雍容而雪飛。紅簷激矯兮，燕即足而差池。士女慶於莊疇兮，濯緯沿湄。舟人客子颿融沖而上兮，下搖枻之衙倚。附就巇遅兮，視臺阯行人之渺微。車馬鱗度兮，旁積壠之索索。軥宅疾兮，元氣一何睢盱。云胡不恢兮，愷瞻四遐。靈郭翠之蔥眠兮，接雲施於戚華。望上雲而不見兮，歸石笋之所治。明發西醮兮，銅峨峙而入華子。浸明泉之日月兮，磴瀑懸危百尺而不止。蒙嵷杳靄兮，鬱育龍會。降出黄梁兮，試陰蟲之滴水。浮丘王子從逝兹兮，躡芙蓉而棲紫蓋。東華繹屹於九峯兮，軍標入乎雲内。空明玉景兮，人居苦殢。乘逝川兮適金石，略蜉蝣兮捐積翠，曾何足以娭兮甚塵細。明發東維兮，列賓侶而命斸。扳方舩之繡繢兮，跳雲華之妙伎。搖凌波兮響葭吹，歌激楚兮轉吴會，霞雲駁兮樹芔靡，《周南》雅兮樂無射，弭節金涯兮招遥容裔。快安流兮吉蠲戒，置靈宮兮醮都水，巫望河兮紛若，語靈之來兮從玉馬。於是耆舊諸生各稱厥意，曰：「惟是大夫之勤慈有智，休哉，賴神媪之從和，銓絡之平理。愚等無所知識，恐後來之不昭。昔李冰作離碓而辟沫水，立石犀，明異世。大夫固巴蜀之英，宜裔厥事。」大夫曰：「休哉！」乃鎔金銅，灑棰鑄，作立水犀。琅當鐵柱伏蛟螭，觸夔怪。爍金精，與神會。填高深，永無害。

（《臨川縣志》卷五）

縉紳賦

乞告身于枕袖之時，在主爵而無靳。

（《才子牡丹亭》）

録自《才子牡丹亭》「寇間」齣批語。

秋夜繩牀賦

嗟予肱之三折兮，方髫齔之歲月。岌岌病骨固難支兮，又逢途之九折。當春陽之新麗兮，蘭茁其芽；不使吐辭作醴兮，呵筆出花。而層冰飛霰兮，敗其穎秀；身藉荼蓼兮，材輪糧莠。憶昔十一讀《易》兮，七年鼎革。《五經》句讀初離兮，《左》、《國》文辭未析。波平則圈鷄牧豕兮，塵起則萍漂絮翻。於是四民失據兮，俯仰惟艱。冉冉歲華兮，三旬夢魂。妻殀子殤兮，聊餬口於村童；蜩螗蛙蛤聲中兮，舌敝耳聾。庚午水變兮，開闢未際。爾乃穿竄蕭寺兮，猶然戀兹疣贅之未潰。晝則山童四五兮，授以三字；夜則寂寞繩牀兮，共兹囚山之味。食則三投麥菽之饘粥兮，已煮之碗飯，當暑熱時，必蒸；過一宿後，而後投之爲粥。食者毫無米氣。營營青蠅又玷其紅白；佐以瘠地之苦蔬兮，反漬以衰殘之心血。居則分僧寮之咫尺兮，乾蝸掛壁。南山八月蒼葭兮，逗引風霜。東海三瘠白茅兮，疏漏星日。野蔓山葛驕而入室兮，蕨筍蘆芽戢戢而争其餘隙。蚍蜉遂争國於檀槐兮，蛙黽窺天於坎井。一几一榻兮，曙而復暝；敝帷落盡梅花兮，月色融然；故衾冰裂水田兮，幽渚鷗眠。每欲避愁於華胥兮，恨春宵之猶永；何夏夜之易明兮，似獨迢迢於孤枕。俄而朱明告謝，又值凛秋。寸寸衰草，處處酸眸。山闇闇而欲寐兮，溪瀌瀌而捫喉。風鳴金鐵兮，盡是商聲；雲垂帷幕兮，似悼窮愁。萬感不召而自至兮，都歸展轉之更籌。因思夫人自立於宇宙兮，君與親之恩罔極。非致主之伊、周兮，則安邊之衞、霍。雖束手而談王霸兮，亦何忍視斯時之民瘼。苟時不吾與兮，遂藏經綸於把握。即若予之廢人兮，豈無翰墨之堪托？乃悲嘆窮廬兮，負千鈞之家學。洛、閩、姚江門牆遍宇宙兮，歐陽傳經八代。嗟哉，尸居餘氣兮，兔園之耳目如芥。是以鰥魚之目睫長炯炯兮，萬山之淒苦畢集。試敷陳其百一兮，已藤葛纏乎酸筆。初聞淅瀝於風竹兮，勢漸逼於奔濤；波臣忽溝爲絶島兮，冷炊火於昏朝。天夢難醒兮，獸搪突而禽號。斯山雨之狀也。濕暑收潤兮，秋氣到襟，初則舞幡幢而拂佛火兮，故紙愁吟。繼而星河摇而欲落。其或落葉敲窗兮，魂返雲山之夢；宿鳥墜枝兮，悲興三匝之音。斯山風之狀也。着樹凝雪兮，穿沙湧潮。憶昔四載漁燈兮，依依故交。今向空林兮，分我半巢。但怪夫近軒韞而帶秋兮，入筆墨而含騷。斯又山雲之狀也。山境逢秋兮意緒涼，荒茅苦竹之間兮，贈以清光。分清陰於禽藪兮，落涼泠於魚鄉。於是茅簷遞影兮，葦壁蒼蒼；松竹書衾兮，癯鶴巢霜。斯又山月之狀也。若夫寒蟬之吟也，夏蟲忽值涼秋兮，翳槁葉而寄絲聲。白雲清露生涯兮，花爛花殘，豈異其鳴。若爲代寫心寒兮，風中嫋嫋，領彼餘清。秋蛩之怨也。當夫寒澗捫舌兮，露草淚含。爰有微物兮，時訴酸咽。既不藉食於彝跖兮，亦何恨乎支干。攬倦羽之眠烏兮，警斷腸之定猿。嗟予之涼行無伴兮，何怪汝之多言。至於西月飛梁兮，夜影向晨；透喤聲於空境兮，諸蠢蘇魂；如雲冉冉兮，不住蒼狗之羣；如風渡水兮，豈滯藻川之文；砰爾一聲兮，驚破耳根；擬乘桴於一楞之海兮，曙樓起東方之白雲。非鐘聲之叩曉乎？山無雲帶兮，樹斂商聲；忽起悲音於遠塢兮，互報霜清；一到衰殘之年兮，感生淒斷之更。憶自破鏡離鸞兮，十載衣單。悼故襦之淚痕重疊兮，魂絶千山。非砧響之搗衣乎？若夫循籬瘦菊兮，寒映曳汀蓉影；堆堦敗葉兮，焰分綴草疏螢；烏驚暗月兮，斷續雁離孤唳；鼯嘯空梁兮，依稀猿斷三聲。猛虎怒嘯兮，不寒而慄；苦鳥訴衷兮，酸欲墮城；佛影沈沈兮，琉璃明滅；梵唄寥寥兮，寒竿卒折。騷魂召而不反兮，雲未斂而慘黯，天亦老而寥泬。雖然，觀夫世之紅塵機巧兮，争枯菀而着足。譬彼海市浮山兮，儼輝光之眩目。走炎趨熱兮，兢自焚以待爐。吁凍呵霜兮，易暄涼於片瞬。自惟即無轗軻於盛年兮，不過把玩於俄頃。究亦何所得兮，難繫乎崦嵫之夕景。憶前賢之流風兮，山高而水長。思分雲而把茅兮，高堂之大椿永芳。置琴書之楚楚兮，摘堦上之薇芳。插萬卷之森羅兮，波及乎性海之汪洋。觴詠於倍日之年兮，亦有雲水之徜徉。山中之清風習習兮，乃有味於繩牀。亂曰：山浄林空，水清泚兮。迴出雲霄，無塵滓兮。别開門户，亦云美兮。時不我與，托迹此兮。名賢風韻，可翹企兮。養老長幼，翦蓬藟兮。雲水遨遊，同舄履兮。苾蒭蒼翠，映蘭芷兮。柏子清香，妙沈水兮。塵世浮華，猶糠粃兮。

（《明文海》卷四）

對聯

贈寅祖

弱冠已能開萬卷　　探花先作第三人

（《文昌湯氏宗譜》）

自《宗譜》卷首艾南英《亦士公傳》摘出。

贈維岳（一）

嶽立光騰紫氣　橋成新築沙堤

贈維岳（二）

顯喬岳於中天立之斯立　挹清瀾於少海純乎其純

（《文昌湯氏宗譜》）

自《宗譜》卷首錢捷《生甫公實録》摘出。

題金梠閣

一鈎篚幙紅塵遠　半榻琴書白晝長

題寒光堂

天地間都是文章妙處還須自得　身心外别無道理静中最好尋思

（《文昌湯氏宗譜》）

自《宗譜》卷首湯頤《撫郡湯氏廨宇規模記》摘出。

題歸仁書院

未嘗不知嚜嚜已中來復　如有所立循循天下歸仁

（《潛初子集》卷二）

自岳元聲《歸仁吟》摘出。

題龍沙寺

池開沙月白　門對杏榆清

（《船山遺書·南窗漫記》）

時文

自王夫之《南窗漫記》摘出。

次九曰嚮用五福

聖人第疇之九，而先之以勸天下者焉。蓋福以章善也。勸人以福，則人有不樂於爲善者哉？宜大禹以之第次九之疇也。且夫《書》之數有所謂九者，位列於離，而天地之祕以顯；數成於金，而陰陽之用已全。禹乃以序於次八之後而第之，曰嚮用五福焉。蓋人之爲善，必有所慕，而後其趨莫禦；君之作善，必有所勸，而後其機自神。惟天眷德，固有福以厚之也。而以德先天下者，則緣是以妙化導之術。惟德動天，福固自己求之也。而以道化斯民者，則藉是以昭勸相之藿。方其未嚮於善也，則示之五福以興起之，使天下之相率於善而不敢悖者，用此道也。及其既嚮於善也，則錫之五福以固結之，使天下之益力於善而不敢怠者，用此道也。天子立臣之極，固以福自嚮矣，亦以之而嚮其臣，即應感之不誣者，以誘其進；而百官之羞行者，翕如也。其諸王者激勸臣工之典乎。天子立民之極，固以福自勸矣，亦以之而勸其民，即天人之不爽者，以決其趨；而黎民之敏德者，勃如也。其諸王者鼓舞萬民之術乎。要之，《書》終於九數而神道以成疇，勸以五福而治道斯備。大禹取而配之，其旨深矣。夫是則皇極行而何彝倫之不敍哉！雖然，嚮用之説，聖人爲凡民言之也。君子無所爲而爲善，豈待福而後勸耶？是故上下無交，孔子之修德如故也；居於陋巷，顔子之好學不改也。何者？其中之所自嚮者定也。明於自嚮，而可以免幸福之咎矣。

（《隆慶庚午江西鄉試録》）

顯祖在隆慶庚午（一五七〇）江西鄉試中，以第八名中舉。顯祖習《書經》，此爲第一場試卷。卷前有批語：同考試官教諭陳批：認理精確，敷詞純雅，深於經學者也。允宜高薦。

同考試官教諭陳批：發明勸善之疇，真切詳盡，而平正中自有人不及處。宜冠本房。

考試官學正吴批：瑩潔。

考試官教授顧批：通暢。

策 第三問

聖人之作經也，不遺乎數，而未嘗倚于數。儒者之説經也，貴依于理，而不可鑿乎理。蓋天下之數莫非理也，天下之理莫非天也。聖人默契乎天，自能明天下之道，而天有所不必畀。聖人神明乎理，自能周天下之數，而數有所不足拘。自世儒喜爲奇説，以神異聖人之事，推象數以原經而經滯，務爲過求，以自附聖人之學，衍意見以傳經而經離。求愈奇，故説愈鑿；説愈鑿，故旨愈繁；而聖人之道愈失其初矣。雖其爲學未必皆叛於聖人，以是爲作經之本可乎？嗚呼！吾獨怪乎六經之旨如日中天，未嘗托異徵祕以求信於天下；而後世儒者亂之也。今夫易卦何昉乎？伏羲畫之，爲文字之祖也。當其時鴻蒙未闢，人文未啓，天地萬物之情，陰陽鬼神之祕寓於法象，而易行乎其中矣。伏羲神而明之，以定畫焉。故《易》曰，仰則觀象於天，俯則觀法於地，觀鳥獸之文與地之宜，于是始作八卦。此作《易》之本也。《洪範》何昉乎？箕子陳之，是神禹之傳也。當其時，玄圭告功，文命未布，立極綏民之具，事天治人之本藏於幾微，而疇具乎其中矣。神禹會而通之以作範焉。故《書》曰：「禹乃嗣興，天乃錫禹洪範九疇，彝倫攸敘。」此敘疇之本也。二聖人者，運而精神既有以丕隆休烈，聚而心術又足以開先世教，雖其聖德格天，河洛效瑞，圖書之數未必不可通於經。而聖人取義也大，立教也正，惟其理之可以信天下，而不必乎象數之模倣，瑞應之摭飾也。何至後世異説之紛紛哉？其謂龍馬出河，伏羲遂則其文以畫八卦，神龜負文而列於背，有數至九，禹遂因而第之以成九類。此孔安國之説也。其謂伏羲繼天而王，受河圖而畫之八卦，禹治洪水，賜洛書法而陳之九疇。此劉歆之言也。其謂河圖之文，七前六後，八左九右；洛書之文，九前一後，三左七右，四前左二，前右八後，左六後右。此關朗之論也。宋儒邵子亦曰，圓者河圖之數，方者洛書之文，故羲文因之而造《易》，禹箕敘之而作《範》。嗚呼，信如是，則《易》出于圖，無圖即無卦矣；《範》出于書，無書即無疇矣；而聖人作經之本不既遠乎？其訛起于緯候之書，謂河以通乾出天苞，洛以流坤出地符，聖人必有神物以授之之説，漢儒惑之，牽合文致，不求聖人之實。迨宋儒喜于附聖而輒取之，復强證于《易》傳圖書之一言。不知孔子嘗言河出圖矣，而奇偶之象未詳也；嘗言洛出書矣，而九一之數未悉也；嘗言聖人則之矣，而因圖畫卦，因書立範未及也。諸家之言何祖乎！夫觀鳥迹而製字，因規矩而製器，藝也。聖人恒必詳之，顧此經學禎符祕訣，不與本文同傳，而千載之下，山人野士創爲之説，不幾于詭誕而不可從矣乎。況以圖之數析補八卦，拘合强同，多所難信，如使揭圖而示之，孰爲一六而下，孰爲二七而上，孰爲三八四九而左右，孰爲乾兑離震，孰爲巽坎艮坤？天之告人也何其瀆。因其上而上，因其下而下，因其左右而左右，因其乾兑離震以爲乾兑離震，因其巽坎艮坤以爲巽坎艮坤。聖人之效天也何其拘。《易》既如是作矣，然則仰觀俯察者又何物，通德類情者又何事，而《易》書本體不在此而在彼邪？以書之數參合九疇，則陰陽奇偶俱未相當。按類而求之，五行何以居下，五事何以居上，五紀何以居前左，而皇極何以居中邪？八政何以居左，稽疑何以居右，三德何以居後右，而庶徵、福極何各專一位邪？書之方位實不同于疇。一、三、五、七、九，奇也；而五行、八政、皇極、稽疑、福極，何以屬之奇？二、四、六、八，偶也；而五事、五紀、三德、庶徵，何以屬之偶？疇之名數又不同于書。如謂大義無取，姑摘其自一至九之文，則又奚必縱横黑白，祕傳神授，重煩聖人第之而後成邪？先儒劉長民謂伏羲兼取圖書，又謂九爲河圖，十爲洛書。蔣之謂先天圖爲河圖，五行生成數爲洛書。諸說紛雜，皆無定據；而獨孔、劉之言爲信，謬矣。程子有云，孔子感麟而作《春秋》。麟不出，《春秋》豈不作？如畫八卦，因見河圖洛書；果無圖書，八卦亦須作。朱子亦謂伏羲仰觀俯察，遠求迎取，安知河圖非其中一事？二氏之論稍爲得之。聖王達天明道而作經，禎符適見，理固有然。而謂必作于圖書者，非也。蓋聖人之經主于理，而後世索之于數；聖人之理得于天，而後世擬之于怪。故不但原經者飾爲異説以誇世誣人也。世儒圖經傳經者，往往惟新奇玄奥是務，分配離析以解經，而經可明乎！夫易者不離象數，而象數之理自不可窮。然而有正焉，有變焉。卦之明白較著者，正也；旁推而衍之者，變也。伏羲八卦，陰陽剛柔，其理一定，變化盡于是矣。故三代更帙，《易》卦則同。而《連山》，而《歸藏》，而《周易》，未嘗外伏羲所作，而爲一《易》也。乃邵子圖學，以此爲周之《易》，而非伏羲之《易》，别出横圖于前，左右分析以象天氣，謂之圓圖；于其中，交加八宫以象地類，謂之方圖。《易》于天氣地類，蓋詳矣，奚俟夫圖而後見也。且謂其必出於伏羲，既規横以爲圓，又填圓以爲方，前列六十四卦于横圖，後列一百二十八卦于圓圖。上古無言之《易》，何若是紛紛哉！《易》始於一，由太極而兩儀，而四象，而八卦，生生之序也；未聞筆之圖以立卦。天地、山澤、風雷、水火，相合配偶。此八卦對待之體，乃别而圖之爲先天。由此行乎四時，序于五方，又流行之用，乃别而圖之爲後天。何據也？孔子作《傳》于千百年之前，邵子讀《易》而悟其變，推而衍之如此。不應謂聖人之《傳》反爲其圖説也。近世黄東發著《日抄》，極謂「天地定位」一章，必非先天卦位，疑圖學之不可從。蓋彼謂先天在卦氣，《傳》何爲舍而曰「天地定位」；彼謂後天在入用，《傳》何爲舍而曰「帝出乎震」。《繫辭》一書，語象變詳矣，未嘗一及于圖。且漢儒傳經近古，未有以圖爲言者。圖學，邵子之《易》也，而可即謂聖人之《易》也哉？《洪範》者，聖王治世大法，其道近於皇極，而終始意義聯貫而不可離。是故有本焉，有枝焉。前四疇，皇極之體，治天下之本根也；後四疇，皇極之用，治天下之枝葉也。讀《洪範》者，當知天人合一至理。聖人嚴感應之機，詳著五事修廢與五行徵應之論，特其理微妙不可迹拘耳。劉向作《洪範五行傳》，其言某事致某災，某災應某事，捷若形影，破碎分析，世以災異之學病之；而遂疑念用之疇，或未可盡信。夫人君事天，如孝子事親，日候其顔色喜怒，以爲己之悖順。此所謂念也。徵而休焉，修之當如是。而求其肅必時雨，乂必時暘，哲必時燠，謀必時寒，聖必時風，則難矣。徵而咎焉，廢之當如是而求其狂必恒雨，僭必恒暘，豫必恒燠，急必恒寒，蒙必恒風，則舛矣。聖人立教，論其理而奚必于類應之符邪？惟其言理，故不祖于數，而宋世蔡元定作《皇極内篇》，補《洪範》不傳之數，以疇之目合書之九九，衍之而爲八十一，八十一衍之而爲七百二十九，極之於六千五百六十一焉。自元至終，猶《易》之卦也；而六千五百六十一，猶卦之爻也。其于天人妙理，治世大法，果皆曲盡而無遺否乎？洛書，數之祖，祖洛書而推之于不可窮，此元定之精于數學，而有功於《書》也。若謂《洪範》之缺，藉以推衍，何其敢于誣經也哉！是故六經之道幾絶而復明者，諸儒傳經之力；而使大義不盡明于世者，諸儒牽合擬附之罪也。漢儒之失，在示天下後世之信而涉於誇；宋儒之失，在求聖人之精而流於過。或曰：宋儒之學何可非也？曰：何敢非也，天下理與數而已矣。若惟其理數是精，而不援經解附，則邵子之圖學，蔡氏之數學，豈可少哉！此言蓋爲聖經立辨也，折衷之以定論，尚俟夫理學之奥者焉。

（《隆慶庚午江西鄉試録》）

此爲顯祖舉鄉試第三場之試卷。卷前亦有批語：

同考試官教諭陳批：世儒類以圖書説經，此作推原聖人本意，反復辯論，足解千古之疑。

同考試官教諭陳批：據理析數，考究精詳。

考試官學正吴批：是策大有功于聖經。

考試官教授顧批：得理學之奥，宜録。

擬大駕北征次玄石坡擒胡山清流泉勒銘凱還羣臣賀表 永樂八年、會墨

伏以聖武回天，昴畢正天街之位，神功燭地，山河開地絡之文，萬國翔懽，三靈護慶，望鑾和之至止，鏘象闕之朝儀，臣等欣忭欣忭，稽首頓首。竊惟六服罔不承德，賴明王之四征；五材誰能去兵，助聖人之一怒。故北威獯粥，黃帝登崆峒之墟；南問苗民，伯禹過洞庭之野；商宗三年克醜，爰歌撻彼之章；周宣六月興師，僅勒蒐于之鼓。慨自三川野祭，遂乃陸渾塵飛；徘徊卑耳之溪，誰當束馬；偃蹇索頭之祚，竟接和龍。白雁啣書，不畏漢家天子；盧龍鄉道，粗誇魏闕名王；數憑陵於李唐，遂披猖於趙宋。山前山後，俱成服匿之鄉；河北河南，並晦撐梨之日。遘大明之執象，當聖祖之飛龍。復帝王自有之中原，重開日月；受河嶽光華之王氣，力正乾坤。屬郟鄏之鼎方圖，而軒轅之臺已閟。邊境猶竊，廟算頻紆。雖安五馬之南，未照六龍之北。茲蓋伏遇皇帝陛下，暉河闡絳，雲朔苞祥；武欲承文，堯當繼摯。洗清江海，飛騰出日之邊；沃蕩幽燕，殷震無雷之外。謂暫勞可以永逸，而一舉遂成萬全，乃召六師，親巡萬里。明堂氣色，吹玉律於前和；華蓋星文，寫金雲於後勁。遂乃仁者無敵，固亦王師有征。虎豹山前，不見蹛林之幕；鴛鴦海上，俱開細柳之營。宛馬南歸，笑星躔之受孛；胡馳北遁，卑月暈之圍參。玄石神泉，清流顯岳，度擒胡之白石，記折首之洪名。帝詔無窮，王功有勒。臨洮築塞，徒標鄒嶧之

封；瀚海騰波，謾刻番禺之石。煬帝空歌接踵，已失計於江南；太宗浪道除兇，旋折威於遼左。豈如聖作，永塞皇猷。臣等白簡曾窺，每咤白登之役；青蒲乍接，無禅青海之勞。慶鸞鳥投降，親止下綏之殺；喜麒麟繪象，光分執靮之名。詩采白狼，曲參朱鷺。伏願保大定功，修文偃武。握金衡而主化，億兆民老老幼幼，長罷望於狼胥；酌北斗以調春，千萬世子子孫孫，永膺圖於龍敍。臣等無任瞻天仰聖，激切屏營之至。謹奉表稱賀以聞。

（《玉茗堂集選》卷六）

天下之政出於一 論、會墨

天下有政本，人主誠有以重之，然後政從於其本而不分。夫天下者，人主之器也，政所以制器而厝之於安且永也。然而二之，則天下不可以暫安。人主甚貴矣，抱貞一之資，乘繹闡之運，頓紘霍之綱，集靈聖之紀，持天下政，誰二之哉？然而二之者，不存乎所敬嚴，常存乎優愛，從晻奪明，試眇攘鉅，故相之權不可不重也，是政本也。然所貴以己爲天下者，身持其重而不分，重相則疑乎一於相。蓋非重其權而已耳，夫亦重其人，重之而有以自重，相與究其大職，敦其密意，以觀詳要而定幾揆，確然誠，粲然粹，天下雖有奇變，總方略，壹統類而驅騁焉，所出常一而不分。此明主所以善利器，而厝永安之本也。詳哉朱子之言矣，主職論相，相職正君，君相得職，體統正，朝廷尊，而後天下之政出於一，無多門。嘻，天下之政亦多矣。蓋自乾坤而後，屯蒙師訟，以終乎未濟，旋相生息，以煩其彙而雜其德。故玄邃之皇不能釋金布之用，希微之帝不能銷玉石之兵，況其巨者碎者，一專以蜵蜎曶昧，運而推之，則已非自然而忘之世。故天下之政常易而多端，多端必多出，則分之厥臣。蓋頊以前，號因其德，官因其祥；頊以後，號因其土，官因其事。官不一事，事不一官，五期三名，已爲概略矣。又且立易威而制臣吏，周官稱惟百惟倍，百政出百，倍政出倍，千舉萬變，固凌誶而縈紜。所謂誰能一之者也，時也。人主亦有以明政本耳，不明其本，則不明己之職；而其重輕，以其所輕之重重天下，雖神智不能，天下之政必有遷矣。一遷之中，何所不去，及此時疾而收之甚難，則何以本政也？非吾之相邪？何以重政本？則又寧有不辨乎相，而辨其他與？開承啓辟之主，或起百里之內，出十夫之中，蚤詳天下之政，而熟調天下之材，其善命相而親裁擇至精焉。維時政體威明，無敢蜆珥其側者無論也。獨守器持文之主，生長沉邃之居，偃仰乎奚寺之寵，一旦而縣衡天下，非及瞻察而故撫絜者也。而天下通達之屬，有知之倫，紛靡搏揖，沓然觀聽其政焉，於是有紀綱之政，有法令之政，有治軍之政，有賦民之政。紀綱者，百官之大儀憲也；法令，教制刑辟也；軍賦，所以徵煩衆庶者也。世主常不能蚤嘗其變，而生知之其數，則必厭而推之以爲難。夫天下之政本難也，而主上又推之，左右之臣必有接而受之者，所以政常出於多而不可一。是故三五之君，其臣不及，然無不重相者，何也？一天下之政也。時主之心常不一於政矣，極物而養，備官而使，雕幾欲綦采，臺觀欲甚除，音舞欲囂昌，那姱芷罣欲烈，喜惡欲其應而給，言欲諛而動欲機，此忠正大臣所不能一日聽其上，而優侏御幸，甘口柔心，以乘其醉而昏之者也。非獨其利主之昏，利其政也。夫當途之臣，明計之士，孰不願開忠發智，爲其主平一日之政哉！而左右褻御嘗得以困大臣而拆其合者，則非忠公强哲之相，必委屈選愞能觀望者也。多欲之君不便於嚴重之臣，其相人也，常取其媚己可狎者，不就其正己可畏者。而其相亦復習其便辟，無纖介忠利之心，而有强疾不仁之材，以沉於權利而不復維於大義，以爲我重臣也。天下之政之本，奈何與嬖臣賤隸同弱其君而分之政乎？則不過媮時補令以爲功，外嚴内險以爲制，橋語蜚文以爲搆，兼官自爵以爲威，而常沁沁焉恐左右之有言，一旦主覺悟而奪之也。其勢不得不分政以媚君之左右。而左右者，又盡騷除井匽之徒，非有《小雅・巷伯》鄭衆、良賀之流，可語以天下之政，雖不能治亦不能亂者也。此非獨其相之不職，亦其君不能論相而重之，以收天下之政耳。於是介偪之闢，並塞之境，大抵皆亂而主不知，失政本之過也。故曰政本者，相也。謹論相則政本不輕，政本不輕，而天下之政不出於多門者，誠兩得其職也。明決之主蓋有意乎一天下之政矣。以勤一之，其勤悴；以智一之，其智芮；以威一之，其威泄；誠不如克己復禮，孚中弭智。而論一相，明指以定政之所歸，不取相於辟，而取相於正，不愛其可畜者而敬其畏者。而爲之相者，亦當有以象上之指，而慤己之禄，以奉公履正，弼主安民，楊鑠懿而精調亮，非以佯柄，重賴其機利采色而已也。夫主有畏相，欲日亡而志日清，則可以觀昭曠之原，運鈞陶之上。而賢輔相又知上所重，亦有以自重，而專其職於正心軌事，遵制揚功，六卿百執事之吏，掚而幸治。惟君若相之德心是繼，而不敢以一正行其私；由是相等以列，則品儀樹；相考以行，則操趣覿；相紀以職，則功分明；相結以期，則繩約定；相貫以情，則神慮均。蓋臧否賞罰，宫省内外，一聽於袞職，而清和咸理，大小周官之治，可以從容而致之，紀綱何患乎不明，治軍何患乎不武，賦民何患乎不清？彼左右者方爲宫伯宫正之屬，謹身事上，猶恐不稱，何敢外點樞機之務，效漢唐之亂乎？故曰，天下有政本者，相之謂也。雖然，人主苟有志一天下政者，必期乎賢輔相矣。然所重者常未必賢，賢而未必終者，何也？則其未有以定志於始也。帝王之業貴定其志；定志，而後天下之動貞夫一。自知極於明，從正極於篤，能與其重相，相終始於政本之地，而晚計不摇。漢之宣，唐之憲，其初非不重賢相，圖事精核斷制，以收天下之權；而其末也，竟以基左右之禍，不終其美業。嗟夫，此伊尹告君卷卷於「自周有終」之説也。政之所出，豈有定形哉！

（《玉茗堂集選》卷六）

存目

四雋詠（詩）

帥機《陽秋館集》卷九有《四雋詠和湯生作》詩。錢謙益《列朝詩集・帥機傳》謂「惟審有《臨川四雋詩》，爲湯孝廉顯祖、謝秀才友可、曾秀才粤祥、吴公子拾芝。湯詩則以惟審爲首」。顯祖原唱今佚。

夜坐（詩）

沈懋學《郊居遺稿》卷一有《同湯義仍夜坐次韻》詩。顯祖原作未見。

朱謀埠集序

錢謙益《列朝詩集・朱謀埠傳》云，謀埠「有集行世，湯若士爲敍」。集佚。

黄汝亨文集序

黄汝亨《寓林集·答湯若士》云：「拙稿紙刻俱不佳，獲大序而壓世，真所謂美如冠玉。愧甚！」又云：「重刻稿并奉以大序冠玉也。」檢讀黄氏傳世詩文集，均未見顯祖序文。

譚子五篇序

譚元春《譚友夏合集》卷十六《寄黄貞父先生兼懷湯臨川（湯曾序刻譚子五篇）》詩云：「我昔愛文章，論公與臨川。語似註《易》理，舉世以爲然。臨川抱遠想，遥題我新篇。曰今之譚子，世遂子其編。」據《天門縣志·藝文志》，元春著作除《簡遠堂集》、《嶽歸堂集》、《湖霜草》、《虎井詩集》、《鵠灣古文》、《鵠灣遺集》外，尚有屬於子部之《遇莊集》。顯祖序文可能在此書中。

律吕考變及燭餘漫記序

《金谿縣志·人物志》之《王允佐傳》，謂允佐「著有《律吕考變》、《燭餘漫記》，臨川湯顯祖序之」。《律吕考變》、《燭餘漫記》今佚。

飛魚記題辭

祁彪佳《遠山堂曲品》述汪廷訥《飛魚記》,「爲我明一奇事。所以清遠道人作序嘉賞之」。《飛魚記》佚。

芍藥記題辭

《芍藥記》,鄭之文(應尼)作。黄汝亨《寓林集》卷三十《與鄭應尼》云:「《芍藥》大記,即詞人觀賞,實説林孤憤,世人未解也。……吾丈雲氣直上,有千秋無窮之業,刻此傳願少隱香名。如湯若士清遠道人之題,庶不刺俗人忌才者之眼。」吕天成《曲品》謂《芍藥記》「詞多俊語,海若甚賞之」。惜已不存。

吴詔相傳

朱彝尊《静志居詩話》云:「吴詔相,字廷承,宣城人。由舉人萬曆初知汝州。有《吴汝州集》。臨川湯義仍爲廷承作傳,述其生而不慧,既就塾,日記千言。縣試,令訝其幼，謂曰：『童子豈外黄兒邪？』應聲答曰：『明府比中牟令矣。』令竦然異之。廷承嘗夢紫衣人指點一閣道中，松柏蔥青數里。及知汝州，果有閣道松林中。嘆曰：『命止此邪！』因慵於治事，未秩滿稱病痞去。歸見其母，抱持大哭失聲，疾遂愈。丁母憂，未終喪而卒。」傳佚。

臨川別贈

湯顯祖書贈太倉張際陽伯昇詩文若干首，題名《臨川別贈》。後有湯開遠及張家駒跋云：「予以壬戌計偕過婁江。值家儀庭叔判州事，因宿署中。爲予譚伯昇先生修潔，睎曩日倍苦。吏雖界，無能下南州之榻，猶幸偃室有子羽云。予爲愾然者久之。一日伯昇先生過署，出兩手册示予。册乃家祠部公所贈題詩文凡若干首。時予家亡其稿已三年矣。讀之喜愧交集。因語家儀庭叔曰：『伯昇先生去□□三十年，尚守其清德如一日。家祠部公棄不肖幾何時，手澤幾不復存。賢不肖之相去，天耶？人耶？』亟録付笥中，而以原册歸伯昇先生。時在天啓元祀冬仲望後三日湯開遠謹識。」「是册計共二十五頁。前有『臨川別贈』四字，亦清遠道人所書。每頁計行行楷十行。先蒼崖公諱際陽，字伯昇，中憲公長子。道光乙酉秋八月家駒謹識。」見《吴郡文編》卷一百六十四《送張伯昇世兄歸吴序》附録。

第二编　生平

目録

傳記

事迹

傳　記

萬曆十一年進士登科録

湯顯祖簡歷

湯顯祖貫江西撫州府臨川縣民籍　國子生　治書經　字義仍　行二　年二十七　八月十四日生　曾祖瑄　祖懋昭　父尚賢　母吴氏　具慶下　弟儒祖　鳳祖　會祖　良祖　娶吴氏　江西鄉試第八名　會試第六十五名

（《萬曆十一年進士登科録》）

萬曆十一年癸未科進士同年序齒便覽

湯顯祖簡歷

湯顯祖，若士。「書」二房。乙卯八月十四日生。臨川縣人。庚午八名，三甲二百十一名。禮部觀政。甲申授南京太常寺博士。戊子升南京禮部主事。甲卯降徐聞縣典史。壬辰升遂昌知縣。考察回籍。曾祖瑄，貢士。祖懋昭，生員。

（《萬曆十一年癸未科進士同年序齒便覽》）

鄒迪光

湯義仍先生傳

先生名顯祖，字義仍，別號海若。豫章之臨川人。生而穎異不羣，體玉立，眉目朗秀，見者嘖嘖曰：「湯氏寧馨兒！」五歲能屬對。試之即應，又試之又應。立課數對，無難色。十三歲就督學公試，舉書案爲破，曰：「形而上者謂之道，形而下者謂之器。」督學奇之。補邑弟子員。每試必先其曹偶。彼其時於帖括而外，已能爲古文詞；五經而外，讀諸史百家汲冢《連山》諸書矣。庚午舉於鄉，年猶弱冠耳。見者益復嘖嘖曰：「此兒汗血，可致千里，非僅僅蹀躞康莊也者！」彼其時於古文詞而外，能精樂府、歌行、五七言詩；諸史百家而外，通天官、地理、醫藥、卜筮、河渠、墨兵、神經、怪牒諸書矣。公雖一孝廉乎，而名蔽天壤，海内人以得見湯義仍爲幸。丁丑會試，江陵公屬其私人啖以巍甲而不應。庚辰，江陵子懋修與其鄉之人王篆來結納，復唉以魏甲而亦不應，曰：「吾不敢從處女子失身也。」公雖一老孝廉乎，而名益鵲起，海内之人益以得望見湯先生爲幸。至癸未舉進士，而江陵物故矣。諸所爲席寵靈、附薰炙者，駸且澌没矣。公乃自嘆曰：「假令予以依附起，不以依附敗乎？」而時相蒲州、蘇州兩公，其子皆中進士，皆公同門友也。意欲要之入幕，酬以館選。而公率不應，亦如其所以拒江陵時者。以樂留都山川，乞得南太常博士。至則閉門距躍，絶不懷半刺津上，擁書萬卷，作蠹魚其中。每至丙夜，聲琅琅不輟。家人笑之：「老博士何以書爲？」曰：「吾讀吾書，不問博士與不博士也。」問策蹇驢，探雨花、木末、烏榜、燕磯、莫愁、秦淮、平陂、長干之勝，而舒之毫楮，都人士展相傳誦，至令紙貴。時典選某者，起家臨川令，公其所取士也。以書相貽曰：「第一通政府，而吾爲之慫恿，則北銓省可望。」而公亦不應，亦如其所以拒館選時者。尋以博士轉南祠部郎。部雖無所事事，而公奉職毖慎，不以閒局故稍自隤阤。謂兩政府進私人而塞言者路，抗疏論之，謫粵之徐聞尉。徐聞呑吐大海，白日不朗，紅霧四障，猩猩巤巤，短狐脩鱷，啼煙嘯雨，跳波弄漲，人盡危公。而公夷然不屑曰：「吾生平夢浮丘羅浮、擎雷大蓬、葛洪丹井、馬伏波銅柱而不可得，得假一尉，了此夙願，何必減陸賈使南粵哉？」居久之，轉遂昌令。遂昌在萬山中，土風淳美，其民亡羯夷之習，亡彫劫流穴之患，不煩衡決，勞擿伏；相與去鉗劇，罷桁楊，減科條，省期會，一意拊摩噢咻，乳哺而翼覆之，用得民和。日進青衿子秀，揚搉論議，質義斧藻切劘之，爲兢兢，一時醇吏聲爲兩浙冠。而公以倜儻夷易，不能脊韝鞠跽，睨長吏色，而得其便。又以礦税事多所蹊蹺，計偕之日，便向吏部堂告歸，雖主爵留之，典選留之，御史大夫留之，而公浩然長往。神武之冠，竟不可挽矣。已抵家，浙開府以復任招，不赴；浙直指以京學薦，不出。已無意仕路，而忌者不察，懼捉鼻之不免而爲後憂，遂於辛丑大計褫奪其官。比有從旁解之者曰：「遂昌久無小草志，何必乃爾。」當事者曰：「此君高尚，吾正欲成其遠志耳。」居家於所居之側，小結菟裘，延青引翠，英巨靈谷之勝，發牖而得。連樊青漪，灌注几席。襍蒔花木，籠禽鳥。金薤琳琅，照耀四壁間。中丞惠文郡國守令以下，干旄往往充斥巷左，而多不延接，亡論居閒謝絶。即有時事，非公憤不及齒頰。人勸之請托，曰：「吾不能以面皮口舌博錢刀，爲所不知何人計。」指牀上書示之：「有此不貧矣。」朝夕與古人居，評某氏某氏，誰可誰否，雌黄上下，不遺餘力，千載如對。與鄉之人居，則于于逌逌，屏城府，去厓略，黜形骸，而一飲之以醇。與家人俱，嗃嗃熙熙，相劑而出，笑顰不假，而光霽自若。與其兩尊人居，則柔氣愉色，逆所欲惡，而先意爲之；小不諧懌，慄慄憂虞，若負重辜然。與其五兄弟俱，解衣分餐，弼其逮而補其缺失，務令得兩尊人懽；以一人而兼兄弟五人以事其親，故兩尊人老而致足樂。公又喜任達，急人之難甚於己；人有困鬬，昏夜叩門户而請，即有弗逮，必旁宛助之，不以貧無力解。人謂公迂，公曰：「施濟不係富有力；必富有力，安所得馮驩郭解乎？」公於書無所不讀，而尤攻漢、魏《文選》一書。至掩卷而誦，不訛隻字。於詩文無所不比擬，而尤精西京、六朝、青蓮、少陵氏。然爲西京而非西京，爲六朝而非六朝，爲青蓮、少陵而非青蓮、少陵，其洗刷排盪之極，直舉秦、漢、晉、唐人語爲芻狗，爲餕餘，爲土苴，而汰之絶糠粃，鎔之絶泥滓，大始玉屑，空蒙沆瀣，帝青寶雲，玄涯水碧，不可以物類求，不可以人間語論矣。公又以其緒餘爲傳奇，若《紫簫》、《二夢》、《還魂》諸劇，實駕元人而上。每譜一曲，令小史當歌，而自爲之和，聲振寥廓，識者謂神仙中人云。

鄒愚公曰：世言才士無學，故戴逵、王弼之不爲徐廣、殷亮，而公有其學矣；又言學士無才，故士安、康成之不爲機、雲，而公有其才矣；又言文人學士無用，亦無行，而公爲邑吏有聲，志操完潔，洗濯束服，有用與行矣。公蓋其全哉！世以耳食枕衾之不愜，而飾貌修態，自塗塗人，人執外而信其裏；公與余約遊具區、靈巖、虎丘諸山川，而不能辦三月糧，逡巡中輟，然不自言貧，而人亦不盡謂公貧。公非自信其心者耶？余雖爲之執鞭，所欣慕焉。

（《調象菴稿》卷三十三）

鄒迪光，字彦吉，號愚公。江蘇無錫人。萬曆甲戌（一五七四）進士。有《調象菴稿》、《始青閣集》等。

過庭訓

湯顯祖傳

湯顯祖，字義仍，臨川人。十三歲補邑弟子員，已能爲古文詞，讀諸史百家諸書。庚午舉于鄉，癸未成進士。時相蒲州、蘇州兩公子皆中進士，爲顯祖同門友，意欲要之入幕，酬以館選，而率不應。樂留都山川，乞得南太常博士，轉南祠部郎，謂兩執政進私人而塞言者路，抗疏論之，謫粵之徐聞尉。徐聞吞吐大海，白日不朗，紅霧四障，人盡危之，夷然就道。久之，轉遂昌令。在萬山中，土風淳美，相與去鉗劇，罷桁楊，減科條，省期會，一意拊摩噢咻，乳哺而翼覆之，用得民和。日進青衿子秀，揚榷論議，斧藻切劘之爲兢兢。一時醇吏聲爲兩浙冠。而以倜儻夷易，不能帣韝鞠跽，睨長吏色而得其便。計偕之日，向吏部堂告歸，留之不得。已抵家，浙開府以復任招，不赴；浙直指以京學薦，不出。已無意仕路。而忌者不察，遂于辛丑大計褫奪其官。比有從旁解之者曰：「遂昌元無小草意。」當事者曰：「此君高尚，吾正欲成其遠志耳。」家居于所居之側，小結菟裘。與其兩尊人居，柔氣愉色，逆所欲惡而先意爲之。性喜獎與後進，又喜任達。急人之難甚于己，不以貧無力辭。其食貧二十餘年，而阮嘯自如，萊舞無闕。易簀之夕，尚爲孺子哭，命以麻衣冠就殮。長子士

蘧，有異才，肝膽酷似其父，年十九，早亡。季子開遠，乙卯舉於鄉。（《本朝京省人物考》卷六十一）

過庭訓，字爾韜，號成山。浙江平湖人。萬曆甲辰（一六〇四）進士。《本朝京省人物考》刊于天啓壬戌（一六二二）。

錢謙益

湯遂昌顯祖小傳

顯祖，字義仍。臨川人。生而有文在手，成童有庶幾之目。年二十一，舉於鄉。嘗下第，與宣城沈君典薄蕪陰，客於郡丞龍宗武。江陵有叔，亦以舉子客宗武，交相得也。萬曆丁丑，江陵方專國，從容問其叔：「公車中頗知有雄駿君子晁、賈其人者乎？」曰：「無逾於湯、沈兩生者矣。」江陵將以鼎甲畀其子，羅海内名士以張之。命諸郎因其叔延致兩生。義仍獨謝弗往。而君典遂與江陵子懋修偕及第。又六年癸未，與吴門、蒲州二相子，同舉進士。二相使其子召致門下，亦謝弗往也。除南太常博士。朝右慕其才，將徵爲吏部郎，上書辭免。稍遷南祠郎。抗疏論劾政府信私人，塞言路。謫廣東徐聞典史。量移知遂昌縣，用古循吏治邑，縱囚放牒，不廢嘯歌。戊戌上計，投劾歸，不復出。辛丑外計，議黜。李本寧力爭：「遂昌不應考法，且已高尚久矣。」主者曰：「正欲成此君之高耳。」里居二十年，年六十餘始喪其父母。既葬，病卒。自爲祭文，遺命用麻衣冠草履以殮。年六十有八。義仍志意激昂，風骨遒緊，扼腕希風，視天下事數着可了。其所投分，李于田、道甫、梅克生之流，皆都通顯，有建豎；而義仍一發不中，窮老蹭蹬。所居玉茗堂，文史狼藉，賓朋雜坐，鷄塒豕圈，接迹庭户，蕭閒詠歌，俯仰自得。道甫開府淮上，念其窮，遺書相迓。義仍謝曰：「身與公等比肩事主，老而爲客，所不能也。」爲郎時，擊排執政，禍且不測。詒書友人曰：「乘興偶發一疏，不知當事何以處我？」晚年師盱江而友紫柏，翛然有度世之志。胸中魁壘，陶寫未盡，則發而爲詞曲。「四夢」之書，雖復流連風懷，感激物態，要於洗蕩情塵，銷歸空有，則義仍之所存略可見矣。嘗謂：「我朝文字，以宋學士爲宗，李夢陽至瑯琊，氣力强弱，巨細不同，等贋文爾。」萬曆間，瑯琊二美同仕南都，爲敬美太常官屬。敬美唱爲公宴詩，不應；又簡括獻吉、于鱗、元美文賦，標其中用事出處及增減漢史唐詩字面，流傳白下，使元美知之。元美曰：「湯生標塗吾文，異時亦當有標塗湯生者。」自王、李之興，百有餘歲，義仍當霧雺充塞之時，穿穴其間，力爲解駁。歸太僕之後，一人而已。義仍少熟《文選》，中攻聲律，四十以後，詩變而之香山、眉山；文變而之南豐、臨川。嘗自敍其詩三變而力窮。又嘗以其文寓余，以謂「不蘄其知吾之所已就，而蘄其知吾之所未就也」。於詩曰變而力窮；於文曰知所未就。義仍之通懷嗜學，不自以爲能事如此。而世但賞其詞曲而已。不能知其所已就，而又安能知其所未就——可不爲三嘆哉！義仍有才子，曰士蘧，五歲能背誦《二京》《三都》，年二十三，客死白下。次大耆，才而佻，然有父風。次開遠，以鄉舉官監軍兵使，討流賊死行間。開遠好講學，取義仍續成《紫簫》殘本及詞曲未行者，悉焚棄之，大耆實云。幼子季雲，亦有雋才。

（《列朝詩集》丁集中）

錢謙益，字受之，號牧齋。常熟人。萬曆庚戌（一六一〇）進士，有《初學集》、《有學集》等。

湯顯祖傳

查繼佐

湯顯祖，字義仍，號海若，江西臨川人。萬曆丁丑會試，江陵以其才，一再啖魏甲，不應。癸未成進士。時同門中式蒲州、蘇州兩相公子，啖以館選，復不應。自請南博士。覽勝寄毫末。轉南禮部郎，以建言謫徐聞尉。久之，令遂昌。哺乳其民；

日進儒生，論貫古義。性簡易，不能睨長吏顔色。入計，輒告部堂歸；留不得。撫按復薦起，不赴。忌者猶于辛丑大計奪其官。築小室藏其書史，嘗指客：「有此不貧矣。」喜任俠，好急人。博洽；尤耽漢、魏《文選》。以其餘緒爲傳奇。每製一令，使小史歌之，和不工颯颯樂也。以不慕東林，終身宦不達。

論曰：海若爲文，大率工於纖麗，無關實務；然其遺思入神，往往破古。相傳譜四劇時，坐輿中謁客，得一奇句，輒下輿索市廛秃筆，書片楮，黏輿頂蓋；數步一書，不自知其勞也。余評其所爲《牡丹亭》一詞，謂慧精而稍不擇。海若初見徐山陰《四聲猿》，謾罵此牛有千夫之力，遂爲之作傳。

（《罪惟録·列傳》卷十八，四部叢刊三編）

查繼佐，字伊璜，號方舟，又號與齋。浙江海寧人。崇禎癸酉（一六三三）舉人。有《東山外紀》、《罪惟録》等。

萬斯同

湯顯祖傳

湯顯祖，字若士，臨川人。少善屬文，有時名。張居正欲其子及第，方羅海内名士以張之，聞顯祖及沈懋學名，命諸子延致，顯祖謝弗往；而懋學遂與居正子嗣修偕及第。顯祖至十一年始成進士。張四維、申時行之子，皆同年生也。各承其父命招詣門下，亦皆弗應。授南京太常博士。朝右慕其才，欲召爲吏部，辭不就。稍遷南京禮部主事。十八年，帝以星變，嚴責言官欺蔽，並停俸一年。顯祖上言曰：陛下降諭切責言官，甚感心也。顧今日言官，豈盡不肖罔識君臣大義哉。蓋陛下威福之柄，潛爲輔臣所竊；故言官向背之情，亦爲之默移。夫人自非天性忠直，大都慕富貴而已。使忠直者不失富貴，誰爲奸邪？奸邪者不獲富貴，誰非忠直？今則不然。御史丁此吕首發科場欺蔽，時行恐其妨己，屬吏部楊巍劾去之；御史萬國欽極論封疆欺蔽，時行恨其毁己，諷同官許國遠謫之。其他偶一言相侵，無不出之於外。雖爲陛下輸忠，而陛下力不能庇之，使言官皆迴心惕息，而時行安然無指摘之虞矣。於是無恥之徒但知自結於執政，所得爵禄，直以爲執政予之；縱他日不保身名，而今日固已富貴矣。臣不暇遠舉，即如吏科都給事中楊文舉，奉詔經理荒政，所至徵賄鉅萬；比抵杭州，娱晏西湖，樂而忘返，竟不知銜使何事。且鬻獄市薦，漁利無窮，東南之人，痛疾深矣。輔臣豈不聞之？及其報命，居然擢首諫垣。彼既以貨取，明年大計天下吏臣，恐文舉家無地著金也。至若禮科都給事中胡汝寧攻擊饒伸，不過權門鷹犬耳，以其私人，猥見任用。夫陛下方責言官欺蔽，而輔臣之欺蔽自如，失今不治。臣謂陛下可惜者四：朝廷以爵禄爲雨露，所以滋植善類，今乃直爲私門蔓桃李，是爵禄可惜也；羣臣風靡，罔識廉恥，是人才可惜也；輔臣不越例予人富貴，不見爲恩，是成憲可惜也；陛下御天下二十年，前十年之政，張居正剛而多欲，以羣私人囂然壞之；後十年之政，時行柔而多欲，以羣私人靡然壞之；此聖政可惜也。乞立斥文舉汝寧，誡諭輔臣省愆悔過，慎保晚節。帝怒，謫徐聞典史。稍遷遂昌知縣。二十六年上計京師，投劾歸；不復出。又明年大計，主者議黜之。李維楨爲監司，力争不得。竟奪官。家居二十年卒。顯祖意氣慷慨，少有志天下事。所交李化龍、李三才、梅國禎，皆通顯有建豎。顯祖一發不中，蹭蹬窮老。所居玉茗堂，文史狼藉，賓朋雜坐，俯仰嘯歌，蕭然意得。三才開府淮上，念其窮，遺書迎之。謝曰：「身與公等比肩事主，老而爲客，所不能也。」少以文章自命。其論古文，則謂本朝以宋濂爲宗，李夢陽、王世貞輩，雖氣力强弱不同，等贋文耳。識者韙之。子開遠自有傳。

（萬斯同著《明史》卷三百二十六）

明史

湯顯祖傳

湯顯祖，字若士，臨川人。少善屬文，有時名。張居正欲其子及第，羅海内名士以張之，聞顯祖及沈懋學名，命諸子延致，顯祖謝弗往。懋學遂與居正子嗣修偕及第。顯祖至萬曆十一年始成進士。授南京太常博士，就遷禮部主事。十八年，帝以星變，嚴責言官欺蔽，並停俸一年。顯祖上言曰：「言官豈盡不肖？蓋陛下威福之柄，潛爲輔臣所竊，故言官向背之情亦爲默移。御史丁此吕首發科場欺蔽，申時行屬楊巍劾去之。御史萬國欽極論封疆欺蔽，時行諷同官許國遠謫之。一言相侵，無不出之於外。於是無恥之徒，但知自結於執政，所得爵禄，直以爲執政與之；縱他日不保身名，而今日固已富貴矣。給事中楊文舉奉詔理荒政，徵賄鉅萬；抵杭，日宴西湖，鬻獄市薦，以漁厚利。輔臣乃及其報命，擢首諫垣。給事中胡汝寧攻擊饒伸，不過權門鷹犬，以其私人，猥見任用。夫陛下方責言官欺蔽，而輔臣欺蔽自如，失今不治。臣謂陛下可惜者四：朝廷以爵禄植善類，今直爲私門蔓桃李，是爵禄可惜也；羣臣風靡，罔識廉恥，是人才可惜也；輔臣不越例予人富貴，不見爲恩，是成憲可惜也；陛下御天下二十年，前十年之政，張居正剛而多欲，以羣私人囂然壞之；後十年之政，時行柔而多欲，以羣私人靡然壞之；此聖政可惜也。乞立斥文舉、汝寧，誡諭輔臣省愆悔過。」帝怒，謫徐聞典史，稍遷遂昌知縣。二十六年，上計京師，投劾歸。又明年大計，主者議黜之。李維楨爲監司，力争不得，竟奪官。家居二十年卒。顯祖意氣慷慨，善李化龍、李三才、梅國楨，後皆通顯有建豎；而顯祖蹭蹬窮老。三才督漕淮上，遣書迎之，謝不往。顯祖建言之明年，福建僉事李琯，奉表入都，列時行十罪，語侵王錫爵；言惟錫爵敢恣睢，故時行益貪戾，請並斥以謝天下。帝怒，削其籍。甫兩月，時行亦罷。琯，豐城人，萬曆五年進士，嘗官御史；既斥歸，家居三十年而卒。顯祖子開遠，自有傳。（《明史》卷二百三十）

蔣士銓

玉茗先生傳

湯顯祖，字義仍，一字若士。江西臨川人。生嘉靖二十九年庚戌，有文在手。年二十一，舉於鄉。忤陳繼儒，遂以媒蘗下第。萬曆五年，再赴會試。張居正欲其子及第，羅致海內名士以張之，延顯祖及沈懋學。顯祖謝弗往，懋學乃與居正子嗣修偕及第。顯祖歸六年，迨居正歿之明年癸未，始成進士，與時宰張四維、申時行之子爲同年，二相招致之，又不往。除南京太常博士。久之，稍遷祠部。朝右慕其才，將徵爲吏部郎，上書辭免。十九年閏三月，以彗星變，詔責諫官欺蔽，大開言路。顯祖抗疏，論劾政府信私人，陰扼臺諫。語伉直數千言。謫徐聞典史。至任日，立貴生書院講學，士習頓移。陞遂昌知縣，滅虎放囚，誠信及物，翕然稱循吏。二十六年戊戌，投劾歸，不復出。辛丑外計，追論議黜之。李維禎爲監司，力爭曰：「此君高尚久矣，不應考法。」主計者曰：「正欲成其高耳。」竟削籍。里居二十餘年。父母喪時，顯祖已六十七齡。明年以哀毀卒。遺命以麻衣草屨殮。顯祖志意激昂，風節遒勁，平生以天下爲己任；因執政所抑，遂窮老而歿，天下惜之。所善同邑帥機及李三才、梅國楨、李化龍，後皆通顯，各有建豎。三才督漕淮上招之，答曰：「身與公等比肩事主，老而爲客，所不能也。」論文以本朝宋濂爲宗，李孟陽、王世貞氣焰雖盛，皆斥之爲僞體。當霧雺充塞之時，能排擊歷下者，只顯祖與歸有光二人而已。所居玉茗堂，文史狼藉，雞塒豕圈，雜沓庭户，蕭閒詠歌，俯仰自得。胸中魁壘，發爲詞曲。所著「四夢」，雖留連風懷，感激物態，要於洗蕩情塵，銷歸烏有，作達觀空，亦可悲矣。子四人：士蘧五齡，能背誦《三都》、《二京》，年二十三死。次大耆，才致有父風。次開遠，崇禎五年，由鄉舉爲河南推官。奏論時事，屢膺上怒，責令指實，開遠抗論不少屈。上命削職逮治，左良玉率將士七十餘人，士民數百人，合奏乞留，上爲動容，命帶罪辦賊。十年討平舞陽大盜，以功擢安廬三郡監軍。史可法薦其治行卓異，晉秩副使。十三年與黃得功大破諸賊，將用爲河南巡撫，竟以勞瘁卒。哭聲震郊野。贈太僕少卿。弟季雲，亦有雋才云。

（《臨川夢》卷首）

《臨川縣志》所載顯祖傳，悉本此文。其所增益者有二：（一）顯祖年十四補邑弟子員，隆慶庚午舉於鄉；（二）次子大耆，由大學幕職署淳安令，謝去。以才學顯，有父風。季子開先，辛酉恩選，有《潭庵集》。孫新德，壬午舉人，大耆子。

蔣士銓，字清容，號心餘。江西鉛山人。乾隆丁丑（一七五七）進士。有《忠雅堂集》及戲劇《藏園九種曲》等。

安徽通志

湯顯祖傳

湯顯祖，字義仍，臨川人。嘗遊宛陵，與沈懋學、梅鼎祚交，後爲南儀曹，往來益密。

（《安徽通志》卷三百六十四）

徐聞縣志

湯顯祖傳

湯顯祖，字義仍，臨川人。由進士任禮部主事，以建言謫徐聞添註典史。雅負才名，淹貫文史。延引士類，海之南北從遊者甚衆。建會館曰貴生書院，自爲説以紀。劉兑陽祭酒有記。遷遂昌知縣。

（《徐聞縣志》卷九）

湯顯祖死後，徐聞縣人祀之於名宦祠。

遂昌縣志

湯顯祖傳

湯顯祖，臨川人。萬曆癸未進士。授博士。陞南儀郎。建言謫尉徐聞，陞縣令。才名節概，海内想望丰采。下車惟較文賦詩，訟獄庶務迎刃立解。創尊經閣於學中，建象德堂於射圃，置滅虎祠、啓明樓，種種美政，士民就射堂而尸祝焉。督學吳公另建祠於堂後。以建言追贈光禄寺丞。祀名宦，復祀遺愛祠。

（《遂遂昌縣志》卷五）

事　迹

楊起元

近溪羅先生墓志銘

（近溪）夫子乙酉大會江省同志于會城。丙戌麻城周柳塘公來訪。同舟下南昌，遊兩浙，至留都。日與朱子廷益、焦子竑、李子登、陳子履祥、湯子顯祖等談學城西小寺。未幾同志咸集，會憑虚閣，會興善寺。門人集「會語續録」，趙瀫陽公刻於太學。別後大會蕪湖，大會水西，大會寧國。從祁門入饒州而還。

（《近溪子集·附集》卷二）

楊起元，字貞復，别號復所。廣東歸善人。萬曆丁丑（一五七七）進士。有《證學編》、《楊文懿集》等行世。

鄒元標

崇儒書院記

先是明水陳公以學爲郡人士倡，曾祀象山、二吴於臨汝。已盱江近溪羅公至，每會講禪刹，月餘别去。諸縉紳繼峯舒公、谷南高公、愚所陳公、景默曾公、二瞻黄公、若士湯公後先議曰：「吾撫在宋，黄勉齋氏創有南湖書院，以開來學。是時人材彬彬，家有絃誦，今吾等寄迹招提，謂先訓何！」屢圖恢復，而議弗克就。頃侍御督學懷魯周公……乃告郡刺史張公、邑明府吴公二公曰：「我輩忝牧兹土，常懼無以化誨諸人士，闡幽迪後，有司責也。」遂與周公捐金爲倡，李公復首捐田以助來學，郡公邑侯亦給租糧若干益之。暨縉紳諸生咸樂從事。聚材鳩工，興役於七月。……夫以廿餘年不克就者，不三月告成。

（《願學集》卷五）

鄒元標，字爾瞻，號南皋。江西吉水人。萬曆丁丑（一五七七）進士。有《存真集》、《願學集》。

焦竑

學士贈太師謚文定申公神道碑

姑蘇申公相今上，在揆地六年而爲元輔。爲元輔者九年，罷歸。……南御史李用中、主事湯顯祖、僉事李琯復連疏攻公。上處分言者，而降宣諭，慰藉諄切。

（《澹園集》續集卷十一）

焦竑，字弱侯，號澹園。南京人。萬曆己丑（一五八九）進士第一。有《澹園集》等。

劉應秋

徐聞縣貴生書院記

余同年祠部湯君義仍，以言事謫尉徐聞。徐聞之人士，知海以内有義仍才名久；至則躡衣冠而請謁者，趾相錯也。一聆謦欬，輒競傳以爲聞所未聞，乃又知義仍所繇重海内，不獨以才；於是學官諸弟子，争先北面承學焉。義仍爲之抉理譚修，開發款啓，日津津不厭。諸弟子執經問難靡虚日，户屨常滿，至廨舍隘不能容。會其時有當道勞餉，可值緡錢若干，義仍以謀於邑令熊君，擇地之爽闓者，構講堂一區，署其榜曰貴生書院。義仍自爲説，訓諸弟子。無幾，以書來告成事，屬余記之。余讀其説，穆然有深思焉。即余言何以加於義仍，獨慨夫所稱知生者，蓋難言之矣。今夫人有愛傴之指，而不自愛其指者乎？則世必以爲怪。投隋珠於鳥雀，則衆起而揶揄之，以爲彼己之分數不審，而輕重之衡失也。夫生寧渠一指、一隋珠之重哉！非至愚誖，誰不知愛？則奈何不明於其所以生，而自失其所爲貴乎！是故耳目之於聲色，鼻口之於芳味，肢體之於安適，其情一也。然而一以之生，一以之死。故凡有生之欲，皆害吾生者也。其欲彌多，其害彌甚；其害彌甚，其貴彌薄。孔子不云乎：「人之生也直。」直心之謂悳。孟氏亦曰：「至大至剛，以直養而無害。」無害焉之謂貴。此所謂生，非六尺之軀之謂也；此所謂貴，亦非獨六欲各得其宜之謂也。乾父坤母，人生藐焉中處，參而爲三。豈其血氣形骸塊然一物，便可以參天地？夫乾也動直，夫坤也内直。吾人受寂於坤，效感於乾，質任自然，無有回邪，是之謂直養，是之謂知生。真性一鑿，百欲紛如，生乃適以爲害。譬之水然，太一之所鍾也，萬流之所出也，本自潔直，無有邪穢。湛之久，則不能無易也。方圓曲折，湛於所遇而形易；青黄赤白，湛於所受而色易；鹹淡芳臭，湛於所染而味易。易非性也。易而不能反其本初，則還復宜於自性。人生亦猶是也。故善觀水者，從其無以易水者而已矣；善養生者，去其所以害生者而已矣。心之有欲，如目之有眯，弗祓弗浄；如耳之有楔，弗祓弗除。學也者，所以祓塵、祓楔，而復其聰明之常性者也；是故學不可以已也。蓋自聖學湮晦，道術奔裂，功利之毒漸漬日深。世間薰天塞地，無非欲海。吾人舉心動念，無非欲根。勢已極矣，學者思一起沉錮之積習，反而偕之大道，自非廓然自信其所以生，而奮然有必爲此不爲彼之志，欲以迴狂瀾而清濁源，此必不幾之數也。諸弟子業聞義仍貴生之説，有如寐者恍焉覺寤，可不謂旦夕遇之乎！覺矣，猶復浸淫於邪行，侵尋於岐路，而自失其所以貴，不可謂夫！孟子曰：「豪傑之士，雖無文王猶興！」夫義仍且以豪傑望諸弟子，豈其諸弟子之自待，甘出於凡民之下乎？必不然矣。義仍文章氣節，嚆矢一時，兹且以學術爲海隅多士蓍宗，則書院之興頹，吾道明蝕之一關也。是不可無記。義仍名顯祖，與予同舉癸未進士。熊令名某，爲己丑進士。並豫章人。

（《劉大司成集》卷四）

劉應秋，字士和，號兑陽。江西吉水人。萬曆癸未（一五八三）進士。有《劉大司成集》。

鄭汝璧

知縣湯顯祖興學記

歲强圉作噩之次，不佞讀禮仙都山下，遂昌邑博士楊君士偉、夏君薊、吴君從善介弟子員華生牧民輩，儼然造余而請曰：「不腆敝邑黄山白鶴之勝，以啓我膠庠，先哲往往輩出。迺者風氣漸詘，文隅堂構未備，多士自謁奠外，無能藏修其中，以親炙羹牆領師儒之訓；其食貧者，多莫振於膏晷間，則興學謂何？」爾時臨川湯侯以文章名海内，由南祠曹左遷下邑。謁先師而瞻嘆曰：「嘻，勸學興教，是實在予。」迺修明倫堂，創尊經閣，建象德堂，捐俸鳩工，既奐既翼，黌序風物，焕然一新。復置學田若干畝。羣士之窶而志淬者，館穀而周之。日有餼，月有課。手爲批騭其文，時時横經程藝，陳説古昔，士用争相濯磨，彬彬然起矣。侯莅邑之日長，旦暮且徵，吾儕不能忘侯之德，願得先生一言，記侯所爲興學者。余聞之矄然曰：「有是哉！侯於是知務矣。古者重徵辟，寄選舉于鄉里，故下之作人不祇庠序，上之司徒司馬，在在興勸，亦不獨寄之令。我朝郡邑建學置師，而督勸一責之宰邑者，大宗伯司其綱而勢遠，督學使者董其事而力分，博士專其職而權輕。故親之而悅，尊之而信，身教之而從，惟令能爾。令而簿書之是亟，而造士無所事，夫誰與興學者。夫侯亶可謂知務矣。雖然，侯之閣而尊經也，惟以弼風隅之缺已乎？堂象德而餼寒士也，將羣居而徒給之資助已乎？課藝而時也，將呫嗶之是工，而青紫之是拾已乎？如其秖是而已也，亦何以興？即興，將安裨？夫士不患寡，而患不名；不患不名，而患無所以名。六經炳若日星，守之窮，可以師世；行之壯，可以善世。故離經而哆於言者，行必窳；謀食而逾于檢者，塞必變；騁雕龍而詭於則者，實必漓，而詣必不遠。是寧諸士所自待，而亦非侯興學之意矣。昔子輿氏論豪傑之士，雖無文王猶興，矧有所興，而可苟焉已哉。余括誠褊小，然多賢豪長者。若文成諸君子，處則超超，出則朗朗，夫非先進之遺乎。多士事賢者而友其仁，景行前哲，當必有興焉者矣。《魯頌·泮水之什》曰：『濟濟多士，克廣德心。』以是望多士，多士勗之哉！」侯名顯祖，字義仍，萬曆癸未進士。

（乾隆《遂昌縣志》卷九）

鄭汝璧，字邦章，號崑巖。浙江縉雲人。隆慶戊辰（一五六八）進士。有《由庚堂詩文集》。

項應祥

平昌湯侯新建尊經閣記

甲午春王正月，邑侯創尊經閣成。廣文先生楊君士偉、黃君繼先、夏君薊，率多士相與徵余言爲記。余謝病弗敢承。三君起曰：「經，古人傳心之要，道莫宏焉；尊經閣以萃古人之精藴，典莫盛焉；閣成于臨川湯先生，文在兹焉。之三者，又烏得無言？」余皤然曰：「唯，唯。三先生命之矣，不佞即不文，請得因三先生言從事以附不朽。」夫侯成閣，閣萃經，經傳心。則夫尊經也者，舍心其奚以哉。予讀莊周斲輪之説曰，古之人與其不可傳者，死矣。今之所讀者，古人之糟粕已耳。此無他，知以可傳者求古人之迹，不知以不可傳者，求古人之心。若然，則奚取於經，又奚取於尊經也與。侯弱冠以博洽聲馳宇内，其文炳；甫入仕，抗疏大廷，權貴辟易避三舍，其節昭；頃以遷官客下邑，且謂侯將傳舍之，侯諄諄民瘼，而尤注意黌序，殫厥心焉，其政勤。嘗瞰鳴琴餘晷，就侯脣吻，則滔滔若長江大河，一瀉千里，其論淵以博。是文章、節義、政事、言語，侯以身兼之，自非心印古人，條暢六經之祕，詎能是哉！迺今學者剽竊緒餘，唔咿呫嗶，爲襲取青紫徑竇，便詡詡號于人曰，吾能讀經。甚且句讀未暢，而名利念頭柴據其胸；卒博一官，即蠅營狗苟，爲身家計，曾不知古人書爲何物，讀古人書爲何義。嗟乎，此離經畔道之尤，德之賊也，則奚取於經，又奚取於尊經也與。爾多士服習侯明訓久矣。雍容仰止，當思古人之遺經謂何，侯之建閣謂何。日與二三同志切磋砥劘，以文章則尚經世而陋雕蟲，以節義則大綱常而小經瀆，以政事則貴循良而賤搏擊，以言語則崇忠信而黜浮誇，如是庶幾哉。讀古人之經，不愧古人之心，異日者亦將如侯掇巍科，建大業，騤騤不可量焉，斯於建閣之意爲無負耳。不然，撏章摘句，徒取世資，未免蹈斲輪糟粕之戒，爲莊生所非笑，將不爲經之罪人也與。不佞發迹此中，不勝本根之念，而又親承侯教，知侯所望於多士者殷，故以規不以頌如此。不識三先生以爲何如？侯諱顯祖，字義仍，别號海若，登癸未進士。若簿君郭公襄慕君王應科樂觀厥成，法得並書。

（《醯鷄齋稿》卷四）

項應祥，字元芝，號東鰲。浙江遂昌人。萬曆庚辰（一五八〇）進士。有《醯鷄齋稿》。

鄭懷魁

遂昌相圃湯侯生祠記

序者，射也。矍相之圃維新，社而祝之，庚桑之祠斯在，豈非中多爲雋。斯賓禮以興，去後見思，迺神道成享，士各繹己之志，民知有父之尊。明平昌令前祠部郎臨川湯公，諱顯祖，字義仍，學者所稱若士先生者也。掌祀卿曹，屈居宰縣，中攖逆鱗於龍頷，終殺長羽於鴻儀。可謂伯夷秩宗，直哉有維清之節；子文令尹，已之無作愠之容。夫其目空塵寰，胸苞法象，探索賾隱，讀人間未見之書，窮極高深，垂身後不朽之業。故能貞教靡倦，鬯如百昌之鼓惠風；樂善無私，沛若百川之歸巨海。宏開藝圃，高揭射堂，士有列次，以居之邑籍閒田而餼之。相如七經之學，遺愛通都；孟堅九流之文，收藏崇閣。二十八舍，寧止奎壁之圖書；三百六旬，不輟春秋之絃誦。爾乃講習多豫，較閱餘閒，豹侯設正，鹿中受算，決拾既佽，揖讓有儀。方鼓圓鼙，全用薛魯之奏；危弓安矢，合成唐史之規。正直無回，審固不燒，盾聲而發，序賓以賢，引觶就豐，釋弸交韔，溫溫秩秩，肅肅雍雍，將繇射不主皮，當令觀者如堵乎。三宅三俊，成斯士之譽髦；六養六安，蘇羣生之凋敝。擊柝待暴，伏莽無戎，釋獲但取乎和容，藏器何妨乎解悖。方衆志赴寧侯之鵠忽，遁思動伊人之駒已，歲序星周，風儀天遠，佩韘者徘徊於其地，執經者彷彿於其人。爰即澤宮，立茲配社，官師率作，俊乂服勤，踵其事以增華，審厥象之維肖，閣表尊經之舊，堂仍象德之名。恍從于公旂鸞，奉載笑之色；真遘之子籩豆，陳有踐之儀矣。於戲！行可質天地鬼神，而時逢事拙；文能安人民社稷，則學古功偉。萬鍾不入其心，三旌寧易其介。代瞻清範，俗化元淳，温厚尊嚴，時行而氣已備，詩書禮樂國人而教，可知斯身詘道伸，權輕名重者也。載稽名典，詎闕鏤文。識虎蛙之吉金，鑱龜龍之貞石。庶使采蘋五節，思君子無争之風；茇棠三章，流國人無翦之詠。其詞曰：禮稱天紀，亦曰人綱，匡君弼違，範俗率良。湯公蹇蹇，諫顯祠郎，艱難百折，尹茲平昌。經曲咸秩，飲射有章。教時學正，繩立矩翔。君子之峯，相圃在陽。雙旌云舉，三聘是行。手之柔矣，膂力其剛。省括於度，不吴不揚。發功祈爵，敬德無方。綢繆禮樂，式序衣裳，于越鄒魯，昭代鄒商。身兮既隱，道迺彌芳。飛矢靡慝，儀的可常；子衿且佩，悠思難忘。我圃我社，有序有皇，貌公涖止，羣趨侍傍，築匪道謀，公卜允臧。右臨演武，左界壽光，嘉名肇錫，公訓用彰。父師臨汝，享祀烝嘗。德尊報遠，武城桐鄉，千里俎豆，蔚乎相望。謳歌越舞，鐘磬鏘喤，容輝儼若，燕譽無疆。

（雍正《處州府志》卷十七）

鄭懷魁，字輅思。福建龍溪人。任處州知府在顯祖卸任遂昌以後。

沈德符

萬曆野獲編

近日馮琢菴宗伯（琦）爲左右少宰幾三年，與延津李對泉（戴）相終始。李太宰無事不與謀，至有行而爲馮中止者，緊要章疏俱少宰手筆，太宰不更一字，本科司官亦不敢有違言。蓋李爲馮尊人仰芹（子履）同年，而琢菴方負中外重望，以故折節尊信，而敝規爲之一變矣。此後則恐未必然。辛丑外計，有欲中李本寧憲使者，賴馮救止。而吏科王斗溟（士昌）用拾遺糾之，馮又力持，得薄謫。初過堂時，李之屬吏遂昌知縣湯顯祖議斥，李至以去就争之，不能得，幾于墮淚。不知身亦在吏議中矣。湯爲前吏科都給事項東鰲（應祥）所切齒。項故遂昌鄉紳，時正聽補入京，故禍不可解。而李、馮二公一片憐才至意，真令人可敬可悲。（卷十一）

吏科都給事中爲諫官領袖，責既宏鉅，職復雄峻，其陞擢後不稱，或遭白簡固有之；而在事時，未聞反被抨擊者。世宗朝，夏貴溪（言）以侍讀學士兼是官，曾與輔臣張永嘉相訐，然皆爲争寵互詬，而張卒不勝。其以居官爲時情所薄，受彈治無完膚者，無如今上之二陳。戊子己丑間，浙人陳與郊，以輔臣王太倉門生，在職稍久，因考選引用推官李春開，與同僚及清議諸臣相左，遂爲少卿王汝訓、主事吴正志、進士薛敷教所聚攻，雖獲轉太常，請告歸，竟以言章冠帶閒住。……代與郊者爲楊文舉，以差賑江南功，方復命陞吏科都給事中；甫命下，亦爲南京禮部主事湯顯祖等所劾，請病去。癸巳大計，以不謹斥。則世所指八狗三羊中之一人也。一時吏科之見輕如此。

先人門士湯義仍顯祖，論政府而及給事胡似山汝寧曰：「除參論饒伸之外，不過一蝦蟆給事而已。」饒號豫章，爲比部郎，曾抗疏詆太倉，而胡以言官糾之。會亢旱禱雨禁屠宰，胡上章請禁捕鼃，可以感召上蒼。故湯有此語。余後叩湯曰：「公疏固佳，其如此言謔近於虐。」湯笑曰：「吾亦欲爲此君圖不朽，與南宋鵝鴨諫議屬對親切耳。」三君俱江西人，而胡與饒更同郡。（以上卷十九）

（《萬曆野獲編》）

沈德符，字虎臣，一字景倩。浙江嘉興人。萬曆戊午（一六一八）舉人。有《萬曆野獲編》、《清權堂集》等。

鄭仲夔

雋區

湯臨川善詼諧。有東鄉某先達因試事爲所怒，扯去頭上裹巾。湯適對客，聞而嘆曰：「不圖某今有無網之災！」客問：「爲無妄耶？」湯曰：「他人則無妄，某乃是無網耳。」

（《雋區》卷七）

鄭仲夔，字龍如，號胄師。江西上饒人。《雋區》刊于崇禎甲戌（一六三四）。

談遷

國榷

神宗萬曆十九年四月庚申，南京禮部主事湯顯祖，因星變劾首輔申時行欺蔽天日，如吏科左給事中楊文舉賑荒通賄，禮科給事中胡汝寧號蝦蛤給事，皆時行所黨護也。忤旨，謫徐聞典史。

（《國榷》卷七十五）

棗林雜俎

湯義仍，舉隆慶庚午鄉試，以文著。鄉人姜□宰宣城，萬曆丙子，義仍過訪，宿□寺。識梅鼎祚禹金，得交沈孝廉懋學，嘗同課寺中。有楚客，角巾葛衣，通候；問里氏，曰：「江陵張某，今相國父行也。」疑之，然不敢忤；留飲且賭焉。客辭曰：「二孝廉入京，相國期一晤。」意頗懃切。至期並寓燕。前客果來，勸謁相國，各未決。客曰：「第訪我，相國自屏後覘之耳。」沈獨往而退。客又至，語沈曰：「相國善足下文，謂福薄耳。」招義仍，終不往。尋沈雋南宮，對策進士第一。義仍下第。然深服江陵之知人，能下士。爲語常熟許子洽云。

（《棗林雜俎》卷下叢贅）

談遷，字孺木。浙江海寧人。明末諸生。有《國榷》、《棗林詩集》、《棗林雜俎》等。

明實録

神宗萬曆實録

萬曆十九年閏三月

丁丑　上諭羣臣曰：「兹者星象示異，天戒垂仁，咎在朕躬，深用儆惕。諸司大小臣工，各宜奉公率職，宣力分猷。一切怠玩私邪，虚文積蔽，務加洗滌，以稱朕實修應天至意。修省事宜，爾禮部查照施行。」

己卯　上諭科道曰：「邇來風尚賄囑，事尚趨赴，内之參，外之劾，甚無公直，好生欺蔽。且前者天垂星變羣奸不道，汝等職司言責，何無一喙之忠，以免瘝曠之罪？汝等市恩取譽，輒借風聞之語訕上要直。至於鬻貨欺君，嗜利不軌，汝等何獨無言？且汝等豈不聞宫府中事皆一體之語乎？何每以揄揚君惡，沽名速遷爲也？爾等受何人之爵，食何人之禄？至于長奸釀亂，傍觀避禍，無斥奸去逆之忠，職任何在？本都該拏問重治，姑且從輕各罰俸一年。」

此與顯祖《論輔臣科臣疏》所引「上諭」，詞句略有出入。

四月庚申　南京刑（應爲「禮」）部主事湯顯祖因星變陳言，劾輔臣申時行欺蔽，吏科給事中楊文舉經理荒政，受賄多贓，禮科給事中胡汝寧一蝦蟆給事，皆輔臣黨護。詔切責之。（以上册三百九十四）

五月丁卯　諭内閣：「朕因玄象示異，姦惡不軌，故特諭内外臣工，恪恭乃職，省己秉公，用弭天變，以圖治安。今各不任所責，歸咎元輔。前萬國欽捏誣詆辱，朕念係言官，已薄罰了。湯顯祖以南部爲散局，不遂己志，敢假借國事攻擊元輔。本當重究，姑從輕處了。卿等説與元輔，不必以浮言介意。卿等俱安心供職。還着鴻臚寺傳示元輔，即出辦事，勿負朕意。」

庚午　大學士許國請發六科公本。爲吏、禮二科都給事中楊文舉、胡汝寧被南京主事湯顯祖訐奏，乞并批發，以安諸臣之心。

癸酉　吏科楊文舉、禮科胡汝寧各辨南京主事湯顯祖疏。乞歸，不允。

庚辰　降南京禮部主事湯顯祖爲徐聞縣典史，添註。（以上册三百九十五）

（《明實録》）

第三编　家人

目録

兄弟

妻

長子士蘧

次子大耆

曾祖

王常

勷聖公傳

公諱廷用，字勷聖，旌表尚義子高公之子，博學處士西塘公之父。生有雋才，爲名諸生。勤學好文，克紹前徽，敦行樂善，能貽後穀，公誠人傑也哉。是可約略以傳其生平。

祖父母

陳　炌

西塘公傳

公諱懋昭，字日新，號酉塘，勅賜尚義旌表子高公之孫，誥封太常博士承塘公之父。性秉潔清，心存遠大，讀書過目不忘，作文頃刻立就。髫齡補弟子員，每試輒冠多士，望重儒林，學者推爲詞壇上將。年至四十，棄廩餼，遠棼囂，隱處于酉塘莊，因而爲號；并題聯以寫意，曰：「金馬玉堂富貴輸他千百倍，籐牀竹几清涼讓我兩三分。」由是閉户潛修，或賦詩以言志，或彈琴以娱情，嗜慾不亂于中，勢利不奪于外；超然曠然，其自命誠高，而其所挾持者，洵非苟焉已也。

（《文昌湯氏宗譜》卷首）

帥　機

魏夫人誄

魏夫人者，余友湯顯祖王母也。生弘治戊申，歿於萬曆己卯，閲歷五朝，春秋九十有二。歿之明年，得其孫舉人顯祖行狀。余滯宦聞訃，義當爲誄。母有孟德曜、桓少君之行，齒逾大耄。夫懋昭日新君，道高不仕。君雖稍先即世，而亦齊眉。有子伯仲，可謂出雙珠於陸海；孫曾十數，允矣産玉樹於庭陔。含懽九原，如脱屣耳。然吾聞母之生也，里夢南嶽夫人降世。生平精心道佛，好誦元始金碧之文。年九十矣，聰靈如一。尚能讀《種樹經》、《養魚經》諸小字書。見二里許外船行走，有光若飛，其精異乃爾。一旦無疾，倏然而往。太守以下，俱就臨哭。顔色如生，輕棺就祖，故世率以爲尸解，非漫與億也。邦有異人，必得潘、顔之筆，以宣揚靈美，惜余非其儔也。爲之誄曰：太陰毓秀，元媪告符。山川靈淑，産此名姝。魏公之子，曰嬪義門。鉛華不飾，彝訓定敦。光昭前構，祉貽後昆。禔身玉潔，誕發蘭儀。動循環佩，處麗綌絺。敬同舉案，拙陋解圍。共製隱服，時紡落毛。鄉賓之舉，世俗相高。曰大隱矣，焉用甄標？去而健羡，永藉神超。於陵達偶，萊氏逸妻，寥寥千載，太母與齊。施舍無悋，藻祀稱躬；圖史之業，以繼女紅。前聞開後，如應叩鐘；正容威慝，如照膽銅。晚節好道，翕固玄源，居心善水，習静香園。靈山之側，白水之湄，板輿養志，襴綵日嬉。飽天人糧，息衆生機。食如瓜棗，啖大谷梨。令子斟觴，聞孫獻詞。年逾九十，競爽弗衰，齒落更生，髮宣而黧，巖電炯炯，柔荑不龜。倏焉無疾，超忽平原。形體軟弱，色澤鮮妍。共傳尸解，俱稱上仙。昔夢南嶽，玉女降世。暫遊人間，從犢遠逝。中不累人，下不居地，解體世紛，樂孰與儷。嗷嗷何爲，彼已自肆。惟母仲子，我同黌序，邇者冢孫，晤言余侶。終始駏蛩，意義車輔。牽絲縻禄，登拜阻違。靈蹤縹緲，上賓瑤池。慢穢難逅，聊述清徽。有孫俊偉，青史葳蕤。

（《陽秋館集》卷三）

帥機，字惟審，號謙齋。江西臨川人。隆慶戊辰（一五六八）進士，有《陽秋館集》。

父母

王志

承塘公傳

公諱尚賢，字彦父，號承塘，繼尊公酉塘志也。生而秀美，貌若玉山瓊樹。弱冠即受餼于邑庠，爲文高古，舉行端方，學者僉稱畏友。且尊賢重士，若同里帥子機、饒子崙，周子獻臣，曾子如海，謝子廷諒、廷讚，皆知名士；公悉延至家與長君若士先生共事筆硯，賴其加意造成，各登進士，卓然爲一代名流。公可謂知人之明矣。他如卜宅兆以妥先靈，建家塾以開繼緒，捐萬石以賑荒歉，出千金以修橋梁，尚義而不計利。仰慕高風者，咸謂天心眷善，必綿其福壽。後果以子貴封太常博士，享年八十有八而令終也。

承塘公像贊

詞章著美，德行流光。堅凝其貌，金玉其相。褒封叠責，彌顯義方。覩茲遺像，百世難忘。

易應昌

勅封太常寺博士承塘湯先生元配吴太恭人合葬墓誌銘

新天子龍飛，南國鋭意中興，念昌簪履舊臣，賜環風紀，將裝就道矣，甥湯孫將持其伯彭年、大耆等所具祖考妣封翁恭人行狀進。蓋以佳城卜吉，擬于開歲正月之六日同壙，乞一言于昌，以垂不朽。戚誼關情，且昌宿奉教于若士先生，何敢以不文辭。謹濡筆而諾之。按狀：湯封翁諱尚賢，字彦父，號承塘先生，繼尊公酉塘志也。爲邑庠生。以子貴封南京太常寺博士，原配吴氏封恭人。翁生而秀異，頎然修偉，望之如玉山瓊樹，海鶴巖松，亭亭風塵之表。少鬚髯，聲音清越，響若洪鐘。生平無躡足附耳，及兒女子唧唧呪呪態。翁産于冬之季，遂覺冰霜之氣鍾之獨厚，而燠日熏風不易見焉。家有嚴君，鄉稱畏友，挺生人傑，豈比夫假龍凡鳥可訓可畜者哉！性不喜軒蓋躍馬，着履行城市村落間，往來甚迅，寡疾病，病亦勿藥；通黄帝、彭祖之術，時借以自輔。年逾耄耋，舉止不異少壯人。觀書或隆寒跣足，禮神或頃刻百拜，世疑其有道云。初入庠，意氣道上，謂可立致青雲，竟以嗜古耽奇稍淹驥足。郡有賢紳給諫少初徐公授徒峴臺，翁從之遊。未幾冢嗣諱顯祖者，年十三，補弟子員，攜謁徐公，公一見奇之，授《左》、《史》、《文選》、八大家文，而若士愈開博雅一路矣。翁復聞近溪羅先生爲世大儒，適講學盱江，遣若士負笈詣建武，聽明德之旨。夫丱角而能文，弱冠而聞道，雖曰若士，殆天授乎？翁庭訓力多也。同里名流如帥太守機、饒侍御崙、周太史獻臣、曾同安如海、謝大行廷諒、比部廷讚輩，並工文詞，翁剪拂顧盼，悉延至家，與若士唱和進食稱觴，朝夕無廢。厥後各成進士，有聞於時，翁知人之明遠矣。至于今，規矩高曾，畎畝先疇，善人之慶愈長，君子之澤未斬，舉于鄉，貢于庭，宦四方而列泮宮者，森如也。夫誰非述祖德繩祖武也耶？或曰，翁氣肅大有秋冬凛冽意，而翁福備反多春夏和鬯風，何以故？則内子吴恭人有以成之也。恭人爲□下名家女。歸翁，事舅姑也孝，奉伯姆也恭，御内外小大之人也慈。翁素喜讀誦，而恭人紡績佐其膏火之需；翁敬禮師傅，樂賓客，而恭人脱簪珥質衣裳，豐其匕箸之藉；翁冬褐夏葛，有晏子一裘三十年之癖，而恭人亦終身衣布，羅紈綿綺，見輒斥之；翁方正疾惡，或與族黨諸少年有所不快，恭人每乘間勸阻，托親屬調停，卒得集睦如初，斯其所全者大；佳婦持門户，不其然乎？以坤之柔濟乾之剛而世運泰，以恭人之順濟翁之健而家道康，洵其然歟？他如立墓祠以妥先靈，建家塾以開來哲，貸萬石以甦閭里，捐千金以復橋梁，翁拮据，恭人慫恿，美不勝書。郡縣長吏聞翁之風而高之，欲以鄉飲嘉賓相延，翁堅不出。最後太守蘇公親詣固請，不獲已始爲一赴。蘇公見而嘆曰：「名可得聞，人不可得見。」豈虚語哉！因額其廬曰「可聞不可見」。翁生于嘉靖戊子年十二月初二日，卒于萬曆乙卯年正月十一日，享年八十有八。恭人生于嘉靖庚寅年十一月初八日，卒于萬曆甲寅年十二月二十一日，享年八十有五。古之人夫妻隱者有矣，兩人德高壽高，子孫繁且秀，不多屈指，况今之人乎？如翁與恭人，有進乎箕疇所謂五福者也。生子六：若士而下，曰儒祖，鳳祖，會祖，良祖，寅祖。儒祖遊郡庠，蔚爲詞宗，與若士奏壎篪音；壬午鄉試幾售而復失之，不幸早逝。鳳祖繇庠入雍，判婁江，廉能最吴中焉。會祖、良祖不偶，而會祖超然物外，有竹林清致。寅祖髫齡穎脱，爲名督學所賞拔，端品雅文，惜隕墜亦早。長孫士蘧負異才，客死金陵，士林悲之。開遠以乙卯孝廉仕至憲副，氣節勳名，並爲世重。其孫枝層疊現植庭堦者，業已八十餘人。維岳、開先、新德、孫緒等禄位，未知所竟。而吏治文學赫赫彬彬，嗚呼盛矣！河發源于宿海，山分脈乎崑崙，因循者易爲力，創造者難爲功也。昌生也晚，然以戚故，得瞻太翁承塘先生色笑，因知其居身閑家頗悉，與太母吴恭人之懿範合而誌之，并係以銘。敢謂行之能遠夫，亦曰此隱君子信史之稿本也。銘曰：冰瀠照鏡，橋送彩虹。文昌炤耀，紫氣鬱葱，鍾毓文人，篤生奇翁。肅然其外，坦乎其中。人無不敬，事必有終。董幃頻批，鄴架旁通。一經遺子，爲天下雄。匹彼蘇氏，老泉長公。爰有孟光，作配梁鴻。居貧不怨，處貴彌沖。珠胎玉璞，蘭畹桂叢。婺精先黯，騎箕攸同。煌煌靈芝，啓秀郡東。蒼巒隱隱，碧沼瀜瀜，神仙之蜕，高士之宫。千秋萬禩，封堂巃嵸！

（《文昌湯氏宗譜》卷首）

易應昌，字瑞芝，號白樓。臨川人，萬曆丁未（一六〇七）進士。

傅占衡

湯母傅孺人墓誌銘

李夫人者，若士先生庶母也。亦知書史，事其君子承堂公而寵。承堂公既以子貴，所欲者長生也。喜延方士，讀養生家言，常以語李夫人。李夫人亦能之，壽八十餘，色若孺子。

（《湘帆集》卷六）

傅占衡，字平叔，臨川人。清初諸生。有《湘帆集》。

兄　弟

劉同升

少海公傳

公諱儒祖，字純甫，號少海，封太常博士，承塘公次子，若士先生同母仲弟。讀書十行俱下，總角補博士弟子員，名與兄偕，時號二龍。壬午秋，闈主者閱公七藝，擊節稱絶，俱擬掄元本房；因其末場違式，竟置之。然自是好古敏求，其勤益倍，每夜參半，隔窗燈火朗朗，猶聞書聲。又與兄愛篤摯，賡詩唱和，下上其音。若士先生愈友愛，以公之吟詠及己所贈答合爲一集，名曰《友于集》，以誌怡怡之樂。無何天短以數，不克竟其用。若士先生撫其四歲之子維岳兄，教養婚娶無異己出。雖曰兄之念鞠子哀者極其情，而亦弟之克恭天顯所致也。

（《文昌湯氏宗譜》卷首）

劉同升，字孝則，一字晉卿。江西吉水人。崇禎十年（一六三七）進士第一。有集。

陳際泰

儀庭公傳

公諱鳳祖，字儀庭，封太常博士，承塘公第三子，若士先生同母第三弟也。以英年入縣庠，屢試省闈，不得志。久之奉例補國學生，肄業北雍，就試京闈，復不得志。逾年奉恩詔，加級通判太倉，明清敬慎，爲下官所知。遍篆諸屬邑，皆有惠政。公正直成性，與人交洞見肺腑，以是居官所至，上下信之。厥後解官歸，杜門謝交，足迹不至公府，安于家食爲快，即用未竟其才，亦無所恨；居常飲酒賦詩，淡如也。

（《文昌湯氏宗譜》卷首）

陳際泰，字大士。江西臨川人。崇禎甲戌（一六三四）進士。有《已吾集》、《太乙山房集》。

艾南英

亦士公傳

公諱寅祖，字羲仍，別號亦士，誥封太常博士。湯承塘公第六子，若士先生幼弟也。生有異質，警敏非常，讀書不俟終日，能閱數十卷。承塘公甚寵愛之，甫讀書，便以大儒期之。一日長兄若士私授以時藝，承塘公怒責之曰：「爾誤彼耶？何得以科名亂其心志！」未幾，公即受知于學使者，擢第三，時年甫十有三歲。若士公爲聯云：「弱冠已能開萬卷，探花先作第三人。」自是歲科試屢奪前茅，聲噪士林；時與若士公並稱二士。然公祇承父訓，終不以科名爲念，潛心古道，斂才不用。迨至年登强仕，則無書不覽，融會貫通，即從前所稱大家，鮮有能過之者；因思古人留聲後世，良以著書傳也。乃天奪之壽，潛心著述而書未成，年四十有三而卒。嗚呼，是亦數爲之限哉！予嘗從若士先生遊，時得與君共事筆硯，又以長女歸公嗣而知公深，故書此云。

（《文昌湯氏家譜》卷首）

艾南英，字千子。江西東鄉人。天啓甲子（一六二四）舉人。有《天傭子集》。

妻

王思任

壽湯母傅太夫人六十　二十二韻・海若先生維配

方幅寧常配，文章若士姝。家宜作礪相，世本執金吾。錦字無情惋，貧裝止儉麤。箒箕愁結駟，餐壁解窺狐。奪燭焚陰牘，漂舟念慟途。鍰明躶下玉，戲損口中珠。厭勝當熊急，規祥貨衍圖。團欒迂俗例，英育起新模。匹嫡開三鳳，專哺翊二雛。伯宗終不達，孫賈是遺孤。截髮留賢客，帷紗對講徒。紀綱恒刈莠，勞瘠欲甘荼。繡佛非爲佞，函人若集枯。德滋槐久茂，馥鬱桂先敷。章藪卿材並，烟樓國棟俱。稱雄調甚有，最小識之無。燕喜歌緩背，龍光兆翟褕。瓜同秋月大，酒介蠡湖輸。庚乙初周甲，頤觀是樂需。起居諸子座，揮斥侍兒扶。司户三封郡，摩耶千壽都。王平仍外擬，端往叩麻姑。

（《爾爾集》，《王季重十種》）

王思任，字遂東，號季重，别號謔菴。浙江山陰人。萬曆乙未（一五九五）進士。有

《避園擬存》等。

長子士蘧

茅　維

與湯冷褒宿父兄弟書

江右山川清淑，人豪代起；乃今匡廬、江漢之靈，獨鍾君家。尊公清標偉節，奇字古文，將左攝淵、雲，而右挾李、郭，爲政南服，豪傑奔走者，如登廣乘咸池，星霧亂目，不辨其奇。不意兩公子復出而汗血駒也。翩翩弱冠，慧心朗韻，犀利少雙。頃者得縱觀兩公子汗青之業，文之秀矣，動如笙匏，置之緑字丹書，不復可甲乙。不佞雖以一臠嘗鼎，望而知奇，暹然如晨旭之耀扶桑，難爲晻𡸴矣。勉旃公子！日新富有，灼理傅才，行且躪兩司馬而上，何數遮須國小兒乎！不佞弱不好弄，壯益匏落，無偶於世，兩敗枋頭，纍然一廣武君耳。然私心嗜古日盛，必不敢當吾世而失尊公。自五湖望括蒼諸峯，紫氣團圞如蓋，恨不鞭蒼龍而一望海若。

今兩公子行矣，束牲之盟，何以期我？幸爲我致尊公，孔北海魯國男子，快在識豫州。今僕於門下，猶淮陰之泗上長也。兩公子雖歸，將從乃公傾武庫而寓目，千里比肩，豈無其期哉！

（《尺牘新鈔》卷四）

茅維，字孝若，一名僧曇。浙江歸安人。生萬曆崇禎間。有《十賚堂集》。

據《文昌湯氏宗譜・親派士宦》：「士蘧，字友尼，由廩選拔貢元。」「冷裒」當爲其號。「宿父」當爲大耆（尊宿）別號。

邱兆麟

重刻湯友尼覺花編序

我明舉業文字，惟湯義仍先生一派孤行宇宙，而不可有二。至今天下信而奉之，蓋皆以爲聖云。聖者，作者之謂也。今先生皆作之，而天下人皆述之。加厲者不能變其本，增華者大抵踵其事。然則先生安得不聖，而天下人安得不凡？余間常以海內作者某某問諸先生，先生不答。迨至語及其殤子友尼氏，未嘗不泫然流涕也。曰：「是兒蓋嘗學作文於斯矣，不幸短命死焉。」則爲之盡檢其平日所刻稿名《覺花編》者示余。余閲之，乃前庚子歲所刻行者，殆十五年以前物矣。凡物没而易腐者，庸也；榮而易隕者，薄也。取十五以前之物，投十五年以後之耳目，其爲腐且隕最易，而是編獨不然。以今觀之，每拈一題，必標一題之義；每標一義，必取諸義之新。怪氣焰，不可迫視，常爲經生所詫駭。乃究竟深思之事理，固當如是。間常有所寄托，其於君臣父子兄弟友生之處，一往而深。懆情婉志，白意赤衷，涕泗交流，磊砢層集，時時見其意篇中。余至讀其《君子周急不迷富》、《衆惡之必察》、《以德報德》、《孤臣孽子》諸編，未嘗不爽然自失也。揣其旨，大概不肯一語寄人籬下。雖使胸臆之間時有抵牾，猶寧自出以爲愉快。蓋必竟作多而述少也。余曩者常見友尼六七歲時所點定《詩》、《書》、《易》、《禮記》、《春秋左氏》、梁昭明《文選》、《通鑑紀事》諸書，鈎玄纂要，手迹宛然。又常見友尼十五六歲時所爲《望匡廬》、《抵絶交》諸賦，踔躪横絶。此豈夫人童子而顧安於述者？漸清成教，天賦超絶，所爲先生家學不虚耳。余不忍其編次散逸，因爲之復評而梓之，以行諸當世。使當世之人，知湯氏父子舉業一派，作而不述，其淵源所自如此。友尼名士蘧，一字孟舒，蓋先生長子。六七歲時，讀書南都太常齋衙。大老耿、陸、趙、許四公，皆來就而撫之，得神童之譽。十六歲補縣庠。十九歲入太學。郭、傅二司成每談其文，呼爲人龍。未幾殤，而李、葉二相國皆臨視。余又聞其殤之歲，曾夢有王名覺華者，下取其文，意不欲與，徐視几上，文字筆墨㸌㸌飛去，故以名編。事或有之。昔顔子淵好學，而地下署爲修文；李長吉能詩，而天上推爲作記。几上筆墨刴刴飛去，何死去耳？仙也。既仙矣，先生之流涕是亦不可以已乎？（《玉書庭全集》卷十二）

邱兆麟，字毛伯，江西臨川人。萬曆庚戌（一六一〇）進士。有《學餘園集》、《玉書庭全集》。

次子大耆

傅占衡

湯子蕉尾序

《湯子蕉尾》者，吾臨川尊宿先生詩也。先生家世過枚叔，胎乳類徐陵，接七子之餘賓，記兩都之舊事，鬚髯未戟，篇什已工；圭組稍牽，山林旋逸，故其詩波瀾老成，源流獨遠。錚錚佼佼之士，未有通其使事，識其用心者焉。既不墜先民，善誘後進，身合道而委蛇，志悲歌於忠孝，逃禪隱吏，玉壺錦瑟之間，詩可被竹絲，而趣若窺江海矣。嗟夫！定州草木，幾因玉茗而枯；金梶風流，恐與峴臺俱歇。大雅汩湛，巴里競唱，孰肯移習情而師成連，棄故方而受陽慶者哉！衡數親辟咡之教，略解連蜷之音，比年亟請出諸稿以靖羣譁，先生矜慎再四，僅梓一二三。然則首標知己於范公，遥俟中郎於異日。先生不朽之盛事，良可知也，衡豈其人而敢序之。（卷四）

壽湯尊宿先生八十

才子名傾大曆中，晚年全盛占唐風。一枝玉茗人争拜，千尺桃花水自紅。策蹇如仙元不墜，舁籃猶子已成翁。雲山正好娱園綺，擬合青蓮問老童。（卷廿五）

（《湘帆集》）

游名柱

尊宿公傳

公諱大耆，字尊宿，祠部司祭郎中諱顯祖公次子。幼穎敏軼羣，稟遵庭訓，肄業成均，盡友天下名士。博觀奇書，鈎元咀華，語出驚人。屢試京闈，不第。謁選得徐州同知，撫恤周至，處事明斷，士民德之。職滿尋請歸養。杜迹不交公府。著《蕉尾》、《霜葉》二集行世。志載公有詩名，以才學顯，蓋實録也。

（《文昌湯氏家譜》卷首）

三子開遠

邱兆麟

題湯孝廉叔寧册

漢世之孝廉，舉乃以鄉里。孝者篤於親，廉不擅於仕；才藻非不庸，所重乃在此。近世學士家，第以文藝起，榮名如可邀，至以身爲市。豈無親在堂，絶裾去不視，何哉湯叔寧，純孝足儀軌，時方計偕初，名心淡如水？堂前事病親，終身欲於是。郡縣勸駕殷，遠遊以爲恥：「如可安吾親，官猶棄敝蹝。」孝思何可弛，狂瀾亦可砥。下有里巷人，上有直指使，固已高其人，内行俱無訾。我事父未能，少孤失怙恃，鷄豚未獲伸，稚牛曷爲爾。我慚湯叔寧，其顙已有泚。一讀陳情篇，三嘆不能已！

（《邱毛伯集》，《臨川文獻》）

明史

湯開遠傳

湯開遠，字伯開，主事顯祖子也。早負器識經濟自許。崇禎五年，由舉人爲河南府推官。帝惡廷臣玩愒，持法過嚴。開遠疏諫曰：「陛下臨御以來，明罰敕法，自小臣至大臣，蒙重譴下禁獄者相繼，幾於刑亂國，用重典矣。見廷臣薦舉不當，疑爲黨徇；惡廷臣執奏不移，疑爲藐抗。以策勵望諸臣，於是戴罪者多，而不開以立功之路；以詳慎責諸臣，於是引罪者衆，而不諒其致誤之由。墨吏宜逮，然望稍寬出入，無絀能臣。至三時多害，五方交警，諸臣怵參罰，惟急催科，民窮則易爲亂。陛下寬一分在臣子，即寬一分在民生，此可不再計決者。尤望推諸臣以心，待諸臣以禮，諭中外法司以平允。至錦衣禁獄，非寇賊奸宄不宜輕入。」帝怒，摘其疏中「桁楊慘毒，遍施勞臣」語，責令指實。乃上奏曰：「時事孔棘，諸臣有過可議，亦有勞可準；有罪可程，亦有情可原。究之議過不足懲過，而後事轉因前事以灰心；聲罪不足服罪，而故者更藉誤者以實口。綜核太過，則要領失措；懲創太深，則本實多缺。往往上以爲宜詳宜興之事，而下以爲宜略宜仍之事；朝所爲縲辱擯棄不少愛之人，又野所爲推重惋嘆不可少之人；上與下異心，朝與野異議，欲天下治平不可得也。蘇州僉事左應選任昌黎縣令，率土著保孤城，事平之日，擢任監司，乃用小過，卒以贓擬。城池失守者既不少貸，捍禦著績者又不獲原，諸臣安所適從哉！事急則鉅萬可捐，事平則錙銖必較，向使昌黎不守同於遵永，不知費朝廷幾許金錢，安所得涓滴而問之？臣所惜者此其一。給事中馬思理、御史高倬，值草場火發，狂奔盡氣，無救燎原，此不過爲法受過耳，更欲以他罪論，則甚矣。今歲盛夏，雪雹地震，京圻草場不爇自焚，陛下不寬刑修省，反嚴鞫而長繫之，非所以召天和稱善事也。臣所惜者此其一。宣大巡按胡良機，陛下知其諳練，兩任巖彊，尋因過悮褫革，輿論惜之。豈成命終難反汗哉！臣所惜者此其一，監兑主事吴澧宵旦河干，經營漕事，運弁稽違，量行責戒，乃褫革之，又欲究治之。夫兵譁，則爲兵易將，將譁則爲武抑文，勇於譁而怯於鬥，安用此驕兵驕將爲也？臣所惜者此又其一。」末復爲都御史陳于廷、易應昌申辨。帝怒，切責之。河南流賊大熾，開遠監左良玉軍，躬擐甲胄，屢致克捷。帝以天下用兵，意頗重武。督撫失事多逮繫，而大將率姑息。開遠以爲偏。八年十月上疏曰：「比年賊寇縱横，撫鎮爲要，乃陛下於撫臣則懲創之，於鎮臣則優異之，試觀近日諸撫臣有不褫奪，不囚繫者乎？諸帥臣及偏裨，有一禮貌不崇，陞廕不遂者乎？即觀望敗衄，罪狀顯著者，有不寬假優容者乎？夫懲創撫臣，欲其惕而戒也；優遇武臣，欲其感而奮也。然而封疆日破壞，寇賊日蔓延者，分别之法少也。撫臣中，清操如沈棨，幹濟如練國事，捍禦兩河，身自爲將如元默，拮据兵事，沮賊長驅如吴甡，或麗爰書，或登白簡，其他未可悉數。而武臣桀驁恣睢，無日不上條陳，争體統，一旦有警，輒逡巡退縮，即嚴旨屢頒，褒如充耳。如王樸、尤世勛、王世恩輩，其罪可勝誅哉！秦撫甘學闊有《法紀全疏》一疏，請正縱賊諸弁，以法明旨，顧切責之。然則自今以後，敗將當不問矣。文臣未必無才能，乃有寧甘斥黜，必不肯任不敢任者，以任亦罪，不任亦罪，不任之罪猶輕，而任之罪更重也。誠欲使諸臣踴躍任事，在寬文法，原情實，分别去留，毋以一眚棄賢才。至韎韐之夫，不使怯且欺者倖乎其間，則賞罰以平，文武用命矣。」帝以撫臣不任者，無所指實，責令再陳。乃上言曰：「朝廷賞罰無章，於是諸臣之不肯任不敢任者，罪；而肯任敢任者，亦罪；且其罪反重，勸懲無當，欲勘定大亂，未之前聞。從來無詘督臣以伸庸帥者，至今而楊嗣昌不得闢其説；從來無抑言路以伸劣弁者，至今而王肇坤不得保其秩。王樸恇怯暴著，聽敵飽去，尤得與吴甡並論，播之天下，不大爲口實哉！若撫臣之不肯任、不敢任者，如陝西之胡廷晏，山西之仙克謹、宋統殷、許鼎臣，何以當日處分視後皆輕？練國事、元默承大壞極敝之後，竭力撐持，何以當日處分較前更重？且近日爲辦寇而誅督臣者一，逮督臣撫臣者二，褫撫臣者亦二。甚至巡方與撫臣並議而并逮，兩按臣計典與失事牽合而并褫。南樞臣若監司、守令之獲重譴者，不可勝紀。試問前後諸帥臣，有一誅且逮者乎？即降而偏裨，有一誅且逮者乎？甚至避寇、縱寇、養寇、助寇者，皆置弗問。即或處分，不過降級戴罪而已。然則諸將之不肯任不敢任者，直謂之無罪可乎？是陛下於文武二途，委任同，責成不同。明旨所謂一體者，終非一體矣。不特此也，按臣曾週，當舊撫艱去，力障寇鋒，初非失事，乃竟從逮配，將來無肯任敢任之按臣矣。道臣祝萬齡，拮据兵食，寢餌俱廢，至疽發於背，而遽行削籍。將來無肯任敢任之監司矣。史洪謨作令宜陽，戰守素備，賊渡澠池，不敢薄城；及知六安，復有全城之績，而褫奪驟加，將來無肯任敢任之州縣矣。賊薄永寧，舊蜀撫張論與子給事鼎延傾貲募士，宿夜登陴，及論物故，鼎延請卹，并其子官奪之。將來無肯任敢任之鄉官矣。吏部惟雜職多弊，臣鄉吴羽文竭力釐剔，致刀筆胥豎鬨然而起，羽文略不爲撓，乃以起廢一事，長繫深求，將來無肯任敢任之部曹矣。臣讀明旨，謂諸事皆經確核，以議處，有銓部，議罪有法司，稽核糾舉有按臣也。不知詔旨一下，銓部即議降議革，有肯執奏曰此不當處者乎？一下法司，即擬配擬戍，有肯執奏曰此不當罪者乎？至查核失事，按臣不過據事上聞，有原功中之罪，罪中之功，乞貸於朝廷者乎？是非諸臣不肯分別也，知陛下一意重創，言之必不聽，或反以甚其罪也。所以行間失事，無日不議處議罪，而於蕩寇安民，毫無少補。則今日所少者，豈非大公之賞罰哉！」帝得奏，大怒，命削籍，撫按解京訊治。河南人聞之，若失慈母。左良玉偕將士七十餘人合奏乞留，巡按金光辰亦備列其功狀以告，帝爲動容，命釋還，待罪辦賊。十年正月，討平舞陽大盜楊四，論功當進秩。總理王家禎復薦之，乃擢按察監事，監安、廬二郡軍。其年冬，太子將出閣。奏言：「陛下言教不如身教，請謹幽獨，恤民窮，優大臣，容直諫，寬拙吏，薄貨財，疏滯獄，俾太子得習見習聞，爲他日出治臨民之本。」帝深納之。是時賊大擾江北，開遠數有功。巡撫史可法薦其治行卓異，進秩副使，監軍如故。十三年，與總兵官黄得功等大破革裏眼諸賊，賊遂乞降。朝議將用爲河南巡撫，竟以勞瘁卒。官軍民咸爲泣下。贈太僕少卿。

（《明史》卷二百五十八）

據《臨川縣志·藝文志》，湯開遠著有《寒光堂疏草》、《軍中詠馬詩》。

四子開先

傅占衡

潭庵集序

季雲少喜爲詩，慕徐山陰渭。庚辰辛巳間酷嗜鍾、譚，嘗因作《十燈題》，舉友夏

「照殘身益幻，看定妄難生」之句，以爲妙絶。自謂五言律尤長云。予素不解詩，甲申和季雲《哀國篇》，始見其雄深慷慨，似法少陵。然已亡其藁矣。今刻入《詩慰》者，乃得之李太虚先生笥中，以授伯璣。而乙酉以後，流離隱約，聲入變徵者，皆不復可得。嗟夫！予於世好，謂季雲丈人行也。以齒相近，同學相暱久，故兄事之。平生齋居處，號卿庲。一株池上柳，爲若士先生手植，月夕風朝，未嘗不劇談其下。丙戌秋冬，偕辟地金谿，遊處益密。是時季雲溺於詩，前後蓋五百餘首，繕寫未就而別去，奔走衣食無相見期，則季雲卧痾綿惙，莫能從旁收録者。勵遺《憎蟬》一賦，又以例不得次《詩慰》中；而季雲詩遂止此。悲夫！然伯璣之爲是選也，必其人之可以詩，而或不盡得其晚節究竟之詩，要欲其姓名不歿腐草，而選者與作者之心庶幾可慰焉爾。然則微伯璣，吾季雲其將不得爲詩人哉！嗚呼！此予之所以重悲季雲也。

（《潭庵集選》卷首，《詩慰》）

哭湯季雲

我生常恨晚，不及兩臨川。老友季雲好，遠逾元澤賢。人驚祠部眼，蚤作《帝京篇》。弱柳鶯池畔，張融似屋船。

承間娱母日，奉諱哭兄時。收罷孝廉淚，俄同志業悲。幾年余且老，今日爾無知。棣萼傷心外，論交更有誰！

（《傅平叔先生集》、《臨川文獻》）

羅萬藻

潭庵公傳

公諱開先，字季雲，號潭庵，若士先生第四子。少聰敏過人，潛心經史，學博才宏，與友尼、尊宿、叔寧、生甫諸世兄並廩于庠宫。遇試，父子兄弟往往名在甲乙。天啓辛酉貢于南宫，同時肄業太學者，無不推服。揭君竹萬以可大用薦于朝，未行而殁。著有《潭庵詩賦》二卷行世，郡邑志之。

（《文昌湯氏宗譜》卷首）

羅萬藻，字文止。臨川人。天啓七年（一六二七）舉人。有《此觀堂集》。

從子維岳

錢　捷

生甫公實録

公諱維岳，字生甫，號山公。父儒祖，號少海，有奇才，少補廩員，即若士先生同母仲弟，並稱二龍；萬曆壬午擬元未第，早卒。公甫四歲，若士先生怙之，教養婚配與諸子無異。七歲能文，古勁高雅，迥不猶人，先生甚珍奇之。公初入泮時，適修文昌橋告成，先生特贈聯以期勉曰：「嶽立光騰紫氣，橋成新築堤沙。」後先生將終，復矢口成聯以囑望曰：「顯喬岳於中天，立之斯立；挹清瀾于少海，純乎其純。」崇禎庚午春正月，有文鹿入庭階之祥，公命蓄於家。是歲果由廩餼與陳子際泰同領鄉薦，蓋十試棘闈矣。初令象山，勸學進士，慈惠愛民，邑人頌之，以爲召伯再見。立像廟祀，春秋薦馨。爲人廉介寡合，忤大吏，解組去，曰：「遂昌在望，吾不忍負吾諸父也。」已再補南靖令。時寇逼于城，公寢處雉堞間，未嘗解帶，士民因得恃以爲固。崇祀名宦。癸未升南寧府司馬，不赴。清操峻節，無愧家門。享年七十有餘。著有《文鹿堂集》，散佚未獲付梓。……

（《文昌湯氏宗譜》卷首）

第四编　交遊

目　録

羅汝芳

湯義仍讀書從姑賦贈

君寄洞天里，飄飄意欲仙。吟成三百首，吸盡玉泠泉。

玉泠泉上別湯義仍

之子來玉泠，日飲泠中玉。回首別春風，歌贈《玉泠曲》。

（《羅近溪先生全集》卷九）

壽湯承塘序

天地之大德曰生，而生生之謂易也。夫生生者，生而又生者也。生而又生，則不息矣。不息則久，久則徵，徵則悠遠，悠遠則博大。大以敷久，久斯無盡；久以充大，大乃無疆。故易也者，聖神之所以永長其生，而爲言壽之所自來者也。天之壽乎人，與人之自壽以無忝夫天，凡以是久大之德而自相授受焉者也。天授是德與人，人受是德于天，勃然其機於身心意知之間，而無所不妙；藹然其體於家國天下之外，而靡所不聯。以是生德之妙，而上以聯之，則爲老吾老以及人之老；而所以老老者，將無疆無盡也。以是生德之妙，而旁以聯之，則爲長吾長以及人之長；而所以長長者，將無疆無盡也。以是生德之妙，而下以聯之，則爲幼吾幼以及人之幼；而所以幼幼者，將無疆無盡也。會萬彙之衆，而欣欣歡愛以熙熙乎春臺；張八荒之景，而順適平康以優優乎壽域；斯則我之所以爲生，與天之所以生乎我者。既恒久而不已，我之所以生乎人，與人之所以同生乎我者，且通達而無殊，是則會合天人，渾融物我，德之盛也，壽之極也，而廣生大生之至也；亦吾儕所願於湯君承塘之所以自壽其身，與湯子義仍之所以善壽乎親，而紫泥之馨，黄扉之耀，引之百千萬年而無疆無盡焉者也。敬獻視壽堂，質諸橋梓，以爲何如？

（《近溪子文選》卷三，《盱江七大家文選》）

羅汝芳，字惟德，别號近溪。江西南城人。嘉靖癸丑（一五五三）進士。有詩文集及語録行世。

余曰德

贈義仍湯孝廉

代興何見屬交情，十載文章漢《兩京》。地入斗牛寬着汝，人追揚馬遴垂名。金隄高築時當識，火宅迴看劍是精。去矣上林逢聖主，同時寧用薦書成。（卷二）

湯義仍孝廉至山中

六柳成陰手自栽，春風燕坐不知回。夜分何客傳輕轡？莫是殷勤學鍛來。（卷四）

（《余德甫集》）

余曰德，字德甫，號午渠。江西南昌人。嘉靖庚戌（一五五〇）進士。有《午渠集》、《余德甫集》。

帥機

四儁咏和湯生作

湯孝廉顯祖

湯生挺奇質，孕毓應文昌。恣睢辨説囿，峥嶸翰墨場。汪洋探丘索，沉鬱挾風霜。巵言自合道，誰知非狷狂。

謝秀才友可

謝客體聰明，千言可立就。屬翰吐風雲，摛藻鋪縟繡。托仙採澧蘭，載筆光名岫。曼衍將窮年，聲華自日茂。

曾秀才粤祥

曾子綴弓裘，稚志輕蹩躠。擇交附青雲，摛詞多白雪。麾塵若無人，識字能辨霓。蚤已入吾流，衆徒誹儁傑。

吴公子拾芝

川嶽寶不虚，公子亦吾黨。温冲玉樹芬，明悟秋氣爽。傾蓋已披雲，大篇益心賞。倜儻似長瑜，安得載俱往。（卷九）

别湯義人孝廉

季冬冰雪紛，膠折馬毛縮。有客來維桑，清瘦比修竹。賦就欲凌雲，詩成在刻燭。彦深摘遺漏，士簡合工速。悲哉草玄人，不得蚤丹轂。歲晏上公車，風霜晨夜沐。千里不齎糧，主人多寶櫝。高情疲夢寐，清言偶信宿。詰暮隔江雲，離憂黯心曲。秦戰果焚舟，楚悲終剖玉。劍合會有時，好音慰幽獨。

義人下第歸過訪得月字

寂嘿守一官，蓬蒿四處没。耦影無與言，傾筐晤賢達。射策仍不售，倦游投我歇。首夏猶清和，移樽就明月。叢林散陰馥，圓光逗空闊。明月感人心，蘭襟此軒豁。清言不告疲，短夜鳴揭括。知稀道彌尊，天巧人乃拙。顧慚下里音，何以酬白雪。

送湯義歸并訊謝友可共和之

闌暑迎新秋，送子惜岐路。本自草玄人，何曾悲不遇。思爲憒悱精，名因坎坷著。槐市再蜚聲，巨卿多推慕。特荷戴憑知，十就鸚鵡賦。曰余亦飄零，托交金石固。直將狎主盟，豈伊互標譽。離索誰爲情，顧養安能駐。秋風促張翰，明月思玄度。亦有靈運儔，懷哉阻良晤。各勉貞松心，大業托毫素。他年開三逕，何漸德星聚。（以上卷十五）

喜湯義得第

溟鯤一日縱扶摇，五戰收功心獨勞。堤直圖書鍾鳳彩，筆摇瓊玉取仙桃。布衣作賦人争羨，才子成名價轉高。交義平生稱管鮑，天邊可不念綈袍。

寄答湯義進士

尺牘頻來慰寂寥，夢中攜手路迢迢。故人競爽初儀羽，老子婆娑尚折腰。丹徼無書疲吏道，清時拙宦遠天朝。懸知别後風流勝，静對文君藻思飄。（以上卷十）

伏日郭祠部邀義人公廨避暑作

畏景常希冷，相將入署中。材名空冀北，朝隱似牆東。反宇虧炎日，高窗度好

風。忽云長此醉，容易惜秋蓬。（卷十二）

送謝秀才友可歸金谿一首

年來梓里聚星耀，湯生武庫君同調。四壁俱工烏有詞，千金祇向平原笑。（卷六）

酬湯義人并贈其二郎士蘧大耆

世路轉風波，人心有戈鋋。寡交遠是非，寓言當周謹。投分惟湯生，虚確無封畛。休汝別河梁，低徊情不忍。兼翰致慇懃，連篇疏窘蠢。君博已謝華，我貧未能隱。裝懷悵索居，開緘笑而囅。聞君爾寧馨，良書一覽盡。奔放汗血駒，飛騰高冥隼。神光夙照社，雕龍知接軫。勿似伏滔誇，阿戎應更敏。（卷七）

寄懷湯義

投荒猶復罹愆尤，諷誦容堂亦自由。回首煙波難縮地，懷人葭菼又經秋。鳴珂帝里沾新命，載筆神臯却舊游。蚤歲垂帷真博士，偏令仙署恣探求。

喜湯義上計貤封便歸壽親

當年解褐歷清齋，休汝盈門訝錦回。曲裏高山歆客賞，樽中聖酒爲君開。金閨通籍承恩紀，綵服趨庭進壽杯。借問華京簪笏滿，誰人得似馬卿才。

華譚射策蚤成名，衣錦寧親豈夜行。玉峙蘭陔含月瑩，珠瑶綵筆應星精。恩波北極流華閲，瑞靄東來過舊京。最是尊人躭遁逸，白頭共羨一經榮。

喜湯義祠部奏彈權貴謫尉雷陽

青瑣黄扉召寇兵，孤臣忼慨謝朝纓。丹心愛國同長孺，白首工文復馬卿。瘴海千山迎使節，羅浮雙屐快秋清。即看詔旨扶公道，一疏回天藐鳳鳴。

閒署憂時不顧身，高官膴侍愧何人。弘詞早已標芳苑，直疏頻能批逆鱗。海鶴秋風仍傲客，嶺猿夜雨伴孤臣。知君逸氣凌梅尉，謫籍終當洽隱淪。（以上卷十一）

喜湯義覲歸

春氣交氤氳，緣陰日蒙密。索居苦迷防，閉關久不出。足病復支離，憂生志愈失。郵傳湯生歸，欣焉獲儔匹。暄久雨氣清，橋傾新水溢。津非河漢盈，人希竹林七。情真貌無羨，在遠心常一。縹緼既寬憂，妍談頓遣疾，永願時頡頏，子本惠施質。（卷二十二）

乙未仲夏廿六日即景緒兼懷湯義

豫章偪亥無游衍，朱明過半卧城闉。惟喜上天降豐稔，甘霖時澍慰農民。風生赤日煩蒸澥，雨起黑煙品物新。霽景雲霞明似錦，遥峯瀑布瀉如銀。樹密繁陰團翠蓋，池添新水泛青蘋。近郊已有蟬鳴稻，闤闠未聽鶯聲頻。自憐病足難濟勝，更苦家人有疾呻。湯生去後無知己，久廢詩篇類俗人。門堪網雀亦宜懶，情似蓼蟲已習辛。欲購良書新藻思，將遠塵區洽隱淪。（卷二十九）

（《陽秋館集》）

【附】

錢謙益　帥思南機小傳

機，字惟審，臨川人，隆慶戊辰進士。爲南膳部郎，謫彰德同知。萬曆甲午，進《平西夏頌》，詔付史館。稍遷南刑部郎，移疾歸。進《兩京賦》，出知思南府，論劾免官。惟審與湯義爲友，長于義十餘歲。惟審爲郎，義入南成，均晨夕過從，故有「着冠須訪戴，脱冠須訪帥」之詩。惟審罷思南，卒。其子從龍事義甚謹。義長子殤于南都，哭之詩曰：「泉臺帥伯堪依止，爲道從龍一片心。」兩家交誼可知也。惟審有臨川四雋詩，爲湯孝廉顯祖、謝秀才友可、曾秀才粤祥、吴公子拾之。湯詩則以惟審爲首。惟審多讀古文奇字，好詞賦，擬古二京及詩篇什僅存營魄，要爲淹雅名士。曾、吴詩皆不傳。友可名廷諒，與其弟曰可名廷讚，皆舉進士，宦皆不達。義仍晚歲以詞賦傾海内，而二謝著作庸猥爲人所輕。友可心不能平，嘗語予曰：「湯生少遊賤兄弟間，賤兄弟讀《文選》，湯生亦讀《文選》。」余笑應之曰：「詞人讀《文選》，正如秀才讀『四書』，看作手何如耳。」餘姚孫鑛論近代文章家，稱能爲六朝者，曰湯某、謝某。世人耳目如此，無怪乎友可之自負刺刺不休也。

（《列朝詩集》丁集中）

李紱　陽秋館集序

有明嘉、隆之際，吾臨川帥惟審先生與湯若士先生齊名。當時爲之語曰：「帥博湯聰兩神童。」乃《玉茗堂集》至今風馳海内，而帥先生《陽秋館集》板壞不復鐫，豈學勝而文稍遜耶？湯先生稱帥先生五言古詩有入化者。屠長卿推爲豫章才人第一。張洪陽目以冰壺沆瀣，孫月峯謂抗心師古，陽春寡和，然則帥先生之文不必遜於學也。……往聞長老言：湯先生作《南柯夢》傳奇，考得蛾子事百二十餘條送帥先生補所未備。先生增六十餘事以報。……又聞湯先生《四夢》成書時，先生已即世，因寄札帥公子從龍、從升，令陳於繐帳前，一再宣讀，冀其幽賞；蓋直寄以絶絃之意，以子期相待。……帥先生於湯先生十年以長，而帥先生年十五即舉於鄉，科名亦先達，然帥、湯並稱，交情特篤，未嘗以年輩分先後。《陽秋館集》則湯先生所手定者也。……海内好古之士，未讀是集者，知湯先生則知帥先生矣。（《陽秋館集》卷首）

謝廷諒

湯氏館中宴罷得雋賦此

十年裘馬走長安，一掬陵陽淚未乾。乍以影迴雙闕顧，羞將鋏向五陵彈。追陪勝引占星聚，留賞清尊入夜闌。歸到鳳池春欲曙，姓名早已達金鑾。

義仍入覲，省侍庭闈，同集帥生宅酣飲話舊，賦此

愛日朝天駕暫停，攀稽何幸揖郊扃。情源九派同歸海，德宇千門喜聚星。拚飲莫辭陶令醉，狂歌原忌楚臣醒。争看宴賞彤墀處，折檻應留在漢庭。（以上卷七）

致梅禹金

僕與足下千里隔也，千里不相及，安有介紹之勤如此者乎？先之以義仍，申之以君典。君典拂衣探歷諸名勝，傾蓋九華，口禹金不置；蓋禹金之神相授，業相聞矣。（卷十五）

（《薄游草》）

謝廷讚

謝廷諒，字友可。江西金谿人。萬曆乙未（一五九五）進士。有《薄游草》等。

懷答義仍

吾年甫弱冠，婉孌吾兄愛。因之兄義仍，白首如傾蓋。義仍坐賓筵，吾兄雅相對。偶坐余負劍，昕夕聆天籟。三人如鼎足，盤礴如衿帶。如何形影人，倏忽肝膽外？荷以朱明移，菊與嚴霜會。嗟彼蜉蝣姿，孰是乾坤大？太虛自無垠，微雲豈有礙。亮懷寥廓衷，國門良足隘。即以城府心，家珍殊可珮。廓落無町畦，轉憶清郎

帥。（卷一）

賀湯儀部義仍次郎入泮

宿直文昌貴相宮，橋環靈谷鬱葱葱。二龍驤首稱難弟，小鳳將雛號聖童。名捷桂枝梅信早，袍分柳色杏初紅。知君世擅青緗業，春度扶桑日正東。（卷二）

（《霞繼亭集》）

謝廷讚，字曰可。江西金谿人。廷諒弟。萬曆戊戌（一五九八）進士。有《書經翼注》、《霞繼亭集》、《綠屋遊草》等。

郭子章

建武劉涂二生經義序

壬子，建武劉生叔夏、涂生子期來講業山中。二生故工詩，予友人湯若士、黄貞父俱與談詩。（卷十八）

少參龍君揚年兄像贊 并序

嘉靖丁巳戊午，督學王敬所宗師歲試，君揚齡十六，予齡十五，俱補博士弟子員。庚午、辛未同舉於鄉，成進士。君揚才氣跅弛，骨體昂藏，歷官少參，不免合浦之行，世人未盡知之。而予卜之於天：當宣城生始事日，寧國一倅首縛而致之君揚，君揚不怪，受之；騎虎之勢不得中下，合浦之謫勢焉得免？乃首縛者之恙，遞遷至臬僉，天一旦火之，父子俱燼。而君揚猶得正寢，賢子聞孫足世亞卿之業，則天未嘗不憐君揚也。余又卜之於人：予鄉貞士文儒，孰與鄒爾瞻、湯義仍？君揚之銘出自義仍，君揚之誄出自爾瞻，則所云鄉人之善者好之也，而奚俟予贊？（卷三十）

（《郭青螺先生遺書》）

郭子章，字相奎。江西泰和人。隆慶辛未（一五七一）進士。有《蠙衣集》。

趙用賢

與丁勺原

賢側目於當途，春首諸君論薦，更益疑忌。於時已具疏乞歸，稍爲申别是非。會有止之者，止之亦是；第不能與此輩比肩事主。頃已發疏懇請，一不獲命，須至再三不惜也。儀部閑局，卿貳尊官，南中又弟拙劣者所宜，爲作宦計，毋善此地。乃不欲以不肖之軀虚噉五斗，浮繫令作門面。艾鴻臚亦同此志，且相繼逐蓴鱸歸去矣。義仍兄學行騣騣，已駕一時，固自高雅。郭京兆寵辱不驚，蔡驗封嚴飭有守，閩士獨得此兩公耳。餘靡靡隨人脚跟，不足數也。（卷二十四）

復孫立峯冢宰

老先生負天下之望，居得爲之位。當世所急者，惟在擇人而任，舉用賢俊。但令人皆稱職，官各得人，雖格君善俗，未易卒致，而補偏救敝，尚可言功。承賜下訊，謹具疏如原册，亦向來所博訪於羣議者，惟留神采擇，并祈秘之。他如鄒元標、饒伸、李茂桂、湯顯祖輩，嘗以言獲罪當路者，江東之輩二三君子，均當推舉。説者謂

外官須薦乃可起。然昔年王掌科已曾論薦矣。門下可一查而知也。（卷二十五）（《松石齋文集》）

趙用賢，字汝師，號定宇。常熟人。隆慶辛未（一五七一）進士。有《松石齋文集》。

趙南星

張雲林以湯義仍書來

客爲傳書至，開門喜後驚。南州高士駕，東漢黨人情。地僻藤花帳，家貧瓠葉根。布衣譚世事，歷歷獨分明。（卷四）

與湯海若

王子聲向以仁丈書來，蓋遂昌入覲時也。書中惜王弘陽、丁右武、馬玄甫之去；無何，仁丈亦去。而子聲遂長逝矣。今蘭芷盡凋，海宇抗敝，可勝嘆哉！仁丈聰明絶世，言語至妙。今所著作復得幾百種，可悉示我。聞郎君之才不亞乃翁。年來賢父子所爲四書、書經「文統」，乞寄下。小兒學書經，願得而讀之也。仲文夙欽高雅，今在彼可通數問。王敬平南，輒附此字。翹首德音，慰我饑渴！（卷二十三）

（《趙忠毅公集》）

趙南星，字夢白，號儕鶴。河北高邑人。萬曆甲戌（一五七四）進士。有詩文集。

鄒迪光

寄贈臨川湯義仍二首

臨水有佳人，川嶽寄靈異。役志綜墳典，束躬奉德義。澡雪炯不緇，宣朗高自位。倫輩挹清芬，詞林把赤幟。逸翮迅飛騫，弱冠即試吏。不博謇脩憐，却賈女嬃詈。一鳴輒見斥，中道竟踣躓。君隱連樊濱，余守在吴會。形影若參商，蘭蕙有深嗜。昨者貽我書，文采一何瑋。出入懷袖間，不取或棄置。一書何足云，中有千古意。原簪有時合，津劍豈終離。何當躡龍門，從君執鞭轡。

其二

匡山産芝秀，豫章挺柟楩。物品洩未盡，鬱爲絶代賢。髫齓領時髦，不律五色鮮。著畫左丘明，作賦班孟堅。誓窺顔謝上，餘亦劉曹先。九丘恣索摸，百氏悉漁畋。片語倘然出，衆工歸我妍。四明既委化，蘭谿亦冥騫。詞壇勿朽事，匪爾孰與肩。願保金石軀，千秋以勉旃。（卷四）

與湯義仍

我明作者林立，自北地，信陽、大梁、西蜀、弇州、新安而外，亦不數數見。裁制則推北地，秀潤則歸信陽，簡浄則舉大梁，淵博則指西蜀，挺拔則稱弇州，追琢則遜新安。各有獨至，而鮮兼詣；蓋萃美若斯之難也。惟我義仍，能方能圓，不離不即。時而沉滯，時而沉鬱，時而蕭散，時而商懵，時而勁直，時而婉嫕，時而晶熒璀璨，時而平愉稚澹。《玉茗》一集，宴兼北地、信陽六七君子而有之。至讀《羅浮》諸賦，則又未始不整襟下拜頓足舞也。原山川，本草木，品人倫，按土壤，考機祥，析理亂，靡不窮極變態，研寫情實。孟堅而下，子建以上。彼北地諸公能措一語乎！譚者類言詞林百六，詩文道喪，牛耳寢微。愚謂：鷙累百不如一鶚。世有義仍，則餘可廢，烏在其道喪也！若不佞質本椎魯，加以病廢酒廢游廢，頃已躅馬卿之疾，止公榮之酒，停尚平之屐矣。而又以佞佛廢，冢筆瘞硯，專意瞿曇，其於諸公尚退三舍，况乃義仍！昔昌黎氏有言，苟非天之所與，求一言之幾於道不可得。不佞畸窮人，才爲天所棄，安得以一言與之已矣。將畢吾歲，而守此金繩白毫，不敢望詞壇赤幟矣。義仍既肆力於文，又以其緒餘爲傳奇，丹青栩栩，備有生態。高出勝國人上。所爲《紫簫》、《還魂》諸本，不佞率令童子習之，亦因是以見神情，想丰度。諸童搬演曲折，洗去格套，羌亦不俗。義仍有意乎？鄱陽一葦直抵梁溪，公爲我浮白，我爲公徵歌命舞，何如，何如？日者長箋之辱，經三歲不報，緣懼馳報者作殷洪喬一失至此。頃有日者張啓光云，素侍左右，度非洪喬托爲晨風。而又有所乞：「欝儀」之後，復得「調象」。總之，瓦礫而欲借珠玉爲飾以塗天下，不珠玉損而瓦礫受光，此是公家一饒益人事。先生予人愈有爲，人取愈多，廣大教主不靳開此饒益方便路也。謹向風擊顙以請，屬在讀禮，哀毁切心，骨崖崖不得肉。草率佈此通候。外兩詩聊博噴飯。（卷三十五）

復湯義仍

湯先生文高華貴，簡如黿采垂棘，世所希覯。至序《調象稿》，益復絶塵離衆，惝怳神奇，是甄叔迦帝青寶，不從大塊生出。不肖喜極發狂，大叫三日夜不止。尋焚栴檀，荐之家廟而後付剞劂氏。棗板一出，海内人士率謂羔裘狐領，大是不類；又謂魚目借光夜月，不爲夜月損，而魚目且長價。士附不朽，寧有既乎！張生往往爲不肖言：義仍居家，門庭羅雀，足不踏公府；邑中刀丙之屬，絶不與把臂締交。繩床糲飯，擁萬卷自樂。近欲問道吴會，而貧不能具三月糧。此其衷已盡汰泥澤，獨存妙明，發爲煙霞口角，自不得尋常較量。大都義仍文章，是先秦、兩漢，加以六朝藻績。其人東西京，而猶多晉代風流。不肖能知之，能慕之，而不能以一語相頌。何者？凡夫不可以論聖也。小「傳」唐突，無亦衆比丘之讚嘆如來耳。其覽而擲之藩籬之外！（卷四十）

（《調象菴稿》）

【附】

錢謙益　鄒提學迪光小傳

迪光，字彦吉。無錫人。萬曆甲戌進士。官至副使，提學湖廣，罷官時年纔及强。以其間疏泉架壑，徵歌度曲，卜築惠錫之下，極園亭歌舞之勝。賓朋滿座，觴詠窮日，享山林之樂幾三十載。年七十餘乃卒。愚公亡，而江左風流盡矣。前後集三百餘卷，連篇累牘，煩縟醲豔；無如其骨氣猥弱，不堪採擷。其文又不必置喙矣。隆、萬間，王弇州主文章之盟，海内奔走翕服。弇州殁，雲杜回翔羈宦，由拳潦倒，薄游臨川，疏迹江外；於是彦吉與雲間馮元成乘間而起，思狎主晉楚之盟。長卿游戲推之，義仍亦漫浪應之。二公互相推長，有唐公見推之喜。彦吉沾沾自負，累見於詞章，而又排詆公安，並撼眉山，力爲弇州護法；蓋欲堅其壇墠，以自爲後山瓣香之地，則尤可一笑也。長卿通脱，多可而少怪。義仍孤峭，心薄王、李，鄙其尸盟，次睢之社，朱弓之祥，歸於不知何人，頷之而已，非其所屑意也。二公晚交於余，而義仍有微詞相聞，並及雲杜。詞壇爭長，等於蠻觸，今皆成往劫事矣。彦吉之詩優於元成，點綴風雅，亦復可觀。

（《列朝詩集》丁集下）

沈懋學

同湯義仍夜坐次韻

江城來上客，花雨見新裁。小閣青山莫，孤雲白社開。片言清病骨，三舍讓雄才。明月中宵共，仙蹤破錦苔。

京中訪湯義仍就宿

自爾龍谿別，南州榻已懸。傾心重此日，鏡髪是吾年。恠事成詩聖，閒情托酒禪。獨憐千里駿，拳曲在幽燕。

（《郊居遺稿》卷一）

沈懋學，字君典，號少林。安徽宣城人。萬曆丁丑（一五七七）進士第一。有《郊居遺稿》。

梅鼎祚

贈義仍

器大苦難用，分乖適不華。繩墨中自諧，安能趨羣邪？所虞在爨下，斤斧或見加！

（《柳亭詩話》卷二）

梅鼎祚，字禹金。安徽宣城人。有《鹿裘石室集》、《玉合記傳奇》等。《鹿裘石室集》以覓不得，此詩録自《柳亭詩話》卷二「臨川」條。不全。

屠　隆

贈湯義仍進士

吹萬布黤宕，震旦何煙熅！萬形各有閡，不閡惟元神。初陽潛虬動，霜降宿莽陳。商聲下庭葉，清角出游鱗。□銅感蜀山，古鐵應蕤賓；金石訇然開，飈車蹈星辰。乘理豈迂怪，至人抱其真。方諸與陽燧，要以氣類親。同菴匿不見，九州猶比鄰。暌離本無故，契合寧有新？寸心杵臼在，片語桑陰申。夫君操大雅，負氣亦磷磷。風期竊相似，終慙玉與珉。同爲蘭省客，當前詎無因。胸懷久不吐，宛轉如車輪。丈夫一言合，何爲復逡巡？願奉盤匜往，投醪飲醲醇。青雲儻提挈，勉旃千秋人！

（《白榆集》卷一）

與湯義仍奉常

文章之道，爲物鉅而厥理細。得之有分，合之有神；收之欲博，裁之欲精；模古欲法，自鑄欲心；程體欲整，盡變欲化。金石宫羽，不必合而期於諧；樝梨橘柚，不必同而期於算。決鴻濛之前，步泰媪之外，闖虛無之窟，集毫芒之端。神凝精注，久而混冥；歲煉月磨，忽而瑩徹，其難若此，詎佻薄之夫可以率易獵取爲也？不佞得此道甚易，涉此道甚淺，陂塘之潦爾。足下其溟涬乎！沉雄旁唐，潏淈深靚，苞含意象，吐呷精華。當其磔裂而播之，其氣飈出坱圠；當其潛精而研之，其神透入靈彀。貫虱承蜩，亡不超矣；半豹全牛，亡不詰矣。梁蕭統上下十餘年間，采擷英爽，悉罜罶其胸臆，奔走其筆端，澒洞高深哉。而足下亦自以爲空天絶地，隻古單今，意氣詡詡盛也。乃求之當世，實有如足下者幾人！足下意不可一代，似不爲過；僕則願足下之益自沖挹也。足下方以盛名處都會，獵纓彯組，揮麈抽毫，人望光塵，家傳咳唾。登高而呼順風，南國之彥如雲咸來，登龍門，盟牛耳，文人得時而駕，蔑以加兹。僕自中含沙以來，性靈無恙，皮毛損傷，仕學兩違，身名俱廢；雖復雞肋此秋，勉事操觚，而下流難居，末路多窘。識不爲時采，語不爲世珍，當時且然，後代何望，終恐狐狸猯狢噉盡。方之足下，爲龍爲蛇，夫復何言！雖然，士托天壤，亦多途矣。桓榮、井丹，顯晦異執；子魚、幼安，静躁殊操。不聞雲鴻下慕澤雉，不聞野鹿乃羨檻猿。安身立命，僕蓋别有所得。固將毀棄榮華，滅裂文藻，跳塵中而立霞外。余便難與足下竟譚。數十年後，足下終當入我窠臼來。海内好刻畫不佞，多失其實。僕少無佻達之性，長有擁腫之形。此中頗真，風調絶少；酒德既淺，勝具更微，遠遊以傖父不收，伯倫以俗物見斥。惟是堅心苦行，可隨雪山老頭陀執爨掃除，則僕所自亮。世人皮相長卿，足下當别開慧眼，何如何如？趙先生直如汲長孺，清如胡威父子，淹雅多聞，一代名德也。慕足下才品，不翅調飢，相見便當作椒蘭契。王元美司馬入山不深，爲時戈出，可得免小草之誚不？余友沈君典物故，海内山人遊客無主，今遂當奔走司馬門乎？恐司馬業在山中，久倦於延接矣。兩賢同棲政，不妨朝夕把臂。四海名不易得，若元美者，詞林宿將，皮骨即差老弱，猶堪開五石弓，先登陷陣，願足下無易廉將軍。海壖侵札，萬室仳離，雖不佞八口，未免嗷嗷枵腹，日采橡子，雜野蕢以充糧。今且幸及食新，而僕猶無新可食。爲吏若此，而世人往往以不肖見目！世有朝綰銅墨，暮作陶朱者，皆大賢耶？吾鄉一老山人，僕北面而奉之。往宰由拳，過爲折節，如臨卭令之遇相如，劉京尹之下玄度。又爲悉力游揚諸公間，聲譽賴僕而起，買山隱具賴僕而給。至此以招物忌，來妒口。此吴越人士所盡聞也。此人使氣好駡，有灌夫之病，向以僕頭上有進賢冠，緩急可倚，稍戢鋒鍔。一旦摧廢歸來，渠謂無所復望於陳人，便相陵轢，假陳人以恐動里中諸少年。僕念夫夫薄行者，浮雲蒼狗，何常之有？遜謝而謹避之，以托於古人交絶不出惡聲之義。夫夫不自反顧，大以爲望實，肆萋菲於白下、吴門。賴足下力持公論，讒口噤不得張，嘵嘵張耳抽戈。到溉抵几，三峽九曲，人情有之，非所望於夫夫也，人將不食其餘。昔以昭明之賢，不免地獄，庾信之才淪於惡趣；乃公多慾而險中，竊恐十地閻君不愛辭賦也。僕業學於陵仲子，閉户灌園，實無可搆；有聽之耳，聞白下諸公，頗有入此人之讒者。以僕生平與此人若何，而今日忍下石如此，其口寧尚足信乎！足下居六朝佳麗地，山川諸勝盡入品題，新篇寄示，勿以陳人也而土苴之！

（《棲真館集》卷十六）

與鄧汝德少宰

右武賢豪人，禔身作吏，皦日冰壺，讒人罔極，離此大冤。民去秋在吴門聞報，急下錢唐，泝嚴瀨，上桐廬，將直走豫章，一視右武。舟抵蘭陰，遇趙符卿，知此君業已泛九江，道皖城北去矣。徘徊歧路，計無復之，乃往栝蒼訪湯義仍。義仍使至自南昌，始悉右武消息。尋以民掛黨籍，老母憂念，家奴來促歸，匆匆東下。獻歲欲西行，念右武方繫長安獄，不敢來省其家，然何時能忘！

與丁右武

去秋發吴門，急走錢唐，泝嚴瀨，將直抵洪都，與仁兄一握手泣别。行至蘭陰，晤趙符卿年兄，知右武業泛九江，道皖城而北矣。慟哭歧路，踟躕何之，乃訪湯義仍遂昌，問兄消息。義仍方遣使候唁。留旬日，使者從南昌來，始稱得仁兄平安狀。比歸，冬月矣。春來無刻不念仁兄。久不得長安信，欲躬走貴鄉，計吾兄不在，公子又從行，不敢奉造。將遣一使，未得近耗，復不敢發。諸公書一一緘題。至二月二十日晤李都護，始知吾兄有嶺表之行。（《鴻苞集》卷四十四）

啓明樓

天地欲曙重昏坼，火輪忽湧海氣赤，萬國猶在微茫中，神光隱隱扶桑側。先有一星名啓明，前行似報東方白，炯炯盡奪列宿光，孤朗幾堪敵兔魄。天鷄咿喔飛蟲嗚，玉漏傾壺不復滴。此時鍾聲出麗譙，羲和得令初駕鑣。九關啓鑰容宵度，三殿傳籌放早朝，征衣殘月催機杼，旅騎清霜滑板橋。平昌山城俗樸茂，百事向來從簡陋。野鹿時窺長吏衙，清猿手代壺入漏。昏曉天上無常期，寒暑山中有氣候。出門起視明星爛，夙夜只恐陰雲覆。四面蒼烟高插天，亭午日始出巖岫。湯君分符宰此城，平明更漏始分明。鐘聲縹緲聞空界，樓勢嵯峨接太清。畫棟雲霞生莽蕩，虛欄河漢切縱橫。使君欲眠來登眺，把酒聊舒萬古情。

（乾隆《遂昌縣志》）

據乾隆《遂昌縣志》卷十一，屠隆至遂昌訪顯祖，唱和詩作尚有以下諸篇。

瑞山

散步溪橋看野鷗，一樽落日上眠牛。長鑱烟外山光暮，短篴風中草色秋。叩角未因歌石起，出關聊爲著書留。百年天地多郵傳，何用登臨涕泗流。

飛鶴山

矯首孤雲不可絛，松篁彷彿似鳴皐。千年逸氣凌霄漢，一夜西風借羽毛。沙苑何妨金簇冷，緱山長伴玉笙高。因君欲妨蘇耽去，海色蒼茫百丈濤。

妙高山

妙高峯頂絶人羣，策足岧嶤磴路分。萬樹秋林風落果，一溪晚碓水春雲。松關寂寞修行乞，石鼎氤氳香自焚。手拾蹲鴟煨宿火，一壺攜得醉斜曛。

登白馬山

青冥萬丈接丹梯，山氣高寒鳥不啼。隱隱空中落鐘磬，茫茫霞外擁招提。上方只訝星河近，下嶺纔知雷電低。太白胡僧長耳相，好於此處結龕栖。

青城山

向平此日快游蹤，千里名山一瘦筇。天削孤崖撐白日，雨飄寒瀑濺青松。風雲長護神靈窟，環珮疑歸玉女峯。定有真人掌仙籍，璚芝石髓幾時逢。

靈泉洞

谽谺咫尺開雙洞，虛敞何年鑿五丁。聞有羽人修玉液，久無雲屋貯仙經，松間神霧寒長住，石上靈泉瀉不停。天氣欲沉秋颯颯，疏星斜迸斷崖音。

春日登尊經閣

元化洩胚渾，溟涬釀炙轂。太和日鬱蒸，庶類繁以育。二五紛輪轉，太極秉樞軸。形骸蒼靈光，鎮以無名璞。方寸湛靈明，六合相照燭。民遵大道趣，坦夷絶畛域。一自隳形氣，鑿智宣嗜慾，邪徑從此開，靈符日以牿。戎夷接車軫，戈矛伏堂皇。人心罔底極，横流誰爲坊。斯道不淪蝕，天迺生素王。偉哉封人言，木鐸振四方。大冶鑄羣士，斐然咸成章。删述經鉅手，六經何煌煌。昏涂啓泰熅，安事爝火光。鬱儀與結璘，萬古照八荒。良宰先教化，講道明五常。尊經此名閣，東壁輝文章。藐彼二酉度，安用宛委藏。庶其追步趨，時時見羹牆。

屠隆，字長卿，又字緯真，號赤水。浙江鄞縣人。萬曆丁丑（一五七七）進士。有《由拳》、《白榆》、《棲真館》等詩文集及《綵毫記》、《曇花記》傳奇。

許國忠

相圃書院

並轡遊鍾阜，同官寄栝蒼。憐予牛馬走，羨爾鳳鸞翔。門第推江表，聲名冠豫章。英姿深蘊藉，意氣絶倫常。混迹長安里，披肝走馬場。倏忻知己貴，轉覺世途長。抗疏輕祠部，投荒出海洋。賜環歸百粤，綰綬令平昌。閉閤懷民切，褰帷問俗忙。春風歌化雨，寒谷發勾芒。象德開元圃，傳經闢講堂。飛泉明几案，積翠暗芸窗。華館分星位，青藜射斗光。一人張正鵠，多士欲騰驤。禮樂還三代，蓬弧志四方。延賓過勝地，列席攬羣芳。喜接登龍會，慚悲倚馬郎。菁莪將獻□，桃李滿門牆。

（乾隆《遂昌縣志》卷十一）

乾隆《遂昌縣志》卷十一又有《春日登尊閣》詩云：「崇經開傑閣，佳麗擅名區。制作遵昭代，章儀藉碩儒。巍基奠磐石，勝地備堪輿。勢壓平昌里，尊臨君子嵎。重軒錯陵谷，層棟俯城隅。藻井凌霄起，雕牆遶檻迂。典章盈二酉，載籍富三都。册並西崐府，文聯北斗樞。何年存舊址，此日建新櫨。仙令崇文教，真人闡聖謨。經傳西裔盡，吟和郢中孤。才是洪鑪縱，天將大鐸需。鑄顔流令緒，御李挹芳瑜。璧署明奎聚，詞林樹羽模。琴鳴山鳥下，舄振野雲紆。士習登羣品，人倫啓正途。青藜燃秘館，絳帳接蓬壺。宸翰窺周製，圭璋見戛瑚。春深龍欲化，日曉鳳將雛。禮樂從今盛，衣冠較習殊。芝蘭叨夙雅，桃李羡春敷。行紀傳詩卷，論心對酒壚。登樓同作賦，千載見吾徒。」

許國忠，字宗明。安徽宣城人。顯祖令遂昌時，國忠任處州府同知，後擢知府。有《閒吟草》。

任可容

相圃書院

南浦雲呈彩，臨川筆有花。文章光射斗，氣節直凌霞。豈效轅駒促，寧同伏馬譁。朝陽鳴鳳鳥，窺井笑蝦蟆。道爲投荒重，名緣折檻誇。政期還上國，何幸共天涯。白晝閑琴席，青山到縣衙。春風吹杜若，秋水暎蒹葭。共道河陽令，來尋勾漏砂。新民除陋習，問俗起媮窳。多士歸金冶，諸生列絳紗。論文清晝永，校射夕陽斜。相圃依山麓，經樓鬥物華。藏書名並美，觀德事非遐。此日求龍種，他年羨兔罝。育才方植李，報政日逾瓜。五斗憐元亮，朱絃過伯牙。祥鸞棲枳棘，良驥伏鹽

車。合浦還明月，延津會莫邪。弓旌應不遠，遷客漫興嗟。（乾隆《遂昌縣志》卷十一）

任可容，字子賢。安徽懷寧人。萬曆丁丑（一五七七）進士。有《孤樹軒隨筆》等。顯祖在遂昌，可容任處州知府。

馮夢禎

答費學卿

湯義仍，僕識之癸未棘中。黄貞父與僕交甚善。義仍華秀，一時之傑。（卷四十八）

與劉少司成

去冬捧讀大疏，事雖中寢，然直聲滿天下；他日立朝事業可預卜矣。湯祠部疏甚切至，幸得薄譴，豈九廟神靈默護之耶？何豫章之多君子也。某一丘一壑，頗能自樂。同館二三君子必欲驅之出，近遂有廣德之補。如不免一出，尚賴海内諸君子

力相匡護,使不至汶汶耳。(卷三十七)

快雪堂日記

戊子十月十四,陰雨。……得許儆菴、湯義仍報書。(卷四十八)

(《快雪堂集》)

馮夢禎,字開之,號具區。浙江秀水人。萬曆丁丑(一五七七)進士。有《快雪堂集》。

鄒元標

贈湯博士

苜蓿高齋夜氣清,焚香趺坐玩無生。門前大樹春長在,不聽枝頭烏鵲聲。

(《太平山房詩集選》)

湯義謫尉朝陽序

義故一代才士，陸沉孝廉，癸未始登進士。余在掖垣，欲識其人。會譖義者曰：「是狂奴，不可近。」余心疑而過之。義從榻上起，攝敝衣冠，禮我。立談間抉肝洞腸。余心喜。余未幾調南，義選太常博士。義日無事，獨垂簾探古圖書，謝絶賓客。間啓扃與余往來，余日夕與之探奇訂訛，似不可以一時士方之。方陟驗封，旋請告歸。義留南數載，當得推擇給事御史，又選郎。故義知己欲引義爲重，而義以長書謝。不欲給事御史，欲得南郎署。於是徙儀制郎。余起家之任，義以隻鷄斗酒，迓我燕磯。班荆聯榻，視昔益加毖飭，似有竟于無生之旨也者。余心益敬之。明年余復謫南，義見余喜不自禁。越兩月，義發憤上書言國事，觸忤權要人。上是其言而中格，竟謫儀爲粤典史。謫後入重罰言官，以爲護黨。凡與義交遊者，或欣或戚。欣者曰：「義糾言官，言官復陰黨同事，上重旨詈之，是義言未始不當聖心也。且召義矣。」戚者曰：「昌黎一代山斗，潮州之行，竟不無少望。蓋士浮湛英華，多所暢，少所抑，其性然也。義，今之韓子。尉與刺史，名位相懸，義得無少望耶！」此皆非知義之深者也。方義之上書排閽，此身皆其度外，寧計其他！余獨喜者，義志性命之學，兹固堅志熟仁之一機也哉！夫貞松産于巖岫，固蒼然翠也；然非霜雪之摧抑，雷霆之震驚，則其根不固，而枝葉不能不凋。義幸勉之！寧爲松柏，無爲桃李，寧犯霜雪，無飽雨露；俾向之煒然可驚可愕者，歛而若無若虛。其非上之賜而余所深望者哉！若夫跳叫際曉，登臨賦詩，自寫其抑鬱無聊之氣，非余所知也。粵多遷人，孫比部爲尉且六年所，楊給諫爲尉且一年。遷客相逢，椰酒自勞，爲我致聲曰：「主上聖明，國事可爲，行且召公等，公等其何以報上？」（卷四）

書海若開士秋山讀書圖

天氣泬寥，萬木蕭森，居士持一卷朗朗其間，真羲皇以上人。雖然，書以載言，果盡言乎？言以盡意，意果盡乎？言與意不足以盡書，則未有文字，先讀與未讀時作何究竟。先儒曰：「以身體之，以心驗之。」從容默會幽閒静一之中，超然自得書言象意之表，此真讀書者也。居士謂我何？珠玉斐斐，腐儒薦老頭巾語，殊覺酸澁，姑令文士捧腹。（卷十一）

（《鄒公存真集》）

歸仁書院記

湯儀部義仍以詞賦鳴一代。其子伯開鋭志聖學，一日贄而謁予，澹如也。予語之曰：「尊公從盱江遊，深有契於象外之旨，顧性不受羈，常托迹以遊於世，世鮮有知之者。子起而紹明光大之，尊公明德有光矣。」伯開起而言曰：「不肖之不敢自隕隊也，實家大人耳提之力。」

（《願學集》卷五）

羅大紘

湯封君八十序

國與家之遞爲重輕也，豈非以賢哉！世道明盛，賢良是急，棄短任長，尺寸心拔。故才儁之士盡委身奔走王事，不皇將其父母，至陟屺岵以興思；而爲父若母，亦朝暮有倚門閭之望。及世路否隔，君子道消，斥逐浮於江湖；而賢臣才哲，委棄田里，於是有含輝自瑛，歛德避難，歌咏衡門以自鬯其志意。而爲父母高年者，乃得雍容問興寢，調服食，伏臘上壽，畢生前之驩。於是山澤華於殿廷，風流豔於功實，忠臣薄而孝子之道得，此豈誠世道幸哉！而爲賢子者則曰，吾何知通塞，吾出以事君，入以奉親，苟遂一日之養，雖三公弗易也。然而觀世者概焉。臨汝湯義仍負國士之器，鑾龍鸞之章，即使深居廊廟，斧藻帝業，其誰能右之。顧危言驚世，白眼駴俗，遂使鴻漸之羽伏於磐石，優游臨汝十有餘年矣。然而得以居子舍，修曾參之養。

義仍歸，封君承塘翁尚未七十，而今且八十矣。翁樂義好施，喜賓客。翁之壽，雖其自致哉，然非有子貴且賢，詞賦動人間，即壽，未必康也。壽且康矣，向使義仍尚在王臣之列，劻勷國事，不過出金錢，治觴幣，百拜遣使致祝千里耳。安得躬治具圉賓客，劵韝掬飱，起舞稱觴，以自快一喜一懼之志？當斯時也，義仍仰天一酹，踟躕四顧，自謂王侯不足貴，豈顧問禄養哉！蓋聞事親之道，有隱無犯，嚴威儼恪，古人詘焉，乃稱色難哉。義仍氣蓋一世，至其庭闈之間，綽約若處子，而又善爲變宫變徵之樂，時使歌者奏其新聲，則不獨以色養矣。色養養志，聲養養神，神之聽之，終和且平，聲者人籟也，人籟通天籟，而其微入於谷神。谷神者，不死之道也；得其道可以長生。夫長生者，哲人修士企慕蓬萊海上所不能致，而翁嬉笑樽俎間得之，抑尤奇矣。夫禄養與身養孰賢，世或辨之，養志與養神孰聖，世俗弗能辨也。此亦孝子之佳致已。然而君子尤謂，士有嘉遁之吉，而上有亢龍之悔，家有幹父之譽，則國鮮匪躬之臣。吾始與義仍先後通仕籍，於時賦兩都者彬彬盛也。亡何，轉盼之間，麟鳳隱而猿鶴鳴，芝蘭萎而蕭艾昌，徒使不羈之士點綴山林。嘻，亦足惜也。然義仍猶能以文采自表見，又有尊嚴可事，以申其不匱之思。彼世固有進退無據者可勝道哉，可勝道哉！予因李兩生拜湯翁，修不敏之辭相慰勞，非曰能爲文祝翁也。異日過臨汝謁翁，義仍毋曰，吾壽親，安用腐儒爲也？羅生縱不給以賀錢萬進翁，驚坐客，亦自稱高陽酒徒矣。

（《紫源文集》卷五）

羅大紘，字匡湖。江西吉水人。萬曆丙戌（一五八六）進士。有《紫源文集》。

姜士昌

丁右武參知悼子後得賢孫，甚奇。天之報施右武，良不爽也。湯若士作奇喜賦，諸公多賦咏，予亦次焉

莫以藍田頻悼玉，歡傳合浦已還珠。名門弓冶尋常事，得似君家忠孝無？
天祚高門抱送時，詎同追騎得胡兒。報書不必靈光賦，名字升卿可並垂。
喜看賀客倚君門，世德蟬連幸可論。早識陳羣亢宗日，盛時羔雁佇飛飜。
通德名高偪側中，庭蘭蕭颯委秋風。墨花玄草紛零落，留得縹囊授小同。（詩卷四）

引玉版集

黃君貞父品望文章，九牧之人咸推，其標表無俟余矣。……義仍以君擬黃魯直，伯東以君擬蘇子瞻，良不虛也。（序文卷一）

（《雪柏堂稿》）

姜士昌，字仲文。江蘇丹徒人。萬曆庚辰（一五八〇）進士。有《雪柏堂稿》。

余　寅

與遂昌令湯義

義令足下：僕嘗問足下於右武，稱義令無恙。僕問固義也，云令何？右武曰：「前尉則義尉，今令則義令也。」僕笑義聲視十年前踔然騰起，而居官若般散。世豈乏修綆，乃甫繘旋羸之，今復居井之眉乎！義令幸甚。右武笑君房於吾義，若喈若嘰，無乃過！蓋僕去足下十年矣。僕嘗側身岐豐，而聽巖廊之喈喈，必足下矣。乃足下不作提扶即都之響，而效爽鳩乘冷風而擊清漢，腹毳滿把從空零落。當是之時，洪鐘靈鼓轟然發光。足下自視寧於清廟獨多乎，抑嗒然靡不克勝也？今足下綰尺組，竄於檡栝之間，天翳之以峭壁，地限之以惡溪，而厥聲猶震寰宇。足下自多其前，遂名能不朽乎？行且圖明堂大烈事也，抑赤子在懷，聊血食一方已邪？古之君子思厚自樹，亦多岐矣。使不佞此中遂有足下，無損於夙昔之誼，亦庶其幾無遂以余生果然蘇張縱横，如右武之誚我！不佞幸甚！

（《農丈人集》卷十八）

余寅，字君房。浙江鄞縣人。萬曆庚辰（一五八〇）進士。有《農丈人集》。

劉應秋

與湯若士

譚吏去，有密緘，附各疏鈔，當俱達左右矣。嗣來又得青陽、饒郡二書，知將抵家，途次平善，甚慰縣旌。自别後，得文書者四。而南陵、青陽二書□並真切痛剴。言言中膏肓，字字當金石。非丈誰爲弟言，非弟亦安得丈肯盡言如是！弟則何敢漫然受之。時時如與丈對者，獨恃此在。比於韋弦置諸密室；嘿之一言，尤心鐫之。邇來刻意體驗，差處十省其五，丈之教也。它日相見，可視此爲平生之言，知無負否。六月初計已歸寧。見兩尊人情景何似？此中須有一段真精神，感通處不無苦心。古來賢豪遭際，有順有不順。然在尊者之心，莫不真愛；在吾爲人子之心，則貽親令名，乃爲真孝。以此爲煅煉、爲玉成，安往而不得順。除家庭骨肉外，世上厭羨冰炎種種態狀，直可一笑爾，不足掛胸臆也。徐聞在廣爲善地，此出陸太宰之意。作令者瑞郡人。聶惕吾謂有書先與言之。吾丈行，或暫不攜家，看彼中景象何如，若不欲求差假歸，爲久住計，弟意即攜家亦可。廣地多熱，其風土喜夜食，夜食則易生病，故常食兵榔爲消導。吾輩處其地，第晚用粥，毋太飽，蚤少飲一二盃酒，毋令虛腹，即瘴何由乘。兵榔時一用之亦可。憑限尚寬，九月後起身未遲。憑以七月七日始到南銓。禮部差人從舟，日久而多費。與惕吾蚤計，豫留一舍人往撫之便者，付之帶送，可以速至，更爲的當。丈得憑後，覓便速寄報，并示行期。弟近因舊司成北行，新司成未來，代署監事，又當科舉紛冗之會，勞劇萬狀，止能辦職。一切應酬俱不暇及；即相知諸君，亦不常聚。相知既稀，弘陽丈復遷太僕，且往滁陽。弟之交游寥寥可知。獨喜將來得朝夕鄧定宇先生，爲生平大快心事。又未知肯速出否。鄙意此番似不容不出。倘丈晤定老，可一贊決之，并爲弟一促其來。秋後復有它意，須得鄧先生來，乃可舉事，丈所悉也。丈行李不必多帶別書，惟内典數種可供日課。鄧先生深于此，便過須多留宿，密切參求。此丈反本真實之學，此中得一分了手，乃大了手也。其它著作暫不必過思，徒爲伐性損真，于性命不關。如丈此際受用，即天下國家之慮，且當置之有心無心之間，直好作蒲團上生涯。出世乃能經世，則無用之爲有用，非空寂也。貧子説金，又向大行家開口，弟之謂矣。時事具邸報中，不能悉。李建宇疏亦竟中留。太倉公得假遂歸，亦未知其中意向何如；其于速去，亦脱然矣。近見魏確菴尚書、張可菴兵垣邊事二疏，甚痛切可憂。爲甚當事者漫不加省，猶言經略作内應，爲自固之術。將來必敗壞，不可收拾，大誤國家，言之傷心。陸太宰初政舉用，甚快人望。内臺攻之者衆，旬日四章，恐亦不安其位。楊給事當許之去，胡人尚晏然已乎。因爲送憑事急促，聶丈作速遣發，即南皐丈處亦不及討書。八九月内，丈往廣，必過舍下之門，老父相待一别。别有欲語。閒時求一寄書苦不可得，臨發緘，匆卒言不成次，尚多縷縷不能傾。睠言節嗇，慎愛是祝。朱肖若公每見必念丈，丈前柬内意，已具對之言。陳、葉二公，此翁亦知之。第此翁力氣比陸公稍讓耳。

又

太倉甚不喜兄，不知爲何。近來部中除亦多不至關白，彼亦無如之何。第恐又推不報，作此等伎倆耳。是以部中亦蹔遲之。趙定老轉吏左，此公終不失本色。近日廟堂爲大計之後，頗分二黨。政府之猜疑不解，此老亦在疑中，特以公論不能害之也。爾瞻考滿，相知者謂須一來。賢者自處正當如此。果於浩然恐輒不得遂，勢又必來，徒多一番形迹。□者中傷之口乘之而議怨望，其于國體太傷矣。太倉言與行違，其薦爾瞻，亦借以爲好事，非真能用爾瞻者。即如李見羅先生之出，稍用真力便可轉移。可知主上有何成心。過歸于君，善歸于己，此是近來常套。猶幸有見羅一着，差可收拾人心耳。此公耳軟目混，心地亦不真實，居中用事者，王雱在焉；入幕如與郊之流者，又有一二人矣。所用所喜如此，安得有光明事業？吾鄉同官頗得門下之客，頗無良友。一二舊知有識者，亦各欲引避，不願相親，其故可知已。丈在外談論勿輕，恐垣耳甚多，借我輩爲人者不少也。慎密慎密！

又

兩相並去，朝家景象一新，當别有一番作用。旬日之間，衆正漸起，羣小沮喪，已有向泰之機，可爲彈冠。新安殊有天幸，大節可謂不辱。長洲之行非其本志，遂不暇自爲地。主上英斷不測，世道之福也。時事具邸報中。嶺外當不乏郵使，稍遲亦可徐聞之。呼斗酒自勞，獨少二三知己耳。吾省三十年中衰之運，張公再興，當復還舊觀。張公清正有識，不知何以副天下之望。此却不易，我輩不可不相與匡成之也。旬前徐得吾行，已附八行，不知丈行之速，此書恐不即廑目矣。抵徐聞後便可圖歸。主銓者欲伸公論於丈，待繳憑爾。嶺徼山川有靈，假重奇遊，一經品題，便稱佳麗。此不爲義仍多江門壇坫，能者衣鉢倘有存者乎？輶迹所過，益得聞所未聞，造物所以厚兄也。南土稍躁，氣候不清，聞之長老，惟蚤無虚腹，夜不宿飽，此却疾方也。幸甚自愛，以望縣旌！

又

今歲凡五得仁丈書，其二自徐聞所寄，其三則抵家後也。吴曙谷過白門，備悉兩尊人健安，及居起閒適狀，甚慰所思。曙谷，篤實人，於道爲近。弟爲約鄧定老、南皋大小集城外浄空，一餉而別，惜未能久處，稍廓其識也。讀文「貴生」、「復明」二説，近況已蒸蒸大道矣。平生伎倆薄而不居。象山先生詩有云：「易簡工夫終久大，支離事業竟浮沉。欲知自下升高處，真僞先須辨只今。」弟近寄友人書中語，亦謬有之，曰：虬塵壞人，意見病道，一毫不真，到底無成。吾丈已蕭蕭遠在風塵之外，崎嶇迫阨中，從煅煉得覺悟，從覺悟得操修，便當有真正路頭，不至以意氣承當，以見解作家珍也。弟自弱冠即從父師聞學，悠悠廿載，未有歸宿，大都皆緣意氣見解所悞。近一二年來纔得入路，總有持循，本來性宗不作疑障，纍日積月漸能湊泊，直是兢兢業業，一息不容間歇，一毫不可滲漏。無二再心，那得有閑言時候。向來病氣痛，氣習自宜默默轉換，結成胎胚。此二路，弟蓋見之而未逮也。定翁凝静冲夷，養邃而識透，朝夕觀摩，受益弘深；蓋得之精神十七，得之言句者十三也。此生有幸，於道緣最不薄，良朋良師夾持成立，造物可謂有意，敢不自愛！寧夏兵變，中州效尤，法紀積弛，釀禍不測。自山陰公以忠憤激諫，一發不投，遂致決裂。兩月以來，大臣束手，言官結舌，外未寧而内有深憂，天下事未知所底。旦夜思之，可深痛哭流涕乎！新建公遇合方新，入不入未可知；此日實難措手，看作用何如。陸太宰公心術在桓文之間，半年事業頗多可觀；一歸尤佳，以令名終。後來者未可辨其優劣，蓋得人之難也。如此時事，其在邸報所未報者，南中亦不盡知。所欲言者，楮生不可盡達也。南大司空之缺，宜歸朱大中丞，久而不推，其故謂何？何所待耶？萬二愚兄聞在家有所苦，近來安否？吾兄再須廣行，可在何時？在伯之前宜曲意承歡，比往時更須加倍順親底豫，非有真精神不可。此皆天之所以玉兄也。家大人五月書來，始見手劄在舍下者。家大人卷卷謂辱賁山間，其自父叔而下，盛津津謂服高雅。子弟輩有所興發，仁人之賜渥矣。徐生使歸，布此申候，不盡依依！

又

別來獨坐，念之黯然。强對簡編，不至無聊爾。得采石、蕪湖兩書，知所遇賢豪，可暢旅況。此行且得士，裨益多矣。來教種種，繩墨之言，皆切中膏肓。弟非丈無所聞此，顧非丈亦誰肯大開口者，敢不受教！相知既少，會晤亦疏，簡出寡交，自可省事。養性之談尤極本根。須真見性，乃可論養，默識工夫最爲至要，則弟與丈當共圖之也。無常迅速，生死事大；其他即伊周事業，夷齊聲名，皆大地幻境耳，不足多繫念也。李丈疏以廿四日發矣。此君終是本色，臨期幾爲人所摇，竟以一言決計。疏亦甚剴切，想必不免聞，章丈亦幾有意，以李先發而寢。同輩中終屬此兩人耳。疏甚可笑，其無識至此，饒豫章亦不感激。從實參救一語，止以浮詞微言將爲中傷之地，不獨在丈一人也。向非明旨，當別有一番手段出來，至今尚不見處地方，豈待太宰出耶？太宰果有李疏極重者，從中格耳，聞中亦傷及執政也。

又

南康别徐得吾，附書記室之後。嗣來南北問聞寥闊，徒有馳想。仁丈莅任果三月十八日乎？真人治行自異常調，所願兄以平等爲作用，不求奇異赫然自見，實惠及民而上無沮格，是乃真人之所爲異也。清而絶物，方而自賢，即名歸而忌亦隨之；涉世皆難，而在有司更不宜。弟固知兄必不屑不潔，必不能爲通，故以韋弦之義爲助；所謂義以爲質，遜以出之者也。情不可徑，己不可執，弟之受病正坐此耳。若至大興革大是非，真見不可安得無必，又當置毁譽得失於度外。德性用事，勿令動氣，斯善也。王弘陽已任事，相知之誼甚深，相爲之意甚周。行時曾與弟私論，到任後數月即有揭赴部，欲兄早離苦海，渠亦嘗與部中言之，揭到必速有處也。今選君劉健菴有品有識者。廟堂舉動在乍霽乍晴之間。諸老不能開誠布公，猜忌更多，忠言難入。近雖懲前一番，稍稍斂戢，然趙考功一事終不自忘，時猶發露，人亦不能忘之，究竟尚未可知。太宰去而代者尚未卜爲李與否。看此番舉動，又人心得失之大關，仕路清濁之大機也。盈胸心緒，筆楮不能萬一，總之心炤。

又

夏中從伍君所寄赤牘一訊，記室當徹覽矣。顯望到浙消息，近始得手教，讀之跫然喜甚。王弘陽別時，甚以丈爲念，謂不當久淹縣吏，業已與部中言，一到任輒有揭來。乃揭未至，而部中已推還丈故物，留中不報。頃者果有揭到部，部中謂暫須遲之，方可有濟。弘陽有小柬及弟，可見關切真誼。今付之無可奈何。此中必有阻抑之者。獨喜丈精明中渾厚，以教爲□□民□□宜之固知久而愈孚，久而化成，或亦丈所不厭也。天留德星，福此一方生靈，尸祝不朽，即三公不易之矣。趙定老溝此奇謗，此亦由忌者主持，賴廷中二三君子力爲維護，公論漸漸明白，然業以此去矣，奈之何哉！定老之忌多半亦從趙夢白輩得來。今者猜疑日甚，正人寥寥幾盡，將來不知何狀！我輩都不敢作長算也。弟叨補日講，此蓋迫于公論，有所不得不爾，其意未可知也。廟堂策倭業已許封，甚爲輕易，貽國家將來無窮之禍，盈庭之議又從此起矣。本兵與密，勿何所逃罪，今乃諉之中旨。然不能救挽，不能力争，責將誰諉？至如本兵，尤可恨也。經略之罪通于天矣。見後火，勿輕泄！

又

顧涇陽甚知兄，前推南禮不下，近日極意欲以南僕丞優處，覺當路之意不可，正恐反不見用，故蹔以南刑爲速離縣令計，以謂此稍稍薄處，必得俞旨，不料其如此也。豈但不許，且欲塞其來路，又並以塞建言諸公之路，可甚惋惜。江、李二公幸見聽用，此却是多口之際，欲强以此收拾人心，其本意已甚拂矣。昨于丈所擬遂又露出肝胆，天下人可盡愚耶？于健先生兩推開府，皆不用；陽以推轂爲名，陰實沮之。善歸己，過歸主，此是慣熟手段。然賢路豈能盡塞？天意有不可測，徒自多此心機，非它日之福也。丈此時且須耐煩，愛養士民，爲遂昌不朽。今日所慮，惟在府道及同官中。人心如面，不容不委曲周慎。然有弘陽、勺原二知己在上維持，亦萬無不然之恐；但舉動不可不自愛耳。來教言言肝膈，字字藥石，感佩不忘。勺原兄弟最信慕。古人有神交者，何况素辱知愛，何當自外，此兄有幹濟長才，終當大用。天如有意，斯世必不令賢豪不盡展布也。長安知心寥寥數人，夢寐仁兄，徒有遠思！

又

一月前，朱邦昌持來手翰，尚是未聞惡况。弟婦見尊貺至，大聲痛泣；弟亦大爲感愴，不能禁也。撫按差使至，又領教札，則已聞後書矣。開讀如割。弟稍知義命，雖十分不能解，猶時自寬自譬，勉强寄懷。弟婦則鬱鬱獨坐，惟此一腸。弟深慮其成病也，無可如何！比得家報，則老父之傷情又甚。老父在南都時最鍾愛此子。此子亦果可愛。弟又以老父繫心，恐老年人不能堪此。不謂造物之以此苦弟也。奉來訊，拳切之愛，敢不敬承。第真情殊難遣耳。顧涇陽又遭此意外，時事可想。健齋先生南歸矣。相知寥寥。李心湖亦時一過從，亦以冗不得數數。今得沈繼山來，意興稍增。此外有王柱山，甚可談；此公有濟時才可用。太倉歸後，生平奸僞盡露，老瞞徒用心機，即所謂硜硜之操，亦大不可信也。異日相見言之，可發大笑。浙中范祭酒事，士論如何？王洪陽與此無大過否？今尚可調停一處否？朱鑑塘處吳中訛言事頗不盡善，賢者頗責備之；其心或可諒，却是才力不濟也。弟將有北闈之役，勞冗可知。恨兄遠不能助我耳。近日多從内票竟自處分，閣中却難措手。饒山民推尚寶亦不下，尚是前人機關未了。蘭溪恐不能久。新選馮君亦妥，但恐力量。兄之轉尚不可知，再遲恐不免入覲。蘭溪、新建於兄意似好，第恐太倉有成言，一時難轉手耳。

又

旬中撫按差人歸，業有答書。書内有一二要語。此書想不敢遺，今到否？不到，當着人問之。彭按君在浙如何？浙人嘖嘖不平處，范司成事太過。言者又謂發端在撫按。彭不安，王洪陽亦不能安；不免須一請告。然洪老人多推服，請必不允，此事亦不至大爲累也。前來疏亦甚明。朱鑑塘處吴中訛言事太認真，聞遂欲杖死趙郎，太少斟酌。海虞公危哉危哉！搆害者由，朱君殊不深察，非恃張令君，趙郎幾不免矣。許敬菴在閩，亦爲釀成亂民，頗不快輿論。諸公皆賢者，舉動乃如此；真所謂到手會錯也，可爲吾輩懼矣。來教寡交寡内一言，領佩領佩！此時爲作策作講章，當暑操觚，遂覺勞神，然不敢不自愛也。兄書與貺至，内子大爲感痛，弟亦愴然淚不能禁，言謝不忍。言謝不忍，兄之惻惻可知也。部中初意，此時即欲推兄，又以饒山民不得旨，暫稍遲之。再遲，恐不免上計之行。總之遲速有數耳。新建公近日意思似頗正當。前此爲太倉共事，不敢異同，人遂責之太過，望之太急，後來看當事如何，乃可定論。畢竟識見未必遽改，恐虚心處不可知也。陳太宰決行矣，代者不知其可。可惜一漸菴不得用本兵，大改平生；今且奥援甚固，垂涎此物。蘭溪公自知其不能不力求去，徒貽譏笑耳。不盡不盡，密之密之！

又

夜談甚深，歸而對内子，又添一番感傷，通宵不成寐。今日病矣。聲重而氣弱，且似有微感者。召醫服藥，斷不可出。業已治壺盒，欲再過兄所，以是違心。明夕當奉期至敝邸一倒臟也。

又

弟數日爲勺原、見宇二丈頗費唇吻，已爲密書達之甘紫亭、蔣蘭居，其言頗爲切至。紫丈已答書，謂勺原渠當張膽而争，見宇業在養親之例，似可無別議。惟聞蔣君于勺原，意頗不能已，必欲處之。弟又托李心湖致再三，令其三思而行，毋爲小人所快，誤中善類。此君若深思，當必不敢輕處。弟力已盡矣，未知究竟如何。李心湖亦復與唐曙臺力言之。曙臺與勺原亦用情，謂且力爲之解。新建公弟即午晤之，且當以丁丈責備力救也。容面談。

又

勺原事，聞太宰且以去就争之。沈繼老其辭甚峻，恐且相激而成，去之必矣。今日已定，何能爲力！獨以一憲使致令太宰如此，繼老如此，可謂重矣。公論自明，雖處何害，諒必不至斷根也。《貴生書院記》，數日尚冗，不得藉手；二三日外圖之。送林年兄可無詩乎？弟已有小草矣。

又

兩日爲彙進一年講章，校閱不無少勞。俟少閒，耑期與兄静譚也。彭君已下部，聞擬當不至重，且已免挫辱之苦矣。勺原兄，聞同郡亦有忌之者。弟欲言于某道長，不得晤，奈何！明後日當設法圖之。餘未一一。

又

連日令人探兄，俱外出。每晚弟又多不暇。别期已迫，乃爲冗奪，徒令一夕三馳思，奈何！《貴生書院記》文具上，乞正之。

又

别後，長安一歲中，聚訟無寧日，大都皆從大計事起釁。而弟之横被無端口語，亦緣救丁右武小啓致怪；特以公論甚明，終不得以影響爲累。乃蔣人生平盡喪，甚可醜也。丁右武遂遭此奇禍。猶幸聖明稍鑒其冤，僅得至今生出園土，而四十紙不白之謗稍稍明白，未爲非福。沈、江二公一腔熱腸，其維世教，培善類，力自不少。

今江且出撫遠鎮，勢益孤矣。欒石帆自是豪傑，衆且側目，恐不得久安也。近日朝廷舉動大奇，一時臺省俱空，其根未知的據。果若人言，可慮方甚。然處大璫頃刻獨計，真是英主。今政地頗不相入。一切大處分皆從中斷，特恐旁落，爲後日患耳。若得相信同心之臣共圖明作，翻是美事，若一意外猜，勢必倒持，天下未可知也。近日秉銓者一意事模糊。一切起廢，俱不敢開口一言，并左遷者皆不敢議。他轉如丈輩，正未知何時可脱此苦海耳。耿耿可知，臨風增結，爲之奈何！

又

弟二十二日離家，與王介石、甘義麓二丈聯舟而下，弔鄧少宰于鄉，不必□省城也。擬爲鵝湖、龍虎之遊，欲與丈相晤甚切。過臨江，托汪雲陽公祖覓急足奉期，遲足下生米或丁勺原別業，惟丈速命駕而至。圖晤甚難，萬無蹉過。倘有清暇，共爲廣信之行，故人聚首，抵掌良宵，尤稱奇遊，幸丈圖之。據舟潦略，不盡縷縷，恃面在邇。（以上卷十四）

再上山陰王相國書

故秋之愚，以爲求人所以止言。止言莫若使人無可言。而公舉措，廣言路爲治平第一事，服人心，振士氣，精神能貫，血脈周流，皆繫於此。秋交游最寡，又最淺陋，不足以知當世賢者。間從管中窺其一二：少宗伯趙公清正有識，南台長朱公簡直不阿，南中大臣此爲冠冕；少卿朱洪謨、王汝訓、曾乾亨、董基，寺丞魏允貞，府丞許孚遠，給事則史孟麟、李汝華，御史則萬國欽、李以唐、李用中、章守誠、王麟趾、崔景榮、黄仁榮、楊鎬、錢一本、胡克儉，諸曹郎則鄒元標、顧憲成、趙南星、蔡時鼎、湯顯祖、劉復初、李復陽、孟化鯉、馬猶龍、潘士藻，藩臬則李琦、吕坤、劉應麟、丁此吕、汪應蛟、王士性、張養蒙、王國、李三才、范淶、羅萬程、耿定力、徐秉正、李琯，賢守則范世美、石昆玉、陳璧，近日選取中則彭好古、涂宗濬；其人皆直節篤行，才識具非凡品。置之左右，隨時諮訪，必有裨益。（卷十二）

與張洪陽先生

久不奉教言，日勤嚮往。頃者湯義仍復有大舉。義仍慷慨之聲，亦嘗聞於先生矣。封事一出，傳誦稱快；庶幾見奇露穎。唯是不腆口語，恐得過於鄉邦長者。然詘私議而伸公論，或當平分功罪。先生以爲何如耶？（卷十三）

與岳石帆

近日長安機栝何如？弟鄉中寥寥無可與深譚者。義仍又不得時常晤聚。海内知心，吴越間尚有幾人！

家書六

兒所以與蔣相左，亦爲欲推用南臯、湯若士、饒三明，皆當量轉。渠不能從，即疑兒有厭薄之意耳。渠疏中有請托之語，兒疏中有直諒相告之語，皆指此意也。（以上卷十四）

（《劉大司成文集》）

項應祥

柬湯明府

不佞離家日久，所有門户一應事宜，俱失料理。從前歲萬父母攢造以來，寒舍排年二名。所坐田額及應納錢糧，俱付一族弟代管。即其人兢兢不敢自罹于法。第不知比年錢糧完欠何似。况近奉嚴旨督責，不肖固嘗從有司後備知其苦，敢以家門貽公府之累也？至不佞至親子侄止三五人，柬縛一館，毫不與聞外事，明府素所鑒亮。儻有假名色以干恩澤者，望執事盡法處之，即不佞拜賜多矣。草草，惟原照。不具。

（《醯鷄齋稿》卷六）

湯顯祖《復項諫議徵賦書》（《玉茗堂尺牘》卷二），與此書有關。沈德符《萬曆野獲編》所謂「湯爲前吏科都給事項東鰲（應祥）所切齒」，其根源或即在此。

伍定相

祀崇賢祠祝文

維萬曆三十二年歲次甲辰三月辛亥朔越十五日乙丑，同郡後學伍定相、陳本、劉點、鄭一貴、谷球、徐善慶、陳文燧、徐汝陽、徐儒、吴撝謙、祝永壽、陳以訓、陳繼夔、周邦傑、劉一瀾、曾如川、樂九疇、朱朝臣、徐向陽、張廷相、鄒光弼、吴椽、陳以德、江楫、吴道南、湯顯祖、徐仲佳、謝繼科等敢昭告於明儒疏山先生。

（《疏山志略》卷七）

伍定相，臨川人。嘉靖甲子（一五六四）舉人。

虞淳熙

與許木孺

頗接性上人、許山人否？此中亦有楊本虚道人、王季孺、湯義少，差可語也。（卷二十三）

據謝廷諒《問棘郵草序》，顯祖一字義少。見范懋柱《天一閣書目》卷四。

答平昌令湯義仍

望兄適東甌，不適何也？要是無横海官人入排闥耳。所問新書如新指，從伯霖兄知之，因用相委矣。伊蒲塞饌乃太豐，非密迹神，何得有許腹乎？轉爲鑿玉笥洞洞室，石工滿酌金液去。他日遲兄來遊也。病且慵，兩音裝無十册，負亦有時償；家弟被賞音，多願獨注償耳。貞父意向燕未行。李郎司封郎也，或遂得考功。邯鄲外人，重爲祝融君呼入，我二人不喜眠，火候未至，故自佳。（卷二十四）

明楊何二孝婦墓誌銘

當何氏未舉兒時，室玉文館傍。予鐍館，同僧孺弟日沿湖行藥，啓而得伊蒲飯，幾太常妻矣。居久之，客以予父子集蓮池師。慧虚師來，屠緯真、湯若士、朱太復、陶周望、袁石公兄弟來，來即供，即飯。（卷十一）

明太學吴仲虚誄

君詔德二相，師友六士。絢采綾紋，則謀野於百穀；問詁緗槴，則寓庸於貞父。履繡虎之尾，若士倚嘯；拍義龍之肩，石公並躍。（卷十五）

贈張秀初

予初識元美，兼喜白公禪。四明雲杜社，華梵獨超然。開美謝元美，白俗汙白箋。文豹傷刘艾，乞兒唱落蓮。張倩忘我醜，爲執騷稚權。轉乞題團扇，俚詞忍棄捐。所陳累世交，猶在秋風前。下榻思太宰，往日愧忘年。塵零窺墨妙，奚囊洵可傳。而祖授我丹，姹女保嬋娟。而翁髮覆額，錦帶何翩翩。是時湯若士，見之稱可

憐。（卷二）

臨　川

問棘堂空白芷寒，月昏山鬼捧騷壇。吟成半借新秋色，賦就全傾汝水瀾。行有秘書千軸玉，交深郢草數莖蘭。馬鳴重入幽州路，抱瑟誰門更一彈！（卷五）

（《虞德園先生集》）

【附】

錢謙益　虞稽勳淳熙小傳

淳熙，字長孺。錢塘人。萬曆癸未進士，授兵部職方主事。……長孺少見知于李于鱗、王元美，賦才奇譎，搜抉奇字僻句，務不經人弋獲，以爲絶出。於時賢，傾心折湯若士、屠長卿，自詭以冪几勝之。……黄貞父評其詩文曰：「宏深微眇，應念而作，風生雨集，排古蕩今。」斯善譽長孺者矣。子宗瑶、宗玖，皆有文，刻《德園集》六十卷。

（《列朝詩集》丁集下）

朱長春

寄湯義仍太常論業書

太常安不？別六年矣，道遠跧予，生離莫悲。執手既難，嗣音久絶。追計同官之昵，隔江之問，蘧如夢寐，同好悠悠，誰能堪之！夫騷人撫壯，志士惜日。不佞僕自廬江杖還，老父大母接歲而逝，素冠三易，旦夕垂頭飲血，悲叫蒿里鬼伯之區，今四歲且餘矣。有情不死，人理爲幸，尚何言他！然足下故知僕豈風波之人，憒憒飽肉自老者，今將胡以支此！僕雖頑拙不肖，然夙昔妄想，動望古人，亦以此片氣，頗爲四方豪客俊人如足下輩引許。乃今有自左不然者。往思士人仕宦總要有三：內爲親，上爲君，下爲身。爲親者禄，爲君者功，爲身者名。天之不辰，今僕一念已矣。夫苟禄屈親，志士尚恥之，况於僕三釜奉檄之私既闕，不逮所冀自補，惟是昭德揚名之務，又安取由房相招陽陽自樂之義乎。方今四域多患，主上側席，自當壯年神王骨健之時，不得備列百里外臣，胝足暴身苦心，祈百姓旦夕之命，展宣微庸以報主分憂之計。瘠瘠坐東海一椽之廬，乍泣乍歌，抱獨飽之嘆乎？無裨耳。鄉閭遊俠之行，干有司之同，壞薦紳之氣，既已不屑此名，而家故貧也。吏禄又淺，封殖無事，歲歲杜門畫地而居，近於獨寐樂飢之招飲爲耳。夫夫蹭蹬淹阻不得志，墨墨之苦事，勞人所不過而問焉。而俗不相知，以爲刻意絶請，飾爲名高，此名與幾何木蜩土蚓之節，於人蚳虻之翼也。大行不曲謹，僕誠何樂此，適性不便耳。僕今所急惟一事，故曾與足下榷談，須且了吏程，告沐歸，坐而理此。今即坐以不佳，然三四年懵懵忽過，當成何事。説禮樂，敦詩書，自昔記爲官刑之符，人誰不學操刀而割乎？竟見倖中客氣也，竟爲達者所笑。曩小小試一巖邑耳，至今静言追始，且有無術任氣，所悮及此，又差池惕日，面墻亭帚，訟悔更無補時。便以孔墨汲汲之心，展采無具，但持此空氣一意何往乎。馬不調則泛輿，杼不習則敗絲，是爲無才，才反害也；且微寧在官耳。又記與足下燕中慷慨論文厄，五六百年我國家最號多傑，蔚起雲變，標復古之幟，數不下十數公，其究不若安息之眩也。蓋恃才之害，自古天下只兩人：巧有餘，拙不足。然害故不生於不足，而於餘也。不足者多學寡運，其力無能澤非而駴世；餘者恃其運而蔑學，巧避短而飾欺人，人嚇而惑之，人惑己亦惑，儼然巨子大方之居，目無前而却走逾遠矣。昔以仲尼之聖，厲絶韋之勤，有若之賢，篤引刺之勇。他漢士一經之業，下帷囊火，孳孳數十年，有頭白而名不成。今士欲以釋褐旦夕漁獵之，莽莽兼業而陵前，安有方客逡巡酒，頃刻花之道耶？此僕所爲憤憤注心埋首，至今而彌進彌怯者也。江文通排是古之議，及其著作實開亂今後，人笑之眼前易塗，身後難欺。僕義以爲不可出此，故退而自圖。然年數日增，每懷靡及「無田甫田，維莠驕驕」，自逾懼矣。每思孔子筆削，獨擅《春秋》，至於《詩》、《書》，游、夏與焉。司馬子長承文子世家之業，出蠶室之幽通以成《史記》，而東方生居然任視定之權。文章鉅業，師心有限，故無有不須翼成者。先朝獨獻吉雄力嗜古，惜往往夾以憨豪；大復喜自運，而氣又弱，又相齟齬，所以不勉；至王、吾乃恨生不當時。至今天下左道橫議又變矣，安所得此人？周望獨足下耳。足下狂豪博物，過予五累之上。愚不自揣，以爲拙爲狂資，樸爲博資，玉攻他石，亦醎梅臭味之友也。千里比肩，産材難多，又蹇而處天末海頭，不當遊士賢者往來之孔，菰蘆之與居，魚蟲之與游，雖自憙淫書，且□豕虱哉。轉益腐穢，將恐北首難駈，即背馳至老，又多疾病多輟，日計若有，歲計若無，鞭長不及腹，學然後不足。此恨何如！人生至貴，白髮難居，悠悠長心，將何遂乎？太常歲滿，據津秉權須時耳。以足下之氣之才，弘猶禃概不難顧所練要。引經合事必自有説，小吏亦願聞之。他所著作，可相示乎？□□今日天下多事亦多人，安所無任義攄材之俊，故功不期於爲氣，期於中機；辭不期於爲奇，期於合雅。足下盛名之下，都人目望式轂；足下旗婺也，東西惟所視。願足下自愛，并以教我。異時者，進與足下爲輔車馳駈之效，退與足下作塤箎合唱之美，足下又何惜不以游、夏、東方之權相惜哉！□代運方隆，功名易致，今太平二百餘年，外視天下皇皇，多不振不給之法，闒茸支吾，漸莫誰何；內視載筆紀注之業，草塞悠繆，無有一人發憤如刑餘獄中之棄人所爲。往不可諫，來未知可救。今不能傳，後無先安，云責不在吾黨乎？嗟嗟！此可爲志士言，難爲俗人道也。每念子長，今人於邑。足下努力，古今人未不相及！

（《明文海》卷一百五十五）

朱長春，字太復。浙江烏程人。萬曆癸未（一五八三）進士。有《太復文集》。

梅鵾祚

寄湯義少，時義少爲南太常博士

落落都門憶舊遊，天涯搔首倦登樓。尊前明月雙蓬鬢，客裏春風一蒯緱。玩世不禁中散癖，懷人虚説子猷舟。知君雅思余同調，易水蒼茫賦未休。

（《宛雅二編》卷三）

梅鵾祚，字仲舉，號曙海。安徽宣城人。萬曆癸未（一五八三）進士。

胡應麟

湯義仍過余，適命工櫛髮，欲起。義仍亟止。義仍對談竟櫛。因相顧大笑曰：「竹林風致，何必晉人！」余鼓枻南歸，興會相思，輒有此寄

散髮逢君易水頭，紅塵紫陌並追游。狂呼楚客青絲騎，醉擁胡姬白玉樓。三館地堪容執戟，五湖天欲問歸舟。江聲月色能相望，九月鴻書到敝裘。

（《金華詩録》卷三十七）

胡應麟，字元瑞，更字明瑞。浙江蘭溪人。萬曆丙子（一五七六）鄉舉。著述甚富，有《少室山房集》、《詩藪》等。

王亮

燕邸重逢湯義仍奉常兼懷屠長卿詹東圖一丈

湯侯天下奇，投分在疇昔。間闊忽冬春，重逢慰離析。秋風塞草黄，落日寒林碧。方悲鶗鴂鳴，倏覿騶虞迹。國士輕黄金，石交深白璧。驚筵高論清，入聖微言繹。緬懷屠生才，索居空四壁。睠言詹郎雋，南飛乏雙翮。岐路長西東，交歡豈晨夕。願保歲寒心，崔徐諒無斁。

（《石倉十二代詩選》七集卷十八）

王亮，字茂宏，改字穉玉，號婁峯。浙江臨海人。萬曆丁丑（一五七七）進士。有《婁峯集》、《穉玉集》。

袁黄

與湯海若書

今天下方蒙蒙爾，亦役役爾。足下抱俊才高調，安之乎？僕爲足下謀：明洞八埏，吾守其黑；氣壓三軍，吾居其柔；辨若懸河，吾用其默。人知我，則出所得相磨相勵，而不尸其能；不知我，則擴此之奇，涵彼之庸，而立于無用何有之鄉。足下與虞葑丈方讀《易》。坤之象曰：「君子以厚德載物。」竊謂持之而不使傾，捧之而不使墜，任其踐踏而不爲動，斯之謂載積之甚，深養之甚。固收衆流而不拒，納羣穢而不辭，測之莫得其涯，窺之不見其底，斯之謂厚。釋氏亦有言曰：「身爲床座遍三千。」夫床座豈易爲哉！居最下之位，而勞者待以安，走者待以息，牛羊踐之不加怒，尊貴履之不加喜，此善載物者也。吾儕能爾爾乎？雖骨肉至親，稍稍蹴踏，輒有憤心，已則終日跳梁，而怪人動色。不惟不能載物，而且爲物所載；不惟爲物所載，而且咎物之不善載。我斯亦過矣。此衆人通病，而高材能文章者尤易犯，以其恃氣而卑視一世也。僕與足下相慕頗深，茲來也，蒙足下招我惠我有殷勤；顧我無以報，以此謝足下，不爲薄矣。

（《明文海》卷一百九十）

袁黄，字坤儀，號了凡。浙江嘉興人。萬曆丙戌（一五八六）進士。有《兩行齋集》。

沈瓚

湯祠部義仍上書被讁，長句送之

天子拊髀思備邊，詔許文武皆推賢。君才故是籌邊者，閫外誰授專征權？一朝上書觸禁忌，謫向邊城爲小吏。聖朝讜舉皆至公，失彼得此抑何異。直道無憂行路難，古來虛語徒相寬，羊腸在前翻叱馭，烈士悲心敢自安。河梁黯淡愁行色，身在天南望天北。何處相期覓遠音？雲中鳴雁多歸翼。

（《吴江沈氏詩録》卷三）

沈瓚，字孝通，一字子勺，號定菴。璟弟。吴江人。萬曆丙戌（一五八六）進士。有《静暉堂集》。

顧憲成

與湯海若

不謂時局紛囂至此！吾輩入深入密，自是快事。獨弟血性未除，又於千古是非叢中添個話柄，豈非大癡！幸老兄一言判此公案。先弟事定録奉覽。暇中能不靳拉拭否？望之，望之！

（《涇皋藏稿》卷五）

顧憲成，字叔時，號涇陽。無錫人。萬曆庚辰（一五八〇）進士。有《涇皋藏稿》等。

高攀龍

答湯海若

龍爲舉子業時，則知海内有湯海若先生者。讀其文，思其爲磊落奇男子也。從入仕版，以未得一見顔色爲恨。乃辱手書之及，開緘誦之，喜心欲舞。及觀賜稿「貴生」、「明復」諸説，又驚往者徒以文匠視門下，而不知其邃于理如是！龍嘗讀聖賢書，見孔子言仁便説復禮，孟子言浩然之氣便説集義。夫仁者與萬物爲一體，浩然之氣塞乎天地，可謂大矣；而拈出一「禮義」字，便分毫走作不得。其嚴如此。今時之學非無見其大者，只緣這些子走卻便爾落草。門下諸篇迴别時説，何勝爲吾道之幸。聊發所見大端，以望金玉之音！

（《高子遺書》卷八上）

高攀龍，字存之。無錫人。萬曆己丑（一五八九）進士。有集。

袁宗道

致湯義仍

一别遽隔歲矣。王子聲音耗，足下亦聞之耶？此君神强骨勁，雙眸清炯，有壽者相。弟即聞，亦未忍信。倘傳者非謬，則造物亦太不憐才矣，何論世人？足下久淹墨綬，又奚懌也。以弟觀足下，如《世説》所刊文學，豪爽言語蓋總具之，所取亦已

太過。宦路升沉，自不必論；不然，是世間真有揚州鶴也。（《白蘇齋類集》卷十五）

袁宏道

袁宗道，字伯修。湖北公安人。萬曆丙戌（一五八六）會試第一。有《白蘇齋類集》。

致湯義仍

作吴令，備諸苦趣。不知遂昌仙令趣復云何？俗語云：「鵠般白，鵶般黑。」由此推之，當不免矣。人生幾日耳。長林豐草，何所不適，而自苦若是！每看陶潛，非不欲官者，非不醜貧者；但欲官之心，不勝其好適之心，醜貧之心，不勝其厭勞之心，故竟「歸去來兮」，寧乞食而不悔耳。弟觀古往今來，唯有討便宜人是第一種人，故漆園首以《逍遥》名篇。鵬唯大，故垂天之翼，人不得而籠致之；若其可籠，必鵝鴨鷄犬之類，與夫負重致遠之牛馬耳。何也？爲人用也。然則大人終無用哉？五石之瓢，浮遊於江海；參天之樹，逍遥於廣漠之野；大人之用，亦若此而已矣。且

《易》不以龍配大人乎？龍何物也？飛則九天，潛則九地，而人豈得用之？由此觀之，大人之不爲人用，久矣。對大人言，則小人也。弟，小人也。人之奔走驅逐我，固分，又何厭焉。下筆及此，近況可知。知己教我！

又

近況何如？長此作官，況當不甚佳。然僻在萬山中，無車馬往來，況亦當不甚惡也。所云春衫小座者，隨任不？聞亦是吳囡，若爾，弟亦管得着矣。腸中欲語者甚多，紙上却寫不盡，俟異日面譚。永嘉黃國信，佳士也。千里而見袁生，又知慕義仍先生者，此其人豈俗子耶？料中郎之屣可倒，義仍之榻亦可下矣。

又

作令無甚難事，但損得一分，便是一分才。彼多事者，非生事即是不及事耳。吳地宿稱難治，弟以一簡持之，頗覺就緒。但無奈奔走何！兄，老吏也，有可以請益者，不妨教我。長思雋人，東上括蒼，不知唾落幾許珠璣？有便幸賜我一二顆。

致屠長卿

欲與長卿一别，而竟未能。俗吏之縛束人甚矣。明年將掛冠，從長卿遊。此意已決，會湯義仍先生，幸及之。

（《袁中郎全集》卷一）

袁宏道，字中郎。湖北公安人。萬曆壬辰（一五九二）進士。與兄宗道、弟中道同爲公安派領袖。有詩文集。

袁中道

遊居柹録

萬曆四十二年甲寅四月初八日……歸園，得石首王天根書。天根遊吴、閩，晤臨川湯海若先生。先生便寄一書及《玉茗堂集》來。書中大略言：乙未雪夜，同時七人聚首，而三人俱以高才不録，不勝嘆惋。三人者，伯修、中郎及王子聲一鳴也。

記乙未之歲大計，伯修及王太史衷白、蕭太史玄圃遞寘酒招海若、子聲飲，予等偕。未幾子聲下世，又未幾伯修、中郎下世矣。天根書云：「海若極服楚材，以爲不可當。」夜讀所寄《玉茗堂集》。晚年稍入元、白，亦其才大識高，直寫胸臆，不拘盛唐三尺，自覺其有類元、白，非欲學之也。今人見詩家流便易讀者，即以爲同于元輕白俗，然則詩必詰曲聱牙，至于不可讀然没已耶？可發一笑也。

（《遊居柿録》卷九）

答王天根

義仍先生健耶？承書問藹然軫念兩先兄，讀之幾欲墮淚。記乙未春，義仍與王子聲及不肖兄弟三人，聚首都門，無夜不共讌笑。未幾子聲逝矣；又未幾，伯修、中郎逝矣。弟近復多病，存亡不可知。推義仍年愈長，而飲啖愈健。豈惟有異才，實有異福。來劄云：義仍推服楚材，以爲不可當。然耶？楚中後輩復有數人，詩文清遠絶塵，義仍或未及聞也。讀《玉茗堂集》，沉着多于痛快，近調稍入元白，亦其識高才大，直寫胸臆，不拘盛唐三尺，不覺其有類元白，非學之也。今人見詩家流便易讀者，即以爲同于元白，然則詩必詰曲聱牙，至於不可讀，然後已耶？且元白又何可易及也。

（《珂雪齋近集》卷二）

袁中道，字小修。湖北公安人。萬曆丙辰（一六一六）進士。有《珂雪齋詩文集》等。王天根，名啓茂。顯祖門人。有《渚宫集》。

釋真可

與湯義仍之一

浮生幾何，而新故代謝，年齒兼往，那堪躊躇！静觀前念後念，一起一滅，如環無端。善用其心，則麤者漸妙；不善用其心，則妙者漸麤。妙者漸麤，麤將不妙。於不妙處，了不覺知，是身存而心死矣。所以古誌云：「乍時不到，便同死人。」夫身存而心死，則不當存者我反存之，不當死者我反死之。老氏曰：「我有大患，爲我有身。」又曰：「介然有知，惟施是畏。」即此觀之，大患當除，而我不能除。真心本妙，情生即癡，癡則近死；近死而不覺，心幾頑矣。况復昭廓其癡，馳而不返，則種種不妙不召而至焉。至人知其如此，惟施是畏。顔子隳肢體，得非除大患乎！黜聰明，得非空癡心乎！大患除而癡心空，則我固有法身，本妙真心，亦不待召而至矣。曹溪聞應無所住而生其心，則根塵迴脱，妙心昭然。故溈山曰：「靈光獨露，迴脱根塵。體露真常，不拘文字。」至此則麤者復妙矣，遠者習近矣。人爲萬物之靈，於此不急而他急，此所謂不知類者也。寸虛受性高明，嗜欲淺而天機深，真求道利器。第向來於此路頭生疏不熟，或言及此，未見渴仰。此點消息乃羽毛鱗甲之媒，三塗四生之引。故曰：「一微涉動境，成此頹山勢。」此半偈三假全備。三假者，因成假、相續假、相待假是也。如上根利器，纔入因成，覺不隨流，謂之不遠復；如天機稍淺，流入相續，慚愧知返，謂之流復；於相續中尚不驚覺，勢必流入於相待矣。既流入於相待，則以習遠爲重，反以習近爲輕。夫近者性也，遠者情也。昧性而恣情，詔之輕道。如唐德宗不能自反，迷而不悟，終致大道以亂天下。此遠公所謂「成此頹山勢」者也。又因成是何義？蓋妄心不能獨立，必因附前境而生。故智鑑曰：「能由境能。」此能乃妄心之始，我相之根。我相乃不善之前茅。仲尼曰：「顏氏之子有不善，未嘗不知；知之，未嘗復行。」果如此，謂之不遠復，無祇悔，不亦宜乎！毘舍浮佛此言自在覺。其傳法偈曰：「假借四大以爲身，心本無生因境有。前境若無心亦無，罪福如幻起亦滅。」昔有貴人以上妙素帛，求黃魯直書平時得意之詩。魯直曰：「庭堅亦凡夫耳，詩縱得意亦不妙。」遂書此偈遺之。且囑之曰：「七佛偈乃禪宗之源。今天下黑白譁然，望流迷源。庭堅旁觀，不禁書之贈公。願公由讀而誦，由誦而持，由持而入，由入而化；則自在覺在公日用，而不在此偈也。」山谷楚人，寸虛亦楚人，茲以楚人引楚人則似易。倘吳人引楚人，則楚人以謂吳人似不知楚人也。若相續假以因成，錯過本來面目，便將錯就錯。不惟不知因成之前，心本獨立，初非附麗，即其照無中邊之光，初不夢見，彼照而應物；偶然忘照，流入因成。以不知是因成，復流入相續，相續流入相待。相待是何義？謂物我對待，亢然角立也。嗚呼！相待不覺，則三毒五陰，亦不明而迷矣。故知「能由境能」，則能非我有；能非我有，豈境我得有哉！此理皎如日星。理明則情消，情消則性復，性復則奇男子能事畢矣，雖死何憾焉。仲尼曰：「朝聞道，夕死可矣！」爲是故也。如生死代謝，寒暑迭遷，有物流動，人之常情。衆人迷常而不知返，道終不聞矣；故曰，反常合道。夫道乃聖人之常，情乃衆人之常；聖人就衆人而言，故曰反常合道耳。據實言之，衆人之常，豈果真常耶！野人追蹤往遊西山雲峯寺，得寸虛於壁上，此初遇也。至石頭，晤於南皋齋中，此二遇也。辱寸虛冒風雨而往顧棲霞，此三遇也。及寸虛上疏後，客瘴海，野人每有徐聞時寸虛方謫徐聞尉之心，然有心而未遂。至買舟絶錢塘，道龍游，訪寸虛於遂昌。遂昌唐山寺，冠世絶境。泉潔峯頭，月印波心，紅魚誤認爲餌，虛白吐吞。吐吞既久，化而爲丹，衆魚得以龍焉。故曰，龍乃魚中之仙。唐山，禪月舊宅。微寸虛方便接引，則達道人此生幾不知有唐山矣。然此遇，四遇也。今臨川之遇，大出意外。何殊雲水相逢，兩皆無心，清曠自足。此五遇也。野人久慕疏山、石門，並龍象禪窟，冒雨犯風，直抵石門。黎明入寺，然寺有名無實。故址雖存，草萊荆棘，狐蛇淵藪。四顧不堪，故不遑拋瓣香，熏圓明而行。圓明，山谷最敬之；每嘆東坡不遑一面。然圓明敬東坡，不在山谷之下。今石門狼狽至於此，使東坡、山谷有靈，亦其所不堪者也。大都真人大士之遺迹，乃衆生開佛知見之旗鼓也。蓋旗能一目，鼓能一耳。耳目即一，目即耳可也，耳即目可也。目可以爲耳，則旗非目境；耳可以爲目，則鼓非耳境。旗鼓固非耳目之境，而耳目之用不廢，此謂六根互用也。然以一精明爲君，六和合爲臣，臣奉君命，無往不一。無往不一，謂之獨往獨來。獨往獨來，此即妙萬物而無累者也。此意悼西兒名序中，亦稍泄之。嗚呼！野人與寸虛必有大宿因，故野人不能以最上等人望寸虛，謂之瞞心。潙山曰：「但不瞞心，心自靈聖。」且寸虛賦性精奇，必自宿植。若非宿植，則世緣必濃。世緣一濃，靈根必昧。年來世緣，逆多順少。此造物不忍精奇之物，沉霾欲海，暗相接引，必欲接引寸虛了此大事。野人二遇於石頭時，曾與寸虛約曰：「十年後，定當打破寸虛館也。」《楞嚴》曰：「空生大覺中，如海一漚發。」即此觀之，有形最大者，天地。無形最大者，虛空。天地生於空中，如片雲點太清。虛空生於大覺中，如一漚生大海。往以寸虛號足下者，蓋衆人以六尺爲身，方寸爲心。方寸爲心，則心之狹小可知矣。然衆人不能虛，重以日夜而實之爲貴。寸虛稍能虛之，且畏實而常不自安。近野人望寸虛以四大觀身，則六尺可遺；以前塵緣影觀心，則寸虛可遺，六尺與寸虛既皆遺之，則太虛，即寸虛之身與心也。至此以明爲相，以勇爲將，破其釜而焚其舟，示將相於必死，拚命與五陰魔血戰一場，忽然報捷。此野人深有望於寸虛者也。願寸虛不以野人道淺學少，略其元黃，而取其神駿。神駿者，即野人望寸虛之癡心也。又野人今將升寸虛爲廣虛，升廣虛爲覺虛。願廣虛不當自降。吴臨川，野人往字以始光。蓋取佛放眉間白毫相光，照東方萬八千土。東爲動方，能以眉光照之，則不必釋動以求静，動本静耳。蓋方有十，舉東一方，則餘九方，不待舉而可知矣。

方有十，而知則一。知即「能由境能」之能，方即境也。境有動静，能無動静。能若是動，則不知動。能若是静，則不知静。惟能非動非静，所以能知動静耳。肇公曰：「知有有壞，知無無敗。」野人則曰：「知動動壞，知静静敗。」動静壞敗，有無都遣，則始光大而爲圓光矣。此圓光在堯不加多，在紂不加少。然光有邪正，善用則謂之妙光，不善用則謂之黏妄發光。如吴臨川已知野人動静，廣虚當以此書附達之。如是則不惟野人不負五遇之緣，亦廣虚不負五遇之緣也。

與湯義仍之二

屢承公不見則已，見則必勸僕須披髮入山始妙。僕雖感公教愛，然謂公知僕，則似未盡也。大抵僕輩披髮入山易，與世浮沉難。公以易者愛僕，不以難者愛僕，此公以姑息愛我，不以大德愛我。昔二祖與世浮沉，或有嘲之者，祖曰：「我有調心，非關汝事。」此等境界，卒難與世法中人道者。惟公體之。幸甚！又年來有等闡提，忌僕眼明多知，凡所作爲，彼謂終瞞僕不得。殊不知僕眼亦不甚明，智亦不甚深。此輩窺僕不破，徒横生逆忌耳。如其一窺破之，縱使有人教其疑忌僕，彼亦自然不生疑忌矣。但彼以未窺破，浪作此伎倆也。且僕一祝髮後，斷髮如斷頭，豈有斷頭之人，怕人疑忌耶！（以上卷二十三）

與湯義仍之三

別來甚久，思念甚深。不知近來一切境界，或有意或無心，種種交衝，能以觀音大士大悲大智，鑄逆順爲自受用三昧否？此三昧初貴知得透，次貴行得堅，再次必期證而後已。又再次證而能忘，忘而用始全矣。大丈夫何暇論儒論釋論老，是皆古人已用過了，不殊已陳蒭狗耳，豈有閑精神理會他？雖然，若自家本有無生之心，倘未知得透，則儒釋老白文，要緊經書，又不可不痛留神會之。貧道每於好山水行座時，未始不觸勝思廣虚也。又思初與南皐、勺原、寸虚聚首石頭光景，邈不可得。比趙乾所亦嘗披晤，但渠氣勝於理，則不免逆順境風摇蕩，亦可憫，然忠直不減古人也。（卷二十四）

原題《與趙乾所之五》，誤。

與丁勺原

比因來慈道者過江西，勒此聊敍疏闊。來慈於此道操詣清深，行履光耿，極可與語者。南皐近有書見招，但貧道病瘧未愈，不遑赴耳。湯若士尊近清勝否？（卷二

十三）

與趙乾所六

持忠而遭黜，命也。惟知命，故恬黜而無悶。如黜而懷悶，則向之所謂忠者，果忠乎？若人之不忠，我必知之。此智也，非明也。惟我之不忠於自心，了了不昧，此明也，非智也。今直心之忠與不忠，惟天知之，亦惟直心自知之耳。且人將欲置直心於死地，幸得爲白衣郎，此莫大之福也，又何悶之有？大丈夫屢遭黜辱，不必爲介，願直心以大丈夫自任，終必相見有期。去年有書寄海若，已言直心終必遭黜。倘晤海若，取書徵之。由是而觀，爲白衣郎不在今日也。直心直心，休再沈吟。萬緣歇却，樂最甚深，以此送行，大地黄金。

與趙乾所七

比來亦有人爲直心扼腕者。惟直心直置身心於無何有之鄉，饑來吃飯困來眠便了。倘豪逸習病發作，一味看得自大了，則我相不異乎無何有鄉矣。且道遮個時節，豪逸習病置之何地？幸無忽此！此是奇男子家常茶飯，外此别求，皆即外道。直心果能見此透徹，觸境用得，則向之與直心爲怨府者，皆直心入道之資也。何怨

府之有哉！湯若士近有音耗否？渠比來亦有思之者。（以上卷二十四）

玄帝閣望石門寺懷湯遂昌

紅魚飛碧嶺，白鳥點青林。楚越皆初地，相逢孰賞音？（卷二十六）

還度赤津嶺懷湯義仍

踏入千峯去復來，唐山古道是蒼苔。紅魚早晚遲龍藏，須信湯休願不灰。（卷二十七）

（《紫柏老人集》）

留題湯臨川謡

湯遂昌，湯遂昌，不住平川住山鄉。賺我千巖萬壑來，幾回熱汗沾衣裳。

（《遂昌縣志》卷一）

據乾隆刊《遂昌縣志》卷十一，釋真可赴遂昌訪顯祖，尚有《唐山》詩一首。詩云：

「浙江静夜月中峯，總是吾師管子龍。晝出如來無量相，人間無水不遺蹤。」

釋真可，字達觀，號紫柏。本姓沈。吴江人。生於嘉靖癸卯（一五四三），卒於萬曆癸卯（一六〇三）。有《紫柏老人集》等行世。

釋德清

與湯海若祠部

長干一別，眨眼十年。舍利身光，居然在目，即種種幻化之緣，皆屬空華佛事耳。山僧坐此瘴鄉，賴三寶真慈攝受之力，無諸煩惱，且以法緣消磨歲月，刁斗不異折脚鐺耳。無奈歷生文言習氣，横發於無事甲裏，千日之期，除奔走行伍供役之暇，諸著述不下數十萬言，雖無補於至道，聊見區區一念孤光，不昧於羅刹鬼國耳。諒知我者，不以此爲迂也。

（《憨山老人夢游集》卷十五）

釋德清，字澄印，别號憨山。原姓蔡。安徽全椒人。嘉靖廿五年（一五四六）生，天啓三年（一六二三）卒。有《憨山老人夢游集》。

湯賓尹

四奇稿序

制義以來，能創爲奇者，義仍一人而已。吾嘗牘義仍曰：「公制舉文不可無一，古文詞不能有二。」然聞義仍課子，但取天下之至平如我輩者，而轉自諱其奇也。

湯叔寧諸稿序

臨川有湯叔寧開遠者，讀書淵博，行文韻異，又將之以孝潔少年多長者之譽。賢書至，姓名不在。予嘆異之。使舉業足憑，義仍之子叔寧之文，亦不能多儒可以蓋者，於甲乙科也，奚其後哉！（以上卷四）

續棲賢蓮社求友文

臨川倡與海内公共之，理畢集於區中，氣彌邈於人外，貧者賤者是亦爲政，而予始得措臂於其間，斯亦通人之極懷已。（卷六）

（《睡菴文集》）

顯祖《續棲賢蓮社求友文》云：「晉宋之間，世道奇側，遠公夷迹諦交，實深玄慮。我明一家，恢然道廣，才度之士，朝壑交容，慕類以悲，感慨而集，要亦語嘿之通懷，往來之大致矣。且吾有二友：湯嘉賓久慨嘆於棲賢，岳潛初近勤施於昭慶。兹之續斯盟也，成斯役也，二公首其許我乎？」（《全集》卷九）

湯賓尹，字嘉賓，號霍林。安徽宣城人。萬曆乙未（一五九五）會元。有《睡菴文集》。

岳元聲

歸仁吟 有引

若士先生叔子叔寧，從歸仁書院過予潛初書院，論道旬餘。於其歸也，作《歸仁吟》。

哲人久寥落，大道鮮光輝。緬想結廬阜，臨川浥其微。其微不可見，世路多歔欷。吾黨叔寧子，氣象何崔巍。父師垂明德，努力振餘徽。開門陳禮樂，曰歸胡不歸。所歸竟何方，取辟寧復依。勿謂博濟是，堯舜兩交譏。勿謂立達非，簞瓢心自肥。卓爾有真見，復禮重知幾。顧諟兩楹間，作述自依稀。若士先生題歸仁書院云：「未嘗不知嘿嘿已中來復，如有所立循循天下歸仁。」偉哉乾健志，龍戰薄重圍。滔滔道聽徒，春風解浴沂。曰歸歸不得，半塗心自違。龍潛靡初志，虎尾有餘威。此習如不挽，鼠婦作蛜蝛。吾愛吾叔寧，孝友先庭幃，根本一以端，於止奠邦畿。一息了千古，我貴非知希。宇宙握在手，行藏任躍飛。歸與曰歸與，惆悵我心饑。（《潛初子集》卷二）

岳元聲，字之初，號石帆。浙江嘉興人。萬曆癸未（一五八三）進士。有《潛初子集》。

王思任

臨川道中

瀕汝西江笑，吾來正淖淤。買槳惟捆屨，韞櫝果藏豬。酸急文章出，剛方求應疏。義仍澆得活，百丈跳軒渠。

題湯若士小像

西江兩墮碧霞蓮，秀骨文心拔盡天。若較廬山真面目，神情清遠更臨川。

匡廬萬八千丈，玉茗六十七年，豫章之貴抉破鴻濛矣。叔甯至越，以先生小像索題，人琴忽涕，恍是遂昌僊令晤玄都觀也。

（《爾爾集》，《王季重十種》）

黄汝亨

與湯若士

自津上别先生，玄風北馳，豈勝惄如之懷。顧念先生有道文人，中朝羽儀，此行非振英蘭台，則奏草西掖。寢苫賤子執鞭日遠，而世路莽莽，聊復以絃歌相煩。周道如砥，先生履初獨行，諒不足晦冥性天之域，而司閽者實忌材矣。先處士握瑜蓬門，傷心朝露，惠徼青雲而傅千秋，感同罔極，稽顙之未能，負此大僇，長者能寬之耳。兩公子餐英披秀，鳳冠人羣。汝亨亡狀，奉揚大雅，每讀名稿一篇，輒爲心折。而私心間有不然者：禮樂之器顯登清廟，玄明之味遠通神明，本經循性，大義昞如；必欲窮響梵音，資深瓊液，崛曲字辭，令不可讀；即足游覽象先，震驚方内之民，恐非所以軌中庸而馳康衢也。先生文章大宗，高倡江表，過庭密義，本非户外之人所敢與聞；道在則親，輒爲攄其狂言，伏惟同嗣君折衷教之。風便促陳，不勝瞻矚！（卷二十四）

答湯若士

絶妙好詞，弁以穢語，猶冕而皮冠，望去之爲是。袁令公過湖上，不肖適挈内子歸寧禾中，晚而一拜之，未獲周旋。然道骨英英，有白馬珊瑚鞭意證之。虞長孺亦云：甌信何以不決？意中朝不欲詘先生佐竹符耶？七月杪計北行，不知獲承玉麈尾否？且出無車奈何！拙稿紙刻俱不佳，獲大序而壓世，真所謂美如冠玉。愧甚！

又

繆生以檄來，披讀雲翰，兼損長者之惠。某何人斯，而當此書！生無廣長舌，坐溷名山，引屐揮麈，真所謂一盲引衆盲。門下大醫王，何得不指我光明藏，乃獎借甚耶！繆生楫尚未到，兩繆弟憐其貧而遠來，胸中殊有霧氣，未易披豁耳。葉氏兄弟稱平昌機雲，豈能遂詭下神師耶？繆生有表侄吴問奇亦俱來，此生霧氣彌重矣。西安有鄭繼宗者，小佳，可稱山間中駟，聞其曾受記先生，果不？

與湯若士

客歲從計吏後，幾掛文網，而幸逃之，今且帶過還官。鍾陵之山川人民亦幸無恙，與之相對，面目差强，然猿心不調，龍性不馴，晨朝薰煉，比於初戒頭陀，未知遂成活計否也。先生寄托風雅，游泳天性，即三公不屑；而往在京邸，猶聞刺刺唾天畫水，何傷太清。本寧先生聲辨如雷，今亦若此；此足添泣麟哀鳳之嘆耳。聞太公康勝如昨，仲季絶倫；長君不死，先生懷抱空闊，政不必學無生誦「逍遥」也。居此冗冗，何時得奉世外之譚？積過流聽，想如蚊聚，深愛如長者，何得不一相提。悠悠世路，何敢他望不腆？作浄水供，想在垂鑒！

復湯若士

自居此勞勞居諸，無從一聞發覆之談。得一玄翰，如天花之落人間，言不盡意，慕以之生，豈以先生書詞爲濃淡深淺哉！人生何必接膝，但盈盈脈脈之嘆，古人亦不能免；浮游塵埃中，不能不思蘭房蒸谷耳。屈指交難，豈言可宣。鍾陵無狀，李廣雖願以身當匈奴，終不如營平之方略；今之方略又復異此。嫁郎已久，尚不能知舅姑之色、妯娌之懷，何從得稱孝婦？但井臼之事，不敢不竭耳。先生謂我有官方耶？所望於先生者，藥方也。政雀鼠喧填時，得《牡丹亭記》，披之情魂俱絶。三昧遊戲，遂爾千秋乎！妬殺，妬殺！（以上卷二十五）

答湯若士

自有南昌爲潁川，鍾陵不爲尾生已幸，何敢先之，門下所聞誤矣。章孝廉船載明月而歸，我尚似少情人，無奈泥封函谷關文也。《觀風録》奉去一册。江山氣重，不似靈鷲清薄耳。萬生謹識之。貴里有真假傅公子，至煩臨豐二君喧沸鹿馬之辯。先生境内豈無鏡照耶？便間密聞我，千萬！

與湯海若

每以事入南浦，則右武、幼安諸公時得作入林譚。惟去先生川上，遠勞我心耳。近搆一山寺，退居小勝。即無潁川五鳳，然凡鳥亦不下。先生有意乎？其記實侈言之以自勝。方就石，奉去一紙。重刻稿并奉以大序冠玉也。（以上卷二十六）

又

吴中友人錢簡棲者，筆下目中俱旁無人，而獨亟見海若先生。先生與之見，匆狂走季咸也。敝邑如秋，又會秋時至，荒涼殊甚。慕袁公以爲知音。鍾子敬客臨邛，且有其柱史書，想當不薄耳。周旋之。昨命二録，俱無以應；容索之。（卷二十七）

與談生

湯海若、樊少府二書奉往。（卷二十六）

與鄭應尼

吾丈軼世妙才，標韻物外。《芍藥》大記，即詞人歡賞，實説林孤憤，世人未解也。委序緣塵鞅未報命，此旬日間定不相負。不肖鄙意：則以吾丈雲氣直上，有千秋無窮之業，刻此傳願少隱香名，如湯若士清遠道人之題，庶不刺俗人忌才者之眼。長空鳳吹，亦何不知其爲鳳也？如何，如何？（卷三十）

遊麻姑諸山記

乙巳夏五，余得釋肩鍾陵，以行從臨汝入建武，辭直指徐公。余友湯若士在臨汝，嘗恨不得造其門；亦夙有姑山之興未償。十九朝，乃得抵臨汝，詣同年袁滄孺，而後造若士。是晚滄孺邀予觴擬硯臺，云：「唐裴晉公題。」臺甚敞朗，前谿山屏列，羣白鸛上下樹杪，漁火點點浮遠岸，佳甚。爲若士迫而去，觴于玉茗堂。月色如畫，若士寧馨兒大耆、開遠，及帥生廷鏌、平昌門人葉幹俱在座。歌者王郎聲琅琅，似笙簧中出。暢飲幾夜分，與若士別去。若士黯結不已。次旦，肩輿追躡予十五里，及東館。予大喜，把臂曰：「靈山又一會也。」是時予以在鍾陵有未了筆墨債，謝若士：「午以前，君且去。」日暮，即促膝縱談。如是者兩竟夕。南城門人黃元在公桃、陶西之仁慶，遲予東館已三日，相聚快甚。廿二日鷄始鳴，別若士。若士見囑曰：「歛精神愛日！」予不能答，登車去。（卷九）

奉訓大夫宗人府儀賓魏公墓表

余爲鍾陵令時，以湯若士識西昌魏生辟疆，曰：「廣國者，名士也。」因獲接其父儀賓懷南公。（卷十六）

亡友吴仲虚行狀

海陽之吴氏伯實、仲虚兄弟以友于聞。……仲虚生平不妄交人，閉户下鍵，多所事玄覽。於武林獨暱就予與虞長孺、馮開之先生，於吴暱王百穀，於臨川暱湯若士，俱文章氣誼之知。（卷十八）

祭丁右武文

前浙東兵憲參岳右武丁大兄，以萬曆己酉三月八日坐逝於里第之正寢。六月，友人湯若士以訃音至。年家弟黄汝亨裂肝椎心，爲位而哭。（卷十九）

兩君詠

湯儀部若士顯祖

稽阮自千載，晉代堙衣冠。卓爾平昌令，曠然域中觀。退不躭小隱，進不卑小官。沈姿無定形，湛性無驚湍。世眼迷玄黄，苛論務索瘢。想似竟無匹，能無結深驩！（詩集卷一）

另一首題作《曹民部能始學佺》，不録。

秋山讀書圖爲海若高士題

澄懷觀古道，瀟散讀書林。以子累心盡，況入秋山深。悽風墮殘葉，靜巖理鳴琴。高咏千載上，一一流清音。（詩集卷四）

祭湯若士先生文

嗚呼湯公，才高迹削！詩能窮人，文憎命達。昔在文人，才不盡同。漢魏代興，異曲同工。我明作者，北地爲雄；七子狎盟，時流趨風。濡沫拾瀋，其波如馳，疇無眉目，乃不自施。嗚呼湯公，大方長笑，睥睨千秋，自闢堂奥。英靈鬱秀，尊古得道；大雅擅場，好詞絶妙。單言霏霏，大言浩浩；名流寓宇，垂光分照。嗚呼哀哉！余自孝廉，托君聲氣；己令鍾陵，得交君臂；片語宣心，一臠知味。論古之人，談天下事，高談微言，每出人意。嗚呼哀哉！余今之來，君乃騎箕。亦有山水，誰則牙期？萬事一棺，空名爾爲！嗚呼世人，死亦其常。造物忌名，公名乃當，惟三不朽，孰與文章？是物最神，存而不亡，日月經天，壹視彭殤。君去而仙，予何以傷？薦蘋陳些，我饗我將！（卷二十）

（《寓林集》）

黄汝亨，字貞父。仁和人。萬曆戊戌（一五九八）進士。有《寓林集》。

張師繹

姚元卿遺稿序

元卿内行淳備，堅忍好學，新建公當國時延爲賓師，有謀則就之。又受知臨川湯祠部。（卷三）

明故桃源縣儒學教諭姚元卿先生墓誌銘

先生諱伯燮，字元卿，世居建昌之南豐。父存吾翁爲石城郡主之儀賓，徙家南昌，故又爲南昌人云。元卿弱不好弄，篤嗜經史，所作舉子文字，病谻不倦，髫游庠，睨視儕輩。聞見羅李公講修身爲本之學，悦慕之，不問餱糧，千里擔簦就正。新建張公延爲其子師。己酉舉於鄉。……丙辰始就桃源諭。……元卿長身于思，偉容止，好見客，揖之就坐，娓娓掀髯劇譚世務。所居落落無長物。數稱粵海忠介與鄒南皋之爲人。其文特見重於故祠部湯義仍、舊太興令舒碣石；而碣石爲之序。三先生者，江以西有道方聞之君子，而天下奉爲蓍蔡者也。可以知元卿矣。

野政朱公墓誌銘

野政朱公之考終南豐里第之正寢也。其子璽爾玉赴太守金公之聘，僑寓苕溪。其友人臨汝周仁甫從秣陵持其家訃至。……（公）教璽絃誦，督令遠游。于臨汝事若士儀部，于宣州事霍林司成，于楚事郡伯軫餘石公、郎官思侗、大令馬石兩王公，于浙事求仲殿撰；其中椒蘭之好，訂金石之盟者，不可枚數。所選刻諸書，發明理道，鼓吹六經，薈萃菁華，沉酣子集，旁及制舉，駢枝稗官外史，燦若者星之拱北，卓然者車之司南。

祭故祠部郎臨川湯若士先生文

萬曆丙辰秋季，予出守常武，道經金陵，晤比部張肅之，始聞故南祠部湯若士先生卒于臨川之里第，不信；蓋乙卯譁傳先生有異耗，而先生安然無恙也。肅之曰：「是得之黄貞父，當不誤。」然不知其日，予益不信。謂先生當不死，且未可以死也。然自此心怦怦動矣。乃順塗而訪之。月出，始抵承恩寺。叩南豐朱爾玉之扉而詢之。爾玉涕出而對曰：「信是！其病爲瘍發于頭，其屬纊之月爲六月，其日□□日也。」其彌留之際，托致聲宣城湯太史、武林黃儀部并予不佞，曰：「好自愛！」不意遂永不復相見也。嗚呼！先生信死矣。予自十餘歲操觚，讀《問棘堂集》，即知有先生，然非真能知先生之道德氣節，與夫不輕然諾、急窮交、誘掖後進之概也。知其文而已，又非真能知先生騷賦古選、有韻之詩、無方之文也。游戲傳奇之外，知其舉子業而已，又非真能知先生制舉之文之用寡用衆、用離用合、用正用奇、闔闢起伏應承之法也；知其能另立一宇宙，另開一手眼，補先賢之未備，斷後學之疑根，能不爲唐瞿，如古文辭之不爲王李而已。不十年而予筮令新喻，始得一通先生。先生曰：「此子也純，可與言學。」又十年，予迍邅仕路，繇南武庠晉國學，介門人周仁父、黃寓實再通先生。先生肅然首肯曰：「此子也才，可與言文。」自此屢請先生之文，布鵠張侯，而先生漠然不許也。先生之漠然不許也者，意予不佞尚未可深言文；予未可與深言文，而先生寧忍遽死也耶？先生負四海名久，第出玉茗堂詩賦應世，而不肯賫其全以示人也，意先生必歉然有内不足焉，而承學莫之窺，門生故吏亦莫之請也。計先生而天假之年，日積月累，必有所切劘其所未至，使内不足者一無不足；而先生遽死也耶？先生爲人綽約自好，初爲南太常博士，銓部議以其司屬北徵，先生移書力止爲祠郎。上書攻首相，謫尉徐聞，升遂昌令，入覲還，因病乞長假而去之，三年中考功令。鴻飛冥冥，弋人篡之。是天不縱先生以一官，而縱之千秋也；縱先生千秋也，不縱先生百年乎，而遽死也耶？先生長郎冷懷，奇慧甚，早夭折。次郎尊宿，予識之南雍。三郎叔寧，曾郵文相質。叔寧舉乙卯而先生病。先生病而叔寧衣不脱帶，不上春官，人稱之孝廉。諸郎方競修素業，恢廓門風，竟先生之未竟；而遽死也耶？先生故不治生家，毁於讁，毁於火，其半又分給寒士之衣食。海内諸名士得先生一言，增其睞盼，生者以爲榮，死者以爲哀，藏體魄者以爲不朽。如臨汝之周仁父、傅三來，南豐之朱爾玉，皆感恩次骨；而予友竟陵譚友夏、予門人齊安王子雲，一得先生品題，立致青雲之上。先生死而名士無與爲質矣——而遽死也耶？予不佞二十年通籍，十載冷曹，所得楚郡，資在中下，承任子乙科之乏。蓋予簡淡疏拙，分固應爾。而先生獨器重之，寄聲曰：「勿以郡小而勿爲！」予應之曰：「郡小精神易周，悔吝亦易寡也。」方相視而笑，知己之言，不至河漢；而先生不及見予之成遽死也耶！嗚呼哀哉！神理邈莫，光景常新。龍蛇之嗟，乃如之人。不腆絮酒，僭比蘩蘋。先生不亡，麟趾振振。先生不朽，遺編在人。嗚呼哀哉！尚饗。（以上卷八）

（《月鹿堂集》）

【附】

新喻縣志　張師繹傳

張師繹，字夢澤，無錫人，通志作武進人，以進士知縣事，性淡行彝。時檄催逋賦，張曰逋賦至十年，籍不可考矣。徒爲老胥姦利地何益。竟不行。喻産銀，監稅璫至，且横，乃畫一法授璫前驅者。璫知其賢，終不來。會上計，無以爲資裝，人呼爲窮新喻。湯海若稱之曰意念深至，類有道者。以丁外艱歸。後仕至江西按察使。

（《新喻縣志》卷七）

鄧渼

春日述懷寄湯義仍四十韻

漢域春陰盡，蒼山旅病淹，梯航三面入，風壤百夷兼，五尺通秦道，單車即瘴炎，投荒虛綉斧，覽勝引丹幨，市有紅藤篋，家珍白井鹽，涔蹄規海闊，岧峉露峯尖，霜蒨長含潤，温泉側注瀸。衣冠餘僰爨，貨貝古閭閻，茉莉簪花豔，稌秔釀酒甜，緬文披似篆，蠻語聽猶譫。烽燧宵常警，萑蒲日戒嚴；由來稱卉服，未可廢戎鈐。往者勞征發，王師快殄殲；傷心多戰哭，無術救危阽，退食聊閒步，幽吟却捲簾。磔鷄初學卜，射隼竟空占；牽拙身何補，浮湛趣自恬。怪看顛種種，轉益貌廉廉，藥裹頻須命，觚毫嬾欲拈，神龜寧要灼，廄馬剩須箝，自笑名爲累，誰知意所忺！以予嬰世網，念子獨淵潛：客坐閒垂釣，妻鋤並擁鐮；游魚窺硯沼，微雨映書籤；句琢文心巧，時推筆力銛；七襄勞組織，一字費鍼砭，善戲非爲虐，雄文合愈痁；木蘭舟泛泛，荷芰帶襜襜；麗曲傳箏柱，閒情詠鏡奩，吟當花纂纂，舞愛玉摻摻；多取天應忌，高名已亦嫌。餘生甘劓刖，抵死乞髡鉗，老態杯中失，窮愁病裏添，澤糜安飲啄，涸鮒且喁噞。世外論歡賞，私衷早屬饜，筌蹄自有契，膠漆乃非黏，別怨稱殊未，歸期嘆不詹。春心傷碧草，秋望滿蒼蒹，饑渴思瓊樹，書題倚素縑，空庭無過雁，竟夕坐明蟾。

今古論冤憤，乾坤幾顧瞻，已而應誚鳳，宛彼一鳴鶼。種竹籓官舍，看雲到步檐，池萍青靡靡，砌卉緑纖纖，戀闕心徒奮，傷時口合鉗。風塵途漸迮，原野氣猶熸，輦轂憂胡越，深宮嘆釜鬵，迷津憐弱喪，回策庶西崦。瘴海愁空説，鄉園淚暗沾；思君遥送目，烟雨晦巴黔。

（《列朝詩集》丁集卷十六）

鄧渼，字遠游。江西新城人。萬曆戊戌（一五九八）進士。有《留夷館》、《南中》、《紅泉》諸集。

汪廷訥

與湯祠部義仍程山人伯書登鳩茲清風樓聯句

傑閣中天起，湯 橫波大地流。汪 旋題山月映，程 飛陛海雲留。湯 水際成商市，汪 江關鎖帝州。程 人烟檻外合，湯 帆影席間收。汪 紅日明津樹，程 清風滿畫樓。湯 登臨多感慨，汪 一局且悠游。程

（《坐隱先生集》革部）

汪廷訥，字昌朝，號無如，別署坐隱先生、無無居士、全一真人、清癡叟。安徽休寧人。有《環翠堂樂府》、《坐隱先生全集》等。

【附】

朱彝尊　靜志居詩話

汪廷訥，字無如，休寧人。有《環翠堂集》。無如耽情詩賦，兼愛填詞。結環翠亭，酒讌琴歌。與湯義仍、王伯穀諸人遊，輿酣聯句。嘗集唐人詩云：「狎鳥無機任往來，一川晴色鏡中開。竹間駐馬題詩去，松下殘棋送客回。緑樹碧檐相掩映，落花飛蝶共徘徊。物情多與閒相稱，莫惜芳時醉酒杯。」製百家衣，可云無縫者已。

（《靜志居詩話》，載《明詩綜》）

朱彝尊，字錫鬯，號竹垞。浙江秀水人。康熙己未（一六七九）試博學鴻詞。有《曝書亭集》等。

張大復

梅花草堂筆談

黃葉無風自落。某之時，秋天不雨常陰；某之境，違境易時，不祥莫大焉。湯先生有言：「公逾知命，知之而已矣，命之而已矣；僕年耳順，耳之而已矣，順之而已矣。」（卷九）

桐夢世長誡家人泛掃，意若有待者。已而樊季常至，已王又新先生至，遂具樂，沸然而醒。時已得黃州信矣。桐告予，莫果有東方客來耶？未轉盻而童子持兩函至，則又新與湯先生之書若敍也。先生之序，吾七世之神血在焉，安得無夢？世長正性在天，意亦喜其得先生之作歟。客歲寄書臨川，世長猶堪與元孚飲，但不能終席耳。幽明之感日惻我懷，故未能少壯其厓略，遂請不朽于先生；則予不免滋懼也夫！

三秋風物，某所欣賞。自世長棄去，但知秋景堪悲，小步閒吟，意都不忍。七夕淹留練水，殘暑薰人。中秋還自虞山，關門謝月。重九雅無風雨，但有催租。暗蛩切切，寒漏綿綿，豈徒好景虛閒； 抑且連床病卧，孟浪之性無餘，如絲之鬢盡禿。 點檢秋事，種種難堪。 然而三月之間，所接蘄、黄、齊、魯、江右、虎林、檇李、石門之間，不下數十家； 所見新故交知奇麗之觀，不下十餘輩。 而臨川一序，可並日月。 較是所得浮其所苦，某何患焉。

李茂初低頭忽忽，見人都無一言。 想其心際，殊不可堪。 傳孝玄誦其《除夕》詩云：「莫言此夜非佳節，猶喜明朝未索逋。」聽之直堪愁絶。 茂初昆季競爽一時，雅非不遇于世，如湯先生所謂「數冬不遘一春，恒夜不經一旦」者。 坎壇如此，殆是數之所定耶？（以上卷十）

嘗以寒宗世譜徵文四方，無多應者。 獨鄜陽王公爲譜引，臨川湯先生序「世略」，中表叔晉孟嘉作十贊，光被幼殤兒女矣。 臨川寄我此序必傳，勿與不知人草草。 其政恐知者不作，不免惶懼耳。（卷十三）

（《梅花草堂筆談》）

與臨川湯先生書

某自幼讀先生文，以爲非人間語也。 蓋嘗與亡友王孺和更换識之，惟恐不及。

已知先生過婁東，則某已廢視掩關矣。天乎天乎！當吾世而不一見湯先生，況又交臂失之。盲者無以與夫青黄黼黻之觀，真堪涕耳。日旭月朗，樹暗草鮮，十年來何時不作見湯先生想。忽枉手教，勗以老易太玄之學，敢不敬承！第鷄肋之人，少習時藝，便以此爲糊口之策，且欲度一兒勉承先訓，所以棄之未能，望先生憐之。王父師，神明愷悌，真是一路福星，每談先生風議，神色俱飛。此老亦是暫現宰官身，度世可謂清不介，和不流，賢公卿大夫在上比肩未數數也。饒南川回，聊寄數語奉候，兼謝教益。

又

匡廬在望，夢想殊勞！自分此生永無與乎盪胸抉眦之觀，而金溪徐某以汶上公信至，明珠滿把，花雨繽紘，頓令五世長夜之籍，盡耀光明。乃至傖父小技，不堪瓿覆；而先生輒借嘘雲之義，許以靈秀蜷娟、夭矯凌突之龍，他年腐語消落，玄晏獨存，其爲光寵，何可云喻！即先生有意哀憐之，如來教所云，數冬不覯一春，恒夜不徑一旦，從今以往，夫既已春之而旦之矣，銘刻銘刻！敝鄉俞氏女，年十三，偶讀先生所演杜麗娘事，適感心疾，把玩四年，手不停批，能以細楷注先生之所不欲言，翼麗娘之所未嘗言，大是奇事。惜乎十七竟夭。某得觀其手澤，曾用副墨托閩中謝耳伯送上，不知必達否？幸先生憐而存之。某不識天根元石，何從見譽。當猶耳而未之目耶。青丘一片石，嵩候先生另洗一方世界。來教既得路符不類，某幾幾望之矣。徐君促行甚急，不盡欲言。

（《張大復小品》，載《晚明小品文庫》）

張大復，字元長。崑山人。嘉靖癸丑（一五五三）生，崇禎庚午（一六三〇）卒。有《梅花草堂筆談》、《梅花草堂集》等。

【附】

蔣鐄　張元長先生傳

四方名流，折節交歡先生。豫章則王公止敬，毘陵則沈公湛源，苕水則錢公龍門，俱行部境內，式先生之廬而造請者。海虞則官詹錢公，潤州則中翰劉公，山東則司理王公，俱主盟千秋，而執弭與先生周旋者。臨汝湯公義仍則遥遡風期，至欲假路符以踐入林之約。先生夷然曰：「行休矣，吾無所復冀于世，而煩諸公胸中乃掛一張生哉！」

（《梅花草堂集》卷首）

謝三秀

湯祠部義仍先生招集玉茗堂賦謝

草堂遥夜帶春星，謏謏松風韻可聽。題柱聲名高畫省，著書歲月老元亭。寒宵對雨尊仍緑，末路逢人眼倍青。懷抱爲公傾欲盡，肯言裘馬向飄零。

（《黔詩紀略》卷十五）

謝三秀，字君采。貴州貴陽人。萬曆諸生。有《雪鴻堂詩集》。

【附】

吴中蕃　雪鴻堂詩選序

君來先生起自南荒，力追大雅。爲諸生時，撫軍郭青螺、督學韓璧哉、大參謝太涵、太守徐公縉諸公咸折節交之。晚以明經起家，三仕掌故，已乃棄去。遍遊東南，與郭相奎、湯義仍、王伯穀、何無咎建詞壇，旗鼓當時。

（《黔詩紀略》卷十四）

吴中蕃，字滋大，一字大身。貴州貴陽人。舉崇禎壬午（一六四二）鄉試。有《敝帚集》等。

黄立言

春夜同湯義仍踏燈作

尋常三五月分明，却至燈前月倍清。金管玉簫吹子夜，落梅飛絮舞春城。

昨夜春山滴翠微，今宵春月上春衣。六街燈火明如晝，隔夜分明送客歸。

（《江西詩徵》卷六十一）

【附】

廣昌縣志　黄立言傳

黄立言，字太次，號石函。蚤歲登賢書。賦性清正。……素擅詩文，遊南雍，爲鄭崑巖、董崇相、馮具區、湯義仍諸公所引重。謁選嚴州司理，不名一錢。有司寇䜾獄者三反，公不少狥。攝杭、嚴郡縣，决訟無停牘解帶以給退食。一時傳爲佳話。擢知達州，佐蜀撫朱公畫策，戮滅奢、藺二酋。蜀藉以安。進守遵義，建學繕城置郡，治遵餉額二千。公以數年節省驛傳代輸，又小盡積羨三萬金，悉貯郡，題請以佐軍需。至安宣尉率部落歲賽，惟祝黄太守焉。……尋遷福建鹽運使，致仕歸。所著《攬茝木末》、《浣花》、《錦沙》、《園居》、《百函集》、《桐江唱和》、《遵義府志》、《於越爰書》、《俗吏考屷紀》、《郡牘鹺政略》若干卷。著詩半入曹能始《歷代詩選》。

（《廣昌縣志》卷五）

錢希言

酬湯義仍膳部置酒紅泉贈别之作四首

與君相别便留連，除是歌筵即舞筵。玉茗堂前三度月，今宵惜别不曾圓。

紅牙催拍按新聲，有美如花酒遞行。别後風情應不減，銀荷高燭傍誰明。

到日藕花猶爛熳，遥憐去路菊先稀。謝公池上秋光盡，愁裏相逢病裏歸。

修眉如月世難容，君卧盱江江上峯。我亦東歸賣車騎，浮家七十二夫容。

（《松樞十九山·討桂編》卷上）

【附】

錢謙益　錢山人希言小傳

希言，字簡栖，余之從高祖叔父也。少遇家難，辟地之吴門。博覽好學，刻意爲聲詩。王百穀見其詩曰："後來第一流也。"力爲延譽，遂有聲諸公間。薄游浙東、荆南、豫章，屠長卿、湯若士諸公皆稱之。自以爲秦川貴公子，不屑持行卷飾竿牘，追風望塵，僕僕于貴人之門，而又不能無所干謁。稍不當意，矢口嫚駡，甚或形之筆牘，多所詆諆，人争苦而避之。以是游道益困，卒以窮死。……所著書曰《松樞十九山》，才情爛熳，近時韋布，罕見其比。

（《列朝詩集》丁集下）

謝兆申

鍾宗望自粤攜家至臨川，客帥氏伯仲所三年，師湯義仍先生，予聞而異之

有客來清遠，嚶鳴狎友生。中情苟好修，豈必憚遠征。琴瑟各在御，女亦曰鷄鳴。知子解雜佩，問報以珩璜。所友信多聞，所師復俊英。三歲交如石，臨汝濯長纓。芃狐率幽草，鹿鳴思食苹。伊彼協壎篪，鼓瑟與吹笙。我亦遊豫章，經年尚客行。仰觀鴻飛空，復泛章江清。丈夫曠四海，家室焉足營？當此肅霜日，言采黄華榮，采之遺我友，豈爲秋霜零？以子懷馨香，聊以代瓊瑛！（卷六）

帥氏伯仲指帥機子廷鏌、廷鉌。作者有詩《贈帥從升從龍》，序云：「從升伯仲以送鍾生至章江上，贈予以其先子惟審集。予既尚其館鍾三歲之義，且喜先哲之有儁子也。」

送陶西之遊遂昌三首

伯鶼已相命，遊子逝何之？蜩鳴復嘒嘒，驅車亦何爲？采此石蘭芳，將以悦所思。所思謂誰美，宛彼平昌姿。令儀隔山川，鳴琴安所思。莫莫高山雲，道遠寧不巇。以子一行遊，爾母將焉遺？黄鵠適四海，丈夫固所宜。我亦恒爾客，晤言當何時！

其二

我昔姑嶺遊，飛流棘如箭。今子適東甌，鳥道微於綫。眇眇平昌水，湍瀨寧紆漩。宿與佳人期，豈不思夕見？去去望參星，浮雲詎倏變。寤懷若可宣，行以舒繾綣。我亦焉所遊，與子殊鄉縣。冥鴻在西山，誰爲鵠與辨。朝飲洪井流，暮宿廬阜面。願子一乘雲，無然斯眷眷！

其三

子遊焉所適，我去當安趨？有翮既已倦，集谷將宴如。念子方戾天，鳳凰鳴郎都，翱翔四海外，來見亦所無。今子下千仞，誰爲覽輝圖？豈若山粱雉，時哉啄以

呼？樂此一閒遊，寧復問飛鳧；飛鳧在天末，遊子入闉闍，若士一聳臂，雲間隔泥塗。以子九垓期，汗漫豈無徒！（卷八）

鴻冥館詩序

諸談藝而稱鴻冥館詩者，爲休吉李子作也。休吉於書若有飛鴻戲海狀焉，於畫若有幽菊孤篠狀焉，於印若有印泥畫沙狀焉。其游豫章，則宗侯鬱儀父子、南安孫游美兄弟，以逮諸名宗、名三藝者，靡不貴友休吉矣。蓋鬱儀鴻學多通，鮮所可世，而休吉得可焉；諸宗人迭以藝矜不相下，而休吉交得驩焉。是時參知丁右武、平昌令湯義仍兩先生者，以文章命雄，故不輕通一客，而客休吉。……休吉盍以予言問諸鬱儀、右武、義仍三先生。（卷四）

（《謝耳伯初集》）

謝兆申，字耳伯。福建邵武人。萬曆諸生。有《謝耳伯集》。

【附】

黄居中　謝耳伯集序

耳伯初游吴，以文贄于劉子威侍御，侍御引之入林，呼爲小友。最後於越交虞曙，於江右楚交湯義，並驚詫以爲奇人奇文，得未曾有。

（《謝耳伯初集》卷首）

黄居中，字明立。福建晉江人。萬曆乙酉（一五八五）舉人。有《千頃齋集》。

李至清

虞山别受之短歌 有序

萬曆戊申春，余自臨川訪義仍先生還江上。將擔簦北遊，别受之於虞山。與何子季穆夜集履之之覽鳳軒，受之即席賦詩贈余云：「總爲廉纖世上兒，漂零千里一軍持。胸中塊壘三生誤，脚底嶙峋五岳知。使酒浪抛居士髮，佯狂真插羽門旗。游燕莫問中朝事，紫柏龍湖是汝師。」余爲之擊節高歌，感激流淚。口占短歌奉酬，兼以爲别。人生如空中鳥迹，越北燕南，滅没萬里。今夜一尊，知非長别。他日寓書臨川，以吾二人詩示之。

幽期不爲春風滯，十里桃花千里淚。無計飢寒欲賣天，有時骯髒能翻地。交知半窮亦半老，呼鷹走馬恨不蚤。是處離魂殉緑波，十年姓氏萎青草。越人病吟楚人泣，長歌歌罷謀長別。才子心花筆下生，旅人愁蕊燈頭結。悲風噫雲雲化鬼，睍簾欲嚙詞人紙。青眼高歌能送予，眼中臨川與吾子。

（《列朝詩集》丁集卷十二）

【附】

錢謙益　李生至清小傳

李生至清，字超無。江陰人。少負軼才，跅弛自放。年十二，負笈遊四方，友其名人魁士。遇里中兒，輒嫚罵，或向人作驢鳴，曰：「聊以代應對耳。」里人噪而逐之。年二十，來依余，結隱破山，居三年，別去，薙髮于堯峯。余以姚少師姊語規之，未幾，果蓄髮，靺鞈從戎。復棄去，薄遊江外，謁義仍于玉茗堂，髡髮鬖鬖，然時時醉眠妓館。義仍作詩諷之，所謂倒城太平橋者，皆臨川构欄地也。江上富人與超無有連，超無醉後唾罵富人若圈牢中養物，多藏阿堵，爲大盜積耳。富人被盜，疑超無畜健兒爲之。縣令遣尉搜超無筐衍，書尺狼藉，所與往還，皆一時勝流。令指其冠歎曰：「此物戴吾頭不久矣。」鍛鍊具獄，坐超無爲盜，謀曲殺之以自解。超無在獄中，飛書賦詩，唾罵縣令、富人，蜚語間入。令益恨且懼，令獄吏撲殺之。李生恃才橫死，身填牢户，要爲臨川通人所共嘆息。録臨川贈詩，遂牽連及之，無使其無聞也。超無有《問世集》，臨川爲序，載《玉茗堂集》中。

（《列朝詩集》丁集卷十二）

沈德符

萬曆野獲編

徐文長渭暮年游京師，余尚孩幼，猶略記其貌：長軀皙面，目如曙星。性跅弛不受羈靮。館於同邑張陽和太史元汴家。一語稍不合，即大詬詈策騎歸。後張殁，徐已癃老，猶扶服哭奠，哀感路人。蓋生平知己，毫不以親疏分厚薄也。……其人高伉狷潔，於人無所俯仰，詩文久爲袁中郎所推戴，謂出弇州上。此自有定論。其所作畫，尤脱畦徑。題署則托名田水月等號是也。今已有人購之。文長自負高一世，少所許可，獨注意湯義仍，寄詩與訂交，推重甚至，湯時猶在公車也。余後遇湯，問文長文價何似，湯亦稱賞，而口多微辭；蓋義仍方欲掃空王、李，又何有於文長。

（《萬曆野獲編》卷二十三）

費元禄

致湯若士先生

向陳君行，致書台座，痞痳聽德音，有如饑渴。孔北海有言，歲月不居，時節如流，痛哉痛哉！某三十之年忽焉已至，嘆功名之不立，書竹帛之無從，經國大業，誰爲郢質！竊念先生意氣所托，聊復陳之。夫自洪濛既闢，厥有文章，六經典謨訓誥之文無論已，即《左氏》、《國策》、《史》、《漢》、管、韓、莊、列、荀、揚諸子，下逮六朝、唐季經論，往哲灼有定評，某何敢置喙。惟是文壞于宋，亡于勝國。天啓我明，雲漢重朗，日月再闢，以至於今，真遠追秦、漢，弟畜六朝，唐、宋而下，不足論矣。某試請而妄言之。北地開基，信陽繼起，草昧驅除之功，大啓佑我後人。濟南、江左，登壇嗣響，徐、梁、宗、吴、新安諸君子，左提右挈，握牛耳之盟，黼鳳麟之運，一時人士家握靈蛇。德甫奮迹于豫章，用晦發奮于宗室，楨柏振藻于南海，並皆濯靈清淵，比肩大雅，天挺盛會，快哉一時之隆。然而應酬微繁，體裁一軌，海内傳習既久，論者不無刻鵠之誚。徐昌穀、楊用修、黄勉之諸君，倡六朝之學，縣麗豐蔚，英英獨照，與北地、濟南、江左分道而馳。向不無異同，今都人士稍稍安之，舍其舊而新是圖，毋亦氣運使然耶？屠緯真先生崛起東海，其才力可以驅馳秦、漢，横絶六朝，連篇累牘，頃刻千言，雖患才多，誠卓然一代之名家，文章之鉅麗也。緯真而後，兼總詩文，樹千古詞林赤幟者，則先生真其人已。某非敢有諂於先生，《雍藻》、《玉茗》諸集具在，後生可畏，來者難誣，使言之不衷，是某之欺天下後世也。某之服膺先生，蓋不啻中心好之矣。某少賦質頑鈍，十二而學爲制舉義，十五六而學爲詩歌古文，沾沾自好，幾陷陰陵大澤中。弱冠遇故友孟堅，相與切劘救正，始服膺北地、濟南，擬議變化，以求日新。往者謬爲殺青，幾二十卷；年來山中寂寞，獨居寡耦，益大發古人書讀之，始而疑，終而悟，繼而爽然自失也，有所結撰論著又不下數萬餘言。今某且倦矣，哀吾生之悠悠，感日月之推移，意欲合前後稿選之，汰其冗者類爲五十卷，以付之梓人。繕寫已就，當□先生乞一言以傳，令天下後世知有某足矣。此後當斷絕文字，懺悔從無始以來綺語之障，不敢老死蠹魚間。若乃假足青雲，借翰晨風，某以付之天下，不付之己也。大抵世人著述，不能無病，文人相傾，自古而然，懸之國門，譏彈者衆。某豈謂文之必傳，要以精之所至，當有相感。萬一後世有海畔逐臭之夫，愛某之文而傳之，不猶愈於黯然與草木同折者耶？或有規某爲太蚤計。嗟夫！士所以嘔膽刳裹仰屋著書者，冀垂之後世；而人命危脆，往往零墜遺散，湮燼廢没，并其人姓名不著者，何算也。故士亦何所爲，不當吾盛年整齊詮次，以成一家言，安能遷延退托以待子孫乎！此某之所以日夜孜孜，願畢此而後愉快。先生大集，亦願乘時自見，無爲深自秘惜也。語曰：狂簡之士，不知所裁。此真狂簡之言也，惟先生裁之，以慰飢渴云。（卷十一）

致湯叔寧

弟與尊公先生徘徊者且浹旬，擬足下當驅馬西來，共訂世好；不謂彼此並遭按劍。（卷十二）

勝之叔自臨川歸得湯若士先生書

臨川川路繞鍾陵，驛舍官橋感廢興。葉落松間邀坐石，書來霜外讀挑燈。從知教曲章江妓，不斷攜琴楚岫僧。玉茗堂前秋夜月，青蘿送客冷如冰。（卷二十四）

贈湯若士先生

鳳翮凌高漢，龍光燭上臺。尚書鵷省望，大雅兔園才。托素攀前代，揚芬領後來。憂深捐佩起，妬極桂冠回。酒漉蓮花社，紘揮玉茗臺。藏書登宛委，種樹望岨崍。曲教幽蘭麗，歌鄰泛雪裁。雙眠麐久狎，獨下鳥忘猜。江晚蘋烟潤，山秋木葉哀。蒼鴻飛帛字，赤蚌剖珠胎。徑密棲風柳，庭陰宿雨槐。時時過栗里，載酒夜深迴。（卷二十八）

（《甲秀園文集》）

費元禄，字無學。江西鉛山人。有《甲秀園文集》、《轉情集》等。

【附】

陳繼儒　甲秀園文集序

（費）君交遊偏海内，其最著者爲吴元卿、湯義仍、張幼予、虞長孺、馮開之、徐茂吴、胡元瑞、沈箕仲、屠緯真，非晉楚之師，則莊惠之雅；吾愧君。

（《白石樵真稿》卷一）

陳繼儒，字仲醇，號眉公。華亭人。萬曆諸生。有《白石樵真稿》、《晚香堂小品》等。

鄭仲夔

雋　區

今人欲借先達爲修名地，投刺輒稱弟子，退而往往如同儕稱謂，甚有名其師者，此大無禮。余最重師生誼，而不欲狗人以師。憶壬子秋，應試豫章。偶湯儀部義仍來遊，余友費文孫以弟子往謁，送有《南屏四子刻藝》，湯閱之，喜甚。隨出己小傳四册，令文孫分惠余暨汪菉仲、董求毋，且令渠爲道慕用意。是年弋陽友人李章尹調鼎首隽義經，出臨川葉明府門下士。章尹往臨川謝師，因謁儀部。儀部復詢及余，意甚惓切。章尹初未與余相識也，因儀部言，入郡即造訪，並致儀部惓惓意。余乃賦二律書扇並附八行于臨川，詩有「容汝寰中堪辟易，有人世外結同心」之句。此狂奴故態，不名弟子可知。儀部遂答書，奬借特甚。書曰：「春風時來，忽得龍如扇頭贈詩。寰中辟易，未足承仰；世外有同心，差爲厚幸耳。即當袖采懷香，所至夸出座客，雲中沛艾猶惜此隤黄也。南屏大作，時照几閣間，《清言》真如蘭屑冰霤，承教宜附以傳。直去章門急，容寄以復并和章爲笑也。顔謝同游，衰年所托，萬惟自珍！」顔謝才名並擅，爲忘年之交，儀部用此相期，其非師弟明盛。今《玉茗堂尺牘》于文孫不名弟子，而于余稱門人，此後來記室之誤。且書非全幅，恐失當年儀部愛士婆心，故漫志一段相與始末於此。

（《雋區》卷五）

章世純

文昌湯氏宗譜序

余屏居閒散，坐縻家食，思纂輯《天官》一書，以償日月逋債。適童僕持一札來報，啓視，乃世侄湯仲武者重修家乘而索序于予。因不禁慨然曰，家乘之修，不猶是書之輯耶？是書所紀日月星斗，運度次舍，家乘之紀祖孫生息，仁里卜居，其佈列于下與垂象于天，皆不容混也。至其家之□□亘古今不磨滅，獨有若士先生其人者，洵與日月之升恒，並昭千古，雖竈婢牧豎莫不習於見聞而知之矣。若夫科名接踵，文章煥發，先生之子則有開遠，侄則有維岳、加年，孫則有孫緒、新德，殆如星斗經緯之交輝焉，是固不可不悉而誌之。即磊落舒昆、闇淡朦朧，抑亦如衆星之隱現出没，各争明晦，又何可以不紀乎？此家譜之所以無殊于是書也。然湯氏之修而存之必取予爲證，以予常隨羅文止從事於先生，與其子若侄同堂講業，聯席操觚，其開牖振發不減茂叔。日見所未見，聞所未聞，始明目張膽而知古今大文章日在天地間，任人取攜而莫禁。故余與大士、文止、千子四家獲争斯文升降之任者，誠莫敢忘其所致耳。因憶講課暇，側聆先生道其家：自唐殷公文奎公之子悦以避國諱，改而從湯；靖康之亂從康王孟后而遷其子若孫，遂家於臨川之文昌橋東。至伯清、子高公賑濟邑人，旌表尚義，越五世而先生焉。且由先生至於今，又幾歷年；則於今之日，計天下之族，無復有如先生者。而先生之家必復有如先生者，何也？予於仰觀乾象之餘，而知中山氏之子星萃一堂，早有以卜其長其詳云。

（《文昌湯氏宗譜》卷首）

章世純，字大力。臨川人。天啓辛酉（一六二一）舉人。有《章柳州集》。

陳際泰

甘伯申存是草序

予友甘子伯申，少負奇人之目，爲湯義仍先生高弟，居恒弟畜予。予笑謂甘子：「申」與「升」疑音；昔劉伯升志存乎繼天之絶業，而痛明堂之不祀，然卒成事者乃在文叔耳。自若士先生逝後，伯申數歲不相聞。嘗寄一札伯申：「莫往莫來，豈忘平日之言乎？」伯申讀之，笑曰：「是又爲文叔語矣。」今歲伯申就館廣昌，迂道過舍，譚次出一編示余：「吾將付梓，大士當有言。」余得而卒讀之，博奥微削，古今之所已至者没不復見，真足以饋祀上帝矣。夫其言甚澤而精，色不從者，中有違也。

伯申神大於腹而智過其身，故其文皆副之。又其爲人篤恭静淑，道風秀立，此尤爲予兄事之者。顧獨慨然，功名身世之感未遣於懷，曰：「大士尚有名！」夫體中有違若是者，伯申所短也。然伯申惟如是，所爲卒能以氣決傲其弟畜者與！

（《已吾集》卷三）

陳際泰，字大士。江西臨川人。崇禎甲戌（一六三四）進士。有《已吾集》等。

艾南英

瀛社初刻序

《瀛社初刻》，爲友人吴山伭焕璧、黄良治虞鼐、喻立生中立、陳子蜚英、龔叔升俊選、聶惠甫僑六君子新舊課文若干首。刻成，予當序其簡端。嗟夫，文社之熕莫過於今日，而其衰也，亦莫甚於今日。此其罪有所自始，始在先達。予嘗序孟旋方公文，所借慨有「門庭狹而意氣肆；門庭狹則風流不接，意氣肆則士友不附」之語。追憶予言且二十年矣，其驗有如責券以符今人者。若夫風流頓絶，而扶義立言，乎號其衆，卒能自見於天下，則孟子所謂「豪傑之士，雖無文王猶興」也。以予耳目所覩記，有以人敗，有以天奪，是二者事勢相激使然，固無足怪。因憶兒時從外姻得讀介庵章公所手丹《五經四書大全》，見其楷書硃迹，字畫凝秀，因嘆先輩宦退林居留心章句之學如此。及稍長，聞其一二軼事：其門人有貧而貸於縉紳者，奴子索貸，踞坐其堂，訴於公，公昌言其過，縉紳以愧見公，而焚其券。其門人後亦爲大老。事雖小，然亦見先輩師友護持之際如此。其後予既壯，得從若士先生遊。先生坦易直截，每見必留隻鷄樽酒脱粟之飯。縱言古今，眉目恢諧，皆有文章藴藉。先生逝而風流盡矣。士子見先達，應門投刺外，更無過從；居恒非以郡邑居間相請托，以求田問舍相連染，士更無持所業請益於先達之門者。門庭之狹，意氣之肆，此夫以人敗者也。若夫以天奪，則亦有之矣。當神祖之季，馮具區、李本寧、黄貞甫數先生，問奇幾遍東南。是時文網尚寬，海内尚稱乂安，門生故人持數先生一刺，或致才名傾動，或价之輩上要人，郡邑有司輒能損其一姬之費；而天下賢士附數先生以成名者，時不乏人。今禁網愈密，天下多事，士大夫無能爲門生故人游揚公卿間者，文章聲譽風流不接，蓋有以天奪者，此類是也。今六君子者，獨山伭與予尚得及若士先生之門，而山伭又與曰可謝公有忘年之契，其於吾郡先輩流風遺韻，有及有不及如此。而吾以爲此未可數數論也。風流不接，則必有特立獨行，自闢門户者；士友不附，則几席之上聖賢之書歛，然太平之業具焉。卑視儕俗，尚論古人，以友天下士而成一家言，其惟豪傑之士歟！夫六君子者，吾觀其文，或深中而峭削，或疏曠而夷猶，或磨礲瑩達，内外畢見。字號其衆，又不自六君子止也。吾久失先達而得際於時賢，幸矣。太史公曰：「顔淵雖篤學，附驥尾而行愈顯。」又曰：「閭巷之人欲砥行立名，非附青雲之士，惡能施於後世哉！」予讀《伯夷傳》而悲之，然未嘗不病其隘也，而時誦《孟子》「若夫豪傑之士，雖無文王猶興」以自壯。雖然，《詩》不云乎：「風雨如晦，鷄鳴不已。」則今之先達，豈真無介庵、若士二先生其人哉！（《天傭子集》卷四）

李明睿

甘子紆見訪

十載離人幾夢魂，殷勤惟有敍寒温。見時斗酒難爲話，别去寸心如有言。千里相思愁命駕，百年多病懶聞喧。文昌橋畔潺湲水，玉茗堂前雪夜門。（卷五）

臨川湯師問業多年，芙蓉館是其藏修之地

光照臨川日已曛，縱横彩筆賦凌雲。芙蓉館内春風盎，玉茗堂前淑氣氲。七歲熟精《騷》《選》理，經年常纈雪霜文。晚于道眼饒窺破，香沁瞿曇齒頰芬。

（卷六）

（《崇禎八大家詩選》）

李明睿，字太虚，號閬翁。江西南昌人。天啓壬戌（一六二二）進士。有《四部稿》、《大椿堂集》等。

【附】

周亮工　南昌先生四部稿序

惟南昌先生麟騫鳳舉之姿與電掣風驅之致，負質兼優，故其作爲詩文，清文濁質，玉振金聲，不特應德、遵巖、季迪諸公不能限其所至，即弇州、滄溟以下，亦無以測其津涯。其彰彰可見者，當時有湯義仍先生爲之師，而又有潭友夏、吴梅村兩公爲弟子。義仍生平撰著以六朝爲歸，晚年悔其所作，乃知宗趣曾、王。虞山先生所記，正與弇州略同。而先生紹述之，其文章豈一流之美所可得而盡哉！……南昌先生，世所稱李太虚先生也。

（《賴古堂集》卷十四）

周亮工，字元亮，號櫟園。河南祥符人。崇禎庚辰（一六四〇）進士。有《賴古堂集》、《因樹屋書影》等。

李來泰　祭宗伯學士家閬翁叔

公與先子師事玉茗，同卧起者三年。來既早孤，不獲與聞緒論，每登公堂，輒涕泣淫淫不能止。而公敍述師友淵源與疇昔昆弟之誼，亦未嘗不泫然也。

（《蓮龕集》卷十六）

李來泰，字仲章，號石臺。臨川人。學旻子。順治壬辰（一六五二）進士。有《蓮龕集》。

杜果　文昌湯氏宗譜序

余同邑司徒李太虔親受業於玉茗之門，嘗謂予曰：「予向與章、陳、羅、艾同師臨川湯夫子，每晤玉茗堂左个之蘭省堂，嘗詔吾輩：爲學悉從性靈探討，不從紙堆裏作生活；皆從學道精思，不從帖括中求出脱。今時皆知章、羅、陳、艾之文，不知其原出於臨川。」

（《文昌湯氏宗譜》卷首）

杜果，字登聖。江西新建人。順治丁亥（一六四七）進士。序作於康熙丁卯（一六八七）。

劉同升

文昌湯氏宗譜序

臨汝湯氏名震海内，自若士先生作之也。而海内之稱必繫之以臨川。以臨川雖爲文學淵藪，而川嶽之秀實鍾於先生；且先生亦嘗寓言曰：「隽得江山助。」詎無所見而云然？所以生平著作邁越千古。而世之讀其書者，咸曰天授；然則獲助於江山不信然歟？予也不敏，即獲身躋玉茗之堂，而究無能窺其奧。今予之聲稱不後于天下士，何一非先生提命之所致也乎！予向也身側翰苑，上而宰輔，下而高隱，以予素遊先生門下，兼屬半子，知之最悉；故遇有晉接，不遑他及，必首詢乎繼先生而起之人。予數兩行之並掇科第者，若開遠、維岳、孫緒、新德，選舉貢監者，若鳳祖、壽祖、士蘧、大耆、開先諸君子以告。其景仰震驚乎湯氏，恒不在八家後也。噫，海内之推湯氏，與湯氏之震海内，盛矣誠蔑以加矣。則余之受榮施也，又豈有極哉！兹以四舅諱維岳者抵京入覲，因出其重修族譜以囑序余。余按圖而稽，知江南之湯得姓於殷公悦，而伯清公者實開文昌橋頭之族者也。自今之百有餘年，族之蕃滋，名公鉅卿代有其人，不亦宜乎！而獨是湯氏之子姓，必思世構玉茗堂而新之，以與臨汝之川嶽相輝映，則獲助於江山者，不且大有助于江山耶！是爲序。

（《文昌湯氏宗譜》卷首）

譚元春

寄黄貞父先生兼懷湯臨川 湯曾序刻譚子五篇

我昔愛文章，論公與臨川。語似注易理，舉世以爲然。臨川抱遠想，遥題我新篇。曰今之譚子，世遂子其編。以子方易注，如室則籬邊。頗覺籬尚疏，竹槿亦幽妍。若從室中窺，猶恨在風煙。前後生正接，疏密界何縣。不報臨川書，凡寄公西箋。但知注易處，莫擬尚周旋。

（《譚友夏合集》卷十六）

譚元春，字友夏，號鵠灣。湖北竟陵人。天啓丁卯（一六二七）舉人。與鍾惺同爲竟陵派領袖。有《簡遠堂集》、《嶽歸堂集》等。

失名

與東鄉令同年孫養沖

玉茗湯先生，詞壇尊宿。三齊五金，咸出其冶。計年丈自公之暇，造滕定殷，麈尾餘屑，雙魚之腹，正可貯也。拜垂一字，是在蹇修，使弟他時曳裾懷刺，不爲生客，齒牙之惠，過承筐矣。惟年丈念之。

（《尺牘新鈔》卷十二）

卓發之

與湯海若先生

某生十齡而得讀先生經義，至唾震澤毗陵爲腐儒。又五年而讀先生《牡丹亭記》，至與《楞嚴》共函，藏之篋中，與同卧起。嗣後便索《玉茗堂集》讀之，每讀一遍，輒下酒一斗。迄今又十年矣。常欲一命豫章之駕，如趙至之狂走亡命，而索叔夜于洛陽。乃經歷多難，偃蹇名場，羊觸狼跋，蹙蹙靡騁，至今遐想風器，愧彼童子之求侶，何以忽膺齒牙餘論，有「秣陵珠樹」之語耶。遥聞聲而相思，非後學所敢望於先輩也。昨秋蹶足燕市，今復轉徙白門，頗多悲憤之什，令其先不佞而見先生。竊以國朝詩人，王、李諸家，如桃梗土偶，石女木童，略具冠簪面目耳。會稽、公安乃欲日鑿一竅，而濫觴浸淫，如徐孃多情，感人益薄。然則二百餘年風雅大家，不得不推先生。若上自周、秦，下迨漢、唐，其中曠世文人，世所誦述以爲宗祖者，某不敢於此中位置先生；蓋某於此中，每每蹂躪如宿莽。其魂銷心折而不能自禁者，大半淪落不偶，當世唾棄，以爲不祥之物者也。倘以先生爲古人，則以先生而踵古人之後塵，此賤近貴遠之論，與東家之譏正等耳——某乃誦之，先生乃受之耶。蓋自商、周、秦、漢、六朝、唐、宋，無不各標一代之奇，各極一人之致，而必欲爲古之某某，是欲以生王之頭，而易死士之壟也。夫雜劇效元人之顰，猶必爲新聲創調；經義效宋人之顰，猶必爲微辭妙義；不欲襲填詞之舊句，宿儒之陳言，而況登千秋之壇坫，震一代之聾瞽者乎。某竊不自量，欲一洗從來世代升降之陋見，爲文自出手眼，直抒性情，以幽憂之疾，成感憤之言；因危迫之緣，發廣大之願，而舉世無可告語，一求證於先生。夫特達之知，千古所難，而根柢之容，壯士所恥，遂後以此自通。《薊丘》一集，乞芟薙擲還。昔人所云附青雲以施後世，固是名士一障，但物類相感，每如磁石吸針，魚形叩石；則今日訂正拙集者，非先生其誰歸！

（《尺牘新鈔》卷四）

卓發之，字左軍，一字蓮旬。浙江瑞安人。有《漉籬集》。

黎遂球

香雲館集序

萬子茂若從豫章來，以其尊人可權先生所爲詩文若干卷訪余於五羊，謁而言曰：「吾先子於子雖未嘗獲交，然姓名固已相習，聲氣相往來久矣；又皆同以丁卯之試各舉於鄉。余小子知先子之稱道而慕服於子也，乃以無禄即世，不克左右於君子，其邀惠爲先子之不朽者，則有是編在。惟吾子之序而傳之，固吾子之志也。」余稱主臣，再謝不敏，則且拜受卒業，乃爲之慷慨感奮。作而言曰：夫士有讀書而識古今興廢、人物治亂，駕言出遊而恍然於山川阨塞、風俗盛衰，因而與賢豪間者考詳論定，且莫不思出其所擬議者，以爲清平黼黻；乃徒以困滯中夭，使人於遺文托詠。考其爲志，悲夫悲夫！蓋先生曾師事臨川湯先生，當其未晤湯先生時，或以先生所爲文置湯先生坐間，隱先生名，但署「香雲館」三字於下。湯先生見亟驚嘆叫賞，題詩其上，曰：「夢裹吟詩醉無真，秋光湖上月粼粼。無因嚼得青蓮子，爲覓香雲館内人。」於是乃從而通姓字，執經問業於玉茗堂前。才名飈起，人皆比之絳帳鄭玄。而湯先生之所以奇先生，固深有以期先生也。無何秋榜得雋，再上公車，而鄭虔一氈，已爲先生易簀所。則凡知兩先生之所以青藍物色者，能不爲之痛惜！余又聞先生事尊人甚孝，方尊人爲政郡邑時，固嘗奔走省侍；讀書衙署，文牒多所屬草，久已見其經濟之志；至歸老而没，猶爲孺子慕。今觀其所爲痛詞，若有餘哀。嗟夫，世之需才亟矣，而賦有才者，又率患不能爲學；才而學，又或於至性浸失，則名蝕其實，利蒙其恥，固孰有如先生者。使天假之年以成其用，豈可以世俗之所稱功名之士同語乎！頃者顯列巨公，其所爲出湯先生之門者多矣，附青雲而聲施後世，使非斯集之存，則胡以考見先生；而先生固以此不以彼，良可嘆矣。茂若品氣清潔，能爲文章，吾黨之賢，久已推而許之；其所以光先生而傳之，正自無窮。凡夫先生賦詠序記、書啓，與場牘、論表、策對以若雜著，皆一一編存，以志孝思。其爲至性，視先生無愧也。先生詩於臨川不爲有若之似，而安閒自喜，寄托獨存。爲文内述情性，每有玄悟，外陳經術以規世務，期友生，合之以信青蓮子之可嚼。余語茂若勿復删選，庶幾後世之論先生者，從而識其全也。嗟夫，夫必以是而後見先生也乎哉！其謂余之可以序而傳先生也，則誠豈敢。余固不克辭而爲之序。

（《蓮鬚閣文鈔》卷八，《廣東叢書》）

黎遂球，字美周。廣東番禺人。天啓丁卯（一六二七）舉人。有《蓮鬚閣集》。

吴景旭

歷代詩話

卓老

湯義仍《嘆卓老》云："自是精靈愛出家，鉢頭何必向京華。知教笑舞臨刀杖，爛醉諸天雨雜花。"

吴旦生曰：温陵李卓吾，名贄，自稱卓老。以孝廉爲姚安太守，政令清簡。公座或與髠俱。又輒至伽藍判公事。逾年，入鷄足山，閲《藏》不出。御史疏令致仕歸。妻莊夫人，生一女。莊殁後，不復近女色。一日搔髮，自嫌蒸蒸作死人氣，遂去髮，獨存鬚鬢，禿而方巾。所著《藏書》、《焚書》，又著《孫子參同》，成，會當事疏上，指爲妖人，逮詔獄，恚甚，遂以薙髮刀自剄。馬侍御經綸哭之曰："天乎先生，妖人哉！其後一著書老學究，其前一廉二千石也。"乃收葬之通州迎福寺側。王覺斯弔其墓云："李子何方去？寒雲葬此疆。性幽成苦節，才躁及餘殃。鬼雨濛昏眼，蒿山泣夜鶬。愁看哽咽水，老淚入湯湯。"

謫歸

湯義仍《送臧晉叔謫歸湖上》詩："却笑唐生同日貶，一時臧穀竟何云。"

吴旦生曰：晉叔先生爲余之外舅從父行，有晉風，縱情任誕。官南國子博士時，族祖湧瀾公亦爲南駕部郎。兩人每出，必以棋局、蹴球懸之輿後，此義仍所謂「深鐙夜雨宜殘局，淺草春風姿蹴球」也。晉叔又與小史衣紅衣，並馬出鳳臺門，中白蔄。罷官時，唐仁卿以議文廟從祀偕貶，同日出關，故義仍有「唐生臧穀」之句，以爲美談。然義仍所著詞曲「四夢」，晉叔謂是架上書，非場上調，遂加芟潤。義仍憤然作絶句，擬之摩詰雪蕉矣。晉叔居平，每云經史俱經人道過，獨取元人詞曲百種刊校成書，至今藝林珍之。

（《歷代詩話》）

吴景旭，字旦生，號仁山。浙江歸安人。明季諸生。著有《南山自訂詩》、《歷代詩話》。

錢謙益

周府君墓誌銘

君諱祝，字季華。……少而工文爲名士，長而稱詩爲詩老，晚而負經濟，修長者之行，爲鄉先生。……談文師馮開之，談詩友王百穀、湯若士，談經濟交徐孺東、萬和甫、于中甫。

（《初學集》卷五十四）

寧藩王孫謀㙉小傳

謀㙉，貞吉之子。效其父，變姓名爲來鯤，字子魚，出遊三湘吴越間。有集行世，湯若士爲敍。

（《列朝詩集》閏集）

朱多炡，字貞吉。寧獻王之孫。善詩歌，工繪事。變姓名爲來相如，遠覽山水，踪迹徧吴楚之間。以「倦游」名其詩，僧雪浪爲選定。

黄宗羲

周雲淵先生傳

周述學，字繼志，别號雲淵。越之山陰人。好深湛之思，凡經濟之學，必探原極委。尤邃於易曆。古之言曆者，以郭守敬爲最。而守敬所作《曆經》——載於《元史》者，言理而不傳其法；其法之傳於曆官者，有《通軌》、《通經》諸書，則死數也。顧其作法根本，所謂弧矢割圜，曆官棄而不理，亦無傳之外人者。當是時，毘陵唐順之、吴興顧應祥，皆留心曆學，求其書而不可得，述學竭其心思，遂通弧矢之術。從來曆家所步者，二曜交蝕，五星順逆而已。自西域經緯曆入中國，始聞經緯凌犯之説；然其立法度數，與中曆不合，名度亦異。順之慨然欲創緯法，以會通中西，卒官不果。述學乃撰《中經》，用中國之算，測西域之占，以畢順之之志。日行黄道，月行九道，而古來無所謂星道者，述學推究五緯細行，爲星道五圖，於是七曜皆有道可求。與順之論曆，取歷代史志之議，正其訛舛，删其繁蕪，然於西域之理，未能通也。又撰《大統萬年二曆通議》，以補歷代之所未備。自曆以外，圖書、黄極、律吕、山經、水志、分野、算法、太乙、壬遁、演禽、風角、鳥占、兵符、陣法、卦影、禄命、建除、埋術、五運、六氣、海道、針經，莫不各有成書，發前人所未發，凡千餘卷，總名曰《神道大編》。蓋博而能精，上下千餘年，惟述學一人而已。嘉靖間，錦衣陸炳訪士于沈鍊，鍊以述學言，禮聘至京，炳服其英偉，薦之於趙司馬。司馬就訪邊事，述學曰：「今歲主有邊兵，其應在乾艮。艮爲青州、遼東，乾爲宣、大二鎮，京師可無虞也。」已如其言。司馬將具題大用，會總兵仇鸞聞其名，欲致之。述學識鸞必敗，先幾還越。總督胡宗憲征倭，私述學於幕中，諮以秘計，述學亦不憚，出入於狂濤毒矢之間，卒成海上之功。武林兵變，述學論以國運安平，不可妄動，動則奇禍立至。其魁亦信述學之言，多驗；謀遂寢。述學在南北兵間，多所擘畫，其功歸之主者，未嘗引爲己有，故人亦莫得而知也。庚午，余在南中，閩人陳元齡以所著《思問初編》相示，其言太乙六壬，多本於雲淵。斯時亦未知雲淵之爲何如人也。甲戌，余邂逅其諸孫周仲，訪之於木蓮菴。架上堆雲淵《神道大編》數十册，其册皆方廣二尺餘。仲言遺書散失，此不能失之一二也。又見其地理圖，縱八尺，横二丈，畫方以界遠近，每方百里，唐吕温所序未必能過也。余欲盡抄其所有，會仲遊楚不果。丙戌亂後，於故書鋪中，得《中經》、《測圖》、《地理》數種。丙午，見其《曆宗通議》，而後知邢雲路《律曆考》所載，皆述學之説，掩之爲己有也。庚戌九月，坐證人書院，有帥其弟子四五人，升階再拜者，門狀爲周允華，問之則仲之諸子也。問以遺書，所存者惟《算學》耳。余讀嘉靖間諸老先生文集，鮮有及述學者。惟湯顯祖有《與周雲淵長者書》，謂「卦圖乃是渾儀，曆書止是算法；必欲極神明之用，亦須達虚無之氣。」觀其言，要非能知述學者。唐順之與之同學，其與人論曆，皆得之述學，而亦未嘗言其所得之自。豈身任絶學，不欲使人參之耶？天下承平久矣；士人以科名禄位相高，多不説學；述學以布衣遊公卿間，宜其卜祝戲弄爲所輕也。雖然，學如述學，固千年若旦暮，奚藉乎一日之知哉！

（《南雷文定》前集卷十）

黄宗羲，字太沖，號梨洲。浙江餘姚人。萬曆庚戌（一六一〇）生，康熙乙亥（一六九五）卒。有《南雷文定》、《宋元學案》等。

孫汧如

潭菴集序

昔先王父太守公嘗司李撫州矣，性嚴正，寡交友。每有譔著，若士先生見而蹕之。竊疑先王父勤慎，平反出入，具再三求詳，無停晷，何以猶及文士課。王賦阮章，各盡耑美如是，是以疑。久之，乃知有出先中翰公手者。時先中翰年甫二十，跅弛多讀書，陳琳記室已裕爲之。若士先生喜其文，而欲交其人，弗可得，時從尺牘訂縞紵。先中翰亦神往先生，伺棘闈之後，先期告歸，輒趨玉茗堂，投轄月餘，先生盡以文稿授讀，各慰藉甚。然未嘗不嘆先太守閟毖嚴密，未得暢然共數晨夕也。先生仲子季雲遊白下，余得邀世誼訂交，余詩文雖不能如先中翰與若士先生之神契，而往來從從，如風扶轄，無所檢約，則實快於兩先人。甲申以後，余遊匡廬、彭蠡之間，思前代往事如夢，即欲登玉茗堂以唁先生及季雲，而馬嘶人嗥，咫尺如畫。今伯璣選亡友詩，名《詩慰》。季雲集與鋟二集，不朽盛業也。余乃得共讀遺稿，嗚呼！余茲慰矣。豈獨余慰，先中翰年甫二十，其譔著已爲若士先生所賞，今其詩復得與季雲同梓行世，即兩先人當亦共慰於九京。蓋交情難言，從今日思之，馬鞭爲揖，笑言拜謁之間，皆邈若隔世。寥寥故人，尤不忍忘，余故樂序其文字之知，以告同人也。至季雲詩，煒煒有異才，水静霞明，兩綺相炤，則有伯璣評閲在。余不具悉。戊戌夏五月六合孫汧如撰。

（《潭菴集選》卷首，《詩慰》）

孫汧如，字阿匯。江蘇六合人。諸生。有《汲古堂詩集》、《釋冰書》等。其父國敉，字伯觀，原名國光（《明史·藝文志》作孫國莊）。拱辰子。由貢生廷試第一。有《鷄樹館詩文集》等。拱辰，字子極。萬曆己卯舉人。授江西撫州推官。有《賜書堂文集》。

施閏章

金右辰詩序

余既選季房詩，又得金右辰稿，蓋季房之亞也。或曰季房逸秀，右辰雄邁，亦各其長也。觀其所自序，以爲詩尚風神，矜興象，睥睨王、李，且不肯優孟李、杜，卓然有得於風人之遺矣。反覆其詩，則在乎唐宋之間，時有豪氣，殆亦嘐嘐道古，不飾其美、不掩其疵者也。然記問該博，侃侃喜辯論，臨川湯義仍嘗亟推之，謂其於星曆、氣候、兵筴、河渠、方技、百家之言，抵掌奮舌，沛若懸河，蓋不徒以詩見也。而卒以不遇終其身，惜哉！

（《施愚山先生全集》卷六）

金光弼，字右辰。江西永新人。有《金築山房集》，顯祖爲之序。

矩齋雜記

弇州豔義仍之名，先往造門。義仍不與相見，有所評抹弇州集，散置几案。弇州信手繙閲，掩卷而去，無他言。此見《列朝詩集》義仍傳。山史王氏曰：義仍過矣，抑何弇州之宏也。余聞弇州，君子也。太倉人至今稱其德不衰。即使文有不合如義仍者，當因其來而與之懽然相接，以徐致其切磋之誼。義仍處之若此，毋亦失禮甚乎！予謂牧齋欲訾弇州，而適著其美；而其美義仍也，君子以爲猶詆也。

（《矩齋雜記》，《昭代叢書》）

施閏章，字尚白，號愚山。安徽宣城人。順治己丑（一六四九）進士。有《學餘集》。

趙吉士

寄園寄所寄

陳眉公負肥遁重名，湯公若士知其人，素輕之，不與浹洽。太倉王相國喪，湯公往弔，陳代陪賓。湯大聲曰：「吾以爲陳山人當在山之顛、水之涯，名可聞而面不可見者。而今乃在此會耶！」陳慚赧無地。（《懷秋集》）

（《寄園寄所寄》卷十二）

趙吉士，字恒夫，號漸岸。新安人。順治辛卯（一六五一）舉人。有《萬青閣全集》、《寄園寄所寄》等。

裘君宏

西江詩話

張位，字明成。新建人。在翰林應制，詩文不忌規諫。萬曆中拜武英殿大學士。宣城、臨川二湯，其門生也。故遊桃花嶺者有詩云：「當時開閣重文章，點綴風光有二湯。山色至今懷相國，桃花依舊買漁郎。」（《西江詩話》卷八）

裘君宏，字任遠，號香坡。江西新建人。《西江詩話》刊行於康熙四十二年（一七〇三）。

晏斯盛

李清惠公集序

明大冢宰吉水李清惠公著有《銓曹奏略》十六卷，《西臺奏議》二十卷，《河東文告》三卷，《平回始末》二卷，《召對枚卜》一卷，《勤王檄稿》一卷，《傳是堂會語》四卷，《敬修堂詩文集》三十卷，板行於世。公負才好古學。年十五，問業於湯臨川，有國士之許。爲諸生，勵志性命之學，遊周忠介門，稱高弟子。成萬曆癸丑進士。授中書，尋擢御史，歷官至吏部尚書。崇禎癸未以枚卜謫戍去。甲申三月，莊烈帝殉社稷，公族父忠肅殉於燕。公時哭臨曹溪，復哭忠肅，有「人間死所原難得，國事生愁

莫可支」之句。尚欲留致身以有爲。逮福、唐二藩相繼亡,遂不食而卒。(《吉水縣志》卷五十五)

李清惠公指李日宣。日宣,字晦伯。江西吉水人。

晏斯盛,字虞際,號一齋。江西新喻人。康熙辛丑(一七二一)進士。有《禹貢解》、《楚蒙山房集》行世。

曾　燠

江西詩徵

黄戴元,信豐人。注子,與兄承基並以詩文名。入南太學,從湯義仍、曹能始遊;尤與鍾譚多所揚搉。有《醉石稿》。

王時英,字孔丞,號玉巒,東鄉人。天啓元年貢生。與湯若士、帥謙齋相友善。歷知祁縣,調廣寧,有惠政,所在立祠。致仕後,與艾千子研究理學,著有《繡虎軒》、《夢松堂》、《國門》諸集。(以上卷六十二)

楊思本，字因之，號十學，新城人。崇禎中諸生。少有異質，敦志節，肆力於詩古文，邱毛伯、湯若士皆亟賞之。著有《繹道十箋》、《太平三策》、《經國二十書》。黄元公比之子雲《太元》。族孫日升匯刻，名曰《榴館初函集》。（卷六十四）

（《江西詩徵》）

楊希閔《鄉詩摭譚》：「因之公爲吾家十四世支祖，生明萬曆間。鄉先輩如湯義仍、陳大士諸公均嘗接其謦欬，而挹其道味。故所作具有典型。湯集有《贈楊因之》二絶句，備見傾倒。」

曾燠，字庶蕃，一字賓谷。江西南城人。乾隆辛丑（一七八一）進士。著有《西溪漁隱集》，輯有《江西詩徵》等。

臨川縣志

人物志

李東成，號恒齋，東明弟也。五歲能屬文。羅盱江汝芳一見器之。以親老謝去舉業。父殁，值伯子宦遊，悉棄産襄事，昆季後捐産補之，謝不受。有故人子爲盜，東成夜遇之，邀歸贈以衣，感泣吐實後，密廉之，知已改過，數周以錢粟。終身未嘗言其姓名。年八十餘，郡縣請赴賓筵，固辭。湯顯祖爲傳曰：「吾鄉風節如陳儀部，文章如章督學，嶙峋深湛，弗可及已。然皆位致通顯，先生一布衣，積仁積義，可法可傳，遂與兩公鼎立；則爲兩公易，爲先生難也。」

李學旻，字本仁，號如衷。父東成有隱德，湯顯祖爲作《隱君子傳》。本仁從諸父哲東明窮濂洛之學，復遊湯顯祖之門。萬曆己酉雋於鄉。……三試春官，中副榜，就峽江教諭。丁艱歸。服除，補饒陽。……補澄城令，未赴；再改漢川。……本仁湛心理道，持己訓人，必以慎獨躬行爲本；而略見於設施者，盤錯咸宜，張弛合度，良由其治心養氣之功，漸陶家訓有自也。

杜應奎，號西華，與同里饒棟（號東岡），皆步趨先輩，坊表士林。以布衣講學於白鹿、白鷺之間，鄒元標、湯顯祖諸人皆敬禮之。雖居城市，常經年不出。應奎著述甚富，遭亂，遺稿皆燬。棟有《五經註解會語》諸書行世。

羅萬藻，字文止。天啓七年舉人。幼師湯顯祖。囊括百家之言，爲文堅潔深秀，與陳際泰、章世純、艾南英主文柄者四十餘年，海内並稱。至其深思静力，人人自謂莫及也。著本守議數千言，大略言今天下文武乖方，内外殊適，皆切中時弊。見者咋舌。崇禎中行保舉法，祭酒倪元璐以萬藻應詔，辭不就。福王時爲上杭知

縣。唐王立於閩，擢禮部主事。艾南英卒，哭而殯之。居數月，亦卒。有《此觀堂集》。(以上卷四十二)

姜鴻緒，字耀先。早孤，事母以孝。師學博李東明。嘗謂門人曰：「鴻緒淵宏方雅，當署名千秋。舉子業餘事也。」與帥機、湯顯祖結社里中。面質修身爲本之學於羅明德。著作日富。四方徵文者屨滿户外。徵修《萬曆河渠志》，又徵修《三吴水利考》、《長橋志》、《榆關志》、《江西省志》、《安義縣志》。巡撫夏良心疏薦於朝，下禮部以明經出身，辭不受。所纂述有《大學古義》、《中庸抉微》等集，所著有《莫釣蘭言》、《楨霞館石樓洞稿》。學者稱爲鯤溟先生。

徐奮鵬，字自溟。父國墀，嘉靖間明經選。奮鵬年十八，每試冠軍。湯顯祖爲之延譽。……著有《古今道脈》二十卷，《辨俗》十卷，《怡偲集》十卷。(以上卷四十三)

周宗鎬，少以文章意氣自豪。於帝王將相儒者之略無所不窺，談天下阨塞如在几席。初爲諸生，後棄去。神宗中葉，徒步走京師，上書言時務，爲當路所排，因而歸。自號無懷氏，究元同性命之奥。性輕財，與人雖百金弗吝，與一人一錢必償。將死，謂其子曰：「吾無所負於人，止負某氏六斛粟，必反之。」子如命。少與湯顯祖友善，爲立石，表其墓云：「生不負人，死不愧屍。」著《悼亡友賦》以哀之。(卷四十六)

徐模，字子範。篤志嗜學，天性孝友。事繼母尤極承順。撫兄子如己子。著《易經繫解》。湯顯祖、吴撝謙稱其文行。（卷四十七）

（《臨川縣志》）

徐懋卿，字太階。應乾冢子。郡增生。性行端慤，家學淵源。與堂弟懋厚，俱以弱冠錚錚士林。……受業于若士湯公，分相圃半席。樂育後進數十年。凡遊其門者咸有成立。十上棘闈以數奇齎志而殁。

遂昌縣志

職官志

辛志會，晉江會昌人。萬曆舉人。知縣事，醇雅有介操。釐弊剔奸，刑清政舉。會山賊劫掠，修葺城垣，爲民防禦，邑有保障。前任臨川湯公聞之，爲作《土城記》。陞萬州守。（卷六）

人物志

朱九綸，字廷重，號愔士。遂昌奕山人。用化冢子。慕薛文清學，作止奉則。以文章受知丁哲初、湯若士兩公。爲吴伯霖首座，與徐子卿齊名。泰昌庚申，覃恩應薦，讓一老友。乙丑始以歲例訓臨海，苜蓿泊如，仍慷慨慕義。……教授紹興，捐資刻《功過録》，學道劉頒行十郡。喜與人善，若敗類不能以多金免也。生平不解貨殖，餼餔之入悉歸公帑。五十執親喪，哀慕如孺子。折箸聽三弟取腴。甲申國變，率鄉人爲舊君服。夙善古文詞，工八法。晚尤折節，丹鉛不倦。著《懶雲窩》等集。

包熺，字子昭。少遊郡庠，博通經史。嘗從龍溪先生私淑良知之學，發明朱、陸同異之旨。生平好施濟，歲疫癘盛行，艱得藥物，往衢貿賑之。又遇窶人鬻妻償債，將別號慟。因出囊金以銷券，妻得不鬻。晚年置家塾田産，延師以訓宗族。採周、程、張、朱要語梓行於世。知縣湯臨川重之，爲序。

周士廉，字介夫，號玉壺。少餼郡庠。雅負俠骨。髫年與友徐懋厚俱受知湯若士。

時可諫，字君可。遂昌東隅人。生而穎雋不凡。長益沉心食古。弱冠餼郡庠，邑令湯若士重之。由歲貢訓進賢，諭安福，授紹興。三任師席，德造譽髦。咸立碑誦德。投老林泉，應賓筵，足迹不入公庭。年七十二而終。

徐一静，號霽宇。遂昌東隅人。郡增生。敦行孝友，博學不售，義方式穀，教子應芳、應美，俱一時才俊，爲邑侯湯公所深器。

葉澳，字爾瞻。髫齔時即負大志，縣令黄道瞻一見異之。負笈從明師遊，尤受知於臨川湯公。萬曆甲午領鄉薦，因抱痾不獲顯於世，人咸惜焉。所著有《四書註翼》、《易通》、《淇筠志感》並詩集行於世。

包志伊，字惟任。孝讓正直，睦族恤鄰。髫年游泮，倜儻負大志。自舉業外，經史諸子過目成誦。作詩歌古文詞，娓娓數千言。爲邑侯湯公玉茗所器重。

葉梧，字于陽。幼穎悟好學，博涉今古。舞象即餼于庠，與兄澳、弟榦，俱爲湯令若士所鑒拔，俾負笈黄貞父、岳石鍾兩先生門下。中辛卯副車，志愈矯厲。家故饒，不問家人産。數奇不售。晚年食貧，恬不介意，惟怡怡以承母歡。

（《遂昌縣志》）

【附】

陳函輝　庭訓格言序

玉几先生，儒之高蹈也。……應童子試時，湯若士先生令遂昌，拔冠軍。且語曰：「子名當不在吾下。」顧天下才亦有所砥成。武林吴伯霖，今之文章，古之道德也。爲具脡脯，聆臯比，遂爲伯霖首座。往論海内名宿，若士才博望峻，好誘後學，然氣殊嚴，故不肯輕許與。伯霖温栗如玉，坦懷若谷，而胸有古人不可見之概。四方人士以爲兩先生得當之難也，而不以難先生，先生其可知矣。（卷十）

葉澳　登黄塘廟横樓

碧水蓮香霧雨飄，黄塘廟裏篆烟消。晚風乍入南園竹，□作城間百玉簫。（卷十一）

（乾隆《遂昌縣志》）

據《遂昌縣志・藝文志》，《庭訓格言》爲朱九綸所著。葉澳詩係與顯祖唱和之作。顯祖原詩見《玉茗堂詩》卷十四。

南昌縣志

人物志

胡欽華，字實美。南昌人。萬曆間貢。從父汝焕讀書匡山，湯顯祖爲作《匡山館賦》，甚器重之。汝焕集燬于兵，欽華手録其稿，亦能世其學，有名于時。

（《南昌縣志》卷二十）

廣昌縣志

人物志

黄中濬，字元常，號雲門。性孝友……受業湯義仍、曹能始兩先生。……著有《文堂詩集》。

（《廣昌縣志》卷五）

新建縣志

藝文志

喻應益，字叔虞，新建人。工詩。湯顯祖《玉茗堂集》有與喻叔虞論詩尺牘。

（《新建縣志》卷九十四）

東鄉縣志

徐良傅傳

徐良傅，字子弼，號少初。武昌訓導紀子。世治《尚書》有名。年十二，爲郡諸生。舉嘉靖十七年進士，授武進令。至則閉户卧月餘，檢縣中諸圖記、官文書讀之，盡知其縣山川、錢穀、户口虚實，與其決事比如律。故誤失者明日上堂，召吏口占，摘決數十事，一郡人皆驚。乃諭民無訟，訟中止者，聽贖一錢以上佐公，家有所没，没吾身也。於是縣人勸慰無訟，訟亦不竟。時縣中役惟主庫者詘，常以供張什物傾其資；亦常役高資者。而富人吴十萬，於良傅任時役二年，裁費百十餘。後良傅憂歸，吴懷千金謝。僅受所遺名畫四而去。服闋，留給事中吏曹半年。凡一再疏言賢材人士之廢黜者，宜及壯盛時收用之，俾其克效於世人。士亦無必復其所廢秩之心。吏部簡其材而更用之，亦無不可。不報。時上方事元然，數憂邊事。某年冬，虜入榆林，總鎮張珩報斬虜首七十餘級。上嗛之，珩營入内，以户部尚書領理西苑農事，而以張經代之。良傅疏曰：「如此則翁萬達在雲中，曾銑在雁門，皆當緣而内徙。珩年力尚壯，秋冬當駐花馬池。其外河曲虜也，虜方大舉，珩不可行。」疏上，吏部覆如議。留珩鎮西會。某年秋，雷雹大雨雹，上以御史言，收前選郎高簡詔獄，而良傅乃始與其長楊上林論簡罪，詔與御史楊爵等同繫獄。會天雨，獄大水。良傅立水中七晝夜，不移踵。已乃謫戍簡，痛杖於庭。良傅與上林得爲民。或曰，大學士言毁之也。良傅家居二十餘年，喜讀書，常晨起自掃其閣中，諷誦不絶。無宴飲絲竹之好。其爲文，效班固、韓愈，大吏以下多徵用，其文益以貴。而中丞胡松猶敬信之。歲辛酉，程鄉漳泉賊竄擾宜崇境，遂欲窺郡城。松用良傅計，募鄉兵邀擊賊，賊遂敗走。松乃極言良傅知兵可用。狀侍御史淮南凌儒薦名士六人（按六人爲吴望湖、羅念菴、陸平泉、劉三峯、吴疏山及徐，皆當時賢者），良傅其一也。而上性雄猜，終不喜言所廢人，杖凌儒幾死。其後徐相階稍居間，進反嵩所黜者一二人，而良傅病不可起矣。良傅居郡中無所營，獨歲聚生徒百十人，臨經講質疑難，稍以自資。諸生中亦多貴顯。卒後門生湯顯祖爲之傳。湯固

世受《尚書》於良傅者。（同治《東鄉縣志·人物志》）

金谿縣志

人物志

黄穎恩，字冏叔，金谿北市人。父章慶，有俊才，能詩，喜交遊。嘗從遊王世貞兄弟之門。舉鄉試而死。穎恩敏慧好學，盡取父書讀之，含英吐華，發爲詩歌，逌如也。先是萬曆中，王、李之學盛行，襞積餖飣，剽竊成風，辭而闢之者，前惟歸有光，後惟湯顯祖；最後袁宏道出，而雲霧盡掃。穎恩枕藉宏道，往往得其用意深處。以通家子侍顯祖於玉茗堂，耳目濡染，學有師承。詩諸體皆備，而意匠獨到，尤在五言。浮沉里中，竟無知者。嘗遊麻城，麻城人誦其詩，乃大驚。梅長公、李孟白、瞿慕川皆折輩行與之交，名遂大噪。倦遊歸。後三十年，邑人孔大德得其遺書讀而好之，自是談詩者益推穎恩焉。

劉鳴雝，初名鳳起，字月生，宣化子也。金谿人。少失怙。穎敏好學。長游湯顯祖門，有空羣之目。……於書無所不窺，制藝豐於才而嚴於法，詩古文亦能世其家，然竟困諸生以老。年五十七卒。著有《提扶館》、《瓊樹館》、《秋駕》、《西閣》、《易解》諸篇。

（《金谿縣志》卷二十四）

吉水縣志

人物志

李生春，字元夫，吉水谷村人。東皋子也。髫年能讀父書，澹意精心，以聖賢爲必可學。爲弟子員，聲籍甚。……應貢，念陪生之齒長也，讓焉。仕爲撫州司訓，遷上高教諭，以明道作人爲任。捐俸入以佐講讀。兩校至今俎豆之。歸老桐江，數椽不避風雨。日手一編，閉門静坐。非考德問業，罕得見。鄉族子弟睚眦不相下，則曰：「何以對元夫！」鄒元標、湯顯祖皆嚴事之，殁爲銘其墓。（卷三十六）

黄希周，字沖甫，號管岑，吉水楝廈人。師湯顯祖。制義精絶，屢試冠軍。鄒元標以書與顯祖云：「黄生心潛氣恬，大可入道。」顯祖答云：「黄生道眼甚徹，原不煩知解講論得也。」壯而肆力於古文詞。丰韻飄然，談吐多詼諧。然肝腸如雪，然諾不爽。士林每樂就之。……年四十九卒。受知於黄汝亨、張京元。著述甚富。

周廷旦，字季清。鰲子。弱冠有文名。鄒元標、湯顯祖雅重之。（以上卷三十七）

（《吉水縣志》）

南城縣志

人物志

邱時行，字麐喻，南城人。舉人。江華縣教諭。微言澹旨，引人入勝。湯臨川嘗以「清新庾開府，俊逸鮑參軍」許之。

（《南城縣志》卷八）

進賢縣志

人物志

饒崙，字北宗，進賢人。萬曆癸未進士。歷推官御史，博學奇文，學者推重。與臨川湯顯祖、西昌張壽朋一時齊名。惜天不假年，未竟大用。（卷十七）

陳維謙，字仲賢，進賢人。以才行見知於臨川湯海若先生，自是聲稱藉甚。好奇賞異，落落自喜。萬曆丙午領鄉薦。任刑部主事，以議鄭鄤獄，不肯予重。比忤烏程，謫南陵司理，又請罷巡方各縣漿洗例銀，忤直指，遂去官歸。崇禎丙戌、丁亥歲大饑，朝夕不給，求食於諸兄弟，日具粥二碗，卒之日無以殮。聞者傷之。兄維中，字伯常，亦知名。（卷十八）

（《進賢縣志》）

東莞縣志

人物志

祁衍曾，字羨仲，東莞人。順曾孫。性通脱不羈。年二十三始折節讀書。嘗欲縱觀四方名山水，任意所之。遊武夷、白鹿，困于南昌，作乞食文，臨川湯顯祖見而奇之，萬曆四年舉于鄉。屢蹶春官，而好遊益甚。最善葉春及，嘗于羅浮構遲葉菴以待之。母喪，痛哭發病卒。有《緑水園稿》。（《東莞縣志》）

嘉興縣志

人物志

許應培，字伯厚。嘉興人。kind子。精舉子業。淹貫經史百家。兼擅古文詞，遊臨川湯顯祖之門，湯器重之，遣其子大耆仲宿來就學。名流望廬造詣無虚日。庚子

北闈擬元，兩中副車。未嘗以竿牘謁當事，賫志殁。（《嘉興縣志》卷七）

海鹽縣志

人物志

支任，字于壬，原名翹如，海鹽人。爲諸生負俊聲。聞黄汝亨講學西湖，負笈從之。遇臨川湯顯祖，奇之，名益起。……作《四子翼傳》未竟，卒。（《海鹽縣志》卷十七）

青田縣志

人物志

王一中，字石門，青田人。丱角能文，爲湯若士所器重。萬曆丁未進士第四人。歷宰三邑，皆以清廉著……所著有《瑞芝堂集》、《經書疏解》、《東巡疏草》、《禄勳疏

草》、《柱下焚餘》諸書。（《青田縣志》卷十）

鄞縣志

人物志

葛仁美，字龐里，一字無懷，晚字海門。文炳從弟。萬曆廿八年舉人。……四十一年授撫州府同知。……一日放衙，湯若士遣人持小影亟索贊。仁美曰：「是欲窘我也。」即信筆題之。湯爲心折。（《鄞縣志》卷三十八）

麗水縣志

人物志

王葑，字德敷，麗水人。嘉靖己未進士。觀政刑部。接丁内外艱。廬墓側者五年，跬步不入私室，竟以毁卒。時臨川湯顯祖令遂昌，爲哀辭云：「謂天道有知，王孝子無禄；謂天道無知，王孝子有鹿。」以墓廬曾有馴鹿之異也。

（《麗水縣志》卷十一）

仁和縣志

人物志

沈楠，字汝材，仁和人。隆慶二年進士。授南昌府推官。……好奬掖士類，有知人鑒。南昌季試，所拔士如湯顯祖、萬國欽，皆以文名天下。年僅四十有二。

（《仁和縣志》卷十六）

松陽縣志

人物志

周大夏，號雲亭，松陽人。篤雅廉介。由明經爲長洲丞，雖居佐貳，力以四知自矢；秩滿歸，囊中惟書畫文具。湯臨川知遂昌，雅重其品，過松必造廬欵語焉。

（《松陽縣志》卷九）

金壇縣志

人物志

史𢜩文，字崇質，金壇人。萬曆己卯舉於鄉。官廣東興寧知縣，修學宫，建尊經閣。臨川湯顯祖爲之銘曰：「行嚴而貞，吏理以平，民有弗若，矜哀之不忍以刑。」陞南雄府推官，績益著。

（《金壇縣志》卷九）

儀徵縣志

人物志

李柷，字季宣，儀徵人。癸酉領鄉薦。蕭以占、馮開之兩太史嘗敍其文行世。

又工詩，瑯琊、下雉、新安皆唱和，爲忘年友。頻年登臨山水，幾遍天下，而題咏最富。郡守楊循、司李徐鑾聘修郡志。李本寧勸試百里，始謁選筮。領山東濟陽令。治邑清錢穀，懲猾胥，建巽閣；贖李于鱗之樓，歸楊學士之墓。政事鞅掌，而文事仍應接不暇。上司方以是奇之，忽爲蜚語所中，計典止量調。梲竟飄然而歸。高卧田間，黄中丞以詩勸駕曰：「莫倚文章能致身，攻文今時亦誤人；莫倚儒雅能飾吏，儒雅反爲俗吏忌。」梲亦作詩答之曰：「飲不必濟上水，揚子江心堪洗耳；食不必汶陽田，銅山千頃禾如烟。」其恬淡高尚又如此。著有《青蓮館》、《攝山草》、《塞上》、《擬古》諸集。李本寧謂賦即歷下、下雉缺如，而梲兼之。屠緯真謂廣陵詩才，梲猶過宗子相。湯若士作《青蓮閣記》，謂是青蓮後身。

（《儀徵縣志》卷三十六）

銅陵縣志

人物志

佘翹，字聿雲，號燕南。安徽銅陵人。父敬中，官至廣東按察史。生翹甫四歲，授書即能成誦。稍長，一目數行。遂悉究經史。著爲詩古文，皆有根柢。臨川湯顯祖見而奇之，呼爲小友。萬曆間舉應天鄉試。屢上春官不第。及治一舫，號浮齋，乘之遍訪名勝。歸則鋤半畦，號學圃，著書其内。未幾卒，士林惜之。所著有《翠微集》、《偶記》、《白下遊草》、《浮齋集》諸書。

（《銅陵縣志》卷十）

陳　田

明詩紀事

王一鳴傳

王一鳴，字子聲，黄岡人。萬曆丙戌進士。除太湖知縣，改臨漳。有《朱陵洞稿》。田按：子聲，稚欽從孫。湯義仍贈詩云：「爲憶先朝王夢澤，烏衣殊不羨江東。」子聲負才不得志卒。義仍有《先寒食一日同張了心哭王太湖》詩云：「張衡愁處起離情，不見黄州王子聲。絮酒隻鷄千載事，楚天明日是清明。」

（《明詩紀事》庚籤卷十五）

陳田，別號黔靈山樵。貴州貴陽人。《明詩紀事》編成於光緒己亥（一八九九）。

第五编　詩文述評

目録

徐　渭

與湯義仍書

渭於客所讀《問棘堂集》，自謂平生所未嘗見，便作詩一首以道此懷，藏此久矣。頃值客有道出尊鄉者，遂托以塵；兼呈鄙刻二種，用替傾蓋之譚。《問棘》之外，別搆必多，遇便倘能寄教耶？湘管四枝將需灑藻。（《問棘郵草》卷首）

讀問棘堂集擬寄湯君

蘭苕翡翠逐時鳴，誰解鈞天響洞庭？鼓瑟定應遭客罵，執鞭今始慰生平。即收《呂覽》千金市，直換咸陽許座城。無限龍門蠶室淚，難偕書札報任卿。（《徐文長集》）

問棘郵草總評

真奇才也，生平不多見。

五言詩大約三謝二陸作也。

其用典故多不知，却自覺其奇。古妙而又渾融。又音調暢足。

（《問棘郵草》卷首）

問棘郵草諸作評語

廣意賦　調逼騷，然却似象胥，不漢語而數夷語，是好高之心勝也。亦豈堆垛剪插者之所能望其門屏者哉！使在今日夏衣葛而冬衣裘者，必冬披獸皮而夏衣木葉，其可乎？故聖貴時。

感士不遇賦　有古字無今字、有古語無今語時，却是如此。使湯君自註，如事類賦，將不得不以今字易却古字，以今語易却古語矣。此似湯君自爲四夷語，又自爲譯字生也。今譯字生在四夷館中何貴哉！亦庸人習之，亦能優爲之耳。道貴從樸尚素，故曰：「君子中庸」，上古聖人非故奇也，亦不過道上古之常也。不過以古字易今字，以奇譎語易今語。如諭道理，却不過衹有些子。

煌煌京洛篇　「春光駘蕩裏，人媚合歡中」，「春光」之「光」作活字，對「媚」字。

名都篇　「馱鈴皆作炭」，送媒人也。「作」，工作也，奇甚。「作」字用妙。以詩代書奉寄舉主張龍峯令弟嵏都水「策勳應早晚」，自是好。「依然迷太行」，人所不道。「田曝爰君王」，易「芹」爲「田」，化腐也。自「田曝」以下，却稍近時，且犯敷衍，取足數而已。在子固責備如此，於八百里驊騮中，尤當讓子先馳。「還爲水部郎」，郎韻多矣。

別友人歸建安　六朝之整者。「南望倚逍遥」，用《四愁》句。

春遊即事　初唐。

哭友人亭州周二弘祁八首　「竟絶蘭林路」，常話；此君常語亦不常。「詎意連珠淚」，常話。第七、八首，脱塵。「一指换存亡」，天地一指也。如此用奇。「老天無黑白」，人不用。第七首末句，宋玉《笛賦》。

出塞曲　六朝。

從軍行送邊將　通篇都佳，愈看愈妙。

古意　初唐。還祇是六朝之佳者。

奉懷大司成余公　「虚薄南都去」，雅樸。「雲霄表聖胎」，賀聖誕耶？奇語。

送南海梁二歸從豫章過鄂潭尋道　初唐。

愁春對李大　「寒梅過隴絶」，亦常，却化腐。「璧影搔頭舞」，妙句。

春怨　六朝。起二句絶佳。
長別離　「君比君遷樹」，「君遷樹」何謂？「由來妾薄命」，妙。
寄外　六朝。
送遠　新鮮。
西山雪道訪得無名子　稍常。
瑶臺　自負自比。
黄姑　妙。無一字不妙。獨「騅」字非宜。
金鏡　六朝。依稀晉魏，非宋齊下也。
留别李季宣一首　李賀。
下關江雨四首寄太平龍郡丞　其二，李賀。
寄太平劉明府達可　晉曲也。《蕉鹿》，亦沿誤。
馬當驟暑晚步田家　晉也，謝陸也。
發小孤風利一夕至官塘　亦晉。「碎」字太巧。「罏飄煙霧香」，亦纖弱。
江岸　格下矣。
龍頭阻風晚霽待月有酌　似晉，亦似齊梁。
遲江泊飲楊店草閣　齊梁。
示饒崙二首　「炎實待枇杷」，妙。

寄顧吏部　三謝。

寄司明府 并序　「持籌借孟軻」，《七發》語。

寄林南陵　三謝。

送江別駕公之任雲南公性樸清取家底錢作廨甚占奇勝落成而去　「雁連光禄塞，風斷女郎砧」，妙句，但未諳。

寄南京陳侍御東莞二首　第二首，妙。無一字不妙。「安知采色渝，但覺青陽迅」，妙。

寄南京都察阮君并憶陳侍御　自妙。無一字不妙。

寄南昌萬和甫　「金壇子孤往」，「金壇」諱金陵，杜撰。

送新建丁右武理閩中　妙絶。是六朝而無六朝之套，自出新奇，多異少同。

賦海寄饒海鹽 并序　二陸三謝何足言！「徒令飱沆瀣」，「沆瀣」是夜氣，不當用於朝陽。「清淺閱紅埃」，王方平但見黃塵，而此云紅埃，自新奇。

除夕寄姜孟潁户部　自妙。冲率近自然。

寄户部周元孚三首　「誰謂一帶水」，起四(?)更佳。「顧兔復何利」，奇；屈平《天問》語。

正月晦青雲亭晚望　妙甚。

與徐三秀才石梁觀水　妙。

老將行　妙絶今古，摩詰敢望後塵耶！木葉城在今遼東。沈佺期《古意》用之。而人不知，以爲訛，多改爲下葉。此何異上路俳優恣改《琵琶記》、《北西廂》、《拜月亭》耶！固可笑，亦可恨。

戲答宣城梅禹金四絶　第一首，妙絶。第二首，稍常，亦是妙句。末首，此有子之妓也。

別沈君典　無句不妙，無字不妙。「金徒」，或是謂金吾之卒也。何不徑用金吾？「重憐」韻，古人亦自有此。

鬱金謡　妙不可言。此賀郎錦囊中之絶佳者。

詠馬蹄夾贈朝使　妙甚。詩絶佳。但典故與現事並可疑。金鷄，雲南山也。雲南馬蹄，多着鐵護之，名鐵草鞋。以嶺路險峻嶢确，易壞蹄也。鐵鞁壞則更換一雙，馬慣習矣，悦之不苦也。此云馬蹄夾，要即是鐵鞁歟。未到金鷄，當是朝歸之使，不當云「儻過濯龍門」也。豈將歸而未發，尚暫留京師者耶？又涇流洛渚非北京水，豈別有典故屬馬者耶？慎子曰：河之下龍門，流駛如竹箭，駟馬弗能及。「天畔」對「溪中」更稱，却不如「半」字鮮矯，「畔」入常。高厓急澗之處，一嘶其間，此景可畫。

金鷄城前望白水有懷　頸聯二物俱自應。上聯「初服晚」、「寸心違」，結亦自照應。五句，妙。六句，六朝絶唱。七句，更妙。

哭女元祥元英　描畫甚真，愈咀愈旨。

答客　「太行西北斷黄河」，豈用李長吉「捲起黄河向身瀉」之句耶？言錢也。

江郊　「玄廬動覺焦螟響」，静之極也。

白水　「客子行舟隨地轉」，妙甚。「破鏡」訛用古樂府，乃從前解者訛也。自妙。「無數河魚春水肥」，妙句。

舊宅　「十年抄纂自巾箱」，妙句。

南禪寺尋饒崙不見　起二句妙。

招楊生以善　古雅之甚。

正覺寺示弟儒祖　「蒼頭」句豈俗思所能到耶？一結自不凡。

再别崙　「傍行仁義將誰施」，一解云，「傍」，猶言儂也。此方言。

寄前太守胡公 并序　杜密事可用，姜岐不可用。臨川太守何至相迫如此，乃嫁其母耶！「陂復」，用兩黄鵠事，甚妙。

七夕文昌橋上口占　無一字不妙。古雅而天然，又情景可笑。次句「嬌」字妙絶。

閏中秋　二、四、七句，妙。

寄前觀察許公 并序　首句差亞。「最好」句，「開襟濯涼水」，用謝朓《游沈道士館》詩語，五字皆勦用之。

落日城南信步接雲　第三句，「真花」何謂？

二月十九日恭聞大昏禮成長秋道始普天之下莫不欣躍舞抃歌謡　初唐之上，六朝之間，而聲調似兼兩代。

晚霽友可俱謝孝廉來友可才氣縱横孝廉謹重余並喜之　二謝。

豐城徐德俊從峴臺城上出東門石梁迤逗秋水枉過草堂好友周子成正在爲酌人定乃去重來索詩即用德俊便面韻答之二首　第一首，如此落韻，雅而拙，不難而難。第二首，結句則惜徐德俊無人知之之意也。正承第五、六句。

答龍君揚 并序　妙思，間亦流入李賀。

（《問棘郵草》）

漁樂圖

都不記創于誰。近見湯君顯祖，慕而學之

一都寧止一人游，一治能容百網求。若使一夫專一治，煩惱翻多樂翻少。誰能寫此百漁船，落葉行杯去渺然。魚蝦得失各有分，簑笠陰晴付在天。有時移隊桃花岸，有日移家荻芽畔。江心射鱉一丸飛，葦稍縛蟹雙螯亂，誰將藿葉一筐提，誰把楊條一綫垂，鳴榔趁獺無人見，逐岸追花失記歸。新豐新館開新酒，新缽新薑搗新韭。新歸新雁斷新聲，新買新船繫新柳。新鱸持去换新錢，新米持歸新竹然。新楓昨夜鑽新火，新笛新聲新莫煙。新火新煙新月流，新歌新月破新愁。新皮魚鼓悲前化，新草王孫唱舊遊。舊人若使長能舊，新人何處相容受。秦王連弩射魚時，任公大餌刳牛候。公子秦王亦可憐，秖今眠却幾千年。魚燈銀海乾應盡，東海腥魚臘盡乾。君不見近日倉庚少人食，一魚一治容不得。白首渾如不相識，反眼輒起相彈射。蛾眉入宮驥在櫪，濃愁失選未必失。自可樂兮自不懌，覽兹圖兮三太息。噫嗟嗟，樂哉愧殺青箬笠。

（《列朝詩集》丁集十二）

徐渭，字文清，改字文長。號天池、青藤。浙江山陰人。正德辛巳（一五二一）生，萬曆癸巳（一五九三）卒。有《徐文長集》、《南詞敍録》及戲劇《四聲猿》等。

汪道昆

復周叅六

豫章，文獻之藪。廬陵、臨川、南豐，三傑並起，皆大方家。後死者或以其指出先王，而其辭則不古昔，率爲秦、漢左袒，不登宋於齊盟。近則義仍、孟弢，以博洽奇詭特著。聞之舊史氏，今兹應制，卒遺夜光。僕未見其人，聞其語矣。

（《太函集》卷一百零五）

汪道昆，字伯玉，號南溟。安徽歙縣人。嘉靖丁未（一五四七）進士。有《太函集》等。

帥機

湯義玉茗堂集序

蓋聞夜光結緑，非胠篋之恒珍，丹鳳翠黄，豈豢畜之凡物。况乎文也者，所以發揮垠堮，彌綸兩儀，杼性之梭織，鳴情之律吕；自非苦心極力，博觀約收，焉能樹幟於詞場，揚葩於秇苑也？國朝用經術宋學取士，經學既售，間有浮慕古强爲詞賦者，業已溺所聞，不相爲用矣。於是乃好持議論，務蹈襲。其憚難趨易者，既因循韓、宋；貴耳賤目者，則模剽漢、魏；甚淡而無味，似而賊真。蓋自六朝四傑而後，詞人百六矣。予竊鄙之，苦無當於心者。獨予同邑友人湯義，束髮嗜古好奇，探玄史之奥賾，淬宇宙之清剛，弱思不入於心胸，露語不形於楮穎，詞賦既成，名滿天下，乃始登一第。登第以後，翳迹仕途，播遷海濱，益沈精務内，一官一集。其所爲《羅浮山》、《青雪樓》賦，編星濯錦，當令《天台》汗顔。其他古近諸詩，聚寶鎔金，可使少陵焚硯。蓋瞥視之，則字句挾風霜，若從天降；潛玩之，則精光射霄漢，皆由内溢。譬諸瑶池之宴，無腥腐之混品，珠履之門，靡布褐之蕪雜，誠余目中所希覯，明興以來所僅見者矣。世俗之人讀其書，而未解求其故而不可得，則或訾湯生爲刻削，疑湯生爲杜撰。不知湯生於世俗之書，非未嘗讀之也；彼固已熟而厭之，有所不屑也。

蓋博故能精，淵故恣挹，於塵無不有，乃能吐陳宿而爲鮮新；於物無不備，乃能汰混濁而透清泠。海上人不信有木大如魚，胡人不信蟲能吐絲成錦，無惑乎其訾且疑也。不佞嘐嘐少可，礌礌躭奇，然每讀君集，常覺學有不足。方諸古人，可謂内無遺思。嗟夫！末學牛毛，淺術鼃測。燕石之賤，輒擬和璞隋珠；覆瓿之物，自謂鏤金刻版。如湯義，集最多，而所選極精嚴，可謂六朝之學術，四傑之儔亞，卓然一代之不朽者矣。湯生與余唱和賞音，爲生平莫逆交，故因其請而序之焉。

（《玉茗堂集選》）

屠　隆

湯義仍玉茗堂集序

詩，大難言矣。思通淹緯者，多乏天才；才氣俊邁者，或疏冥討。氣韻高勝，懼少體裁；法律森嚴，時減風致。雄渾悲壯，求之流利則窮；清蒨蕭疏，責以沉着多窘。率意師心，托之自然，迺如噉蔗，都無回味；腐毫斷髭，命曰精思，恒苦棘澀，不中宫商。平澹和雅，類有道之言，或太嘽緩而無度；急節哀響，有快士之烈，或傷淒切而不和。豪宕激人，或驟驚四筵，無當獨賞；幽洽自嘉，或止宜野唱，不勰雅音。

夫詩烏有兼長哉！曹、劉、顔、謝、沈、宋、李、杜八子者，皆不能兩相爲也。夫詩烏有兼長哉！庶其兼之，今天壤之間，迺有義仍。義仍意始不可一世，歷下、琅琊而下，多所睥睨。余頗不謂然。迺近者義仍《玉茗堂集》出，余一見心折。世果無若人，無若詩。多所睥睨，非過也。義仍才高學博，氣猛思沈，材無所不搜，法無所不比。遠播於寥廓，精入於毫芒。極才情之滔蕩，而稟於鴻裁；收古今之精英，而鎔以獨至。其格有似凡而實奇，調有甚新而不詭，語有老蒼而不乏於姿，態有纖穠而不傷其骨。爲漢魏則漢魏，爲騷選則騷選，爲六朝則六朝，爲三唐則三唐。天綱頓物，大冶鎔金，左右縱横，無不如意。當其揮霍，如法和按劍，僧辯濟師，川岳共命，風雲從指；當其秀爽，如仙人神鼎，帝女天漿，入口泠然，凡骨立蜕。義仍足於此道，大矣化矣，詎惟獨步？方今且將陵轢往古，此其時寧復有當義仍者耶？余詩才氣骨力，遠不逮義仍，一讀近草，若鄒忌見徐君，自嘆以爲弗如；尹氏見邢夫人，低首掩面而泣也，世寧復有當義仍者耶？義仍氣節孤峻，由祠部郎抗疏，謫南海尉，間關炎徼，涉瘴江，觸蠻霧，訪子瞻遺迹惠州，尋葛仙翁丹砂朱明洞館，洒焉自適，忘其謫居。久之，轉平昌邑令。邑在萬山中，人境僻絶，土風淳美，君樂而安之，爲治簡易，大得民和。惟日進邑中青衿孝秀，程秇譚道，下上千古。假以練養神明，湛寂靈府，令德日新；而詩道亦且日進，登峯詣極。是天之所以陶冶義仍斯完矣。義仍不可一世，而胸中猶似着么膺屠生。每謂諸生言：「吾此編非長卿莫可序我。」嗟夫，豈謂長卿真足序義仍哉！世無大如來，則向辟支獨覺參印義諦耳。余以小乘爲大乘説法，即令天雨

花，石點頭，何能覷如來一毛孔！（《玉茗堂集選》）

謝廷諒

姜耀先詩序

郡中能詩者多矣，往往以道術鳴。即徐給諫之簡情撰。致力追古人，竟以教授生徒分其業。惟審嗜古，非鮑、謝無師，朝夕與俱揚扢，睥睨一時；然聲名不出子拂上，蓋惟審師子拂矣。義仍亦然崛起。耀先不由師授，余睹其淵源所自，可異焉。（《薄游草》卷十六）

李惟楨

雪鴻堂詩集序

古者太史陳詩，以觀民風，世道汙隆，從可考鏡。我國家不以詩取士，而成、宏以來，稱詩者與李唐初盛時相等埒。盛極而衰。萬曆末年，二三好事嗜晚唐、宋、元俚語，謂臭腐有神奇。淺衷弱植之徒，喜其易就，靡然從之，萎槁不振，踳駁無倫，《洪範》五行：言之不從，則有詩妖，有口舌之病，其謂是耶？方内果脊脊多事矣。文章關乎氣運，氣運密移，莫知其所以然。余讀謝君采詩，而幸詩道陵遲之日，得此治世遺音也。……余所知東南大家郭相奎、湯義仍、王百穀、何無咎及君采之鄉楊、王、邱諸君子，力振雅道，推詡特至，洵非溢美。

（《黔詩紀略》卷十四）

吕允昌

李惟楨，字本寧，號翼軒。湖北京山人。隆慶戊辰（一五六八）進士。有《大泌山房集》。

答論詩文書

汪司馬惓惓勸甥勿看類書，勿看僻書，勿務博洽而少精詣，勿精詞采而忘神髓；文且學質古，學艱深，而勿愉快于疏暢，此其訣也。又云：文不可以無主將。

六經者，主將也；莊、騷、左、馬皆偏將，而聽主將所使者也。又云：少年時常極力於《選》矣，既而稍稍薄之，乃始精心於左、馬，既而稍稍離之，乃始畢志於經。蓋自晚年以經爲業，而所謂主將者，微得之矣。謝廷諒、湯顯祖爲《選》所奴，以天下之美爲盡在《選》，此河伯之見也。

（《月峯先生集》卷九）

呂允昌，字麟趾，一字玉繩。浙江餘姚人。萬曆癸未（一五八三）進士。此文附孫鑛《月峯先生集·與玉繩甥論詩文書》後。汪司馬指汪道昆。

虞淳熙

與劉石閭中丞

遠承台命，旋補綴已梓者，而續以未梓者先呈。若羣瞽册所呈之技，敬候斤削，付刀筆，則有民之百首，家弟淳貞之二百首，而釁僧百首，錢知州八首，度繼聲尚纍纍也。貞即杭嚴王使君所謂貞道人者，初不識字，得旨後，賦落花詩，一日而成三百首，見湯若士序中。

與王弘臺憲副

貞弟始目不識丁，傾耳聽唱小説，而不廢參話。戊子正月十二日，聞貓聲，拍案大叫，禪顛至端陽纔止。此後詞壇墨林並推牛耳。湯海若、朱太復序其詩，袁中郎遂入其名於邑志。（以上卷二十五）

徐文長集序

元美、于麟，文苑之南面王也。文無二王，則元美獨矣。余衣青衿，揖王、李於藩，李長鬢而脩下，王短鬢而丰下，體貌無奇異，而囊括無遺士，所不能包者兩人：頎偉之徐文長，小鋭之湯若士也。徐自詭江淹，遺湯藻筆，意欲包湯，湯不應；徵余牘，余亦不應。囊空無士，而晚乃包瓠肥之袁中郎，所謂桓譚者矣。……當是時文苑，東坡臨御。東坡者，天西奎宿也。自天墮地，分身者四：一爲元美身，得其斗背；一爲若士身，得其燦眉；一爲文長身，得其韻之風流、命之磨蝎；袁郎晚降，得其滑稽之口而已。借光璧府，散煒布寶。四子之文章：元美得燔豕用膠之法，若士得供石作字之法，文長得模書雙雕並搏之法，而中郎得醞釀真乙酒之法。（卷四）

古今禪藻集序

往偶見編茗刻燭之技於湯若士。若士評以爲使我閉門致思，不能如其綺也。意當懺綺語耳。（卷四）

松溪子序

余友湯義序五宗，謂茶阿字母，即所參語。然則許慎乘蘆葉東來耶？（卷五）

明封君襟君李公墓誌銘

予行北山道中，遇平昌令湯生。湯生曰：「以子虞氏春秋也，亦知若閭左李公者乎？出韓國，其子質先屬韓國世家我；而公羨中之銘，則屬之子矣。子窮愁，第著子之春秋；春秋成而我繼焉。」對曰：「義仍，而世家之體則龍門令耶？公受其書甚謬，地下猶視，視平昌令，褚少孫等耳。」生以其故，匿不復出世家，無何失令去。（卷十一）

明羅仲公墓表

仲公諱某，字子才，別號野室。自汴來徙杭。其家世生卒，具湯臨川志中。（卷十二）

贈馮儼公

海昌小馮君，祖我忘年友。卮言醉弇州，石畫推賢守。孫枝秀可攀，我亦忘年久。玫瑶自他山，能任攻治否。乃持還錦人，誤比浣花叟。清新索我評，俊逸惟君有。時好獲時名，時文逐時朽。朝浴海鱗鮮，蠶價饑飽後。六龍倏變化，八公忽妍醜。英英笑湯義，喋喋憐王九。鶴雁自非羣，鳴唳固非偶。舞鶴頸低迴，雁驅但趨走。二子思往時，湯恥居王後。君已鋭毛錐，吾應藏敝帚。請室庖丁刀，且覆楊雲瓿。丸飛日月新，佩委珠玉垢。所以李青蓮，一篇傾一斗。試聽鶴鳴吟，更飲鹿鳴酒。酒恰名河清，天啓年辛酉。（卷二）

（《虞德園先生集》）

袁宏道

喜逢梅季豹

瞶里少冶容，邯鄲無高步。萬耳同一聵，活佛不能度。摹擬成鈍賊，士子遞相誤。羶骨蝗迴旋，驢脊蒼蠅聚。徐渭饒梟才，身卑道不遇。近來湯顯祖，凌厲有佳句。賓也曠蕩士，快若水東注。邱肥與潘髯，俱置兄弟數。越中有二齡，解脱詩人趣。立意出新機，自冶自陶鑄。舉世盡奴兒，誰是開口處？我擊塗毒鼓，多君無恐怖。洗眼讀君詩，披天抉雲霧。不獨愛君詩，愛君心相顧。衆人嗔我喜，天下憎君慕。鷄壇如可盟，旗幟爲君樹。（卷四）

致江進之

前見湯海若作二虞《溪上落花詩引子》，妙甚，脱盡今日文人蹊徑。（卷一）

（《袁中郎全集》）

岳元聲

湯臨川玉茗堂絶句序

葑嵎子曰：詩，六經之微言也。騷人好譚詩矣，譚詩好譚微矣。好譚微而微絶，亦復更爲不好譚微矣。譚其所不好譚微，而微更絶。微言不續，情性淆訛，而天地萬物之心閉。彼夫藉口雅言，而流連於鳥獸草木之騷屑者，此政不可與臨川言詩者也。余，汗漫人也；而妄謂臨川可與余言詩，臨川亦當嘲余拙。而知臨川之微者，余也。余初知臨川於雲龍之放鶴亭，讀《雍藻》，知臨川詩，見其微矣。「臣心似江水，長遶孝陵雲」，臨川由奉常遷南祠部謁孝陵吟也；「不能趨舞蹈，聊自展衣冠」，臨川由祠部左遷嶺南江上吟也；「比似陶家栽五柳，便無槐棘也春風」，臨川由平昌中考功法辛丑吟也：此臨川君國行役之微也。痴絶不作白鶴之夢，笑歌不入黄扉之閣，豈臨川傲也？稻粱而作江海之心，煙柳而姿河嶽之態，豈臨川俠也？觀燈縱貫索而夷猶，剪冰對紗窗而抛却，豈臨川韻也？此臨川情性丰采之微也。余之知臨川也，猶可哭臨川而似臨川也，臨川之知余也，又何以起臨川而似余也？臨川涉世之似微者，可解不可解之心；余之似臨川微者，能言不能言之口。又何怪趙孟之徒，必欲抹殺平昌辛丑一段公案，使臨川不可解與余不可言之微，托之藺翁以自乾也。臨川諸子大能讀諸臨川書，而益光其道。叔子孝廉且努力崇事明德，開歸仁之院，闡大義而續微言，立江右之宗，廣臨川之學。臨川所吟「含笑侍堂房，班袁拂螻蟻」，余知臨川，無復遺憾於君親之交矣。

（《潛初子集》卷三）

王思任

天隱子遺稿序

自弇州挾歷下鞭馭盱衡，海内後先才子，俱上贄貢。而所不能致者，會稽徐文長、臨川湯若士，其鄉則嚴毅之先生云。

（《雜序》，載《王季重十種》）

黄汝亨

虞長孺集序

吾近得四雄焉：沈以宕，得古人之韻者，爲湯若士；研以練，得古人之體者，爲朱大復；峭以琢，得古人之骨者，爲余君房；其奥衍而游盤，靡所不通，則長孺而已矣。（《虞德園先生集》卷首）

張師繹

百子類函序

吾師福唐先生類諸子成，取裁於臨汝湯祠部，懸之國門，訓戒多士，而授其門下生師繹讀之，令綴之序。（卷一）

蕭齋詩序

宏正嘉隆之際，北地信陽奪纛而舞，濟南婁江袒臂大呼，能使窮途之窶子側弁而襲號山人，紈綺之武臣踞冰而雄談聲病。天下之鴻才不勝其坌涌，而詩壇之驫氣日致其掀騫。雖葵邱齊盟間有反唇相稽者，彼一時也，真者靈，贋者亦靈；比其反也，贋者朽，真者亦朽。而西江湯義仍儀部獨自以其詩鳴，啓佑後生。寂寞草元修沉湛之學，南豐鄧恧名其一人也。（卷二）

集導癸

我于王、李、汪之後得一人焉，即之而温如，按之而栗如，探之而淵如，京山李本寧太史也。其亞則華亭馮元成，富哉言何其爽也。稍旁出而得臨川湯義仍氏，組之以六朝，繪佩之以理學，振奇人也。同時有仁和虞長孺，躭好竺乾，爲文不可句之，可謂牛神蛇鬼矣。無已福唐乎相國，有遠體，有遠神，弇州之嫡系也。縱横矣，排蕩矣，江夏郭宗伯犄角之，然而猶未竟也。焦秣陵弱侯宗唐王，時人用修之室；孫餘姚文融折晉楚之成，未必諸侯一一無後言也。湯宣城之服膺眉山，掇皮皆真；曹能始其晉之清言歟。天下大矣，所見其斯而已矣。陳仲醇巧於用短，鄒彦吉工於用俳，又其次也。予小子一何知，乃所願則學京山也，其才近史，其學明經，吾師乎，吾師乎。華封之祝，貨殖之傳，諛墓之銘，是亦不可已乎。綜其凡：臨川近隘似伯夷，京山近不恭似柳下惠，餘姚學班而大似，宣城擬蘇而小羸，秣陵歸儒而近腐。此近日文字之五宗也。（卷八）

（《月鹿堂集》）

沈　演

玉茗堂尺牘序

泗海底而鑿珠樹之石，片片皆明瑺。蓋嘗觀乎鄒嶧之山，萬石離立，大者如壁如夏屋，小者如圭如盎，蓋象物而具奇者，兩石夾而中懸如磬，隨所指目，令人豔絶。何者？蓋靈山多澤骨，而龍宫無凡質也。湯臨川，文之山海也。聲實與曾南豐相上下。勁骨逸思，則惟天所授，有物來助；獨至之語，乃出匠心。論才近代，臨川實冠冕。他有作者，則昔人所云，工人染夏，以視羽畝，有生死之殊。斯篤論也。尺牘其一種耳。尺牘之體，春容乎大篇，則以窮極奥衍，洄漩往復爲奇；泬漻乎小言，則以澹語遠神，餘韻悠揚爲美。兹刻多落落穆穆，有江左餘風，率意之中，乃見名語。凄琴獨奏，闃然以止，一往之音，乃在空谷，使人思之，不可詣見，而如不盡，蓋又尺牘之一法耳。必傳之語，故自不乏：權貴膏肓，媚子箴砭，謇諤之氣，形乎似謔，則有舒司寇、張龍峯諸書；通塞之故，轉關在微，肺腑旋斡，激不如宛，則有王、趙諸書；聞流言不信，生死靡他，古處之心，于野之同，則有惟審、庚陽諸書；依永和聲，惟風悟通，古曲今絲，獨窺前識，則有論曲、論樂諸書；守恬處約，静一流競，我生君子，志未可平，一二正人，治忽攸係，則有免北留鄒別沈諸書；至於論人論文，皆以真僞，有餘不足，千古具眼，夫生死者，真僞之別名也，則有論文諸書。於其所不處，可以觀介，於其所流涕太息而深言也，可以觀志。斯人也，斯懷也，可以觀世。不欲使其身一日參於權貴之間者，性也；不能使其身安於朝廷之上者，命也。汨羅長沙，千載同調，其所扼腕，正在不遇；文人之心，凌厲六合，粃糠纓紱，蓋無心遇合，而遇亦隨之。雖謂是編爲臨川具體可也。嶧林之卷石，珠樹之葉蚌乎？蓋余嘗評臨川云：當代史筆無雙，千古才名可念，三復斯言以爲實録。臨川有子舉於鄉，以文行著，其經世文似出臨川上。是爲敍。

（《玉茗堂尺牘》卷首）

沈演，字叔敷，號何山。浙江烏程人。萬曆壬辰（一五九二）進士。

湯開遠

玉茗堂尺牘序

歲在龍蛇，六月既望，家嚴祠部公遂棄藐諸孤去矣！一時索遺文者踵相接也。不肖思祠部公之生也，不欲以身累人，豈其没也，而欲以名累人乎？故趑趄而未有以應也。今春雨露之感，發故篋得祠部公尺牘凡若干首：或微語而見天心，或極言而盡人事，或仁賢之進退於是乎關，或文章之真僞於是乎辨，或闡幽而流雲霞日月之光，或持平而奪雷風水火之射。至其與朝言朝，與野言野，則又周行之示，而正直之好也。故有所委蛇言之而非謔，有所指切言之而非懟，有所粥粥然言之，若詔其子弟然，而初非有所求。得是書而讀之者，其亦可消急仕之忮心，破膚學之滿志，而因以油然於忠愛也，有不容已者矣。祠部公歸來卜築沙井，一歲不再見郡縣，有問之者，曰：「時官難對也。」有丐文者，多并書幣還之，曰：「吾耐醫文，亦耐醫爵也。」食貧二十餘季，而阮嘯自如，萊舞無闕。易簣之夕尚爲孺子哭，命以麻衣冠就斂。若祠部公者，真所謂有易天下之資，而無逢天下之意，有名後世之具，而無名後世之心，其體不可得而窺，其用亦不可得而竟者矣。祠部公嘗語人曰：「吾欲以無可傳者傳。」安在不以有可傳者傳也？敢曰知父者莫若子乎！戊午上元日雨中男開遠識。

家祠部公長行文字，如《陰符經解》、《吴越史纂序》、《春秋輯略序》、《岳王祠志序》、《五燈會元序》、《貴生書院説》、《秀才説》、《小辨軒記》、《平昌滅虎祠記》、《射堂記》、《永安寺田記》、《清源師廟記》、《孫驛丞去思碑》、《續棲賢蓮社求友文》凡十四首，或以尚論千古，或以微闡三教，不與尋常酬應文字等，因附刻牘中，以醒讀者。後有重刻參入，當知其妄也。開遠又識。

（《玉茗堂尺牘》卷首）

朱廷誨

玉茗堂尺牘序

張夢澤先生曰：「令師一字當爲世寶。」再三請其長行文字以行。復柬三哥叔寧云：「即爲名山之藏，願假張郎一面。」何景慕一至此極也。則吾師湯夫子之於文，信有所以大過人者。師之制藝詩賦傳奇，久行於世，而古文不少概見，自云五不足行。此又何説也？五者切中時人之弊，君子無欲上人之心，師用是深自秘惜耳。今師謝世者二載，諸當道索之亟，叔寧因檢笥中尺牘若干壽之梓，僅千百什一耳。

誨捧讀之，不覺形神俱喪也。嘆曰：尺一之牘，非所謂問訊寒暄、達情修好者乎？師牘每愛人以德，而自寫其真；其妙且麗，諸名公敘不啻詳矣。然誨不能已於言者，爲世人多以講學爲迂，故吾師亦不以講學爲的，措之於行，則德行也，發之於言，則德言也，行可爲天下法，言可爲天下則，一符契於明德羅先生之教，其善繼善述者耶！羅門首座，稱復所楊公矣，乃其次指爲誰屈哉？至有金玉其音蹻跖其裏者，此曷可令君子觀也。吾師宏中肆外，先行後從，誦其言者即文章即性天可也。若乃附刻長行文字數篇：解陰符，論五賊禽制之法；序《春秋輯略》，發仁孝動天之旨；軒小辨，明復小乾大之一致；闢相圃，極天地四方之皆我，慨人之罔生者衆也；揭貴生以覺其迷，憫人之認才者誣也；剖秀才以作其氣，言歷歷有徵，道昭昭如在，雖聖人復起，百世不能易也。至其尚論千古，微顯幽闡，則《吴越史纂》有序，《岳王祠志》有序，孫驛丞生祠有記，而他記、序、碑、銘，可按法而會其神，於《滅虎》可以觀誠，於求友可以觀情，於《五燈會元序》、《復永安寺田記》，又可以觀誘釋歸道之深心焉。惟《清源戲神》一記，實抉「二夢」之原，因世不可與莊語也。托之戲以轉移風俗，維持道術，直令死者活而醉者醒，非特爲沉湎之資、謔浪之藉而已，可以興觀怨羣，邇之事父，遠之事君，故曰觀於君子之言，而五經之教可知也。立言不朽，非本之於德，其孰能乎？叔寧守父師家法，而昌明其道，克己而驕吝除，歸仁而藩籬撤，裕爲邦之略，將以施於禮樂刑政，遡流窮源，師之德，其大成矣哉！誨升玉茗之堂，獲承「爲人」兩字之訓，雖親炙弗侍朝夕，而晷刻佩以周旋，思仁如堯，孝如舜，學如孔子，斯真爲人者也；責人以爲，兩言不約而盡乎？敢并及之以諗讀是編者，當循師之真，究師之德，於以體驗身心性命之間，庶有爲者亦若是。而張公所云世寶者不虛耳。戊午夏仲南豐門人朱廷誨薰沐百拜書。

（《玉茗堂尺牘》卷首）

帥廷銶

玉茗堂尺牘跋

夫樂有始終條理，鐘有小鳴大鳴，合之可以觀湯夫子之文章矣。吾伯湯夫子於叩無所不鳴，乃其於樂無所不集，則文章中之尺牘亦有然矣。文至尺牘，斯稱小道，然草創潤色，必更四賢謀野裨邦以爲首務。顧吾夫子則有祖質因宗、盤盂詞命之外者。今觀叔寧先生所彙尺牘，其愛德錫類，則成爻而利溥，本之温厚和平，無游言也；其莊語榮威，則無罪而有戒，本之剛方直毅，無蘉言也；其準繩規矩，則取於人不聞，取人本之節品敬正，無辭費也；其救扢掊折，則言近而指遠，本之迪哲明類，無微億也；其悃愸切偲，斷金久要，則又本之以樸忠金石，無貌語市言也。合斯五德時而出之，至於走寸管於懸河，徂尺一於倚丘，思則川至泉湧，辨則雷爗雲蒸，雕龍炙轂之儔，飛矢稽古之彦，皆夫子之緒耳。又豈直充蘇緘蠟固，問慰寒暄，供先輩之清裁，資後來之摭拾而已哉？夫子蓋集始終之條理，故能善大小之答問乎！叔寧先生仰追夫子之文章，敬承夫子之性命，碎金羣玉，撮綴數卷，不肖何能贊一詞。顧叔寧亦猶行夫子之道也，都忘翔泳，逾堅膠漆，是使盛美兼該，仰放未絶，青燈照牘，素帙曝晴，敢贅跋語云耳。

（《玉茗堂尺牘》）

費元禄

費廷鈇，字從升。臨川人。費機次子。有《微塵集》。

陽秋館集敍

東楚飛文，臨川爲冠。惟審帥先生、義人湯先生撫塵之歲，文囿齊名；結綬之年，仕途並躓。其所著作，皆暢才藻于休明，窮鏤鎪于幽眇，妍章綺質，鞭策今曩，詭製瓌聲，牢籠天地矣。帥先生未迫崦嵫，奄歸岱嶺，覽厥刊述，極爲繁富。義人乃爲分别淄澠，標舉奇勝，存其什伍，留之卷帙。安人披錦，豈問衛文之服；士衡積玉，

無非瑪氏之寶；當令世人知貴，吾道不孤者也。（《陽秋館集》卷首）

費元禄，字無學。江西鉛山人。生萬曆天啓間。

蕭士瑋

江仲訥稿序

余江右文，自湯臨川而後，微言遂絶。陳大士以梟雄之資，奮昆陽之鋭，蕩滌邪穢，厥功實多。（卷二）

余讀錢受之詩文酷肖歐公，受之亦云余詩甚類放翁。受之又與余言，有程孟陽者，爲老成人，不可不亟見之。余愛閒多病，安得出門。近聞受之爲孟陽結廬拂水，敷文析理，與相晨夕，致足樂也。朋友文章之福，世有如受之者乎？余故賦此遥寄之

余生厭肥狩，何至敬枯木。所貴存氣韻，一往深情屬。掩面泣燈前，簪髻坐别褥；美人兮不言，目成與余獨。妙景如追逋，一失不可復。會稽差蘊藉，臨川特遠俗。微恨薛濤箋，狹小元和幅。歷下與瑯琊，盲腐之奴僕。（詩卷）

（《春浮園集》）

蕭士瑋，字伯玉。江西泰和人。天啓壬戌（一六二二）進士。有《春浮園集》。

邱兆麟

湯若士絶句序

天下人于寵辱得喪死生夢覺之關，都打不破。打不破者，識不破也。惟識不破，故打不破；惟打不破，故説不破。年來熟讀莊周，始知此老腸中世情道理，萬分透徹。道真不遺于屎溺，樂真不遺于髑髏；梁真争淚于蝸，楚真嚇人以鼠。故王元美謂莊子鬼神于文，是真知莊子者。近有好事刻行《湯若士先生絶句選》者，余視其篇中，如《閲世》、《題夢》、《嘆老》、《唤病》、《伏枕嘆》、《訣世語》，是何其高閎特達，多仁人長者之言也。盛唐詩人俱稱李、杜。然李獨工情語，杜單妍景詞；試質之以忘寵辱，齊得喪，一死生，了夢覺，當復滞筆，先生才既殊絶，而意復清虚。自平昌赤手歸，橐不名一錢，賣賦鬻文，日爲四方門人客子取酒用，餘金幾何弗問。終日枯坐如蒲團上人，乃始得以其静心閒閲世人之鬧，以其癡情冥砭世人之黠。故平昔所撰傳奇如《黄粱》、《南柯》，唤人曉世類若此。而此固其碎金矣。時論稱先生制義、傳奇、詩賦，昭代三異。曷異爾？他人擬爲，先生自爲也。擬爲者，學唐學宋，究竟得唐宋而已；自爲者，性靈發皇之際，天機滅没，一無所學，要以自得其爲先生。自得其爲先生，此先生之所以過人；而天下人厭王、李者思袁、徐，厭袁、徐者思先生與！全書未行，姑先此以慰天下之思耳。

（《玉書庭全集》）

艾南英

答楊淡雲書

我明一代，舉業當必如漢之賦、唐之詩、宋之文，升降遞變，爲功爲罪，爲盛爲衰，斷斷不移者。則兄以爲今日置我輩於功乎，罪乎？今將明吾道，必使吾輩文章推而上之，有祖有宗，與先輩大家合，又與聖賢合；然後推而下之，有子有孫。……豫章正派，弟不欲多，多則穢；尤不欲出徽文檄，檄則求諸侯而麕至。……惡派時趨不惟不收，亦恐收之，使列於湯若士、鄧文潔諸先生之後，彼亦清夜不安。則不收者，乃所以安之也。願兄默諭此意。别諭大士，言之甚詳。然弟久知此二亡友，不待大士之言也。斟酌報命，使之無愧。（《天傭子集》卷五）

羅萬藻

王子美制藝序（其二）

獨予師湯若士資神明之稟，擅秀挺之能，無所不去，而獨依光氣爲體。以其去之務盡，文塗孑絶，晚乃喜改震川、思泉之作以自就，亦以見二公所宜裁，遂爲文字新故之一大界。二三兄弟自命後起，既心奉之，而意將别有所出，爲文字竭末施之智。今人心想不陳，然徙倚遷流，逮于成就數十年矣。睨其光氣無能與若士敵貴者。

江遠公近藝序

予鄉湯若士先生之文，精微潔淨，雕刻神明之際。而歸震川、胡思泉諸人之作，嘗樂就而改之。雖有以相約，然心服其制而務存其大於世，蓋十之八九矣。

劉氏兄弟稿序

湯若士師序兑陽先生，爲人廉毅貞勁，語道德而好名法。予讀先生文亦云。

（《此觀堂集》卷一）

艾千子文序

予病卧歲餘，比得湯先生新刻讀之，函書千子，謂若士先生之文，久而益新。夫其神分所應，誠不敢知宇宙間别有幾量如此人。然其光氣相涵，隨方變現，竟緣神明刻露，人不及耳。

（《曉山閣明文選》卷二十一）

陳際泰

王子涼詩集序

徐文長，閎博君子也。其知湯義仍先生特深，然評其《感士不遇賦》，既以「四夷語譯字生」譏之，又云：「此不過以古字易今字，以奇譎語易今語，如論道理，却不過只有些子。」其推之雖尊，其訴之者亦甚不少矣。且其語無理實。夫文異於言，而賦異於文，使文與賦皆以人言代之，豈有是處？文長爲不知人，爲不知文也。然予讀此賦了不異人。而文長如見怪焉，使其在今日見王子所爲，其不爲海鳥之駭鐘鼓者幾何！（卷一）

《感士不遇賦》及徐文長評語均見《問棘郵草》。周亮工《因樹屋書影》亦記其事。又云：「義仍先生諸賦尚是平易。古字旌於賦中猶可；若今人竟用之序記中，十得六七，使人讀不得句，句不得解。文長見之，更不知如何毒訾矣。」

僅園詩集序

年友喻心如過予，出一編見示，則所謂僅園者也。曰：「子其爲我序！」余卒業焉。此非栗里也，何其聲之似栗里也！吾聞之，詩有別情，累在談理，一涉宋儒之氣，雖置之平、玉廡下，不得復有坐處。即古文亦然。然余經怪湯義仍先生長行文字，其於晉分甚深，而於宋分亦復不淺，顧文價增重反在入宋三分。此可爲通人道爾。心如之詩，若率意爲之，而超然獨得；然每多持世訓物之思。此何聲也？讀之者味其溢流，愈增風爽。栗里不可作，而義仍復往，誰爲深明其故者乎？（卷三）

前朝列大夫飭兵督學湖廣少參兼僉憲君揚龍公墓表

墓之有表也，猶墓之有銘也。銘爲之内，則必有爲之外者，對裏而表名焉。而推見至隱以發揚其事，亦謂之表。吉州太和龍君揚先生，其文學人才、功業官閥，見於天下者多矣。銘雖幽，而湯義仍先生顯之，刻而布焉。玉茗堂之集遍天下，則公之名遍天下，公之文學人才、功業官閥因遍天下也。此固無容復表者。顧有所宜推見至隱，以發揚其事，隨其委曲，爲立説以大明之，則某生之事是也。義仍先生於此亦既辨之，而未能抗其爽詞以解當世之惑，則亦宜復表之，以佐其未盡焉。夫公生平負骯髒之氣，其不殺人以媚人也，固已明矣。張江陵雖炙手可熱，然其立政施事未有過切於天下，而一妄男子至欲上書督過之，此真犯上無等。然所以白發其事於江陵，欲起大獄以成之者，出於某某，初不出於公。天下之人皆知之，雖忌者之口不能引以曲誣公也。端不發於公，而公必欲致之死，是公非媚權相，乃媚一某某官耳。夫殺人媚人，鄉黨自好者不爲，而顧代媚人者殺人，雖至愚無度之人知所去取矣，而謂公爲之乎？且天下之可死人者，不一而足也：飢可死，寒可死，病可死，憤恚可死。一妄男子不自謹，自致於獄，相傳以飢而死，謂其嚙敗絮也。夾飢至於嚙敗絮以死，其事出於忌者之口，有無不可知；即令真有之，而可遂謂公死之乎？公自有公政事，鈐閣之外，百緒紛集，一妄男子非有文章之譽，義俠之概，又非有生平之素，而欲屈己之意，時其食飲，若憐赤子之啼而亟乳之，此豈近於人情？徒賣名耳，知公不爲也。讀誌所稱，此蓋死於恚。夫不死於恚，亦何能加公：不如順忌者之意而正之，爲足以間執讒慝耳。且公誠欲殺某生以媚江陵，則何不并沈君典而及之，以用全其媚之之功夫？江陵之銜君典也，深矣；銜不深，則外人決不敢取其得意之門生爲贄。此其開闔之隙之可入，外人皆知之，而公豈獨不知？使公誠媚江陵，奇貨可居，無逾於此；而顧力護之，何也？昔王經哭高貴鄉公，司馬文王諏處分之宜，經曰：「獨斬賈充，可以少謝天下。」問其次，曰：「止見其上，未見其次。」夫報讐塞忿當得其魁，讐其副而庇其主，受媚者不以爲功，而徒得嘈嘈之聲於天下，公固不爲。然則公不殺某生明矣，以其力護君典推而知之也。公之聲實履歷，皆不宜劣轉爲某官，而公卒劣轉某官，此江陵意也。當江陵勢傾山岳之時，而一妄男子首犯凶威，使公誠出力殺之，宜受不次之擢，顧反酬以劣轉，此其故三尺童子知之矣。逮公貳黄州，而公之門生猶用江陵意暴折公；及江陵敗而後進公官，公之志乃得行。驅烏合之衆笞百戰方張之寇，而下之若承蜩然；使江陵一日而在，公之爲公且不保，而況公之功名也哉！由此觀之，忌者誣公萬萬所無之事而論成公，此非公媚江陵，而忌者之媚江陵也。權相灰不復燃，勢所不能及者，其黨猶出力巧而排之，以泄其餘憤，誣人以媚權之名而以自揜其實，此亦事之至反者矣。公之孫起弘進士有名，盡録當年事實，使予憑以爲表。夫事實誠事之實也；然以孫録祖，恐人以爲緣親親之義而通之，故予捐去一切，獨以情理推而論之，亦足以見至隱矣。吁，後之君子讀義仍先生之誌並予所爲表，則公之爲公，豈以一時而易其千古者哉！（卷七）

（《已吾集》）

陳雲怡先生近義序

近來欲刻十進士，斷至湯義人先生而止。……夫文之妙，至義人先生而止。

（《太乙山房集》卷五）

范景文

來禽館文集序

或曰：文章一道，與世運爲升降者也。余應之曰：非也。各隨其耳目之習尚移之。……作者各極其精神之所到而已矣。……湯臨川每言，自有此道，前人業已登峯造極，後有作者度無有能過之，稱能而已。此可謂知言。

（《范文忠公文集》卷六）

范景文，字夢章。河北吴橋人。萬曆癸丑（一六一三）進士。有文集。

華　淑

盛明百家詩序

明興二百餘年來，詩道隆隆，稱爲極盛。高、何、李、楊標勝於前，王、屠、湯、袁

振響於後，京山、雲間之典型尚在，宛溪、竟陵之幟方新。而説者謬謂不及乎唐，則曰唐之制科在焉耳。（《盛明百家詩》）

華淑，字聞修。江蘇無錫人。有《閒情小品》。輯刻《盛明百家詩》，選顯祖作品最多。序作於萬曆戊午（一六一八）。

許重熙

玉茗堂文集序

夫文章者，不朽之至撰也。鏡倫紀於藻先，抒性靈之我秘；綴言妙於居要，稱業籍之行遠。經籍尚矣，玉瑩肆變，乃開楚奏，風霜中挾，爰裁漢體。若夫建安、泰始，繁響新制，元嘉、天監，餘英别豔，排珠聚轂，盛矣麗矣。陳、隋靡靡濫觴，唐搆着意騈偶，都無生色。韓、柳更制，去蕪存美，中興斐然。歐、蘇、曾、王，各暢奢趣。衰宋不振，辭入注疏，冗手寡韻。迨於明興，景濂正始，大雅開美，獻吉才雄，大放厥詞，九合遂霸。于時攀龍附鳳，後先暉麗。雖陶匏異宜，而黼黻競賞，斯皆興朝之冠冕，名籍之大備也。伯安道思，發藻儒林，羽翼宋體。元美高唱，排王蹴唐，表章獻吉，遠則秦先，定衆著之評，標一時之榜。而盛極衰徵，浸淫今制，文繁墨黯，事叢義雜。後進士俗，纔能學語，莫不禘李祖王，鏟帖歷下，掇拾新都，甲襲乙蹈，讀者捧腹，毋惑乎輕俊之士，比之食生不化，而高聽之流，恥其習諢忘囂也。夫文以足志，意寓詞中，如云依附捃人剩餘，固足嗤其因陳，第云脩辭假人面貌，豈遂同于象物。示存砥柱，賴有作者。故曰：選義考言者，文章之通論也；起衰濟溺者，君子之用心也。粤我義仍夫子，星降西州，雲章東夏，昔春秋在少，而朝野蚤傾，雖人爵未崇，而清風故遠。觀其體氣高妙，才情逸發，學浸洙典，筆芬左册。麗則之篇，並潘、陸而綴古；窈窕之音，續沈、宋而微吟。固已範玄趣奥，鑄新叶利，奪鮮化工，争清鈞廣。而書牋序記，翩翩奕奕，陶韓鑄柳，語必衷裁，摹歐範曾，言非强結，學士謂之通才，文人師其大成矣。熙于乙卯之夏，一登夫子之堂，談筵窮莫，渺矣情飛，玄論徹幽，爽然骨解。是編也，雖咀我一臠，未窺鼎内，而珍兹尺錦，足秘帳中。當世不乏桓生，何敢獨私蔡子，間與伯欽次定傳之。惜乎道窮夢楹，人悲殄國，緬惟驛館，執别依依，後期落葉甫更，杳然長逝。斯文在兹，庶彷彿乎山梁；序言可稱，竊幸依之日月。若夫大節褒然，孤標卓爾，在宦有拙，居夷不陋，允矣百世之師，逖哉人倫之表。才章具見，大美實多，非庸愚所克揄揚也。吴郡門人許重熙撰。

（《玉茗堂文集》卷首）

許重熙，字子洽。常熟人。有《歷代通略》、《綴籬草》、《旅寄軒稿》、《江陰城守紀事》等。

郭孔延

資德大夫兵部尚書郭公青螺年譜

神宗辛巳九年，公三十九歲。……夏四月，公作湯義仍儀部《雍草》序。（《青螺公遺書合編》卷首）

「郭公青螺」即郭子章相奎。詳見「交遊」。孔延爲子章次子。

韓　敬

玉茗堂全集序

臨川先生生應廬岳之霄鈴，骨濯紅泉之靈灝。遐清高厲，少振發乎純英；醍醴玄齊，總味滋於氣母。極命草木，掀採苞符。鮑參軍鶴翥文場，尤資健翮；陸平原龍騖學海，不假崩雲。既體會乎風騷，自妙諧夫鍾律。《三都》誠麗，猶徵夏熟於上林；《九辯》已閎，肯溷春歌於下里。觀其史玄並作，雅變不拘，貫珠編貝以扶光，觸石隨山而注委，砰磕羽獵之盛，顧盼駁娑之雄，斯亦擲地爲鏘，雕章成虡矣。若乃通諳國體，刺達樞宜，屬詞興事之有端，覆實契本之多致，直氣兼包乎古義，峻標亦削於濡籤；故能仁愛智輿，足言足志，歛還奔放，解釋牽拘，由八觀以證一匡，即十難而淹《七略》，含今古之致，扣宫徵之聲。藻火紛披，不關補綴；車攻徒御，豈失馳驅？匪借名法以申言，雖肆滑稽而皆道。時復金扼度雁，玉茗流鶯；句開芍藥之花，思掛葡萄之樹。笑聞電女，適報驍投；淚滴泉姬，微看珠暈。莫不樓迎張祐，橋記李謩。忽從聾俗狂醒之中，醒以警枕清冰之法。萬千説偈，一二寓言，要以源接盱江，驅百川而入海；席分紫柏，超三乘以安禪。故覃思不數玉、何，而機捷每先曹洞。晝夜齊觀，暄涼等情；閲世觀生，守雌知白。陵祠蕭淡，忘興嘆於北門；瘴嶺流離，反寄懷於南郭。貴生院裏，變鴂舌爲好音；君子亭前，植蒿蓬爲美箭。歸來柳色，依然槐棘春風；老去荷衣，更喜斕斑朝舞。迨孺慕極於死孝，而歸全不失達生；栩栩騎蝴蝶以飛，朗朗還星辰之位。重泉可作，九派難追。輟斤慟於莊生，聞笛哀如向氏。惟幸音徽如在，矧復縑素頻通。摩娑吉光之球，片羽亦祕；飢渴縑緗之襲，連城未償。猶子於兹，頗耑夙好。逖搜近採，短什長行，勒成琬琰之章，庶復雅頌之所。猶願羽獵小酉之册，盡出人間；將以山木澧蘭之思，告諸公子。務使經緯昭回，光岳肆莫； 豈止懸金秦市，刻石漢京； 是非未定於陳王，離合猶傷於平叔哉？天啓改元，清和朔旦，吴興後學韓敬謹纂。

（《玉茗堂全集》卷首）

韓敬，字求仲。浙江吴興人。萬曆庚戌（一六一〇）進士第一。

陳洪謐

玉茗堂集選序

材之至者能兼，觭者能擅。與角去齒，習翔昧泳，擅也。牟尼青赤，漩洑方圓，兼也。古之人，班、馬以史，李、杜以詩，韓、蘇輩以文，其精神各有所詣，而魄力亦遂横絶，以是鳴于一代。蓋專取則工，概舉則戾。自吾師不言兼，而材以觭著久矣。明興人文霞蔚，若金華、北地、歷下、瑯琊諸公，稱蓋代雄手，其集槴不勝載，迺攸擅各有一端； 而總乎筆墨之全，論世者躊躇而未有可也。又況短長易殊，内外歧致，其文詞繩樞草舍而純懿忠方，或波屬雲委而獰鈍迷罔，背羽虚翮之數，一憑之腕舌與哉！竊有遡於臨川之若士先生也。先生於諸史百家，蔑不沉酣漁獵，而能達其幽深玄微，化其陳腐聲格。意匠經營，初無慘澹；形制畢舉，非關斤鋏。有荒荒油雲，寥寥長風者，賦之凌《鸚鵡》也，有采采流水，蓬蓬遠春者，詩之譜鴛鴦也；有峩峩太行，宛宛羊腸者，長文之繪龍虎也；有娟娟羣松，泠泠獨鶴者，啓牘之挾風霜也；有悠悠花香，蕭蕭落葉者，樂府之戛金石也。而行神如空，行氣如虹。時脱巾獨步，登彼扶桑；時拂劍絶行，泛此浩劫；時隈紅自嘯，輸我煙蘿。豈遊目以騁懷，忽憂心而如擣。蓋丹石其難奪，抑重基之可擬。惟是陳詞忠厚，懷君父之思；寄言勸勉，無怨懟之意。先生之集有兼能也哉。因而按先生貧似修齡，清同胡質，不難以霹靂手遠馭高厲，而偪身著書，自托於小詞以傳。然先生馴鱷開雲之迹，留床載石之風，徐聞之人言之，遂昌之人言之，即臨川之人能言之。先生往矣，而夫人之言之無異詞也。惟先生以性情爲文，故往來千載，脱然畦封；以性情爲治，故浮湛一官，儻然適志。其文弗可及，其人愈弗可及也。吴士沈子天羽，嗜古自立，慨慕先生而論次其集以行，屬序於余，謂余治吴寧澹清浄，有似臨川，宜敍之。然而余非能爲先生也。吴俗動而與以静，吴俗汰而與以約，他未之兼也。兼先生之材，誦其詩讀其書可也。崇禎歲丙子季夏日温陵陳洪謐龍甫父譔。

（《玉茗堂集選》卷首）

陳洪謐，字龍甫。福建晉江人。崇禎辛未（一六三一）進士。

沈際飛

玉茗堂集敍

三五而前言爲經，三五而後言爲子，唐宋以還言爲集。經不可擬而子著，子不可續而集行。代愈降，言愈繁，而其義愈漓。夫以尼山之聖，曾、思、子輿之賢，所垂世立教無多篇，而詩書則在所删矣。猶龍之叟，夢蝶之儒，富强陰計之士，規一家言，亦未有多篇也。厥後體裁既裂，立言務工，人自製集，羡漫謬悠而不可勝讀。然甚多且久者，昌黎、眉山諸大家而外，未概見。唯濂溪《圖説》，横渠《西銘》，可以擬經；《皇極經世》可以續子，不隨風氣爲靡靡者也。我明以制義帥士，士一志畢慮，故不工而得之，以餘力爲古，或求工而失焉。龍門到今，他不具論。如于鱗、弇州數子，號稱巨擘，而句積殊門，章就紛雜，意騖於多，自見其淺，亦復使學人淺也。余沈淪制義，積有年所，而不得其效，乃肆力古業。一遇異書，輒損衣食購之，盈架連屋，身蠹此中，而集則棄去，有者不數種，蓋性莫可强也。今次義仍先生集問世，何哉？吾嘗審制義之風氣矣，東南西北，猶之橘柚梅李，甘辛酸苦，原自具味，何能人人問其嗜厭，亦聽其自遇之爾。而風氣轉徙，又若有合冶鑄之者。乃江右實往往轉徙之，故他國多宗江右，而江右未嘗附他國，予心折焉。昔人語云：「彭蠡主三江，廬嶽主衆阜。」蓋江山之秀，勁挺出之爲忠義，則有弋陽、廬陵；沉涵泳之爲理學，則有南豐、鵝湖；恬漠守之爲清節，則有彭澤、南州；晶英噴之爲文章，則有六一、涪翁；若制義之自爲派，夫何足云。而義仍先生，其人不可得而見，其集可得而論。殆懷誠慕義，强執孤行，而躑躅不進，思窮力蹙，故大放厥詞。歡欣悲嘆，法戒作止，莫不假是以托情，緣情而著體，非瞭然於中者勿言，非誠有於己者勿述。文至於此，謂之古宜也。然則不盡存之，必爲之揚榷取舍者，揀金於沙，而復揀金於金，所汰彌多，所存彌精。嗟乎，胡銓一封不朽，鄭谷一字稱師，亦何歉乎江右哉！義仍復起，應不嘆王維舊雪圖矣。崇禎歲丙子積陽旦日蘇郡後學沈際飛天羽甫纂於曉閣。

玉茗堂賦集題詞

風雅頌各有賦。自詩變而爲騷，騷沿爲賦，而賦有專稱。傳曰：「登高能賦，可爲大夫。」長卿云：「得之于内，不可得而傳。」長卿後，推子雲爲祭酒；而子雲晚年自悔。隋、唐以還，藝文志無載。嗟乎，賦豈易言哉！其諷詠類歌詩，諫諍擬書疏，事實愈爾雅，感托寓滑稽。自唯屈平離讒憂國，而辭旨一本于忠厚惻隱，世乃以經目之。若徒誇閎衍，比于唐人對語之俳，而或能脱略，又入於宋人散語之文，未見其能賦也。玉茗堂賦有二體：一祖騷，如至方不能加矩，至圓不能過規，多僻字險句；一祖漢、晉，感物造端，材智深美，洋洋灑灑，而浮曼淺俚處，亦不乏。大抵鋪張揚厲，長於序述，於風比興雅頌之義，未之有獲焉。蓋善爲賦者，情形於辭，故麗而可觀；辭合於理，故則而可法。有情有辭，有辭有理。故以樂而賦，讀者躍然喜；以愁而賦，讀者愀然吁；以怒而賦，令人欲按劍而起；以哀而賦，令人欲掩袂而泣。動盪乎天機，感發乎人心，然後得賦之神，而合古今之制。若士筆力豪贍，體亦多變，但遠於性情，如後山所謂進士賦體，林艾軒所謂只填得腔子滿。嗟乎，人各有能有不能，能填詞或不能騷賦；而文章落官腔，則又未免多一進士爲之祟矣。臨川猶戛戛乎難之哉！

玉茗堂賦評語

和尊言賦　「兒非堯孔，又乏彭聃。無量無方，不得雙湛」，語太瀾浪。「世目同諦，何止得三」，似謎。

庭中有異竹賦 有序　「采齊而步其視」，醜句。「故孤生者常直，近人者常曲；直有取於明心，曲亦時而衞足」，比物連類，是得賦情。

瘵鶴賦 有序　「至乃華表摧雲，蘭崖墮雪，膺散紫胎之毛，臆染蒐戎之血。月羽全虧，霜翎乍折」，燁燁。「收其病鶴」，「其」字不佳。「謝沖天之騏驥」，騏驥豈沖天之物？

百仙圖賦壽郭年伯相奎父　「留漢庭兮未旋」，留侯事重用。

池上四時圖賦 有序　「選崇軒於一阜」，一路摹寫都佳。「恣池主之遊悰」，俗。

愁霖賦　晉魏間多賦此題，參看之，便知古人旨遠，今人意近。「麥穗辭膏，花枝罷濯」，鮮。「奔泉直響，積潦横流」，形聲俱似。「巷絶來遊，門希久要」，前有騎輪斷迹句矣。强湊。「寫崩山之絶絃，斷凌雲之逸嘯」，韻。「爾乃室乏缾儲，家徒壁立，土復繩樞，上漏下濕。丹釜游魚，顔瓢斷粒」，蕪淺。「走獸爲之號咷」，率。「且棲遲而撫化，又何慘積于愁霖」，有結撰。

懷人賦 有序　「太清太寧之氣也」，語不倫。「眷其知己絶人矣」，不成句。「想盡者窮年，觀沖者忘境」，見理。「曷不都損赤臭之路」，亦宜避俗。「生人世兮苦難諧」，俚。

吏部棲鳳亭小賦 有序　「蘋池蔽景」，整潔得體。

哀黄生賦 有序　是一篇祭黄生文。「欲不吞聲，嫌相嘲切」，醜拙。「目不知書，玉珮金車。讀書如此，不及侏儒」，憤甚。「凡今之人，年輕力健，勁出如鎚，巧入如綫，動止如風，舉舌如電；若鬼若神，譖形晦現，如瘵如蜩，食復轉變，承鬣嬉遊，侯鯖穢羨」，借此一滴，澆我塊壘。

遊羅浮山賦 有序　序佳。「清不可兮久留」，古味。「詫木末崔子玉之下來」，俚。「紺蒼凝而互陰」，好景。「有一花而四照，有五色而一節。或建日而無影，或嵌空而有雪。青珠泠風其欲亂，珊瑚叢生而逾活。神麃倚其雍在，仙鼯彯而撇拂」，能盡物類。「年路深而意没」，可思。「燁光景兮敻不知乎天之所窮，靚凌競兮吾以觀乎日之所出」，篇終深甚遠甚。

秦淮可遊賦 有序　序，大段好。「豈有懷而未襞」，趁韻。「雖映賞於蒹葭」，意欲盡而復餘。

青雪樓賦 有序　「七尺之有難無，一瞬之新易故」，拙句。「思美人兮瑶草，蔭山鬼兮女蘿。奉浮生於尺晷，懷佳期於寸波。悲千秋其未弭，懽一日而已多」，流利。

嗤彪賦 有序　事奇。一序已足。「豔班摧而襞皴」，句亦嫩。「昔有大蟲之號，今有小畜之云」，似工而實鄙。

大司馬新城王公祖德賦 有序　序，敍事佳。似有此序可無此賦。「宜即北兮建臺」，稺。「既洞其底」，率。「三分其千」，杜撰。「誼殺震地」，率筆。「並緒而纂」，不成句。「倪劉媛兮淑人，騫佐忠而輔勤。帥介婦以整穆，繼三姑而順均。匹從王於婦道，式正内以嚴君。泣未亡於杞梓，禮如在於藻蘋。依大士而持念，廣勝業而貲貧」，此段欠變化。「況夫察其天文，知兩制之矩模；觀于人文，見一代之制作」，時文氣。

感宦籍賦 有序　「亦可以奮孤宦之沉心，窺時賢之能事」，創意創筆，「其地界也，東綿遼掖，西折涼雋。北隃代薊，南極滇黎。控中軸于長安，剖河山而四維；皆百戰之所取，豈一目之可縻」，筆下星羅草芊。「日曆終歲以猶把」，凑插。「市遠者豫舊以酬欺」，意陋。「大鈞寫物，皇極鑄人，物與無妄，人生有真。吾有身而易寵，世喪道而難貧；是以羞其編户，榮乎縉紳」，説理則腐。「天下亦大矣，仕人亦夥矣。有鳳凰之官，則必有蟣蝨之使；有金玉之英，則必有糞土之士。巨海葺龍蚌以鋪文，太華總松榛而擾翠」，虎吼鳳躍。「散之人有十等，合之天無二日。天其平也不平，人則不一也而一。不平謂何？有一有多」，忽出此鬈牙鋸髮，何也？徒使墨守者視此書而失據；捷鬥者指是刻以嚴誇。智愚勇怯，于斯乎盡鋭；貧富侈嗇，于是乎交賒。細則鑽如蚊焫，大則據若蛟鼉；緩則穆如塤篪，急則慘若錯邪，大言無所不該。「物論之所必去，兹籍之所獨存」，快論。

奇喜賦 有序　敍稍霑滯，賦蒼雅駢儷勝之。「趨庭惟何，匪凌匪夸。伯也頎皙，叔也豐華。蒼筤竿其秀竦，珣琪玗其交加。藻機雲于鸑鷟，寫徽獻于蛟蛇」，組練。「佚蘭蓀於媚草，洩桂種於流荄。蘭汍瀾兮思公子，桂幽樛兮留上才。虹晦明於抵鵲之璞，月虧全于去蚌之胎。璧間道而始返，珠離浦而再回」，會文敷藻。

四靈山賦 有序　頓跌起伏，虛實並游，如蛇蜕龍行，不愧賦。「連山歸藏」，四字連意亦奇。

浮梁縣新作講堂賦 有序　「徒觀其四達之爲勢也，北起乎覆鍾之山，西揖乎鳴琴之治。東陂陁而折北，道如帶以迤遞。遶三方乎曲隅，面長風于水際」，景物鉅麗。「然則無清英之意者，不可以及遠」，器賅道，即象寓理者。吾欣賞此。「體用合而理正，粗妙函而事安」，説得完。

懷恩念賦 有序　得賦體矣。覺「懷恩念」三字一賦反淺。

高致賦 有序　一序極磊砢之致。「意本不家於官，所以久此，亦欲有所致。而不可，則取一歲俸，日食百錢，劣可十年而盡。過更圖之。兒子輩無與吾事也」，風色絶異。

酬心賦 有序　「凡人有心，進退而已」，自是先正得力語。「遂乃悵寄兼深，形響多致」，酈道元句。

哀偉朋賦 有序　「夢簀者得賢友，絶琴者傷知音」，真至。字句皆有法。「當予譚説有致，崙笑斷然，鎬笑軒然」，三笑圖。「履襪先起者即是」，添頰三毫。「怨君之需往吝，喜崙生之蹇來章」，極不善用經。

豫章攬秀樓賦 有序　序，事詳致盡，《滕王閣序》流風。非徒流覽景物，抑亦盱衡教養，纔有關係。賦，目光如炬，墨瀋如波。纍纍數萬餘言，物華天寶，有美必傳，無勝不具。「若乃湖圩宕迭，五百餘里。黄荆白沙，松蒲柏子，柘葉長坅，桃花淺水。皪蓮芡於蒲稗，唼鷺鳧於鰋鯉。列漁步之攸界，緊澤梁之所坻。風鮮景明，煙消水平。鶩鳴榔其如織，鼓釣絲而互經。拂鸕翎於旅雁，雜漁唱於高鶩。晝炊煙乎樵舍，夕弭枻於吴城。喜多魚而獻公，佐涼酎於軒楹。逗滄洲兮歲晚，莞江潭而獨醒」，悉山川風物之美鉅。「乃至放臣淚國，遷客思鄉，赴建康而不果，適交筦而未行。亦有賢士失志，遊子迷方。覩遷謝而多悲，感留滯而自傷。一登樓而慷慨，冀宣寫於毫芒」，歡往悲來。歌逼樂府。

（《玉茗堂集選·賦集》）

玉茗堂詩集題詞

臨川詩集獨富。自謂鄉舉後乃工韻語，詩賦外無追琢功。於中萬有一當，能不朽如漢、魏、六朝、李唐名家。其教人則云：學律詩必從古體始；從律始，終爲山人律詩耳。學古詩必從漢、魏來；學唐人古詩，終爲山人古詩耳。似臨川於詩復有獨詣，乃反覆詳攬有不然者。全詩贈送酬答居多；惟贈送酬答，不能無揚詡慰恤，而揚詡慰恤不能切着，於是有沈稱休文，揚稱子雲之類。稱名之不足，則借夫樓顔榭額以爲確然；而有時率意率筆，以示確然，未能神來情來，亦非鄙體野體，徒見魔劣。蓋靖節多俚，少陵多不成語，而未可以此少之者，其聲律、風骨、氣味厚薄真僞不同故也。長律落敷衍聯偶，猶是作賦伎倆。絶句佻易，便似下埸小詩，律則河下輿隸矣。全詩非無風藻整栗、沉雄深遠、高逸圓暢者，而疵累既繁，聲價頗減；豈退之所云，時時應事作俗語，下筆令人慚，及以示人，大慚以爲大好，小慚以爲小好，姑妄爲之邪？夫山人慮山林氣，宰官慮紗帽氣，知山人之不可爲詩，而不知宰官之不可爲詩，五十步之笑百步耳。況夫聲律、風骨、氣味，無可湊泊，偶然得之，不能自已，振筆追之，意盡而止。好詩原不得多；多，詩自不盡佳。昔人有寧割愛勿貪多之說，而予因是汰其什五，敢云操戈殆竊附于割愛之意云爾。臨川又曰，得詩賦三四十首行爲已足。若此，又奚存乎見少？而王司寇爲臨川云，湯生標塗吾文，他日有塗湯生文者。其言則驗，予又能免于後之人哉！

（《玉茗堂集選・詩集》卷首）

玉茗堂詩評語

長安道　奥。

以詩代書奉寄舉主張龍峯令弟葑都水 乃餘姚張龍峰兄弟也　「函丈七逾歲，官高幾令郎」，天然。

上之回　騷語多奇，升菴遜步。

哭友人亭州周二弘祁八首　序，文思峭厲，何減人琴之痛。第二首「桃葉已成空」，往往從一字中轉出，悲悼無限。第三首「寂路苦難春」，妙不可思。

憶紅泉　「桂柱天尊芝」，奇。

楊州袁文穀思親　脱甚。

都門送袁文穀復任黄巖　新秀。

長別離　自解妙。

送遠　自古。

景州高氏柏莊飲 并序　絶無近口。

寄太平劉明府達可　「常令蕉鹿平」，佳。

發小孤風利一夕至官塘　結句「由來天水便，惟有大舟當」，率。

龍頭阻風晚霽待月者酌　「槎古緑苔深」，近矣。

青雲亭上作　「虚夷故有適，静寂寧無想」，曠冥。

七月四日天清步出城西門望紅泉寶蓋折北而東偕内戚一濬子樵迴翔沙際見兩具枯骨悽然瘞之道歌一首　「相逢即相主，誰問髑髏家」，至理，不獨詞佳。

紅泉卧病懷羅浮祁衍曾　「秋晏嬰憂患」，古質。

寄東莞崔肖玉　「癸水洗刀劍」，奇。

寄伍貴池 并序　儷極出脱，無熟調。

黄華壇上寄龍郡丞宗武大還一篇　「長筵遞歌舞，去日苦難攀」。八埏空磊落，最迫此人寰」，説得凛然。

正覺院篳龍軒飲帥大儀得七字　「人希竹林七」，押妥。「何肉等荒淫」，牽率。（以上諸詩見《問棘郵草》卷上）

寄司明府 并序　「江南卑濕，三十已衰，五十之年，僕過其半」，介然之筆。「拭霧窺文理」下數句，以班駁見奇。摩娑之，古氣隱隱。

寄奉舉主張公參政河南 并序　「昔作軫隨絃，今兹箭離筈」，妙喻。

寄宣城梅禹金 并序　「意態頗蟬連，年華大踃蹑」，面目自異。

寄林南陵　「看君肉食姿，安知藜與莚」，身分。

送江別駕公之任雲南公性樸清取家底錢作廨甚占奇勝落成而去　「官官能不染，處處有人吟」，便不尋常。

聞張舉主來南操江憶九江時　「照我顔成玉」，有興。

寄南昌萬和甫　質奥。

送人去吴下賣橘　句句典故。

寄户部周元孚三首 并序　第三首，妙得天然之趣。

寄司明府　「團團松柏正」，韻妙。標新。

游卓斧金堤過白洲保望天堂雲林便去麻姑問道　起首數句，妙在一氣。

占僊亭晚歸　駱丞派。

逢南都張覓玄麻姑山中從余來華蓋便辭去游河關　搬運玄笈，詞能矯然。

寄伍貴池 并序　「璚巖洞𥰭翕，金岸遠崥崹」，昌黎有此等句。

答蹇平陽二首　第二首，用典故不必盡解，却自覺其奇妙。

奉舉主劉中丞開府閩中 并序　「杉關累重舌，桂海習鏤身。地遠天垂鏡，人醲土在鈞」，奇趣盈把。

代馬吟爲劉石樓作　一字不可增減。

與徐三秀才石梁觀水　圖畫。

涼夜　幽異。

奉寄大中丞耿公閩中 并序　序尾，數言可隸義烏。「出清蛟蜃氣，歸押鳳凰斑」，刻意推新化塵。

寄姜孟穎户部　明淨。

哭宛溪梅大參　自是憔悴。

老將行　「官邊獅鷹摇丹筆」，奇絶。

同宣城沈二君典表背衚衕宿憶敬亭山水開元寺題詩君典好言邊事　筆意矯健。

戲答宣城梅禹金四絶　第三首，唐絶。

别沈君典　「君揚龍生姜孟穎」，古人每用姓名作句。全詩調極變換。

别荆州張孝廉　掩抑欷嘘，雍門悲調，氣骨故自骯髒。

哭女元祥元英　率。

白水　格律自老。

山齋約徐三一訓不至再約之　聲調和美。

送前主簿徐君之任貴州　「烏羅人在沅陵西」，切。

寄前觀察許公 并序　「可謂得人之得」，妙論。若士最喜用古人姓氏。

示弟儒祖饒生來言汝有贈彼衣薄爲裝綿之句爾兄無任歡喜即取酒自賀載詠其事今寫示可令奉祖讀之　骨肉間語，不文之文。

落日城南信步接雲　「性狎龍蛇俱可踐」，妙。

送傳吏部出守重慶吏部歸省其太夫人而去巴有人焉蹇尚書之後達有出羣之量今守河東倘其家人有之河東者因緣問之　清練。

高太僕每過輒值余登遊他所太僕嘗爲侍御頗有酒德棊品淑人之風更約之飲　别腸。

哭外翁吴公允頫　「笑此時之郡飲，全要方兄」，謔。「曾無一字掛符來」，述虎逢事，用東海黄公以反其説。

秋憶黄州舊遊　何等明豔，聲琅琅可誦。

靈谷秋望懷南都少司城周公　妙。（以上諸詩見《問棘郵草》卷下）

出都晚登里二泗道院高閣　摹初唐。

逢采藥者關外　「張公非韻淺」，起醜。「傾崖隱蟬唱，列隧繞蟲音」，自幽。

陽穀主人飲　首句，率。「如何屏騎從」下數句，不落套。

魯橋南望山　舖綴得法，結句有情。

夜泛魚臺河　「籟寂警玄律，空明洄素心」，静遠。「紛晝即冉冉，良夜稍愔愔」，句淺可删。

飛霞閣夜宿送冷道人遊嵩丘　「五色費春耘」，琢。「當風扇猶秉」，淺。「居然朝市中，咫尺會箕潁」，從冷字生出。「奇懷失遮請」，累句。

己丑立秋作　首數句，抵得六月苦旱詩多少句，結尾秋旱一筆寫盡。

送武部周元孚歸黄州　「王氣緬終古，輕心常在兹」，此等句，鍾譚知己。「邊風雁門影，海氣青田姿」，悲壯。

夕林　題好。「涼螢亂池上，水鳥時一叫」，夕景逼真。

江樓曉望同劉司業鄒吏部　「空波滅餘霧」，眼尖。

杪秋度嶺却寄御史大夫朱公王弘陽大理董巢雄光禄劉兑陽司業鄒南臯比部五君子金陵　蒼遠。

懷帥惟審郎中戴公司成　自有晉概。

顧膳部宴歸三十韻　「凡百關天運」，成何語。「滅燭步除陰」以下數句，敍事爾，了無知見。

怨婦詩　「遥見一婦人」，未是詩句。「恃此朝雲色，常懷明月音」，古意。「纔經忿鸞躍，瞥見孤鴛沈」，李後主可能破一字。

送吴幼鍾歸皖　「美人及遲暮，君子亦清淪」，亦自遒。

送沈鄖陽　「勉身能自清」，相勖語。

贈唐仁卿謫歸海上　「道術本多歧，況復世所尊。風波一言去，嚴霜千古存」，雄峻。

送汪仲蔚行藥匡山　「滅燭動孤寢」，「動」字妙。「雖無玄朔姿」等句，都是想景。

送汪汝立郎中奏最兼懷吴幼鍾馬長平　「車煩想舟楫，塵勞愛波浪」，淺語正微。「不知歸皖否，可悉吴生狀」，如話。「無令卒饑死，負此時賢望」，迫甚。「有才費雕刻，雅意歸玄匠」，雅。入吴馬處，最得草法。

慈竹山　「威蕤自歌舞，豈不凌饑寒」，傲然不屑。（以上俱爲五言古詩。見《玉茗堂詩》卷二）

秋夕　似李白。

湯考功招遊燕子磯别洞獨宿圓愛師房六十韻　「峽寫有根雲，罅折無枝樹」，實景布得奇。「深心蕩霞日」，「深心蕩」三字在「霞日」上，有情。結見淵水。

安定五勝詩有序　詩乏遠致，所語魚肉。彩筆峯，此首勝。金鷄岫第三句，形家言。

部中鶴　「良爲升合資」，微寓。

胡克遜　物志。「食肉寢其皮，似貉花紋嫩」，冷。結句「爲鞔復何問」，可以喻大。

宿浴日亭因出小浪望海　日車，咸池，扶桑，若木，扶餘，崦嵫，疊用厭目。似昌黎，不免堆砌。

達奚司空立南海王廟門外　「樹兩波羅密」，句直。

陽江道中　旅況依依。

檳榔園　　平實，是詠物詩。

龍沙宴作贈王翼卿大憲　　「坐寂流鶯轉」，前二字人不知。

答藍翰卿莆中有序　　前半首練。

丁未上巳同丁右武參知王孫孔陽鬱儀圖南侍張師相杏花樓小集莆中藍翰卿適至分韻得樓字　　末段布置佳。

澹臺祠下别翰卿有懷余德父用晦王孫　　「遠意夕陽外，素靄寒花裏」，雅人高致。

答陸君啓孝廉山陰有序　　「天機常内斡，神明非外守」，如此二句，文不易作。

清遠樓送平昌葉梧弟榦太學上都　　「涼風卷絺綌，遠道理衣絮」，得「送」字神。

喜小江饒翁榛六十　　「物知肥遁貴，道以觀頤美」，有此兩句，全首神王。

送余城輔歸清流，成輔遠遊求應世之技而好語清狂勉之　　「淅淅草蟲嘆」以下數句，清而腴。

平昌懷余生棐中州并懷朱用晦　　「環轍聖所失，端居凡所存」，静閲古今，能言其要。

陸元白岳伯宴作　　陶韋風味。

方鍾岳參白宴作　　「薄俗理難定」，深於世故。

平昌射堂再葺喜謝掌故烏程孫見玄先生　　「同人習坤静，大壯唏乾闢」，初唐有此等經語，畢竟是陳隋滯氣。

上巳前一日永寧寺同莆中藍翰卿宗侯鬱儀孔陽孝廉鄧太素　「晛蹊遲桃李」，拙。「高花動寒色」，穩樸。

酉塘莊池上懷大父作　「風霜喬木陰，雨露丘園愴」，句亦自可。

答鄒愚公毘陵秋約二首　「通不礙名理，幽將入禪變」，自評其曲。「會面亦何常，百年心所遣」，從無人道出。

平昌送何東白歸江山 有序　何翁佛手，若士婆心，數行見之。詩固不佳，敍不可不傳。（以上諸詩見《玉茗堂詩》卷二）

雨花臺所見　「朝日望猶鮮，春風語難定」，畫出一個美人。

黃岡西望寄王子聲　「栖栖王子情」，似希夷筆。「新月忽在地」，趣。

未抵嵊數里阻雨仙岩詰朝留新昌作　「秋光灑蘿薜」，佳句。

麗水風雨下船棘口有懷　「不見林中人，自撫孤琴對」，入景入情。

秋雨秋華館送屠長卿便入會城課滿　「四塞山浮近」，「浮」字好。

望羅浮夜發　古崛。

奉答新喻張克儁明府　「得貧還自驕」，播弄入妙。

送魯司農還南漳　「上林非一樹」，草草。「清淚銷人骨」，傷絕。

送謝曰可吴越遊　「艱難見真骨，拓落遠騰翥」，有此語，覺身份。「吾鄉苦生處」，一對便俗。

離合詩寄京邑諸貴　古樂府句。

哀麋帥　「心兼將門將」，硬入。

飛來寺泉　「窅爾寒泉下，泠然愜孤聽」，寫泉令人冷然。「灑落飛來興」，乏致。

夢覺篇有序　「如癡復如覺，覽竟自驚起」，臨川善於寫夢。小小轉折處尤工。「何得便飛耳」，草率。「瓶破烏須飛，薪窮火將徙」，禪頌。

爲浙司運長陸公受命三世題卷　「貌古中亦俱」，爲陸占地步。

亡書嘆　亦自落落。

答姜仲文　「白日不可常」，突兀。「情多或爲累」，有悟。「今日眼中人，何年心上事」，醒語，痛語。

再別仲文　通篇老氣。「狂思風落山」，筆下偶然，得來殊妙。

同仲文送青田劉生還吴有懷達公　「事業不可爲，君子薄時勢」，截嵲。「動輒人間世」，順口。「霞高赤城燒，鶴遠青田唳」，工貼。「颯來江上游，雅一孤舟繫，眠隨沙鳥浄，坐覺山雲霽」，自然景趣。「在世如贅婿」，敗句。

同于中甫兄傷右武并別六首　第二首「恒乘日用理，兼參微妙機」，玄言。第三首「傷心向寥廓」，迥然。第六首，深厚。

伍貞婦詩　「爲兆理亦嫌」，只是讖語，作句不善。「蒲桃豈療饑」，實事。

「兒女傷人心」，兒女茶境，三字了之。「池光没流蟾」，名貴。

夕佳樓贈來參知　「古心今所設」，説得完全。「登樓泣華燭，寸心良不欺」，野膽語。「伏櫪驥聞嘆，游梁魚見知」，「見」「聞」二字妙。

贈鄒南皐留都六首　第二首第四句，初唐口吻。第三首第五六句，若此用易便佳。第四首「維解」、「往蹇」四字不佳，末句自做。

古意送王太蒙東粤五首　末首「天地萬里心，沙城一杯酒」，唐音。

智志詠示子　「有志方有智，有智方有志」，二語可存。

藹翁予别號也得林若撫藹翁詩爲范長白書感二妙之深情却寄爲謝　「藹翁入藹時，絲緒無一縷」，註脚好。

己卯歲同方汝明海寧禪院　「懸藤帶飛鼠，平林依布鴿」，造景。

二京歸覺臨川城小　惜末暢。「遠色入江湖，煙波古臨川」，老辣。（以上俱爲五言古詩。見《玉茗堂詩》卷二）

金陵歌送張幼于兼問伯起　「潮去潮來都應月，花開花落等隨風」，聲脆。「兄弟三張此二張」，鄙。

遥和諸郎夜過桃葉渡　「定是將偷印市女」，醜。「心知此事從誰道」，寫出幽意。「却持殘夢到他家」，雋逸。

送前宜春理徐茂吴　「微飈木葉江波生」，秀。「不惜風流頻取醉，君來看見六朝人」，風骨遒上。

送許伯厚歸長水便過吴訪趙公　「我三十餘只如此」，信筆。「江上梅花雪夜舟」，淡致。

雪中再贈伯厚　「知已全看一劍中，通人不在千篇上」，對得不尋常。

倭王刀子歌　格調俱古。

夜聽鄧孺孝説山水　「山水眼前人不住，遥山遠水復何云」，二語已足。

立春日憶孫生　「吴歈半入新安水，水上寒雲暗不流」，數語着情。

黄卿歸盧江　全首渾成，以景結。

送胡山人歸楚依朱子得　「山人何處姑蘇客」，孟浪，結尾慨嘆得體。

送祁羡仲訪瑯琊丁太僕　「幾度寸心横夜語，能餐秀色臨春暉」，宛曲。「酒婦人中頓此身」，拙。結句，嚼蠟。

春酒篇寄帥思南　「江上梅花動紅雪」，巧綴。

送俞采并示姑孰子弟 采故叔白鹿生賢豪人也悲之　「花落時黏縹緑箋」等句，口角津津亹亹。末句排偶少力。

送臧晉叔謫歸湖上時唐仁卿以談道貶同日出關並寄屠長卿江外　「一官難道減風流」，妙解，人不曾説。

觀趙郭里小圖爲汾源郎中作　「野窗留連芳樹陰」，丹青在眼。「君不見語兒溪邊女兒語」以下數句，一氣噴出。

帝雩篇宿陵下作　一味平實使事。「靈臺開莢變離爻」，鑿。

天妃宮玉皇閣夕眺　「能棲寶露足風朝」數句，川原迴合，殊有勝寄。

夜月太玄樓（在神廟觀）　韻。

太玄樓留客　「開虛作牖傍層城」，「開虛」二字，穎。「漪漪曄曄又瀟瀟」，句不入格。

吹笙歌送梅禹金　首數句，瀟瀟疏疏，正似其人。「天涯此日龍使君，世上何人沈太史。已覺叢殘姜非令，空驚綽約梅生是」，入姓氏不痕。

送王恒叔給事憶丁鄒二君　「曾無一日犯齋人」，率。

送饒伯真之天台兼訊王給事明德長君五松子　筆氣朗快。

渤海臺歌　「念此清人亦古色」，「清古」二字分合得妙。「月出臨窺下深黑，隱映樓臺樹光夕」，似有靈爽，恍恍紙上。「君不見魏之干木秦芳焦」，掉尾有力。

送胡孟弢應制兼懷趙夢白劉子玄　「不見恒山趙夢白，爲問汝南劉子玄」，只四字盡兼懷意。

送于公彝歸金壇　「能碁入品懽能作」，牽强。

送劉子玄使歸　「河梁斗酒會須傾，雲閣寸心終未絕」，二句該得全首。

招梅生篇　翠色欲流。

送曾人倩由武夷還南海　「蟋蟀草根深夜語」，有會。「獨笑幔亭星夜月，爲憶西山鸞鶴羣」，駘蕩，有起止。

太常謝公北泊天妃宫有作來年正月朔立春　末二句，直似贊詞。
署客曹浪喜　「南朝煙月歸心款」，「款」字不凡。
榆林老將歌　有幽燕之氣。
邊市歌　邊事弊極矣，存此以警當世者。
凌陽篇　有功夫文字。
三月二日碧王孫山亭飲　「但坐自令佳意出」，非深歷山林人不知。
聞王悦之説閶門隱者　「但坐相逢成主客」數句，神傳矣。
憶祁羡仲武夷　「仙骸半枕若沉月」，譜出。
送梅禹金應制入都　名流光景，斐斐亹亹。「窺飛故燕久應留，學語新鶯殊未滑」，趣。「張率吴中今有一」，俳優語。「自許山川儲歲月」，能寫自己本色。
夏州亂　古穆。
黎女歌　風土志。「歌中答意自心知」，差不俗。
伍仲元老人飲酒歌　「高冠細袖長人也」，俳。「無人獨爨青松把」，真。
送帥從龍北上　「方悲世道交情歇」，閲歷語。
寄麻城周少愚太學　「含情含涕與君論」，悽惻。
送徐吏部出參閩藩　「山川不鬱精靈色」，正大。「知君遶屋樹宜男」，祝詞。
送彭虎少歸滁陽謁丁僕丞馬司理　「瑯琊遷客寄書來」，序次得。

送蘄水胡啓賁之通州　「直是時流重曲全」，粗。「水清石見渾常事」，微詞。

答恒叔並憶夢白伯符　「如今曉事歸年少，漫道長安吃子雲」，如題。

別曾人倩　浄。

水亭觀右軍真迹得誰字　有興。

送安卿　「迎如星月送如雲，個人貪着茜紅裙」，煙雲拂拂紙上。「昨日悲秋今憶秋」，得意句不減希夷。

過貞湖王孫問疾　「視日相看怕蕪没」，摯。「世亦不復貴此物」，傷世。

長卿初擬恣遊浙東勝處忽念太夫返棹悵焉有作　「侵雲瞑石啼玄豹」，長吉。

送謝君實理高州　「珊瑚幾尺高摧藏」，昂藏自許。「東海勞僧湘漢南」，僧號大勞。

送李參知侍尊人以魯邸傳歸漳浦　「眠教女子護春衣」，曠致。「北穀揖書黄石情」，華贍。

送鄭見素遊江東　「但聞春草爲春生」，殊不勝情。

寄嘉興馬樂二丈兼懷陸五臺太宰　「穿池散花引紅魚」以下數句，婆娑小景，詩中有畫。

立春過鍾陵訪黄明府貞父偶興　「淡月梅花引心素」，好。「便移彭澤五株柳，來就河陽一縣花」，尾太填實。集中往往如此，是一病。

送曾舜徵衡山　「此生薄相自應爾」，便。「來振西方白蓮社」，語未化。「有情身中無盡藏」，少致。

以歌代書答趙仲一　純疵相半。起鈍。「未葬滕公得趙公」，即相切着，亦屬俳氣。「有母閒居差不惡」，句義乖。「無家古寺堪留客」，豪。「一番西笑無秦人，龍泉泰阿知我者」，勁挺。

送周子成參知入秦并問趙仲一　「自言平生歷落心好道」以下數句，清空一氣如話。

東館別黄貞父有序　佳事，能令詩佳。「天機偶發非涼温」，此中有致。

粒粒歌　「清遠樓頭笑一場」，哭不得。（以上均爲七言古詩。見《玉茗堂詩》卷五）

古意　「春澹曲墀滋，風輝遥翠時」，許多曲折。「迴淚濕青絲」，漢魏。

九江送王元景之登封　都在意中，妙妙。

送華楚客歸夷陵　「瑶琴清怨和」，亦幽。

德州逢李道甫觀察　「煙雨嶽雲平」，好句。

河上送張明府　「鳴琴當夜色」，蒼渾。「自古欲長嗟」，弱。

送袁生漢中　「渚莢浮衣碧」，做。

河林有酌　「故心人不淺，秋色夜方深」，流對妙。

初至江關　中唐。

送歐虞部　「鄉心到草亭」，令人思。

送客湘西　末數句，悽清。

對客二首　第一首，「去住人難定，登臨酒易醒」，傷感。第二首「多年成散木」，拙。

題王逸人莊　有光有影。

江上送張七歸楚　「雲霞江色杳，梧竹野陰和。世外何妨笑，人間忽自歌」，常意，頗能播弄。

送客歸岳州　虛字下得響。

金陵西園作　穩協。

江樓送東粵翟先輩　景色湊手。

秋夜入廣別帥郎　「昨夜秋聲起，相逢憔悴時」，情中景。

將之廣留別姜丈　「山水澹人心」，古人用「澹」字輒妙。此亦妙。

秋發庾嶺　描「發」字透徹。

小金山同陳潯州冷提運送軍府夜酌四首　第三首「鷗輕浣欲來」，細。末首「今朝學送迎」，趣甚。

園居示姜緒父　「夢隨芳樹遠」，悠藹。

平昌送屠長卿歸省　「鐘聲晚隱牀」，自別。「西遊人未老」，貼歸省。

雁山種茶人多阮姓偶書所見　「暮雲遲客子」，奇合。

送古萍歸百丈山　綴景是臨川勝處。

戴師席上送王子厚北上子厚名渾然司徒北海王公子也有物表之姿昔人之度溽雨來辭戴公平生不飲此日連舉兕爵數度公笑曰吾之郿原也用原字贈詩命僕就和　「臨風寫緑尊」，「寫」字更妙。

送何衛輝時喜潞藩新出　應制體。

送王比部供奉採藥扶侍太夫人歸粵比部故侍御殿中　「先抽美草占年樂」，見大。

懷帥惟審　熟甚。

送王侍御以論耿公歸蜀侍御故吉州人　得忠愛大體。

送饒太醫歸東邑　結句妥。

送吴竟父西歸運司伯子　「海賦能添出素波」，牽率。「爲到故園梅色蚤，可堪青鬢客愁多」，時調。

送程中舍還朝　清疏。

大樓僧真這　俊。

問薛太學近洙　「薛君章句與誰傳」，是眼。

送劉祠部視學南中　應副詩。

戲李季宣　新綻。

戲贈梅禹金　流麗。

送李于田吏部北上　與送劉祠部等耳。

送饒司理順德　「厚禄久無堂上老，長貧多謝里中兒」，着句老杜往往有之。

送來黄梅　「潛廬半入吴都盡，江漢遥分楚塞長」，唐調。

劉君東下第南歸　輕憐痛惜之意正深。

答君東天津夜泊　「月落長河半樹雲」，口角宜人。

送林廷任之進賢便歸閩省　意能轉出。

于中父餉薊邊便歸金壇　悲壯。「幾人長劍在崆峒」，「在」易「倚」，尤妙。

送周鄞縣 座師余相國家鄞也君便道歸湘潭省其兄方伯殿中君　「并是清湘棠棣花」，括合題意。

蔣蟄父宜春以文履繡胸留别却謝　動筆即來。

寄馬長平理盧州　結句是「寄」。

虞惔然在告　「心深不滅三年字」，不陳。

送王淑父理廣平有懷馬長平　「見説衙齋好讀書」，草草。

送長沙易掌故　寫景如畫。

送林志和巴陵　「風定漁歌入夜聞」，輕綃。

送陳仲道餉延綏歸嘉定州　「解道峨嵋似遠山」，恰好。

送李獻可賁馬價薊門便攜家歸華山　末二句，亦遠。

送牛光山暫歸涇陽　中自不平。

奉懷羅先生從姑　「鶴唳月明珠樹裏」，莊雅。

送譚侍御歸茶陵侍御疏閣中故有絲綸簿爲大璫竊去觸璫詔旨切責問出何記御史臺爲言竟謫歸傲然。

送黄觀察雲南　「獨憐妻子不之官」，動人鄉思。

約謝吏部先九日同令弟友可伍山人仲元造池上　後聯描出先九日意，妙。

新歸偶興　不俗。

八日謝家池宴二首　「杯摇明月水心亭」，對勝。「鳥下波光白可憐」三字，妙。

小閣　題已無俗意，詩自稱之。

送於掌故宰彭澤　「折腰須是向人間」，不與陶公争氣。

麗陽十憶　《琴石》□靈語，集中不多得。《釣磯》，「好溪真有釣魚磯」，詩餘剩品。「釣絲春惹落花泥」，詩餘。《虚廊》，「來去蕭蕭説暮鴉」，虚極。《響瀨》，「響」字體貼。「山溜迴春吐紺花」，力摹。《崎巖》，「倒影暫能熒翠碧」，運得來。

送徐司理金華司理時以縣屬相戲及之　官樣，有韻。

送劉襄陽　「遊人偏處是山川」，脱。

送徐司廳歸越　「暑路獨宜驅傳早」，意勝於詞。

永嘉送客遊金陵便謁王恒叔參知濟南　「遶夢落花消雨色」，出色。

過曾贈公舊宅時參知曾君如春在秦　情感依依。

平昌得右武家絶決詞示長卿各哽泣不能讀起罷去使寄張師相感懷成韻　字字悲暢。

和劉季德平昌一蓋樓撫琴贈别　「一燈花雨向誰開」，生動。

寄岳石帆　「吟餘徑竹山禽語，坐久庭花野鹿啣。解事小兒陳夜飲，閒情少婦襞春衫」，玉茗佳事佳境。「烟雨樓西看石帆」，寄。

送姜耀先寄懷周臨海　無棘口處。

初歸東高太僕應芳曾岳伯如春　雋永。

次吴本如言歸　「風散墨香詩卷浄」，風華。

送王性凝叔彝還盱並問登州王使君　「因風一問蓬萊守」，綰帶。

送傅觀察以故重慶起監平播軍　送意婉盡。

傅參戎朝鮮過家有作　壯。

送葉梧從嶺海歸獨山　清澹可見。

送張自雲兄弟歸新渝　少塵土。

送張廣陵　清翠。

戲答錢塘姜永明　「答開油壁上郎船」，末句有思。

南海郭觀察夢菊約西城市琴集别袁滄州文穀　第五、六句，晚唐。

寄羅青浦有懷舊令長卿　「自愛梅花索往篇」，偶然得句正佳。

七夕送李叔玄新第表還永春成禮　得情字。

送沈師門友張茂一餉使歸覲蒲州相國有感江陵家世　「紫氣尚憐張壯武，青韶同事沈休文」，整。

過安福舊邸口號　「薰爐重對護時衣」，親切。「歸家少婦迎門問」，懷舊深情，餘溢聲外。

聞俞羲烏稍懊外出慰贈之　情景雙合。

南漳魯子與出理廣州過别　「行隨世路追歡少，坐歇流芳飲恨多」，有擊筑碎壺之概。

梅庶吉公岑席中送衡湘兄固安　「十年春草禁烟深」，冠冕。

寄傅郎將　「火旗夜扇閩山熱」，英雄句。「一生金印不曾看」，較「寧爲百夫長」句蘊藉多矣。

鄞中關繆侯祠　「廟貌全依秉燭光」，壯中帶巧。（以上均爲七言律詩。見《玉茗堂詩》卷八）

懷計辰州　結句入格。

潞河迎拜龍峯張老師公起越州即授虔鉞舟中琴客碁師蕭然永夕高而賦之　「身非從吏容窺局」，放安琴碁好。

再送君東　「尚拾流鶯窺太乙，還驅積羽向天池」，期望語。

第後寄玉雲生有懷帥思南　「香風射雉饒丁壯」，自奇。結句含蓄。

送陳立父理越　「雨氣殘潮月上時」，出脱。

送時確山暫歸蘇臺　詩料。

送姜司農入秦　「書通蒟醬時抽簡，酒到郫筒一命杯」，典嚴。

神樂院夜醉羽客　「鄒生正解談天去」，喜無香火氣。

牛首飲林尉平將出守南寧即贈　「江嶠籠晴挂飲霓」，即景。

悠然堂括蒼賓巖師隱處　末句平淡。

送丁生濟南訪舊　「末路分金古道難」，歷世語。

同孔陽宗侯陳伯達陳仲容小飲閒雲樓　「遠磬一聲分暝色」，唐聯選句。

明遠樓陳伯達陳仲容仲宣去諒夕燕前有宗生在座引去留之遲歌兒壓雪不至二首　第一首「夜深漁火帶鶯流」，幽。第二首出壓雪意，尤非勝場。

送胡瑞芝以東粤右丞入都行仲秋大慶禮萬壽日十七千秋日十三奇逢盛際也時君方以平播功貴望之　「萬歲歲當嵩九祝」，拈題亦慧。

送胡瑞芝開府貴州公美容温度前以平播功賜一品服及之　官樣。

答孫鵬初太史華容二首　「秋悲庭覆井梧黄」，閒雅。

平昌鐘樓晚眺　晚景宛如。「忽怪夜來星劫晚，諸天於此震魔軍」，每用禪家粗話減價。

九日送王巽父兄東下作　語漸逼真。

得湘中陳獻可書感寄　穩重。

哭戴愚齋老師師微病書偶語于門落筆而逝語云百年混世今朝始得抛除一笑歸真俗客無勞挽弔　「由來得道始逍遥」，率。「夢落江山氣未消」，挺挺。

送周咸寧應召公家舒莊僖同里期之　多借官銜作句，臨川一病。

送王孝廉東旭還越　「元龍有榻高留客」，少着落。「向後永安新夜月，海天遥對一舟虚」，遠。

奉和吴體中明府懷達公　「身外有身雲破曉」，楞嚴妙旨。

再次吴明府韻寄太史仲父之作　錦心繡句，不下盛唐。

送費師之寄兆卿　「一盃芳草寄題箋」，婉轉。（以上均爲七言律詩。見《玉茗堂詩》卷九）

揚州送郢上客　「江北江南寒食天」，會景。

遣夢　「來成擁髻荒烟合，去覺搴帷暮雨疏」，來成去合，夢境分明。

思達觀　「看花泛月尋常事」，得大休歇。

草堂　「分付流光與鬢霜」，百年同感。

陳公園　疏澹。

歸雲亭懷何賓巖先師麗水　「山川長見鼎湖雲」，黏襯合。

初歸　「春深小院啼鶯午，殘夢香銷半掩扉」，宋人好詞，勿問氣格也。

首秋玉石臺送胡元吉楚返芝湖　纖矣，晚唐何疑。

壬寅中秋後三夕送劉天虞歸秦至延橋別作天虞以潞守清强忤中貴謫稅嶺外歸道饒陽迂迴過我三日而別能不心傷　「夢回殘露滴蒹葭」，眼熟未厭。

劉天虞暫歸汝南別業寄聲趙夢白馬長平　「趙璧肯爲秦柱碎」，補綴。

送周富滿臨海尉赴象山巡檢富吾家舊小史也出身傍人而事予甚謹憐而送之　「秋光去後何人憶，紅木握開海嶠清」，可繪。

覺右武有病悲之　「當歌欲別思來日」，意緒似縈。

聞東邑愛慕前令伍象明爲築臺思之欣東曾明府二君皆蜀才也　「谷向朝陽晴色滿，山當獨秀暮雲開」，明淨。

閒雲樓宴呈張師相 二首　第二首，合拍。

杏花樓宴答張師相 二首　清高致爽。

建安曲池夜歸醉和　「遶徑春歸客未歸」，會心。

秋初擬峴臺送袁滄孺明府丞郡金華四首 有序　第二首「看君似厭蘭陰酒，爲盡臨川水一杯」，味自不薄。第四首，末句如此絕少。

和答清公軍中秋日寫懷下勞山戍雷陽止觀六祖寺聞送稅使章江只尺臨川不到問之　只是掇合好。

余如竹喻叔虞夜宴閒雲樓有作 二首　第一首「一卧閒雲聽曉風」，鬆。第二首「歡多燭瀉風前語，年少尊開物外情」，實實虛虛。

圖南邀宴其先公瀑泉舊隱偶作　一篇意活。尚嫌「澹臺」二句景實。

再送念父遊鄂並問郭美命孟義甫　「別夢遥隨芳草多」，流活。

懷袁中郎曹能始二美二首　第二首「江外雲山一染衣」，佳句。（以上均爲七言律詩。見《玉茗堂詩》卷十）

送艾太僕六十韻　「御梃驚魂落」，事佳。「文章霑入霧」，見筆性。「天在山難畜，王明井必收」，不必。「月卿争祖席，雲從識仙舟」，詔令。「英雄懷玉劍」，不呆。

同董光禄望雪漢西禪閣陪胡瑞芝武部　清妥好詩。

高座寺懷可上人　結句亦微。

萬侍御赴判劍州過金陵有贈　借封事挑比。「心知且一杯」，痛。

尉徐聞抵家直丁侍御莊浪備兵遷越歸覲遠遺西物却寄三十韻　「月低枝鵲遶，風細嶺猿號」，唐調。「臯蘭漢欲鏖」，趁韻。

伯父秋園晚宴有述四十韻　「伯也垂雙鬢，公然一老儒」，厭。「詩賦可賢乎」，何必爾。「少花秋莫冷，多酒日堪晡」，別致。「何得有肌膚」，劣。

秋日西池望二仙橋　從「望」字生神，極品。

酉塘煙渚憶大父徵君　「星落少微隱」，是憶。「不知稽叔夜，清嘯若爲長」，摩詰與把臂。

陽江避熱入海至澗州夜看珠池作寄郭廉州　「爲映吴梅福，迴看漢孟嘗」，點鬼。

喜劉温州奏最述懷　「遠心多欲警，疏骨久如馴」，體貼出來。「筆花春減舊」，眼前妙詞。

謫尉過錢塘得姜守沖宴方太守詩悽然成韻　「雨齋深蟋蟀，晴檻淺鴛鴦」，下「深淺」二字，通句便妙。

奉寄南少宰葉公 有序　排律極似聯句。「樂語司成並，盃行右允偏」，硬入銜名。

送仲子太耆入南雍感舊奉贈大司成太原傅公三十韻 有序　一篇偶處多借，較鬆便。

奉贈觀察漳浦薛公三十韻 有序　「風雲含韻古，日月動懷新」，雄。「影畏中庸獨，聲歡大雅馴」，做作。

答太傅于田李公河上四十三韻 有序　「地大有非常」，誕。「晚山清木葉」，襯出。「死士千金得」，以虚而妙。「公腰水玉蒼」，麗語。「如雷浪不妨」，渾。「岵屺皆殊役」，不擇言。

答淮撫李公五十韻 有序　「交初識肺肝」，真交誼。「古來千里曲，何日爲君彈」，悠然。

敬和任太府處州奏最紀瑞作　「惠心調物理，嘉氣接天和」，作吏者知二句精理否？

玉版居述懷贈黃貞父進賢三十韻　「道疑冰雪宵」，理足。「風雲路有程」，淺率。

與劉浙君東　「韶春把鏡前」，活。（以上俱爲五言排律。見《玉茗堂詩》卷十一）

奉贈趙宗伯二十韻　七言長律不易作，寧割廢勿貪多，便無夾雜。第二句，粗。「丞相憂邊能宛轉」，絶湊。「雷翥千年逢少海」，練。

嶺外初歸讀王恒叔點蒼山寄示五岳遊欣然成韻　「暮雲江水翠於藍」，自然。「碑版窮搜子亦貪」，塞白。「也學素封千樹橘」，亦不尋常。「婚娶何年到小男」，俚。

次答鄧遠游渼兼懷李本寧觀察六十韻有序　序：「昔人已云」等句，一則六朝致語。「乃以殊致之韻」等句，晉意可掬。「邑犬羣吠」等句，文字激昂頓挫，在意□之表。「並是知己，無妨嘯歌」，雅人深致。詩：「語到牢騷上酒遲」，得致。「故代桃僵李不遲」，峭。「悲翁少婦惜吾咿」，入情。「一尊黃菊正東籬」，魚魚雅雅。

瓊花觀二十韻　「偏度春陰許鶴知」，靈句。惜上句（「似聞人氣翻鸞舉」）不及。

用韻和方玉成二十韻　「溢城雪照秋雲白」，有推敲。「露重草根深蟋蟀」，

園林合有之語。「況復他時使者車」，一句頌。（以上俱爲七言排律。見《玉茗堂詩》卷十二）

子篙灘　清佳。

憑頭灘　可畏。

飆風燕灘　「掠水春自驚，遶塘秋不見」，虚籠二句好。

浪石灘　數詩多嶺南作，故多自寓。

五羊驛　意外思之。

廣城二首　第二首，小巧。

惜東莞祁生　本色生情。

羅浮上簾泉避雨蝴蝶洞遲南海崔子玉不至四首　第三首「美人濕不來，暗與梅花語」，翻新。

海上雜詠二十首　可備風土志。第四首「耳帶山鷄白，微低撫翼聲」，肖。「紺花浮凝點，犀箸走流香」，令人口涎。第十七首「銀刀飛寶匣，金蒂壓花枝」，六朝。第十九首，唐絶。

英德水　字無虚設。

新歸　嫵媚。

西池　風風雅雅。

陽穀店丁亥　畫。

廣陵偶題二首　所謂「衝口出常言，情真理亦至」者，妙，妙。
呼春鳥口號二首　所謂「絢爛之極，乃歸平淡」者，妙，妙。
去錢唐别劉季德關叔秀　「難自懽」，三字深。
雁山迷路　有天趣。
廣陵有贈　纖妍。
丁酉三月平昌率爾口號　第一首，巧。第二首，傷巧。
韶石　亦不惡。
羅浮夜語憶明德師　丰骨自高。
青霞洞懷湛公四首　第二首，幽仄。末首「千秋好流涕，湛子不爲家」，似有惜意。
夢亭　口頭語，妙得禪趣。
十詠　第一首，慨絶。第七首，語不得。第八首，兒女情長。
夜書梅花閣　「夜久光如積」，靈動。「馮軒此聞笛」，恰好。
平昌聞右武被逮慘然作　悲壯。
題溪口店寄勞生希召龍游二首　第二首「云何冷水店，尚有熱心人」，弄巧成俳。
景州董子宅同高柏莊長者二首　不過切仲舒耳。
高唐同計偕嘉興陳公九德午火偶一走馬伎人來侑飯陳故盛德士時有故人

守高唐不受謁爲題壁惱之四首　末首「何處可留髡」，趣。

新汲　奇古。

吴序憐予乏絶勸爲黄山白岳之遊不果　序亦是妙人。聞説金休寧，謁選者百計營之而抽豐者往往於此取道。臨川詩，一帖清涼劑也。

徐聞留别貴生書院　棒喝。

觀劉忠愍公手筆口占　五字傷情。

憶無懷伯宗　亦苦。

贈龍君揚公子淩玉泰和三首　第一首「龍門開日日，何得尚爲魚」，化腐。第二首，不脱「龍」字。

麗水堰堠同吕紹櫆王良聘吕故畫史吕紀後乃云與時貴銀臺使通籍王先人某進士死于孝及之二首　第一首，獎許特甚。第二首，古絶。

楚江四時　第三首，淹遠。

野意　境與情會。

燈曾韻和山子四首　幽懷含吐。叶「曾」字恰妙。

哭妻江女子二首 有序　女子善能傳人□。王涣之雙鬟發聲，宋之問眼容片紙，千古定評。何也？心空而眼慧也。此本（俞娘評本）惜不傳。臨川未知有今日之共嗜也。

癸卯秋宿鍾陵玉嶺公館兒開遠年十六侍憶余弱冠時過此初移竹置館焉四

首　第三首，幽趣。

四阿羅漢口號　伏虎禪偈。

送客九江有謁　淡遠。

得吉水劉年侄同升書喟然二首　第二首「文情不厭新，交情不厭陳」，名言。

訣世語七首 有序　序：大破結習，覺考亭家禮爲繁。《一祈免僧度》，亦刺。《一祈免冥錢》，風刺。《一祈免奠章》，確甚，妙甚。如此奠章，千古攧撲不破；不但死者無愧，更省乞文製章之費。奢救以儉，宜著爲令。《一祈免崖木》，速朽遺意。《一祈免久露》，達哉，達哉！

忽忽吟　「含笑侍堂房，班衰拂螻蟻」，至性。（以上均爲五言絶句。見《玉茗堂詩》卷十三）

黄金臺　氣格老。

送趙大歸齊　得送別情景。

送秦次君之汴　得送別情景。

送陸生遊齊　得送別情景。

送鄭午陽之文登　似遊仙。

武進道中　豔詩。

梁溪　「太湖西去有雙門」，意淺。

宜興道中　亦豔。

看賈胡別　有聲調。

王小坏去溧陽　渾成。

秀州　宋人好詩。

金竹　田家行。

宿鍾樓尖　實。

赤鑄山　得此句不呆。

穀池店　景勝。

望春　少靈氣。

病酒答梅禹金　平平。

答龍郡丞　使事馴而欠靈。

江宿　能運。

豫章東湖送客　即境。

與劉東流　自慧。

寄林巴陵　「白雲飛滿洞庭秋」，雋。

胡姬抄騎過通渭　帶風致。

弔西寧帥　千古吞聲事。

南華寺二首　禪偈。
送責水絮人過萬州　風土詩。
平昌青城山　自負耳。
黄塘廟　「平昌令尹聽吹簫」，自負。
松遂界石鏡　畫。
送客信陽謁何太史　脆。
漫書所聞答唐觀察四首　所聞不知何指，但見意調澤融暢足，逼唐。
東莞鍾宗望帥家二從正覺寺晚眺讀達師龕巖童子銘三絶各用韻掩淚和之
不能成聲三首　妙在有情無情之間。
帥從升兄弟園上作四首　第三首，爲四劇意得。
九日聞鍾宗望文昌橋畔思鄉二首　第二首「故向新橋作淚流」，雅謔。
送宗望四首　第二首「芙蓉清露濕衣裳」，恨人道過。
平昌君子堂　循良在眼。臨川公作吏乃爾，不愧萬家燈火。詩亦非浪傳
者矣。
題雙輪走馬燈　「楚騅歸去漢龍嘶」，化工肖物。
粤裝偶見祁羡仲刀子　豁寫胸臆。
嶺南踏踏詞二首　俱是實録。

石城送蜀客梧州　婉至。

徐聞送越客臨高寄家雷水二絶　第二首，款近自然。

徐聞熊明府以鷄舌贈别期復爲郎也却贈　其神傲然。

江中見月懷達公　窺得宗風。

聞許伯厚入都　矯然。

關南上橋寺候黄觀察善卿殯不至漫占催裝詩三首奉呈唱輓諸君子　第三首「黄泉咫尺淹如此，得似人間行路難」，妙會。

懷貞父長安　「孤山月下看梅花」，自然。（以上均爲七言絶句，見《玉茗堂詩》卷十四）

韶陽夜泊　穩協。

湘陰曲有贈　姿韻依然。

小孤夜泊　妝點。

淮青橋弔許公　逼古。

高座寺爲方侍講築塋臺四絶 有引　第一首「寒食年年挂紙來」，意痛。第二首「清明不哭怕梅家」，趁筆。第三首，比擬傷絶。

樓外二首　香奩詩。

雨蕉　隱約妙。

七夕醉答君東二首　有大不平。

少婦嘆三首　第二首，唐絶。

寄甘子開　「聞君何自不爲霖」，傷巧。

人日　會盡人生。

飲青來閣即事八絶　諸絶皆有鞦韆句，一、二、四絶居勝。第五首「大好今年寒食天，夕陽樓外春鞦韆」二語，常。第六首「風烟如此亦江山，滿目春心不閉關」，掉弄好。

江上圖　大現成。

醉答君東怡園書六絶　第二首，氣軒眉闊。

重得亡蘧訃二十二絶　西河之慟，臨川最切。詩數十首，幾不擇音。

懷龍身之蕪陰舊遇因時有皮寨之役感身之前平五開有云二首　「掣鰲無奈黑風隨」，累句。

君東病足戲爲臨川之約二首　第一首「俗人行處不曾行」，謔浪都是妙理。第二首，不復有餘乃妙。

再寄身之二首　第二首，輕倩。

懷身之初度并弔楊臨臯監軍二首　第二首，淡妙。

辛丑社日至良岡憶壬申數年事泫然口號　讀者潸然。

代答　都佳。

南昌弔羅維禎青蘭山居偶成　遠神。

口號寄馬長平初見長平于魏老卜肆感懷　「一笑相逢俠不降」，妙。

水月疏山尋達公遊處并問吴選部四首　第三首「當中一佛我莊嚴」，醜句。

武家樓西望塔下寺　作詩時景。

吴拾芝訪星子吴句容并招謝山子廣陵四首　第三首，起得俊逸。

清明悼亡五首　第二首，與情詞不同。

上巳燕至　清迴。（以上均爲七言絶句。見《玉茗堂詩》卷十五）

天竺中秋　秀拔。

陪張師相桃花嶺即事十絶　第一首，儘莊雅。第五首「大好明年三月三」，第九首「西笑未須愁虎豹」，慣用。

玉版師別意贈貞父十絶　第一首，喜於撮合。

羅溪橋柳絲別意再贈貞父十絶　第三首「依依拂拂又迢迢」，李易安句。第四首「雨氣湖光柳色西」，疊得妙。

哭丁元禮十二首 有序　第三首「隱約沖天一段嗔」，不成詩。第六首「白鶴重歸説姓丁」，韻脚巧同。

嘆卓老　「知教笑舞臨刀杖」，似卓老。

相者過盱却寄曾舜徵二首 舜徵故明德師弟子　第二首「春色漁歌起杏壇」，妙致。

題蘇判畫四首　詩妙。不必□目，便知蘇畫之工。

孫巡司還嘉禾懷馬心易岳石帆二首　第二首，蕭散。

和袁明府送周陽孺歸蘄二首　第一首「三角山前菜已花」，自然。

法堂僧説泥丸事二首　第二首「傳來太乙近天都」，古句。「救得蓮花七佛無」，語率。

送錢簡棲還吴二首　第一首，開口便説宜伶。第二首，軒軒霞舉。

送余玉簾二首　第一首「静捲爐煙看玉簾」，拈合。

夏寒　「昨夜還衾一葉綿」，不着色，妙。「在京渾欲炕頭眠」，拙。

懷王參知松潘　「羲之只作常言語」，註脚妙。

撥悶偶懷江陵相以下八公　四言興亡歷歷。

送桂文學歸慈谿兼訊姜給事松槃　第二首「大有姜湖人釣雪」，不請客。

東隱僧在袁明府齋頭　「亂藤黄葉挂秋陰」，冷然。

送客湘東　繡口。

寄劉天虞　「秦中弟子最聰明」，率。

楚江秋四首　第三首「大有行人偷下淚」，慣用。

蕭臺懷古　蕭颯。

聞姜仲文使君卧閣旬餘懷不能去漫成六首　第四首似閨情。

柳絲樓感事二首　竹枝柳枝詞。

聞李伯東使君報推河南薇省喜見乎詞微有將離之感矣二首　第二首「掣袂還過五老峯」，如題。

夢惟審如送粤行時别淚二首　起都草草。

己亥發春送達公訪白雲石門過盱㕣明德夫子二首　妙眼。

對紀公口號四首　第三首「去旁香鑪作鳥窠」，俗。

送李賓卿孺德叔侄吉水口號二生予通家門士秋埸爲劉臨川所録來求資具以北戲之四首　「劉郎種李似桃花」，巧。

十年後平昌士民齎發徐畫師來畫像以祠遣之四首　第一首，渾雅。（以上均爲七言絶句。見《玉茗堂詩》卷十六）

華西四絶寄王道服岳伯　取神詠景，渾然唐韻。

重過采石　澹入工利之想。

玉蘭花開和張師相　隨題捏就，何其便也。

讀錦帆集懷卓老　「慧心人遠碧湘流」，句妙。

送客麻姑便過盧岳飯僧二首　第二首「王孫高興逐年新」，俚。

春夜有懷謝芝房二首　「每到燈時一舉杯，參軍書去隔年回」，深懷淺寫。

武陵春夢　金荃玉臺之流。

暮江圖　　王右丞。

梳洗作　「還藉香簪瘦客花」，精工。（以上均爲七言絶句。見《玉茗堂詩》卷十七）

甲申見遞北驛寺詩多爲故劉侍御臺發憤者附題其後　　高古絶倫。

長安酒樓同梅克生夜過劉思雲宅　「新豐滿市無人識」，高在此句。

朝天宫　「紫雲殘夢玉簫和」，賴此句襯雅。

贋句　情傲。純見若士手筆。

西興懷古　一幅小景。

丹徒民張昱奏其叔占收第一祖宋高宗皇帝駙馬培賜物及第二祖蔡京丞相女奩物并發吴慶封濞子塚寶物萬萬絶倒偶成　更爲絶倒。

罷令歸過太末　作官之苦可知。

卜兆作二首　第二首「長是深林帶女蘿」，托寄。

送豐城陸郡博廉州二首　第一首「數程猶未到天涯」，氣厚之句。

寄平昌時葉諸生爲護鄭太守碑金石之文也二首　第二首「時一看碑到射堂」，妙在直説。

聞黄太次計偕過别鄧直指新城遂遊姑山有所愛憐特遲來棹至閏冬仲過予止其行暫住芙蓉西館立夏南旋燕言成韻用紀勝集云爾十四首　第九首「未必思君獨細君」，體貼妙。第十一首「繞塘流水吐庚辛」，何用干支字面。第十三首，幽活淡和。

謔客二首　第二首「清寒能遇素心人」，説得有品。

玉茗堂校定冊府元龜藏本偶觸浩嘆　《冊府》苦無善本。若士所校定何在？予將寤寐求之。有出而公之者，其人亦千古也。

送洪雲入都暫過毘陵四首　第二首「一指堂前霄漢心」，矗然。第四首「客路何如鄉夢長」，唐句。

送郡丞雷實先還郢并寄舊丞聶慶遠四首　第三首「腸斷聲祇在瞿唐」，兼説好。

鴻乙樓四首　第一首「纔是城隅酒一杯」，深婉。

聞瞿睿夫尚留章門睠然懷之六首　第三首「獨憐慷慨投心地」，幽憤。

章門送劉沖倩之虔臺四首　第二首「紅梅還寄一枝看」，脱换。

同陳元石送劉琪叔歸山陰三首　第一首，古澹淵永。第三首「但是逢春春自傷」，婉孌。

送郴士陳元石嘉礎歸黄安六首　第三首，亦豪。第五首，不勝昇平之想。

送遼幕過居延二首　第一首「一夜能高木栅城」，方略。第二首「酒債胡頭誓不空」，痛快。

送道兄鄒華陽入越二首 有序　「獨羡贓官歸老健，一生贏得不求丹」，嘻笑怒罵，讀者有省。

蜀客歸娶者贈之　　豔中帶泠。

書金史後　　落筆惘然。

銅雀伎　　千秋定案。

見改竄牡丹詞者失笑　　不是怙短，却怪點金作鐵者。

送劉大甫謁趙玄沖膠西　　節義肝膽，筆有血腥。（以上均爲七言絶句。見《玉茗堂詩》卷十八）

（《玉茗堂集選·詩集》）

玉茗堂文集題詞

若士自評其長行文字云，平生學爲古人文字，不滿百首。夫古人文字，貴多乎哉？秦、漢而上，其文少而愈貴，宋、元而下，其文頤而愈賤，何也？自云，事關國體，或得以冠玉欺人，且多藏書，簒割盈帙，亦借以傳。常自恨不得與館閣典制著記。求文字者，多郵翁小儒，小墓銘，時義序耳。因自頽廢。夫古今秉朝家經制彝常之筆，不可勝紀，大半付烟月銷沉。而寒士遺老，單文獨著，千秋不泯，且必欲吞剥撏撦，類穿窬所爲哉！自云，名亦命也。韻語行，無容兼取；不行，則故命也。此又若士極憤懣不平，托之不可知之命以自解。而文之至者，一人知之，後世知之，非如制義之得失，升九天沉九淵者，命以升沉之也。若士積精焦志於韻語，而竟不自知其古文之到家。穠纖修短，都有矩矱。機以神行，法隨力滿。言一事，極一事之意趣神色而止；言一人，極一人之意趣神色而止。何必漢、宋，亦何必不漢、宋。若士自云，漢、宋文字，各極其致，是也。又云，國初文字，宋龍門開山，方遜志已弱，李夢陽以下，骨力强弱巨細不同，等贋文耳。若士不肯爲其贋者，故寧少無多。又云，古文賦，秦、西漢而下，率以不足病；唐四傑、子美而外，亦無有餘。從其不足而足焉，斯已幾矣。臨川無所不足，故一篇之中，寫理入微，援情窮變，涕泗歌舞，有並時而集，異時而擅者焉。真也，有餘也，非漢、宋字句之謂也。後生學人優孟於漢、宋字句，而是漢非宋，或易宋難漢，且不知有宋龍門，亦何知臨川之所以臨川哉。知臨川真與有餘之解，可以言文，可以言臨川之文。

（《玉茗堂集選・文集》卷首）

玉茗堂文評語

奉别趙汝師先生序　「今一父母之邦而已，未有少不如意而得去之者。非其勢，亦非其情」，重有傷感，于勸駕及之。「夫以侍人而知大人，宜不忍爲。然則以相其可也。今可以相而知之時也。若猶不得存其身，且可因而存其言。言而從，即其身爲之。不從，雖不忘爲天下之心，而我無逆也」，迴環宛轉，文情相生，坂之九折，而河之九曲也。「天下事可盡言哉」，説不出，不説更高。

壽方麓王老先生七十序　清轉之筆，褒刺美好具焉。最厭壽言中「智樂仁壽」、「天壽平格」等語，此文洗而空之矣。

壽趙仲一母太夫人八十二歲序 有歌　「嘻，子綬至與其母爲綿上之操，而趙君得從太夫人歲相浣濯爲家園之遊，此又臣子之大幸也」，結拙。「捉刀刈禾封豕羊」，古歌。

吉永豐家族文録序　褒揚美裔，詳而有體。「雖然，宋元亡而子宗之文物有在者焉」，一句點出通譜，甚雅。

周青萊家譜序　「天下之生久矣，有一於此，可爲有人，況其三乎？有一人於此，可爲有姓，又況其三乎」，下筆潔爽清辨，能如其人。「爲吏而廉，未有若廉州公之爲烈也；士而隱，未有若無懷氏之秀。而貞於大章，爲其家言，亦未有如比部君之篤者也」，收亦緊。

大司空心吾張公年譜序　條條達達，鳧短鶴長，各適於體。分兩段，筋轉脈摇。結老到不弱。

睡菴文集序　拖沓沾帶，有段落行止，古文中之下乘。「有以秀鬱而蒼發，或千餘言斾如其舒，或數十語棁如其詘。如霧流烟，如雲漏月，如洗峯嶽，如扶坱圠，雖其稽積衍按，尚未極其曉世之情。其必不爲世人，而爲道人文人也決矣」，大都形似文章處墨氣烘染極妙。「發端未識，得其里人與之患難而迫之起；功力未竟，得朝貴者與以賤貧而慫之成」，時文氣。

騷苑笙簧序　應待中之作，得詩人激刺之旨。

滕趙仲一生祠記序　中有自豎處。「豈有執政之禮不先，而手版立其門者」，古人。「精神才力體貌，三者皆天下之利氣也；而數以示人，其容免乎」，不深於道德之旨，不能爲此言。「雖然，有數」，何秃。

雲聲閣草序　夷澹恢渺，開近時江右文派。

趙仲一鶴唳草序　「趙仲一如相如抱璧睨柱」，小家。「孰與夫不好鶴者，放之嵩華江海之間乎」，所語神雖王不善也。

滕侯趙仲一實政録序　「誅殺不必則令不信，不信則不行，如是則國弱，令不行。雖有地方，不可得而盡也。如是者國貧，貧則事雖小不可舉。事雖小不可舉，則是與亡國同也」，蘇張文字。「公所費修治公私署堠，禮際惠振，收恤士民，爲民贖子婦所亡失，立芟舍牛種以業流集者，復不在是」，插敍極有法。「公雖進不得如管葛諸公，主臣一心，光贊盛業，退猶免于吴起衞鞅刻厲之禍。其亦幸而生于王者之世夫」，末一意畢竟不可少。

趙子瞑眩録序　「先天地以來即有性善一方」，是湯子説書。「雖然，不瞑眩則不受藥，瞑眩則其受藥處也」，能轉。自「問者曰」至「天下霍然病已者矣」，崇論閎議。

趙仲一鄉行録序　純以呼應得周。「乃更有不好趙君者」，波折。「凡譏削趙君者，亦皆忠信廉潔之老」，波折。「然後知趙君天下士也。鄉人難與爲行，不能不與爲行。獨秦而已耶」，挽强手。

調象庵集序　賈生之弔屈原，憑抉胸臆，一時意氣都盡。卒其所以邑邑而死者，才鋒之過露也。此論可爲才人之鑒。「氣往而旋，才距而安，亦人情之大致也」，踔厲創有。「殆非頻頻所了」，俚。「而天山有笠矣」，只是遁字。「聲音出乎虛，意象生於神。固有迫之而不能親，遠之而不能去者」，能貫能攝。

袾宏先生戒殺文序　「末流至使肉食君子肥不可動，昏不可靈」，罵得妙。

張氏紀略序　情至之文，不忍卒讀。「見短髮蕭蕭印月下」，添頰毛矣。「至云母子之間，徒以聲相聞者十四年」，讀至此，余不覺泫然掩袂矣。余猶及見元長先生。雖喪明，口授文字，能追取昔人塵土面目，而悲喜啼笑如生。況乎寫似自家骨肉乎？

蘭堂摘粹序　自「予知之侯之學殖矣」至「百家不可廢也」，一氣呼吸得全。

超然樓集後序　滿足。「既而頓首曰」一段，章法。「雖得公之文師之而萬一也」，句法。

李超無問劍集序　「心有目而目有睛。眉毫鼻吻間，盡奇俠之氣」，平敍耳，奇氣隱躍。「業已去書生爲頭陀，去頭陀爲將軍」，筋節。「然則劍不可得而問矣」，逸。「莊生説天子之劍」一段，援引皆有微寓，於含吐間求之。

學餘園初集序　「嗟夫，風煙草樹山川愉慍之情，行者居者，各得而習之。至若其鋪張摘抉，時物之精熒，人生之要妙，盡取而湊其情之所得至者」，全以神行。

太學同遊記叙　彪蔚以澤其質，敲戛以震其響。

二周子序　以魏晉人譯經文敍。

儀部郎蜀楊德夫詩序　雋秀之姿，揚葩掞藻。「育德蠶叢之區，耀穎峨嵋之秀，固已苞結藝文，優游玄釋矣」，六朝。「吾友帥機最愛《上林》、《甘泉》、《洞簫》諸賦，嘗曰：『蜀有楊君，世不減風流矣』」，帥言、楊言二轉，化板爲活。

吴越史纂序　才思富健，故斷論明通而疾力。「雖其俗易較便，亦其民性不重去就也」，簡練可法。「如此則謀臣子胥必入。子胥入，必霸而有越。有越，則西子必入。西子入，必扶子胥之目而食吴王之心，越必有吴。司馬氏有八王，而氏羌入。氣常然也」，立案大奇，得未曾有。

岳王祠志序　撫事揆情，殺王之罪，不獨檜專之矣。「然則若肅代之將李郭可與？曰，韓蘄王可以並郭，而王賢於李。高宗之資，不能爲肅若代，亦其勢然。蘄王逸而鄂王拘，非鄂王勇而蘄王智也。鄂拘，蘄乃逸；蘄逸，而鄂之拘不免矣。肅代雖疑其臣，不得而誅之。外多大藩帥，或以爲名。如李司徒召之不來矣，終不能有加焉。王之不肯爲李，亦勢然也」，特發一議。「夫王以歸而死，得爲世所哀憐。恌而往，王之爲王，未可知也」，知己哉。

春秋輯略序　經術。

孫鵬初遂初堂集序　木水火三喻，足爲清言之助。「賅此五者，故幅裕而藴深」，賅此五者，文之能事畢矣。

讀漕撫小草序　條鬯中有辨覈之能。「夫力豈有異哉，用之則大可以全，不用之小可以敗」，一篇以力字作骨。「恭固可以治亂，而塞所以積剛。彼亂而訖以不治，剛而不至者，無所積而空以才氣相急也」，註疏。

岳陽王氏宗譜序　「已有過之而相誰者矣」，句法。「故君子雖愛宗，常眦於其近；嚴祖，常窮於所不知」，《檀弓》文字。「吾安知瑯琊太原」，句勁。

義墨齋近稿序　悠悠浩浩，能盡其所苦與所自得。可爲學人一榜樣。「慷慨流連之際，至不容聲。與論詩歌曲度，能悟發于音外之音，致中之致」，磊砢英多。「試一題，至累日不能下。汪然若有遭，隤然若有忘」，神摹。

朱懋忠制義敘　昔人論文，有所云山流水峙者，其在氣機之際乎。「孫策起少年，非有家門積聚之勢，朝廷節制之重；然以三千人涉江淮吴會，立有江東。袁曹眙愕而不敢正視。然竟以蹶。此氣勝而機不勝者也。諸葛武侯精其技，至于木牛流馬；然終不能出漢中夷陵一步，窺長安許洛者，此機勝而氣不勝也」，定論。「雖然，持此三十篇者，正正堂堂，與天下智計之士奪纛而舞，江以東不足爲也」，數筆遒逸。

五燈會元序　「乃知文學盛則律嚴。律嚴利用解，故有契北之街頭，少林之酒肆。解慧學盛而解復狂。解狂利用肅，故有神光之定業，神秀之北宗」，抽我髻宇，示以衣珠。

王季重小題文字序　持論曠逸，志高而文舒矣。

攬秀樓文選序　「在聖門則曾點之空宧，子張之輝光。于天人之際，性命之微，莫不有所窺也。因以裁其狂斐之致，無詭于型，無羨于幅，峨峨然，渢渢然。證于方内，未知其何如。妄意才品所具若兹，于先正所爲同而求獨而致者，或不至遠甚」，臨川資性工力近是，乃以所得語人。

張元長噓雲軒文字序　通言可佩。「夫不能其性而第言習，則必有所有餘。餘而不鮮，故不足陳也。猶將有所不足，所不足者又必不能取引而致也」，匪獨論妙，文字極蜿蜒波折。「所爲文目天下之至雜而不可厭也。出入元長指吻間，而天地古今人理物情之變幾盡。大小隱顯，開塞斷續，徑廷而行，離致獨絶，咸以成乎自然。讀之者若疑若忘，恍然與之同情矣。亦不知其所以然」，興致淋漓，如麴車流涎。

序丘毛伯稿　仗氣愛奇，劉公幹如是。「盡其意勢之所必極，以開發於一時。耳目不可及而怪也」，筆有千鈞力。「遺其滅没之形，收其靈異之氣」，善爲抑揚。

汪闇夫制義序　自有振拔之氣。其古處俱在湊理紋縐間。

陽秋館詩賦選序　瞻望魏采，不減晉風。「勉身和就，疑志或躍。憒憒旁午，鬱撓漏射。精發越于興居，思沉迴乎往復」，韻古。

明德羅先生詩集序　「非其世何以有其人，然非其人亦何以有其世」，清轉。説書有別見。「夫子在而世若忻生，夫子亡而世若焦没」，去之，便不拖沓。

徐司空詩草敘　「杜子美不能爲清」，刻而當。

金竺山房詩序　以地論人，邇來作敍之套。然出自才人之筆，自有異姿。「江以西有詩，而吴人厭其理致。吴有詩，江以西厭其風流。予謂此兩者好而不可厭，亦各其風然，不可强而輕重也」，風氣所域，誠有不得而同者。學一先生之言，殆可笑也。

王生借山齋詩帙序　激切之音，婉而有直體。「故王氏之聲怨而多思」，有易水沛上之氣，簇簇刺人。「天亦窮子雲以發其聲」，筆極勁潔。

旗亭記題詞　「元卿能不忘其君，隱於仳離。某氏能歸其夫，且自歸也。最所奇者，以豪鷙之兄，而一女子能再用之以濟。却金示衣，轉變輕微。立俠節於閨閣嫌疑之間，完大義於山河亂絶之際」，敍致省静。「嗟夫，董生得反南冠矣。獨恨在宋無所短長於時，有以自見，使某氏之俠烈不獲登於正史，而旁落於傳奇。雖然，世之男子不能如奇婦人者，亦何止一董元卿也」，承史公筆法。

玉合記題詞　不乏風人之致。「視予所爲《霍小玉傳》並其沉麗之思，減其穠長之累」，此臨川自藥也。

溪上落花詩題辭　前半人奇，後半文奇。「如此，喜二虞入地當在我先」，心花筆花，無非天花矣。

蕭伯玉制義題詞　清奇。

芳草集題詞　傷心人别有懷抱。

江西按察司修正衙宇記　　紀事之文不嫌屑屑，於體適合爾。「因其房而翼之，益瓦木十之一。因庳而高之三尺餘。前後隙地障爲三，各因而一之。又因而屏焉級焉，引以升，無迫于堂也。方隅之巽隆也，因而閣焉，銘之以東井。垣以内，東西三十六丈，南北二十二丈。其方隅卯洿也，因而截其三之一，爲水榭焉」，法自《考工》變换。

顧涇凡小辨軒記　　「環天下之辨於物者，莫若商賈之行，與夫后之省方。何也？合其意識境界，與天下之物遇而後辨，夫遇而後辨，固有所不及辨者。若夫不行而行，不省而省，所謂自然之辨也與」，盡是説理之文，揖讓於濂洛堂奧。

蘄水朱康侯行義記　　如太史公《游俠》，意旨淋漓，何限感慕。「非惟如是而已，康侯固留意内學者」，妙如剥笋，層層入内。

宣城令姜公去思記　　問答處妙。

青蓮閣記　　「李青蓮居士爲謫仙人，金粟如來後身」，起堆垛。「然而雄心未弇，俠氣猶厲。處世同於海鳥，在俗驚其神駿。遂乃風期爲賈患之媒，文字衹招殘之檄矣」，四六礙氣。末段（自「季宣嘆曰」以下）必傳。

新建汀州府儒學記　　只是大雅。

南昌學田記　　醇茂處有漢初風。就學田論學，尤親切警省。「往往飾其器于禮樂，而講其財於仁義，以是爲政之情耳」，妙在安置字面有意。「吾將以田語于學殖者」，以淺喻深，議論絶妙。

遂昌縣滅虎祠記　此東屠緯真者。有尺牘云：「非熊非羆，既不能候之渡河，又不容聽之負嵎，與衆棄之矣。《祠記》奉覽。」「非真能滅虎也，虎滅無迹，則亦滅之手爾。祠以後，獲虎三五。向後虎聞遂稀。神之能有兹，祠也」，筆意頓跌有法，真能爲古文者。

臨川縣古永安寺復寺田記　「所惜者，遊人之非遊，而閒人之未嘗閒也。非閒非遊，不可以涉道。是故聚百閒人而食之，必將有意乎道者焉；聚千閒人而食之，必將有進乎道者焉；不已而食閒人至於萬，猶將有得道者焉」，如入武夷，一轉一境，一境一奇。

宜黄縣戲神清源師廟記　小中現大，似《莊子》諸篇。自「使天下之人無故而喜」至「可以渾庸鄙之好」，文字極奔放恣縱，却是自道其得意處。「一汝神，端而虚。擇良師妙侣，博解其詞，而通領其意。動則觀天地人鬼世器之變，静則思之。絶父母骨肉之累，忘寢與食。少者守精魂以修容，長者食恬淡以修聲」，歸本於道，臨川先生作文把柄處。「微妙之極，乃至有聞而無聲，目擊而道存。使舞蹈者不知情之所自來，賞嘆者不知神之所自止。若觀幻人者之欲殺偃師而奏咸池者之無怠也」，幾於化矣。

蘇公眉源新成文昌橋碑　森羅經費，如在目前。「蓋十月而水門具，逾年而石道平，何其快也。官無董稽，民無勸追，何其佚也。橋成而居者連連，行者翩翩，又何適也。高雄敞鮮，旁無蔽虧，南望石門金堤，北望鍾陵劍墟，溶溶蔥蔥，開煙翕霞，臺城参差，豐茸萬家，亦何壯也。長雲亘施，潛飈折螭，永無害菑，又何固也」，化《阿房賦》。

東莞縣晉黄孝子特祠碑　形容至性足以動人。忽入何真一段，尤見波瀾老成。文情悽楚。「每夜定，或寒月，號哭聲常飄蕭出林薄，隨悲風遠聞，人爲泣下」，好點染。

惠州府興寧縣重建尊經閣碑　喬喬皇皇，宇宙間一篇大文字。自「萬里而走五嶺之南」至「略其粗而不争其美者，何也」，汩汩而來，理沛氣足。自「以是爲尊之已乎」至「文章事業之大皆取乎是」，河決東注之概。

遂昌新作土城碑　長行文逶迤層折，是臨川所長。自「引溪度山」至「民乃不煩」，用韻是古體。「昔人比志金湯，志而偷，三里城猶折樊也。邑雖小，豈無四維腹心干城，汝士民所以自衛也。吾行矣」，周委詳至，具見心事本末。「以城，予志也」，聯絡。「其氣溶溶，其聲蕩蕩。循淮逶迤，裒山崚嶒」，形容妙。

麗水縣修築通濟堰碑　筆力奇古。首十二句，語語粹美。「麗人曰，非若是而已」，往往於水窮處雲起。銘甚佳麗。

渝水明府夢澤張侯去思碑　文亦端淡深夷，類有道者。銘，體稍變而逾古。

臨川縣孫驛丞去思碑　與楊耆民書云：「孫驛宰鋭然成橋事，去歲活幾百命。官微而德鉅，即以汝水爲峴山可也。記已屬草矣。」「爲大吏三五年，偷以去，固不如孫君力成一橋」，關係語，不獨文字之工也。「爲民決計便利，雖一事，非仁智以勇不能」，立言不朽。

爲士大夫喻東粤守令文　「酌石門之泉，士大夫必不争渡矣。還合浦之珠，士大夫必不懷珠矣。是故清吏之法亦清，濁吏之法亦濁。清吏之法法身，而濁吏之法法人也」，妙在子書文法，不見其爲子。

爲守令喻東粤士大夫子弟文　篇中無數轉折，如龍峽不可尋。「而本院下車，問俗問學，乃稍有異」，轉。「無不悃款周至」，轉。「而頃者一二郡縣有所疑」，轉。「然此必非士大夫所爲」，轉。「子弟亦不可以無教也」，轉。「然則勢力不行，正爲佳事」，妙。「豈能無觖於士大夫乎」，轉。

績棲賢蓮社求友文　語多幽抑簡貴，是棲逸者流。「想明斯聰，情幽斯鈍。情多想少，流入非類。吾行於世，其於情也不爲不多矣，其於想也則不可謂少矣。隨順而入，將何及乎？應須絕想人間，澄清覺路」，自難自解，俱是性情，不是文字。「晉宋之間，世道奇側。遠公夷迹諦交，實深玄慮。我明一家，恢然道廣。才度之士，朝壑交容。慕類以悲，感慨而集，要亦語嘿之通懷，往來之大致矣」，文在晉魏而上。「朝壑交容」，四字妙，有褒譏。

貴生書院説　隨地立教一端。「故觀卦有位者觀我生，則天下之生皆屬於我；無位者止於觀其生，天下之生雖屬於人，亦不忘觀也」，如此説亦足以補傳注之所未備。「《書》曰，無起穢以自臭。言自己心行本香，爲惡則是自臭也」，一本删此四句，亦得。「吾前時昧於生理，狎侮甚多。受命以來」，一本删之，是。

明復説　其別解處却是正解。「隱然其資之深，爲大德敦化；費然其用之浩，爲小德川流」，直截。

秀才説　《示平昌諸生書》：昨某使者至，輒稱某秀才某秀才。諸生時有不懌。夜思之，秀才二字，稱之者與當之者俱未易也。因爲説。「如世所豪，其豪不才；如世所才，其才不秀」，毒罵，妙絶。

戴大宗師孝感頌 有序　亦有筆力。

南安孝子譚德武哀辭 有序　商應角應，文之生乎情者。「瓚堂北之萱既謝，庭中之樹復枯。慈烏之恨未終，原鴒之歌繼作」，整散多姿。「貌若梟以無期，杖削桐而不起」，巧。

費太僕夫人楊氏哀辭 有序　「恍惚常見二紫衣女人來導」，粧點。「君夫人其有邦」，傷理。「遜小星之彗芒」，甚詞。「踊斷機于緝石之鄉，泣璇源于晁采之囿」，得哀辭之旨。

前朝列大夫飭兵督學湖廣少參兼僉憲澄源龍公墓志銘　頭緒段落極多，而迴策如縈，讀之一氣不可裁截。「然亦不幸而有吴生之事矣」，折入。「蓋公平五開時」，接遞好。「吾母已乎，妻子已乎」，句法。「天不敢問貞祠堂」，牽率。「知臣者誰鄒若湯」，此句删佳。

永寧縣知縣静寰端公墓志銘　簡峭可法。

明大中大夫江西右參政完樸潘公墓志銘　須於抗墜承接頓放之間微會其

妙。「千里之外而知其人，不必其相與見也。没世之後而知其人，亦不必其相與聞也」，辭命能手。「于李公之言，見公之爲子孝而思勤」，插帶法。「凡以急親也」，章法。

有明處士潘仲公暨配吴孺人合葬誌銘　摹俠孝處鬚眉皆動。「余讀李本寧氏爲歙潘仲公殯宫銘，有子之恒，以文名交天下士。而先是王元美爲仲公配吴伯姬志墓，固已云之恒爲國子上舍，以文事游大人矣」，以兩名公作案。「父客小往，子客大至」，湊。

處士野亭羅公墓誌銘　詳而細而逸，脱胎子長。「常不能當食時。一日，其父苦饑甚，叱之曰：『若何處從羣兒游戲耶？餓殺迺公耶！』怒引飯囊提之，誤中頰，血淋漓出，昏仆地，不知人者久之，乃甦。徐起拭創，理羹藿進食。蓋公纔索一匕箸之飯，即以進乃翁。公之腹故枵如也」，刻畫必盡絲髮。「朝負而棲，夜負而匿」，文字不滲一筆。「吾誠不難以身代四人之命，顧吾死則此四人者不生，吾故不可以死」，化工文字，生活朽人。「伏臘忌慶，有所告，未嘗不哭盡哀。宴他所，有鮮未及薦，常却箸不忍嘗」，遒緊。「精滿神獨，洞幽夷厄」，古銘。

明故朝列大夫國子監祭酒劉公墓表　識議卓絶。作此文時，其胸中誠然有千古自命之意。結到昌黎，純是借客形主，何等筆力，何等識見。「膏火自煎，而磽器先缺」，主意。「假柄而得天下事爲之，亦非可以譟法而久」，名言。「善，天下之善也，其不善者，亦天下之不善也。吾惡足以與之，而惡足以勝之」，似莊蘇。「君之地非能自去留人也，言善未必不去，言不善未必不留，而祇以見怨。夫世之善人少而不善人多，則怨君者固多于德君」，言之已無及矣。實理妙識，假此公垂世立教可也。「唐柳子厚，天下之才俊賢人也」一段，可作一篇小論讀。「天下士亦安可以成敗論也」，救一句，是老吏手。「予故哭士和君之墓，而表其所存所虧」，乃深惜此公非翹人過也。

丘節母墓表　嘉言懿行，足供筆墨揮灑。而筆精墨靈，更能恣縱闡發，如日月經天，光彩常新。「其言曰」，布局極妙。其激滿處盡而有餘，人所莫及。「幸無以兒商，儒可也」，一句作骨。「忘其孤之無子也」，轉便。「而又時時以其間問老人卧起」，轉靈。「蓋九十有五，竟以天年終」，頓放。「而其受子婦之養也，乃更内忍慈惜，若惟恐傷其意者」，轉圓。「然孺子卒以此所聞采日多，名日益起」，轉捷。「聞喜二十六日而終」，幸之，復惜之。「以爲不幸而代人有終遘閔者法」，跌起。「吾母之教也以躬」一段，補此一段，文字中鍼綫處。「丈夫子患名之短，而患貧之長乎」，窮千里目更上一層。「予聞而喟然」，又閤。「行易以遺也，名亦易以辱也。豈惟丘君，凡爲人父母爲人婦若子者，皆將流涕於斯言」，的的名言，反覆之精神百倍。

陰符經解　《陰符》傳注序説，所得見者二十餘家。朱子章句簡易可觀，要不過出自諸家叢論。臨川别有洗發，於神仙抱一之道思過半矣。「斗者，天之目也」，就天文標出樣子，何等着眼。「故不知浸以自然，則不能行八卦甲子」一段，結局一氣貫串，經文大意了然，如明河之在天。

玉茗堂尺牘題詞

爲詩磨韻調聲，爲賦繁類掞藻，爲文鎔經鑄史，爲詞曲工顰妍笑，皆有意立言，久而後成。至於裁書敍心，春容千言，寂寥數字，揮毫輒就，開函如譚，自非内足於理，外足於辯，學無餘瀋，品無留僞者，其書不工；雖工，而不可與千萬人共見也。湯臨川才無不可，尺牘數卷尤壓倒流輩。蓋其隨人酬答，獨攄素心，而頌不忘規，辭文旨遠。於國家利病處，纚纚詳言，使人讀未卒篇，輒憬然於忠孝廉節。不則惝怳沉漻，泊然於白衣蒼狗之故，而形神欲換也。又若雋泠欲絶，方駕晉、魏，然無其簡率。而六朝以還，議論滋多，不復明短長之致，則又非臨川氏之所與也。嗚呼，不以臨川之牘射聊城，而徒供寒暄登答，爛熳雲烟，亦何足以竟其用哉！選成爲之三嘆！

（《玉茗堂集選·尺牘》卷首）

沈際飛，字天羽。崑山人。所選《玉茗堂集選》，刊於崇禎九年（一六三六）。

玉茗堂尺牘評語

奉張龍峯先生　「夫贈遠者貴其地産，此亦吉之地産也」，結得雋遠。

與司吏部　「北則違絶常百餘日，子不知父母，一也」，若士妙腕，最善寫骨肉深情。「乃至寒時，冰厚六尺，雪高三丈。明星以朝，鼓絶而進，折風洞門，噫嗚却立。沉陰凌兢，瘁灑中骨。餐煤食炕，爍經銷液」，絶似李華。「不避頑傻」，四字致甚。

與李道甫　勝讀一則子書。

別沈太僕　道德家言。

答管東溟　「不富以隣，並離其祉，微管而誰」。純用成語，是病。

答吕玉繩　「以筆綴之，如以帚聚塵」，了語。

答王譫生　「吴士文而吾鄉質，文常有餘，質常不足。以不足交有餘，辨給固不能相當，精微亦不能相致。無所相益，有以相損」，江右諸先正，得力處在此，故能自立標幟，不爲世轉。「皆通家戚里子弟，高者引嫌，卑者暱附，無有與言之過也」，使人禁舌。「或意他有所在，先其疑形。如此而言不聽。交不成，此如學漢文者譏學宋文者，皆未有以極其趣，不足相短長也」，層折注來，極迴環擊應之妙。

寄王弘陽冏卿　「機深則安，機淺則危，性命之光，相爲延息」，似《陰符》。

答謝繹梅司寇　坡翁四六。

答劉子威侍御論樂　自「羲唐老孔所不容言」至「今時而滅」，舉似掛漏駁雜，於樂元猶捫燭揣籥耳。詞則古色照人。

寄帥惟審膳部　「但用深心取適于妙」，讀書法。「此中殺活之機，於界局何與耶」，覷破了也。

答劉士和　「天下事體深之十分止可得五六分也」，大識見，大議論，以數字出之。

答徐聞熊令　「徐聞幾許閒田，添尉一口，可謂荒飽矣」，甚辭妙。

答徐聞鄉紳　「常見古人雖流寓一時，不肯傀焉如不終日」，以官爲傳舍者又何如！

寄曾大理　「沖生智，默生威」，養生家言。

答岳石帆　「當自有不疑於行者在」，只是個不依附人，臨川脚跟站地。

謝陳玉壘相公　「擬附鳳而卷阿之車馬何多，欲登龍而積水之風雲自少」，詞意俱工。

寄章仲明侍御　「悠然之心，差可寄世」，一轉悠然。

答余内齋　「當其得意，不知陳真長未得爲三公也」，似《水經注》。

與來武選　「遊者之欲居，與居者之欲遊，亦各一時之致也」，風味可人。

答祝無功　「夫性能融世而接之，此禮樂文章之根也」，深甚。少許勝多。

答陳公衡　「久而不害者，平也」，誰能爲此言。

寄李舜若侍御　「鄉人亦非意所得盡也」，巧翻。

答王子聲　「都不似十年前長安同少婦時五更驚夢也」，言近指遠。

答習之　「得意處别自有在」，古簡。

寄袁石浦太史　「不謂墨絲金骨，銷纏四年」，鄺道元筆。

寄吴汝則郡丞　「地無一以寧，將恐裂」，做作。

與帥公子從升從龍　「論心慟世，未嘗不一呼惟審也」，淡淡語感慨淋漓。

答魏見泉中丞　「三晉河山，與聞斯語」，二句鄭重多少。

答錢岳陽督學　「雖豫章之生七年，材不材而出地；得夫子之牆數仞，步亦步以窺天。夫豈闃其無人，必小子之有造；若云幸哉有子，慰愚父之無聊」，推陳出新。

答鄧遠游侍御　「不佞於此技，非有師承，偶從少作，倏兮齒至。而復引爲在兹，歸於作者。一言爲智，或不其然」，《文選》氣。

答駱台晉督學　「汝潁名士，問不及於貴人；孔李通家，對或申於童子」，絶不呆板。

與魏見泉公子道沖　「爲善之嘆，終廢之悲，其在兹矣」，斐亹幽惻。

與曾金簡　「此際弟五柳門中，作陶令之攢眉；何時與仁兄千蓮會上，向遠公而捧腹」，流轉如丸。

答真寧趙仲一　「官根斷續何論，但勿斷命根爾」，長歌甚於痛哭。

答趙夢白　「顧彼亦無雲雨天下之心，誠有之，即似龍如弟輩，必且祈卜而致之，封固而迎之，拜跪而候之，庶幾以類得雨而後送歸其處。况如門下真龍者哉」，筆所未到氣已吞。

答馬心易　「倘若士此中又不能容一海宇，即便爲所弄矣」，吾輩不可無此解。

與于中父　「骨肉意氣之士，亦何可恃邪」，有嘆聲。

與鄒南皐　「根底有病，老亦須發」，道學真假關頭。

答黄鳳衢　「弟能爲文，而必借尚書銜登軸，士安可不作尚書也」，輒唤奈何！

答陳如吉給諫　「但我輩不宜急以小人與人耳」，大聖賢心腸，大豪傑作用。

與魏見五　「無能適越，獨章甫以自文；有意懷賢，諸逢掖以爲托」，結響。

與李九我宗伯　「此時亦非吾輩作家時也」，英氣勃勃。

答林若撫　「頓使枯蛾蠕蠕蘧蘧，如動如生」，堆垛反欠老成。

候王恒叔鴻臚　「往蹇不盡來連之思」，硬入經字。

答黄荆卿　「世豈有達觀怖死，義人要錢者耶」，八字鑿然。

答李洙山　「大事甚細，非死數度不能生，非生數度亦不能死也」，禪宗語録。

與馮文所大參　「而李公亦復不免」，自足悲感。

與姚承菴　「不知敬體無破，可打破之敬，非敬也」，乃知臨川不是假道學。

答陸學博　「文字詖死佞生，須昏夜爲之」，數字銀鈎鐵畫。

與張文石　「九斗未堪終對也」，鍛鍊未免有迹。

答吕姜山　「凡文以意趣神色爲主。四者到時，或有麗詞俊音可用。爾時能一一顧九宫四聲否？如必按字摸聲，即有室滯迸拽之苦」，作四劇得力處。

寄袁小修　「古來英桀不欲委化遺情，而争長生久視者，亦各其悲苦所至。然何可得也」，淋漓。

寄南弦浦關中　「然所留所去之賢佞，乃留人去人者之賢佞也」，人己兩得之語。

答高景逸　「有欲於世者未必能動，無欲於世者未必能静」，於此參取得破，不負主盟吾黨。

與李麟初　「文章論定前賢退，簪笏名除大雅留」，二句千秋。必簪笏不大雅耶，吾輩思之。

與劉晉卿　「我兩人光景如在目前，不知後人能似此否」，哀音滿紙。

與吴曙谷宗伯　「苦次固巖築之墟也」，巧。

答鄒賓川　「時一在念，未能守篤以環其中」，自商所得。

答張夢澤　「可爲大夫，枉登高而作賦；又聞君子，曾過庭而學《詩》。子雲之心尚玄，世皆譏其寂寞；萇弘之血未碧，天不鑒其精誠」，因方爲珪，遇圓成璧，妙妙。

與車嘉興　「撫以上善，綏用中典」，妙理妙句。

與孫令弘　是一篇題跋。

答朱公子茂正　「文字亦有無可奈何者，時也」，蕭蕭瑟瑟。

答于中父　「世局何常，根性已定」，極警策。

答黄金宇文學　「奏牘可以三千，而無緣索長安之末；對策幾乎六十，而不獲奉賢良之詔。人無足與之語，天有所不可謀」，筆底恣縱。

答陸景鄴　「第世實需才，亦實憎才。願時虚中以鎮之。人愛不如自愛也」，圓美。

與張凝一　「《易》所云『鼎折足』、『傾否』」，誤。

答徐然明　「而風神氣色音旨，古今大小一也」，可見先輩憤樂不衰處。

與趙南渚計部　「朱紱之困，甚於蒺藜」，合引妙。

與王止敬侍御　「君子羣而不黨，抑而强與」，特借兩言爲同人告，用意良苦。

答陳古池　「講物則不盡，講體則不能」，此老全闢講學。

答錢簡棲　「遊道非委軟難，愷亮難也」，挺然。

復牛春宇中丞　「夫以貴鄉二老趨舍不同，則南北之情益無足異矣」，人情時局數行道盡。

與劉天虞　「荆州措大多如鯽魚，沙市琵琶多於飯甑。措大多可憎，琵琶多可近也」，似真似謔，妙狀。

答曠聲和　「三世相傳四聖《易》，允潛躍之維時；百畝之田一卷書，正麓蓑而有獲」，華實並茂。

與幼晉宗侯　「後輩李粗何弱，餘固不能相如。恨未得見王止仲饒醉樵詩。醉樵似是臨川通人也」，可入詩評。

寄門人朱六義　「前郡縣各一人司之而不足，今郡縣共一人攝之而有餘。因以知吾郡之易耳」，深心婉筆。

與吴伯霖　「不覺大噱。人雖多僻，何詎如許」，無端，妙。「五年之中，無一私語」，可謂古人。

與門人李超無　「便作殘僧矣」，字法。「此時惟有痛自讖悔」，千古處患難法。

與李孺德　「服之無斁」，套。

答朱朱陵　「魚相呴以沫，不如相忘於江湖」，超絶。

答李乃始　「詞家四種，里巷兒童之技，人知其樂，不知其悲」，四種，極悲樂二致。樂不勝悲，非自道不知。「然當其刻畫時不三年，三年而不專其精，楮亦未可得成也」，矯矯。

與姜仲文　「昔人以無書抵政府爲賢，今人反之」，誰能爲此語。

與蘇石水督學　「昔荀公每踐三事，輒思太丘。二相自不能不興懷於此矣」，悠然。

答王霽宇制府　「珠厓可擊，捐之徒以屈漢公卿；銅梁既開，長卿所以喻蜀父老。人言不足，中每信而見疑。公度有餘，外且存而不論」，簇簇能新。

答李孟白岳伯　「民其魚乎，民靡孑乎」，只須一句。

復徐鍾汝　「如此安得長物貽我陳人」，工。

與易楚衡　「以王孟之音，寫陶韋之思」，音與思分屬得妙。

與蔡槐亭　「閒氣胸中一點無」，得此語已足。

答門人吴芳臺舶使　「若未處脂膏，何言潤也」，翻醒。「吾弟市雖小，不妨以大人自爲也」，愈緊。拳切之至。

答吴屺陽　俱午節事，落腕不同。

答馬心易　「此時男子多化爲婦人，側行俛立，好語巧笑，乃得立於時。不然，則如海母目蝦，隨人浮沉，都無眉目」，如畫。不顧剥人面皮。

答汪雲陽太參　「縱不盡鷹化爲鳩，或可日損以月耶」，妙語湊手。

答馮觀察　「安心是寶，方命爲慙」，亦是小伎倆。

寄林丹山　「世實需才，而未必能需才。才與世所以長左，而嘆世憐才者相望於今昔也」，忼爽。

答孫見玄平昌學博　「時嘘不燄之灰，猶惜既傷之錦」，跅弛之意自在。

答卞玄樞　「時義入彀，何必高談」，文章原號定相，平奇濃淡，入彀即佳。敲門磚管甚方圓粗細也。

與吴亦勉　「況夫至慧而處愿，其所至見，固益有異者。門下意性沖明，物莫能迕，而緼藉經略，復深以弘。上下咸宜，有譽無吝」，理學廉樸，亦該得盡。

與岳石梁　「凡過處的是涇陽本色」，定論。

復瞿睿夫　「中間兄以孝廉流，弟以郎官謫，沙漠炎瘴，各極天涯」，殊少韻致，然情自摯。

復胡瑞芝司空爲二女納采作　「疇若予工，營洛借二都之重；選於衆舉，稽皋將九德之諧。信在國則公輔惟公，即承家亦相門有相」，古藻。

賀吴曙谷相公　「荊國欲堯舜其主，五百年名世重生；康齋以伊傅爲臣，六七作行人再至」，洪鐘建鼓。

寄馮文所　「陶潛寄聲武陵漁父，知有賢主人在也」，如蒼璧小璣，亦佳。

答吴徹如大參　「放三年而兔逝，未能消積罪於公卿；偶一旦而嚶鳴，猶幸竊奉教於君子」，清朗圓亮。「我思公子，延陵湘澧之間；公眷幽人，靈谷柴桑之際」，藻甚。

與李稠原　「常自謂得見俊人能令自品俊」，不見鑑人而人在鑑中乎？妙理未有。

答馬仲良　「瑶刻大致性乎天機，情乎物際」，未許粗心人道。

答彭芹生侍御　「平豈一平人所能也」，持議任事，正不在奇。

答李乃始　「秋柏之實，枯落爲陳，偶有異人過而餂之曰，此不死之餌也」，詞旨高寄。「大是以文懿德」，倒一「文」字佳。「後此者亦莫能如其文也」，目中不復有餘子。

答王宇泰　介氣可風。余見臨川人物多孤豎少附和者。先後意緒所留遠矣。

與宜伶羅章二　宜伶何幸，將與石動箭、黄繙綽諸人共傳邪。「我平生只爲認真，所以做官做家，都不起耳」，唾壺足碎。

與但直生　「姒媪睍之俱可，而後君子安焉」，曉人如是。

與張大復　「筆意所至，昔人如在」，善評。

答蘇眉源郡伯　似《檀弓》。

復汪雲陽　「故遂昌令幸志會，六年冰蘗，至不能遣女。東鄉令曾遇，去縣時，士民環泣者千餘人。清惠之聲，科甲中所不能多見者。乃僅得知萬州與丞廉州而已。銓曹若此，欲吏無賄得乎」，何緣得此伽陵頻迦音耶。義仍佛也，菩薩也。

答鄒爾瞻　「門户過大，時官難對」，不可一世。

與李莪明　「木升而成雲棟，鴻漸而荷天衢。回視同時而項領折腰，妄意而徘徊巇路者，異日遲速相校，何止三四載已哉」，詞能滿志。

答羅敬叔　「忽然懷舊心傷。克生仲弢皆爲異物。吾鄉此道，亦復鮮人」，詞意俱有餘。

與盧貞常大參　「渢渢乎鬱鬱乎，層積森發」，大雅。

與方玉城　清出不可删。

答羅匡湖　「夫秋波一轉，息念便可遇耶？可得而遇，恐終是五百年前業冤耳」，老僧於此悟禪。又一轉語。

寄左滄嶼　「零露蔓草，未足擬其清揚；秋水霜蒹，差以㦨其游遡。鳴琴山水，太沖深招隱之情」，疏秀。

寄彭魯軒侍御　「身爲男子，高步中原，他更何論」，吾輩須具此一副襟期。

答沈華東　「因新知而賣故知，借舊師以贄新師」，可恨。「但今人厭其意，亦不能厭其口矣」，可畏。

寄李孺德　「顧僕一生拙宦，而教人宦乎。然亦以拙教也」，跌宕妙。

寄姜守沖公子　「先晨起者，必拊背而笑」，點染。「每一篇出，先公必爲噴飯絶倒」，一味真率。

與康日穎　「蘇有傴賣水磨扇者，磨一月，直可兩，半月者八百錢」，學者不可不知。

答張了心　「得子聲之友，如吾子聲在也」，風調。

與門人吴來復　「止時義一路，未肯降心以從」，義仍淹迹文史，鞭心詞賦，向人便勸走時義一路，隨方化導耳。

答遂昌辛友吾　「赤子何知，庇棠陰於父母之國，小人革面，食桑椹於君子之堂。奚豺虎之足投，顧鳳鸞而已化」，精整。

答余瑶圃　「拜太丘於都下，久知元方之有季方；重蒼生於會稽，快覩萬石之齊安石」，璣璧錯落。

答錢受之太史　「文章之道，有盡所托。曠世可以研心，異壤猶乎交臂。存來感往，咸效於斯。或爲風神形似之言，或以情理氣質爲體。愜一而止，得全實難」，可敵劉勰《文心》。

與葛屺瞻大參　「非得明公發神鷲之音，號如龍之衆，固不能震動榛礫，招延氣味也」，亦贍。

與門人李本仁　「既占羊角，遂擬龍頭」，集中嫌此等纖句。

與男開遠　「寶精神則本業固，謹財用而高志全」，聯句意未純，不如下二句好。「我歌《鹿鳴》五十年，求一避債臺不得」，有以清白傳家者，拜服拜服。

答馬稺遥　「大篇高者危激，深者淵裕，更疏豁之，於世目尤快也」，色蒼。

蔣如奇

湯顯祖文評語

秦淮可遊賦　自「蔭紫蕪與丹駁」至「眷幽芬於蘭澤」，如畫。「諸君感此，且飲且持」以下數句，淋漓可喜。秦淮麗矚，宛然在望。

西音賦　「青瞳枯兮無光，白髮生而少豔。稍遊涉以痿那，數坐遷而涕欠」，如畫。「君素食以恒饑，彼脂膏而未厭」，可憐。自「直春秋之美辰」至「亦風前而擊缶」，説得直樂。似一幅田家樂圖。今仲長《樂志論》、淵明《歸去詞》，無此澹宕，無此高雅。（以上卷一）

王季重小題文字序　開頭數句，色鮮語濯□。「凡此三者，皆能使人才力不已焉。才力頓盡，而可爲悲傷者，往往如是也」，真可悲傷。「於以豁心神紓眺聽者」以下數句，文情駘蕩。「雖然，才士而宦業流通」以下數句，□轉更有味。結尾有味。「季重及幼草」，妙甚。非若士不能寫其奇趣。

紫釵記題詞　讀竟惟喚奈何耳。（以上卷三）

張氏紀略序　「生別猶可」以下數句，□瀾自真。「而子諸生唐文」以下數句，真可悲傷。予亦爲抆淚不止。「夫冬之必有春，而夜之必有旦，亦天道也」，妙。敍述奇絶。一部《還魂》，未必抵此文之痛。（卷四）

明故朝列大夫國子監祭酒劉公墓表　「歲戊戌夏四月」以下數句，敍從略。「君不其然。假柄而得天下事爲之，亦非可以譟法而久」，真相知。自「況夫道不可期」至「然亦豈能亡介介于懷哉」，痛惜之言。「張公豈不可親者耶」，又爲張出脱，何等肝膽。「叔文瞷然發端」前後若干句，千古人受冤抑者，寧一子厚！讀之堪嘆！純用議論，涕淚滿紙。看他文中多少轉折，多少慨嘆。豈特子厚之冤今日始白，叔文有知，亦當啣感地下矣。如此胸眼，方足千古。（卷七）

答李乃始　開首一段，文章難于詩賦，信然。末數句，確甚。今文不說洪永久矣。

答張夢澤　「子雲之心尚玄，世皆譏其寂寞；萇弘之血未碧，天不鑒其精誠」，可憐。飄婉多風，自無縟筆。（以上卷九）

（《明文致》）

蔣如奇，字一先。宜興人。《明文致》刊於崇禎二年。

董　說

東石澗日記

乙卯十二月廿三日丙子寒。題樹葉觀音像。展《玉茗堂集》。與費文孫尺牘云：「爲詩文酬接，或以自娱，亦無取世修名之意。故王元美、陳玉叔同仕南都，身爲敬美太常官屬，不與往還。敬美唱爲公宴詩，未能仰答。雖坐才短，亦以意不在是也。」愛此數語有正氣。文章真訣一孤字，林壑精神在冷時。遇所合意自千古，失身浮名良足悲。天馬有韻必脱轡，高桐直上元無枝。胸襟絶賞湯若士，不和太常宴詩。

（《南潛日記》，載《南林叢刊》）

董説，字若雨，號西庵。浙江南潯人。明亡，棄諸生，削髮爲僧，更名南潛，字月涵。有《豐草庵詩集》、《寶雲詩集》、《西游補》等。

陸雲龍

湯若士先生小品弁首

重髫讀制舉義，知先生已奪瞿唐之席；已讀「四夢」，則又扼高、王、關、鄭之吭而結其舌。蕩乎才，誠海若哉！然使先生不以其才，與廬陵、臨川、永豐維列而四，知先生未已也。因取先生集丹黄之。其思玄，其學富，其才宏，似欲翻高深峻潔之窠臼，另以博大瑰麗名。彭蠡之濤，風雷奮而天地浮；匡廬之瀑，珠璣奮而瑶玫落。句饒蕖豔，字帶蘭芬，不又舍歐陽、曾、王別樹一幟哉！予謂歐陽轉卑弱之氣，開雅醇之先，爲春；曾、王掔斂氣多，爲秋爲冬；而先生則爲夏。當遞王而爲君，不與學士騷人争旦夕聲也。抑能夏則大，而獨取其小，將無不盡其才歟！予曰：芥子須彌，予正欲小中見大。時崇禎壬申冬日，雨侯陸雲龍題。

（《翠娱閣評選諸名家小品》卷首）

湯若士小品評語

庭中有異竹賦 有序　思微而理，可嗣風雅。「此竹竟從横闌稍曲而上」，竹能自全，亦異也。「衆疑萃於孤高」，《楚辭》中佳句。「匪臨深而表勁，緊濬矛以明沖。豈太山之荏苒，似高岡之梧桐」，巧於寫象。「下不礙於憑軒，上不虧乎承宇。羌有心乎雲步，乍低迴而矯舉，貴托根以自全，異當門之鋤去」，可作太學士型。

療鶴賦 有序　玄綠丹頂之華，唳風咽月之響。「膺散紫胎之毛，臆染蒐戎之血。月羽全虧，霜翎乍折。落萬仞以遥驚，逗千翎而横絶」，雅倩。「爾乃素月蟾流，清風鶯亂，繡箔催蛩，關河别雁。滴塗露以涼年，耿微霜而夜半」，微風淡月，妙有微致。「念酬環其莫展，欲銜珠而未去。寧希淇上之軒，未羡緱山之御」，想出深情。

銅馬湖賦爲友人金壇鄧伯羔作　新翠兮濯文荇於寒流，輕楊兮蕩纖綸於惠風。「若乃春風不寒，春流正寬，紅鱗試子，緑草迷芊」，淡蕩如春風。「及夫文萍既合，珠荷未卷，麥雨飛來，蘭風溜轉，苔磯之迹全蕪，竹嶼之絲半展」，清妍有致。

懷人賦 有序　悲悼之中，英雄氣骨自存。聊托想於忘名，深睠懷於知己。直是組愁織恨。「故知死之徒而欲生，操有君而用静。想盡者窮年，觀沖者忘境」，悲來填膺。「止則風停，動則雲征。鬱兮繐雁之聘，飄兮素鶴之迎」，飄飄欲遠。「爾乃效藩羊之靡決，類纏蠶之自縈，送華韶于遠道，爍靈于短名」，更添悲憤。

吏部棲鳳亭小賦 有序　聲噰噰其和雅，乘的的而輝煌。

調象菴集序　英風灝氣，爲來逼人。殆亦爲集中寫其憤懣之氣。「當其興屬而起，澒洞合沓，勃聿琗瓅，可使霆發電睒，魚跳鳥瀾，猝不可得而當也」，平瀾蕩漾，秀色滿眼。「有高才而鮮貴仕，其與能靖者與。折節抵巇，非公所習，則其鬱觸噴迸而雜出於詩歌文記之間，雖譚世十一，譚趣十九，而終焉英英沄沄，有所不能忘者，蓋其情也」，情必有所寄。「世人爲其不可傳者，而公爲其可傳者」，所得孰多？

株宏先生戒殺文序　止殺原清心養慈一助，何必商及報復。至曰「肥不可動，昏不可靈」，是現在報，更可動人。其推敲貧士曰：「流涎餂啖。」想亦當自合其貪心。「末流至使肉食君子，肥不可動，昏不可靈。又使貧士流涎餂啖其側」，憐耶？詈耶？又削貧士之色。

李超無問劍集序　摹寫奇處，氣勃勃而逼斗。「云不能斷酒也」，見其奇矣。「達觀以俠故，不可以竟行於世。天下悠悠，令人轉思明德耳」，數語亦是提醒超無。

尾段，沈埋土中，遇非其主，劍如人何！

耳伯麻姑遊詩序　正爾寥寥，數語頗自快人。開端，數語括盡。「因以憺蕩人意，歡樂舞蹈，悲壯哀感鬼神風雨鳥獸，摇動草木，洞裂金石」，風雨沓來。

儀部郎蜀楊德夫詩序　簡勁有骨氣。「撫鶯花而流悵，睇鴻雲而寄想。別有羣公飲悵，遊子河梁。寫離別之奇聲，究登臨之遠致」，追逼六朝。

岳王祠志序　如此論事，方是置身於古人之中，置心於古人之胸。豈是拮人齒牙，恣己偏見。「拘」之一字，正屈原之過忠。「當時無將將者」，自是將將者之過。「肅代雖疑其臣，不得而誅之。外多大藩帥，或以爲名。如李司徒召之不來矣，終不能有加焉。王之不肯爲李，亦勢然也」，王之死，時爲之。「夫王以歸而死，得爲世所哀憐。佻而往，王之爲王，未可知也」，真能尚論者。

孫鵬初遂初堂集序　七子亦不必拘拘步之。要自不失其神貌亦可以王矣。首段，九疇五行，無如此詳核。「間者文士好以神明自擅，忽其貌而不修，馳趣險仄，驅使稗雜。以是爲可傳。視其中，所謂反置而臆屬者，尚多有之。亂而靡幅，盡而寡蘊。則之以李何，其於所謂傳者何如也」，當今欲如何、李亦自難。「蓋江漢洞庭，爲水淵鉅，足以滋演文貌；而鶉首祝融，爲火雄精，足以顯發神明。然則公之文爲必傳，傳而必久」，更暢。

王季重小題文字序　讀季重先生集，飄飄然左把太白之臂，右擘長公之肩，孤霞遠雲，不帶人間氣色。序不惟得其文情，直已探其文源矣。「一食其塵，不復可鮮」，是一可恨。「凡此三者」，三者良足錮人。「往來燕越間。起禹穴吴山江海淮沂，東上岱宗，西迤太行，歸乎神都」，今之子長。「故其爲文字也」以下數句，宜爲文中仙品。末段，未達，惟恐其阨也，恐短其氣；既達，惟恐其不阨，未練其才也。説至此，天真異之。

合奇序　序中是爲奇勁，奇横，奇清，奇幻，奇古，其狂言蒐語不入焉，可知奇矣。乃今所不可與言文者，吾恐更不在拘儒，在誕士，親鬼魅以驚人，相與標奇甲勝。拘儒耶？會當有辨。「奇無所不合」，奇無不合。

序丘毛伯稿　唯平能奇。唯不露奇者能識奇。此霍林之能授毛伯也。徐理之，固應如是。奇云乎哉。篇首數句，論文快語，文章了義。「詞以立意爲宗。其所立者常，若非經生之常。意崿然而可喜，徐理之，固應如是也」，只是得人意先。「遺其滅没之形，收其靈異之氣。世多疑霍林先生好奇士，乃不類其所自爲。嗟夫，雖先生亦安得以其所自爲率天下士哉」，纔是真文衡。

牡丹亭記題詞　情之所鍾，在我輩善用情耳。不極之死生夢覺，與不及情者何殊。然麗娘之用情，得先生之摹情而顯。「復能溟莫中求得其所夢者而生」，是情至。「生而不可與死，死而不可復生者，皆非情之至也」，工言情。

邯鄲夢記題詞　大夢非在困阨與暢快中不易醒。然造化非是富貴貧賤，亦不能令人夢。夢覺之先後，則在人耳。「天子至不能庇之」，天子亦可憐矣。「蓋古今取奇之二竅矣」，信然。

南柯夢記題詞　《鴻苞》一書包括三教，「四夢」亦該括三教。《鴻苞》似爲漸階，「四夢」大啓頓門。言幻，言真，俱指南之車。「嗟夫，人之視蟻，細碎營營，去不知所爲，行不知所往，意之皆爲居食事耳」，只此數語，已竟一本傳奇。「有何家之可到哉」，看破。「一往之情，則爲所攝」，情爲夢因。「夢了爲覺，情了爲佛」，二句作佛真詮。

溪上落花詩題詞　敍處擷百花之奇英，結處洒天女之奇萼。首數句，情之所通。「不妨作道人語」，豔冶中亦可説法。

蕭伯玉制義題詞　奇怪不可常，而尋常寓奇怪。此乃真奇奇怪怪。文開合處，殊有古意。「怪怪奇奇，不可時施」，時施，亦不奇怪矣。

宣城令姜公去思記　有粟滿庾，不以實橐；有徑可謀，不以措足。拙宦也，至人也。然陳自强以侂胄流竄，姜令猶以郡丞終，且以去後具思，安知拙之不爲巧乎？議論相接處，風急浪飛，山低林續。「令無以予民」下數句，予不在形。「然後以此不饑」數句，智士備事先，愚民感事後。「口咄咄不能言」下數句，所謂無赫名者，常致思。末數句，妙有鼓舞諷誚。

臨川縣古永安寺復寺田記　文字辨折處，須令人無可伸喙。以田而豢頑秃，何必奪此興彼。想出一「道」字，足以壓倒貪情。其中「必將」、「猶將」、「庶幾有之」等語，皆文字之靈妙處。「即有忙地焉以苦之」，入境者之自苦。「然而趣則遠矣」，因趨成趣。「大爲忙人割奪盡」，田廬不足，繼以寺觀。「當忙人之急得此田也」以下數句，爲此輩設飾詞，正是推敲此輩。「幸而有一人焉」下數句，得此一段，方可結蹊□（田）者之舌。「或不在田而在道」，主意方大。

績棲賢蓮社求友文　無懟激之詞，無沉錮之想。嚶嚶之鳴，實獲我心。嗟乎，不求夔龍，而求林遠，終非英雄快事。「情多想少」，想少不能制情。「谷林石淙，雷動車震。橋名三峽，循涯眺聽，空寒應心」，到來生隱心。「才度之士朝蹔交容。慕類以悲，感慨而集，要亦語嚶之通懷，往來之大致矣」，不期而□，悲之所生。

秀才說　頑鈍非秀，踈踶非才也。須得一辨明，庶不愧此二字。若不以才而以財，則亦莠而非秀矣。「日者士以道性爲虛，以食色之性爲實；以豪傑爲有，以聖人爲無」，總不識性。「知生之爲性是也，非食色性也之生。豪傑之士是也，非迂視聖賢之豪。如世所豪，其豪不才；如世所才，其才不秀」，辨真。

縈河公頌 有序　巧思曲筆，水繞山迴，且英英有色。「陽崖曲抱，翠潋遥迎。羊腸緬邈，鵲尾經營。櫳匝西蜀，委曳南荊。泉綃遶室，雪錦環城。玲瓏溯沚，綽約連瀛」，極描「縈」字。

別沈太僕　語得老之髓。「虎以懆虧，龍以静全，花以上披，根以下存」，涉世良箴。

答岳石帆　故當問所疑之人耳。疑何足惜。

復劉郡伯　直是開不敢開之口，志書可以不作。「鄉賢官以媚人，何得依鄉作傳？名宦人以媚官，未審以何而名？大可忘言，細復何述」，忤世語。極快。

復門人藍翰卿　花對語而如笑。「豈向若者真有懷於望洋，將巡方者偶留聲於牧馬?真龍何待假龍以生雲雨,鉅蛇或負小蛇以示神奇」,選聲而出。

與岳石梁　離言景誼,數言欲了。

答馬心易　應是慰寂落不堪語。「倘若士此中又不能容一海宇」,妙爲解縛。

答陳如吉給諫　忠厚之心,遠禍之術,彌亂之道。

答吴徹如大參　矯矯見此老之崛强。

答王宇泰　鍾鳴漏盡,自應知止。覺宇泰非愛我也。可砭老貨。

寄李孺德　平心一節,非直新進所宜。眼大骨勁,恐亦是卿用卿法可耳。

(《湯若士小品》,載《翠娱閣評選諸名家小品》)

陸雲龍,字雨侯。錢唐人。有《翠娱閣近言》、《翠娱閣評選諸名家小品》,輯刻於崇禎初年。

薛正平

石園全集序

余嘗誦槎翁詩,渢渢乎大雅之遺,實與季迪對壘,爲國初詩人冠。臨川儼然後勁，猶之時家言，海内稱文潔、義仍，真豫章派矣。

（《石園全集》卷首）

薛正平，字更生，晚年以字行。號剩道人。江蘇松江人。諸生。

曾異撰

復潘昭度師書

請歷數國朝諸巨公。其以古文爲時文者，如歸震川、湯義仍、郝楚望、孫淇澳、王季重諸公是也；以時文爲時文者，如瞿昆湖、鄧文潔、馮開之、李文節、陶周望、湯嘉賓諸公是也；間爲時文間爲古文者，如王守溪、唐應德、薛方山、胡思泉、桂北海、許子遂諸公是也。然則諸喆匠宗公，其純以古文爲時文者，不能十之一二。

（《紡授堂集·文集》卷五）

曾異撰，字弗人。福建晉江人。崇禎十二年（一六三九）舉鄉試。有《紡授堂集》。

李 清

與邱進夫

若帖括簿書，古文之忌器也。而某徒以一身兼之，故入斯道不深，且又斜趨於《虞初》、《文致》等書，以身爲逐蠱。元美慨想於韓、歐，義仍企嘆於曾、王，皆以殘年向盡，欲追末由。此某所以無其才而有其感也。

（《結鄰集》卷六）

李清，字心水，號映碧。江蘇興化人。崇禎辛未（一六三一）進士。有《澹寧齋集》。

賀貽孫

示兒二

若山陰徐文長之奇矯，竟陵鍾伯敬之静慧，譚友夏之靈快，虞山錢牧齋之精熟，新建徐巨源之逸宕，南昌萬茂先之淡遠，東粵黎美周之秀倩，臨川湯若士之清麗，雲間陳卧子之豪邁，各成一家，爲昭代翹楚。吾所服膺有在公安上者。

（《水田居全集》卷五）

賀貽孫，字子翼。江西永新人。崇禎丙子（一六三六）副貢生。有《水田居全集》。

談　遷

上吴駿公太史書

當代文囿，實藉瑯琊，雖前有北地，並有歷下、新都，而門風孤峻，承流頗少。惟瑯琊喻冠操觚，家三载而身八座，鮮華映帶，傾動宇內。顧劉子威時地同。孫文融、馮元成、湯若士輩生稍晚，俱外葵丘之盟。竊彼諸公，不無悻悻。

（《北游録》）

棗林雜俎

臨川湯顯祖，甲申見遞北驛寺詩，多感故侍御劉臺，附題其後：「江陵罷事侍郎出，冠蓋悲傷并一時。爲問遼陽嚴譴日，幾人曾作送行詩？」

萬曆丹徒張昱，奏其叔占收第一祖宗高宗駙馬培賜物，又第二祖蔡京丞相女奩物，并發吴慶封溳子衆寶物萬萬。湯顯祖若士詩：「天帝詠諧一字聞，宣和遺事莫紛紛，獨憐千載椎埋客，不到延陵季子墳。」按《金史》，宣宗興定三年十月癸未，平陽判官完顔阿剌左箱譏察霍定和發宋蔡京故居，得二百萬有奇。准格遷賞，穢相封殖，祇供後人官帑，又供後人詿墨，何不將六州鐵，鑄其身於銅金山穴間耶？

（《棗林雜俎》卷下叢贅）

錢謙益

玉茗堂文集序

吾友許子洽氏，以萬曆乙卯，謁義仍先生於臨，攜所著古文以歸，集爲十卷，而屬予序之。嗟乎！義仍詩賦與詞曲，世或陽浮慕之，能知其古文者或寡矣。義仍少刻畫爲六朝，長而湛思道術，熟於人世之情僞，與夫文章之流別，凡序記誌傳之文，出于曾、王者爲多，其手授子洽諸篇是也。嘉、隆之文，稱秦、漢古文辭者，争訾謷曾、王，以爲名高，二十年來，日以頹敝，説者羣起而擊排之。排誠是也，而不思所以返于古；敗者東走，逐者亦東走，古文之復豈可幾也？義仍有憂之，是故深思易氣，去者割愛，而歸其指要於曾、王。夫曾、王者，豈足以盡古文哉！其指意猶多原本六經，其議論風旨，去漢、唐諸君子猶未遠也。以義仍之才之情，由前而與言秦、漢者争，爲叫囂隳突，我知其無争，爲挦撦割剥，我知其無前人；由後而與言排秦、漢者争，爲叫囂隳突，我知其無巨子；而回翔弭節，退而自處于曾、王。世之知曾、王者鮮，則知夫義仍者洵寡矣。余君房，世所謂知言君子也，稱義仍之爲六朝，與夫已氏並，夫已氏之擬于義仍，目論之常也。出于君房之口，則滋異。然則知義仍之六朝者亦寡矣，又況其爲曾、王者乎。推義仍之意，寧世無一人知我，終不願與當世作者掉鞅于詞場。後有君子，好學深思，探極其指要，而識古文興復之機。義仍已矣，猶庶幾世有子雲也哉！義仍爲郎時，有所論劾，罪且不測。移書所親：「乘輿發一小疏，未知當事何以處我？」晚年里居，故人開府者，馳傳邀致之，義仍謝曰：「身與公等比肩事主，老而爲客，非所能也。」嗟乎！義仍故不以風節自命，而世之知義仍者或寡矣，不獨古文也。

（《玉茗堂文集》卷首）

湯義仍先生文集序

臨川湯義仍文集若干卷，吴人許子洽生以萬曆乙卯謁義仍於玉茗堂，而手鈔之以歸者也。義仍告許生曰：「吾少學爲文，已知訾謷王、李，猾猾然駢枝儷葉，從事於六朝，久而厭之，是亦王、李之朋徒耳。泛濫詞曲，蕩滌放志者數年，始讀鄉先正之書，有志於曾、王之學，而吾年已往，學之而未就也。子歸以吾文眎受之，不蘄其知吾之所就，而蘄其知吾所未就也。知吾之所就，所謂王、李之朋徒耳；知吾之所未就，精思而深造之。古文之道，其有興乎？」余聞義仍之語，退而讀其文，未嘗不喟然太息也。義仍官留都，王弇州豔其名，先往造門，義仍不與相見，盡出其所評抹弇州集，散置几案，弇州信手繙閱，掩卷而去。弇州没，義仍之名益高，海内訾謷王、李者，無不望走臨川，而義仍自守泊如也。以義仍之才力，繇前而言之，豈不能與言秦、漢者争爲撏撦割剥，繇後而言之，豈不能與言排秦、漢者争爲叫囂隳突？深心易氣，回翔弭節，退而願學於曾、王，顧又歁然不自有，以其所未就者勗余。嗚呼，此可以知義仍之所存矣。古之人往矣，其學殖之所醖釀，精氣之所結轖，千載而下，倒見側出，恍惚於語言竹帛之間。《易》曰：「言有物。」又曰：「修詞立其誠。」《記》曰：「不誠無物。」皆謂此物也。今之人耳傭目僦，降而剽賊，如弇州《四部》之書，充棟宇而汗牛馬，即而眎之，枵然無所有也；則謂之無物而已矣。義仍晚年之文，意象萌茁，根荄屈蟠，其源汩汩然，其質熊熊然。蓋義仍之於古文，可謂變而得正，而於詞可謂已出者也。其學曾、王也，歁然自以爲未就，譬之金丹家，雖未至於九轉大還，然其火候不可謂不力，而鉛汞藥物不可謂不具也。後有君子好學深思，從事於義仍之文，得其所謂有物者，而察識其所未至，因以探極指要，而知古文興復之幾。義仍已矣，庶幾後有子雲也哉。余悲義仍之文不大顯於世，而世之浮慕義仍者，於其所以爲文之指意，未有能明之者也。循覽遺編，追惟其末後鄭重相囑之語，而爲敍之如此。（卷三十一）

姚叔祥過明發堂，共論近代詞人，戲作絶句十六首（録其二、三）

一代詞章孰建鑣，近從萬曆數今朝。挽回大雅還誰事？嗤點前賢豈我曹！

峥嶸湯義出臨川，小賦新詞許並傳。何事後生饒筆舌，偏將詩律議前賢！（卷十七）

（《初學集》）

和遵王述懷感德詩四十韻兼示夕公勑先

自古文章事，真能困白顛。書倉湛玉府，學海泬珠淵。妄許窺籬落，粗能曉陌阡。深慙初學陋，委信古人賢。文字期從順，源流屬泝沿。餘波騰綺麗，大體戒瑣鐫。筆墨留元氣，升沉托化權。千秋衣鉢在，一代瓣香專。丹漆應隨夢，珠囊豈浪傳。濫傷謀酌海，用管學窺天。北地紆前轍，弇山定晚年。問津資玉茗，入室仰松圓。（卷十三）

末二句，另本作：「襟期同鄭老，師匠並臨川。」

金陵歸過句容，柬臨川李學使二首（録第二）

臨川詩筆藻圖垂，才子於今擅總持。楮葉蓮華微妙理，王介甫詩有：「蓮花世界非關汝，楮葉工夫枉費年。」紅泉玉茗訂新詞。君將彙刻湯若士玉茗堂諸全集。定林舊隱霜筠老，片石寒山刦燒遺。賸欲過從論剪燭，冰車轣轆與君辭。（卷八）

答山陰徐伯調書

僕年十六七時，已好陵獵爲古文。空同、弇山二集，瀾翻背誦，暗中摸索，能了知某行某紙，摇筆自喜，欲與驅駕，以爲莫己若也。爲舉子，偕李長蘅上公車。長蘅見其所作，輒笑曰：「子他日當爲李、王輩流！」僕駭曰：「李、王而外，尚有文章乎？」長蘅爲言唐、宋大家與俗學迥别，而略指其所以然，僕爲之心動。語未竟而散去。浮湛里居又數年，與練川諸宿素遊，得聞歸熙甫之緒言，與近代剽賊傭賃之病。臨川湯若士寄語相商曰：「本朝勿漫視宋景濂。」于是始覃精研思，刻意學唐、宋古文，因以及金、元元裕之、虞伯生諸家，少得知古學所從來，與爲文之阡陌次第。今所傳《初學集》，皆三十七八已後作也。自嘉靖末年，王、李盛行，熙甫遂爲所掩没；萬曆中，臨川能訟言之，而窮老不能大振。僕以孤生謏聞，建立通經汲古之説，以排擊俗學，海内驚謏以爲希有，而不知其郵傳古昔，非敢創獲以譁世也。（卷三十九）

宋玉叔安雅堂集序

余故不知言詩，强仕已後，受教于鄉先生長者流，聞臨川、公安之緒言，詩之源流利病，知之不爲不正。家世與弇州游好，深惜其晚年追悔，爲之標表遺文，而抉擿其指要，非敢以臆見爲上下也。（卷十七）

讀宋玉叔文集題辭

午未間，客從臨川來，湯若士寄聲相勉曰：「本朝文自空同已降，皆文之輿臺也。古文自有真，且從宋金華著眼，自是而指歸大定。」（卷四十九）

復遵王書

僕少壯失學，熟爛空同、弇山之書，中年奉教孟陽諸老，始知改轅易向。孟陽論詩，自初盛唐及錢、劉、元、白諸家，無不折骨刻髓，尚未能及六朝以上，晚始放而之劍川、遺山。余之津涉實與之相上下。久之思泝流而上，窮風雅聲律之由致，而世事身事迫脅凌奪，晼晚侵尋，有志未逮。此自考之公案也。四十年來，希風接響之流：湯臨川亦從六朝起手，晚而效香山、眉山；袁氏兄弟則從眉山起手，眼明手快，能一洗近代窠臼。（卷三十九）

家塾論舉業雜説

何謂才子之時文？心地空明，才調富有，風檣陣馬，一息千里，不知其所至，而能者顧詘焉。錢鶴灘、茅鹿門、歸震川、胡思泉、顧涇陽、湯若士之流，其最著者；虞澹然、王荆石、袁小修，其流亞也。

天啓初，湯臨川之仲子大耆，偕朱如容掌科遊長安。如容盛談時藝，稱臨川文如杜詩，無一字無出處。坐客有面折之者曰：「《左傳》陰飴甥曰：『小人慼謂之不免，君子恕以爲必歸。』臨川『君子實玄黄』二句文云：『周師人，君子恕可也。』改『恕』爲『怒』，有何出處？豈時文應使别字乎？」仲子曰：「嘗有人問家先生，家先生曰：『君子如怒，亂庶遄已。吾此文引《詩》語對《左傳》也。』」如容鼓掌曰：「吾謂無一字無來處，豈非誠證乎？」其人俛首而去。如容語余：「先輩文不可輕易彈駁如

此。」（卷四十五）

（《有學集》）

于太學嘉小傳

嘉，字惠生，一字褒甫。金壇人。家世仕宦，以高才困於鎖院，遂棄去，肆力爲詩。苦愛温、李、皮、陸諸家，字摭句搜，忘失寢食。……卒時年七十二。惠生晚交於余，嘗以長箋見投，極論本朝詩文，遠慕弇州，近師臨川。余有書，再三往復。惠生報曰：「願以餘年摳衣函丈，究明此事。」其通懷擇善如此。

袁稽勳宏道小傳

萬曆中年，王、李之學盛行，黄茅白葦，彌望皆是。文長、義仍，嶄然有異。沉痼滋蔓，未克芟薙。中郎以通明之資，學禪於李龍湖，讀書論詩，横説豎説，心眼明而膽力放，於是乃昌言排擊，大放厥辭。以爲唐自有詩，不必選體也；初、盛、中、晚皆有詩，不必初、盛也；歐、蘇、陳、黄各有詩，不必唐也。唐人之詩，無論工不工，第取讀之，其色鮮妍，如旦晚脱筆研者。今人之詩雖工，拾人飣餖，纔離筆研，已成陳言死句矣。唐人千歲而新，今人脱手而舊，豈非流自性靈與出自剽擬者所從來異乎！

空同未免爲工部奴僕，空同以下皆重儓也。論吴中之詩，謂先輩之詩，人自爲家，不害其爲可傳；而詆訶慶、曆以後，沿襲王、李一家之詩。中郎之論出，王、李之雲霧一掃，天下之文人才士始知疏瀹心靈，搜剔慧性，以蕩滌摹擬塗澤之病，其功偉矣。機鋒側出，矯枉過正，於是狂瞽交扇，鄙俚公行，雅故滅裂，風華掃地。竟陵代起，以淒清幽獨矯之，而海内之風氣復大變。譬之有病於此，邪氣結轖，不得不用大承湯下之，然輸瀉太利，元氣受傷，則别症生焉。北地、濟南，結轖之邪氣也，公安瀉下之，劫藥也；竟陵傳染之，别症也。餘分閏氣，其與幾何！慶、曆以下，詩道三變，而歸於凌夷熸熄，豈細故哉！

（《列朝詩集》丁集）

周亮工

因樹屋書影

萬曆二十二年，安南進代身金人範，用囚服面縛。是年黎惟潭自以恢復放罪，視莫登庸有間，爲立面肅容狀，驗閲嫌其倨，令改範俯伏焉。鐫其背曰「安南黎氏世孫黎惟潭，不得蒲伏天門，恭進代身金人，悔罪乞恩」二十五字。湯義仍得見，有詩紀之。

湯若士《武陵春夢》詩：「細雨春情惜夜紅，妨人眠睡五更風；明朝翡翠洲前立，拾取砂挼置枕中。」陳藏器《本草》：「砂挼子生砂石中，形如大豆，背有刺，能倒行，常睡不動，生取之，置枕中，令人夫妻相悦。蜀人號曰浮鬱。」《癸辛雜誌》：「南丹山中有相憐草，媚藥也。或有所矚，密以草少許擲之，草著其身，必相從不舍。」諸如此類，羣書所載甚夥。獨《霍小玉傳》所載騁駒媚、發殺觜，似媚藥無疑；然不知爲何物，亦不見于他書。

（《因樹屋書影》）

徐世溥

答李爾瞻論時文書

又或曰，我師某人，我法某人。夫所謂某人者，又何所師，何所法乎？王文恪之後，更無王文恪，後起而與之並驅者，唐應德、鄧文潔也。歸太僕之後，更無歸太僕，後起而與之方駕者，趙高邑、湯臨川也。

（《榆溪逸稿》卷五）

徐世溥，字巨源，號榆溪。江西新建人。萬曆丁未（一六〇七）生，順治戊戌（一六五八）卒。諸生。有《榆溪集》。

傅占衡

車玉虎續四編序

臨之人，能以制義古文清微之致，相御而無窮者，實自玉茗先生始。當先生初起時，閭巷爭誹怪之，後乃翕然傳頌者，用科名故耳。玉茗知里中猝無類己者，教後生平平，深推湯、許，不得已而爲中根説法矣。夫遇合者，命也。湯、許適當人情偷安、貪常嗜易之運，故横厲中原二十許年，且使玉茗標以訓後進，豈可謂非命哉！其後吾師方城先生，洎大力、文止、千子，皆常割修鬴酒於玉茗之門，奮然欲以清古一道，變化而神明之，價久不售。於是向之傳誦玉茗先生者，浮持其説，以誹怪數君子；而不知似玉茗者，莫數君子若也。當是時，玉茗亦愛其才，而憂其不遇；愛之甚，欲其蚤第春官耳。至文章原委，曷嘗少牴牾耶？文之初終離合，久而愈定；譬望山者，遠則純爲黛色，即之則向背異勢。雖玉茗未嘗見究竟之方城數公，安得不内憂，而况傳誦以時者乎。

兹社初刻序

盱與汝，古同郡邑也，衡於盱前哲最欽味者，如鄧孟擴之節，羅景鳴之文，張長卿之學；異代同堂，若嚴事吾玉茗、鷽林諸先生也。（以上卷二）

《學餘園集》，邱兆麟撰。

再宿學餘園與子晉述舊　湯玉茗先生有學餘園集序

昔公孝陵時，築室山之陽。清泠勺多池，可以遊天光。開軒賦戚姑，筆倚秋天長。爾後盛亭館，豐鎬此不忘。譬彼顛頠顔，終然勝姬姜。君子憶承考，殖斯方未央。偃蹇猶淩寒，檀欒出故墻。予忝升堂生，撫今思辟疆。非無五畝園，請視金與湯。學餘初知名，玉茗畀琳瑯。宗炳山欲響，陶潛圃未荒。至今海内在，豈不由文章。今之好士心，浩若豐年糧。念兹醉欲寐，與子連一床。（卷二十一）

《湘帆堂集》

陳孝逸

敍湘帆堂集目録

他如《董糟丘》雜劇、《崇明寺塔曲》，俱有意趣，並不附本集。文長之附《四聲猿》，玉茗之附「四夢」，非古法，吾不敢效也。（《湘帆堂集》卷首）

陳孝逸，字少游。臨川人。際泰子。明亡，去諸生。有《癡山集》。

王夫之

歐陽公招遊龍沙，同劉曲溟、周一丕洎齊季諸子。寺有湯臨川手題，即用爲起句

池開沙月白，門對杏榆清。墨脱蝸盤重，木喬鳥瞷深。昔賢傳雪泛，久旅愛冬

晴。離亂集師友，兹遊未可輕。

（《憶得》，載《船山遺書》）

南窗漫記

南昌城北龍沙，四圍素沙環攤，如銀城雪島，中平敞爲禪室。有湯義仍手書門聯云：「池開沙月白，門對杏榆清。」數十年矣，楮墨未損。悠然想見其揮毫之頃。

（《南窗漫記》，載《船山遺書》）

丁仙芝渡揚子江詩評語

五言之餘氣始有近體。更從而立之繩墨，割生爲死，則蘇、李、陶、謝遽遭剫割。其壞極於大曆，而開、天之末，李頎、常建、王昌齡諸人，或矯厲爲敖辟之音，或殘裂爲巫鬼之詞，已早破壞濱盡，乃與拾句撮字相似。其時之不昧宗風者，唯右丞、供奉、拾遺，存元音於圮墜之餘，儲、孟、高、岑，已隨蜃蛤而化，况其餘乎！故五言之衰，實於盛唐而成不可挽之勢，後人固以之爲典型，取法於涼，其流何極哉！大曆以降，迄今六百餘年，其能不爲盛唐五言律者，唯湯臨川一人。夔、曠之知，固已難矣。嗚呼，此詎可與沈酣賈島、淫酗陳無己者道邪？

（《唐詩評選》，載《船山遺書》）

李夢陽贈青石子詩評語

此亦自關性靈，亦自有餘於風韻。立北地於風雅中，恰可得斯道一位座。乃苦自尊已甚；推高之者，又不虞而譽，遂使幾爲惡詩作俑，亦北地之不幸。要以平情論之。北地天才自出公安下，六義之旨亦墮一偏，不得如公安之大全；至於引情動思，含深出顯，分脛臂，立規宇，毆俗劣，安襟度，高出於竟陵者，不啻華族之視儈魁。此皇明詩體三變之定論也。乃以一代宗工論之，則三家者皆不足以相當。前如伯温、來儀、希哲、九逵，後如義仍，自足鼓吹四始。三家者豈横得譽，亦横得毁！

沈則臣過高郵作詩評語

嘉則于五言大有入處，而不遂作古詩，豈天留一席以待臨川邪？

徐渭武夷山一綫天詩評語

文長、義仍，壇坫各立；而于七言小詩，往往有合，技到絶處必合也。

湯顯祖諸詩評語

遥和諸郎夜過桃葉渡　夾敍夾點。回旋「去」，用康樂五言新法入歌行，如以古錦製半臂，既不惜用，詎有不相宜者？

聽説迎春歌　不知是姹女，是嬰兒，是河車？但一片明窗塵耳。臨川此種，直是絶人躋扳。

吹笙歌送梅禹金　妙處只在敍事處偏着色攬碎，古今巨細入其興會。從來無人及此；李太白亦不能然。

邊市歌　敍議詩不損風韻，以元、白形之，乃知其妙。錢受之謂公詩變而之香山、眉山，豈知公自有不變者存！

夏州亂　香山、眉山得如此了否？不但能了，偏多旁射。

重過石城埭　語極放，意極斂，稍入崔顥、王昌齡宗風，猶有過之者。

南旺分泉　指事發議。詩一入唐、宋人舖序格中，則但一篇陳便宜文字，强令入韻，更不足以感人深念矣。此法至杜而裂，至學杜者而蕩盡。含精蓄理，上繼變雅，千年以來若士一人而已。亦可謂之倣顔延年。顧借彼法行我意，不似李于鱗效建安，一咳一唾，必彼若也。

答丁右武稍遷南僕丞懷仙作　一直起，疑傷於促，乃爾迴翔動淡，如風在空，不有孤悍之力，而力莫大焉。雲行天運，了無步武，即所行運者以爲次舍。此直駕康樂而上，古今殆無儔匹。三百年來，李、何、王、李、二袁、鍾、譚，人立一宗，皆教師槍法，有花槍可髣，故走死天下如騖。至于先生，無問津者；亦初無津之可問也。

雨花臺所見　　必不遺一字落齊梁。亦曲終奏雅爾。不用一大反折，故世人不知。

黄岡西望寄王子聲　　伏思審度不知者，但謂之六代。試叩之，倣六代者，何嘗有此！「栖栖王子情」，亦是出題。看他化骨爲筋，化筋爲液之妙。序事如不序，謂千五百年來一人。余自信非誣，要令子美、韓退之魔兵卒地耳。

相如　　詠古詩不更與紀序，又不下論斷，但問今人且從何處下筆也。王季重詘公詩胎乳六代，但此詩從季重索一六代語得否，既不六代，亦不唐、宋，非漢人五言而何？特不以夯骨麤毛，妄托建安耳。

麗水風雨下船棘口有懷　　天致自舒，作者閱者俱不知神魂何所矣。「宿霧」下六句，只兩句如雲起膚寸間，蜿蜒遂大。漢人固以此爲絶境，不但康樂云然。

宿浴日亭因出小浪望海　　長行屢轉，既不放惰，又無痕迹，不知是何心情能如此密攝也。只「小浪亦莞爾」二句，拙筆經營，終日不能了了。俗目臨海，不知眩奪浮歆，作幾許大言鬼想。雖曰海，也關人處，亦「丹穴亦不炎，好風常相噓」而已。太白於廬山亦無固情；況昌黎之華嶽，安保其不腓筋轉向前邪？

答姜仲文　　中藏三四摺，序次歷歷學杜。人於此當作何鐵襯擺硬轉長搖。

看他正如無縫衣相似，的從「青青河畔草」、「上山采蘼蕪」來。「白日不可常」，五字千古。

虞淡然在告　古今間别立一宗，大抵以古爲主，今爲輔轡。令三謝作七言近體，必如此矣。

送王比部供奉採藥扶侍太夫人歸粤比部故侍御殿中　工于攝括，自有閑力。不廢諷刺，且不廢洽暱。

達公舟中同本如明府喜月之作　靈密。靈者不易密。不密之靈必夾酸，竟陵以之。

登獻花巖芙蓉閣　亦不問爲古爲今，但覺四人出其下。

遷祠部拜孝陵　不必定關至極，詩情止此。

恩平中火　怨甚。其度不損。始知沈、宋定爲褊人。

雁山迷路　此則唯唐人能之，而氣歛局純，亦必右丞始得。

信陵君飲酒近婦人　不妨奇絶。

病酒答梅禹金　若非聲情之美，但有此意，令譚友夏爲之，求不爲淫哇不得也。

江宿　沈酣而入，洗滌而出，詩之道殆盡于此乎！

朔塞歌　（一首）不關邊事亦不關邊愁，無所倚以立意，空中著色，撰出此一首詩，正使言事言愁者取之無盡。唯許「黄河遠上白雲間」相爲先後，「秦時明月」猶落思路中也。王、李標盛唐之宗，何嘗得此！　（二首）纔是塞上歌。不然只好準備厮殺，敗仗便走，亦安能爲之歌耶？

胡姬抄騎過通渭　不離此等詩，自得聖證。其妙固不可以言傳也。臨川絶句有似江寧者，有似播州者，有出江寧、播州上者。其妙全在空中樓閣，尺寸不差，定是千古一人。

送賁水絮人過萬州　且道渠因甚恁底説，結施俊語，遂可令人疑止此耳。此所謂似播州而出播州上者也。

始興舟中　真含蓄深至，不妨令人疑作疏放。

達公來別云欲上都　雄渾如斯，歷下策馬追之不及。顧不欲雄渾孤行。

雨蕉　高情欲絶。後來嗣音者，臨川定許何人，不敢昧心。

聞滇貴道阻問瑞芝中丞　較太白《上皇西巡歌》深遠十倍。

偶作　漫書答唐觀察　此二首又只解説出不解含吐。雖然，較播州爲雅矣。「故相」非漫及，先生又有詩云：「半百年來遷客裏，數家開閤不曾過。」

寄謝餉部遼左　不更點染，即此點染。

送別劉大甫　只此足氣矜何、李門下，蒜麫客不堪一笑！

花朝　魂外無意，則凡魂皆意矣。萬卷丹書只此一訣。臨川得之，以仙其詩。

（《明詩評選》，載《船山遺書》）

夕堂永日緒論

王子敬作一筆草書，遂欲跨右軍而上。字各有形，埒不相因，仍尚以一筆爲妙境，何况詩文本相承遞耶？一時一事一意，約之止一兩句。長言永嘆，以寫纏綿悱惻之情。詩本教也，十九首及「上山采靡蕪」等編，止以一筆入聖證。自潘岳以凌雜之心，作蕪亂之調，而後元聲幾熄。唐以後有能作此者，多得之絶句耳。一意中但取一句，「松下問童子」是已。如「怪來妝閣閉」，又止半句，愈入化境。近世郭奎「多病文園渴未消」一絶髣髴得之。劉伯温、楊用修、湯義仍、徐文長有純净者，亦無歇筆。至若晚唐餖湊，宋人支離，便令生氣頓絶。「承恩不在貌，教妾若爲容」，「風暝鳥聲碎，日高花影重」，醫家名爲關格死不治。

一解弈者，以誨人弈爲遊資，後遇一高手與對弈，至十數子，輒揶揄之曰，此教師碁耳。詩文立門庭，使人學已，人一學即似者，自詡爲大家，爲才子，亦藝苑教師而已。高廷禮、李獻吉、何大復、李于鱗、王元美、鍾伯敬、譚友夏，所尚異科，其歸一也。纔立一門庭，則但有其局格，更無性情，更無興會，更無思致，自縛縛人，誰爲之解者。昭代風雅，自不屬此數公。若劉伯温之思理，高季迪之韻度，劉彦昺之高華，貝廷琚之俊逸，湯義仍之靈警，絶壁孤騫，無可攀躡，人固望洋而返；而後以其亭亭嶽嶽之風神，與古人相輝映。次則孫仲衍之暢適，周履道之蕭清，徐昌穀之密贍，高子業之戍削，李賓之之流麗，徐文長之豪邁，各擅勝場，沈酣自得。正以不懸牌開肆，充風雅牙行，要使光焰熊熊，莫能揜抑，豈與碌碌餘子爭市易之場哉！李文鏡有云：「好驢馬不逐隊行。」立門庭與依傍門庭者，皆逐隊者也。

七言絶句，初盛唐既饒有之，稍以鄭重，故損其風神。至劉夢得而後宏放，出於天然。於以揚扢性情，馺娑景物，無不宛爾成章，誠小詩之聖證矣。此體一以才情爲主，言簡者最忌局促，局促則必有滯累，苟無滯累，又蕭索無餘。非有紅鑪點雪之襟宇，則方欲馳騁，忽爾蹇躓，意在矜莊，祗成疲苶。以此求之，知率筆口占之難，倍於按律合轍也。夢得而後，惟天分高朗者，能步其芳塵。白樂天、蘇子瞻，皆有合作。近則湯義仍、徐文長、袁中郎往往能居勝地，無不以夢得爲活譜。才與無才，情與無情，惟此體可以驗之。不能作五言古詩，不足入風雅之室；不能作七言絶句，真是不當作詩。

豔詩有述歡好者，有述怨情者，三百篇亦所不廢。顧皆流覽而達其定情，非沈迷不反，以身爲妖冶之媒也。……近則湯義仍屢爲泚筆，而固不失雅步。（以上内編）

非此字不足以盡此意，則不避其險；用此字已足盡此意，則不厭其熟。言必曲暢而伸，則長言而非有餘；意可約略而傳，則芟繁從簡而非不足：稽川南、湯義仍諸老所爲獨絶也。

不博極古今四部書，則雖有思致，爲俗輭活套所淹殺，止可求售於俗吏，而牽帶泥水不堪挹取。乃一行涉獵，便隨筆湧出。心靈不發，但矜遒勁，或務曲折，或誇饒美，不但入理不真，且接縫處，古調今腔兩相黏合，自爾不相浹洽；縱令搏成，必多敗筆。趙儕鶴、湯義仍、羅文止，何嘗一筆倣古，而時俗輭套，脱盡無餘，其讀書用意處别也。

唯有一種説事説物單句語，於義無與，亦無所礙，可以靈雋之思致，寫令生活。此當以唐人小文字爲影本。劉蜕、孫樵、白居易、段成式集中，短篇潔净，中含静光遠致，聊擬其筆意以駘宕心靈，亦文人之樂事也，湯義仍、趙儕鶴、王謔菴所得在此。劉同人亦往往近之。餘皆不足比數。（以上外編）

（《夕堂永日緒論》，載《船山遺書》）

王夫之，字而農，號薑齋。湖南衡陽人。生於萬曆四十七年（一六一九），卒於康熙三十一年（一六九二）。有《船山遺書》行世。

李來泰

熊汝侯詩序

唐以詩取士，而臨獨無詩。僅楊志堅、張頂兩篇，見紀事中，何琅琅也。至宋而半山祖述少陵，直軼中輓而上，元獻作之於前，溪堂、裘父振之於後，臨之詩人，宋爲特盛。元去宋未遠，虞、吴集中所載姓名，不一而足，而文詞鮮概見者。明初饒介之、聶壽卿而外，僅傳選體。至玉茗先生而大成始集，先後數百年，兩臨川之稱未能或之先也。播遷以往，風雅一道不絶爲系，豈極盛者難爲繼歟，抑傳而習者無其人歟？……汝侯熊子夙具異敏，壯歲舉明經高第，即謝絶選人，肆力於聲病之學，世所傳《玉環》、《合緑》、《芝園》等填詞，步武紅泉家法，視鄉先輩所爲《紈扇》、《贈書》等劇，駸駸度驊騮前矣。間示余新詩一帙，取材練句力追先民，無近日蚓竅蠅聲之弊。……猶記辛壬間，陳止宜郡伯征詩郡中，羅文止復柬云：「韻語原非臨士所長。」時郡中稱詩者不乏，文止皆微詞也。半山、玉茗風規具在，願吾汝侯一雪此語。

（《蓮龕集》卷七）

陳石麟

玉茗堂全集序

義仍先生爲一代偉人，於書無所不窺，故其才横絶古今，而又具深心厚識，有以達其才之所發皇。當時稱爲今日晁、賈，非虚譽也。余聞見單寡，不必遠爲援引，即就臨川文獻論之。臨川名流鵲起，代不乏著作手。而能爲晁、賈之文，馳騁萬變，使讀者壯心駭目，無如晏元獻、王荆國。而先生排斥歷下、瑯琊之踳駁，力振衰靡，不屑依傍人門户，特挾其寶光浩氣，以赴于楮墨間。故所著古文詞，雄渾博大，堅潔深秀，直可與同叔、介甫二公並壽千古。若夫有韻之章，則又兄事小山，而弟畜溪堂。是能爲晁、賈之文，而又兼備諸家體裁，與古人劘壘角勝，令當時健者皆出其下。至于曲學，乃才人游情之技，擅場者少。而惟「四夢記」，真堪壓倒王、董，輘轢關、馬，藴義淵弘，尤空前後所未有。故天下得其片紙隻字，如獲拱璧天球。其集有《雍藻》、《問棘》、《玉茗》等編，然二編散佚無存；惟《玉茗堂集》，韓求仲、沈何山二先生校讎詳核，而韓本爲尤精，然屢經兵燹之餘，刻于姑蘇者，日久板刓，雖積學之士，罕覩其書；即當事諸公下檄徵求，亦苦搜羅之難。乃余戚阮子凌雲、正嶽，欲倡明古學，取韓太史所次先生集，編摩考訂，捐貲重梓。書成而請序於余。余曰：「先生才大而遇蹇，雖歷官太常郎署，直諫有聲；而冷局孤踪，不獲展其志用，有識者深爲惋惜！然立言與立功，均爲不朽盛事，則坐而言，何異起而見諸行也？且前人往矣，而前人所恃與後人相接者，惟此鴻裁健製。倘後人于前哲遺書，聽其爲殘編斷簡，則將來竟與雲煙草樹同其泯没，而文獻不足徵，豈僅一邑一郡之故哉？今阮子能表章是集，非但有功于先生已也。使當先生蓐楹之後，有阮子其人，壽一編于棗梨，則先生之全見焉。然先生之全雖不見，而俾學人因其遺書以想見其全，學亦未始不基於此矣。」余冒昧僭弁，用志私淑先哲之懷云。時皇清康熙癸酉歲夏季穀旦，賜進士第吏部驗封清吏司主政，同郡後學陳石麟及陵氏頓首拜題。

（《玉茗堂全集》）

湯秀琦

玉茗堂全集序

先玉茗集，舊有韓求仲、沈天羽二刻，近皆散軼無存。乃阮氏凌雲、正嶽二甥，有志斯道，傑然哀貲而梓之，悉照韓刻舊本，而玉茗之大觀復成。嗚呼！文章之顯晦，其猶日星也乎？陰霾薄蝕，因其時會則然，而貞觀貞明之質，莫之能揜也。革之爲道離明，入於澤中已日而乃孚，文明以革而愈彰也。公生平以文明著。而其名位沮落，坎壈百罹，推其初願，豈僅欲以筆墨馳騁而已哉？幽潛淪匿，其自晦於澤中者多矣。身没而以虚名垂世，又能更革，幾幾零落而不傳，離明不將終於兑澤乎？今得復還舊觀，人以爲文明以悦之會，予則悲公名位不達於當年，而又幾沉淪於身後，至於今而革道乃孚也。公少時學道於盱江羅明德先生，有得於性命之旨。壯年成進士，鋭然有志當世。爲南祠部郎，抗疏論列時相，謫尉海南；既而量移平昌，即自投劾而歸，時年僅四十有七。少宰李本寧暨郭希老、南弦蒲數公，于吏部堂上，争臨川爲有關繫人，且言其高尚已久。争之愈力，主者援筆落其籍云：「竟成此君之高！」鄒南臯聞而嘆曰：「茫茫海宇，遂不能容一若士邪？」自是家居二十年，杜門清嘯，日以文墨自娱；達官貴人輒干之不置，公亦不以屑意也。然佳篇韻語流布人間，固已動中外而滿江湖矣。李鄰初謂其「簪笏名除大雅留」，豈虚語哉？莊子云：「無受天損易，無受人益難。」若公者，天固不得而損之，人亦無從而益之矣。損益兩局，於通人何與乎？獨怪世之慕公者，類皆賞其清詞麗句，僅在騷人墨客間；無乃望遠者見其貌而不見其神，聽遠者聞其疾而不聞其舒乎？公之學以明體達用爲歸，非錚錚細響自鳴而已；直以抑塞流放。上之不得秉朝家經制彝常之盛。每欲別成一書，以明道旨。奈先儒剔抉已盡，故拓落文詞，寫其精洞弘麗之致，而寄其哀怨騷激之情。至其論詞曲，則云：「上自葛天，下至蒙古，皆是歌曲。駘蕩淫逸，轉變在筆墨之外。」殆與邵子聲音律數，冥符造化矣，豈僅花菴、玉林争能節拍哉？君子之文德，與日新之。德皆德也，而《易》中之大畜小畜分焉；不獲大畜於天衢，則小之懿，其文德而已。公之文詞，其小德也。其大者不可得而見矣，然猶恃有小者存焉。後之慕公者，無徒售其櫝而已。予生也晚，不及聆公謦欬。予祖乃公同懷季弟，而亦早世。幸伯父尊宿（爲公次子），淹雅而享遐齡，時時得親履杖，備聞公嘉言懿行，中心藏之，未敢一日忘也。今年春，吾郡司馬陸公訪玉茗遺址，建新祠而祀公焉。予已具述所聞，載入新祠記中矣。及冬，而《玉茗堂全集》之梓適成。予時司鐸鄱陽，阮子馳書命爲之序。深幸玉茗佳事，一歲之中而兩得之，是以不禁文明革道之感。自顧才力短淺，不足發抒其萬一。然歐陽公爲王太師作記，亦據其孫家傳，以補舊史之闕。予雖不敏，或得附於斯義。阮氏兄弟與先玉茗屬外王父，猶陶潛之傳孟嘉也。淵源有自，堪作千古佳話矣。時康熙甲戌仲春既望，侄孫秀琦謹識。

（《玉茗堂全集》）

湯秀琦，字小岑，號弓菴。江西臨川人。顯祖從孫。順治丙戌（一六四六）鄉試副榜。有《碧澗草》。

【附】

湯斌　碧澗草序

江南之湯，皆出唐殷公文奎公之子悅，以避宋諱改而從湯，貴池其初祖也。其散入豫章者，則自靖康之亂，以其族從康王孟后而遷。至明慶、曆間，祠部公以文章顯名當代，而臨川之宗始著。予祖亦出貴池。明初以開國輔運功世襲驍尉，守尉睢州。在予宗則以武功傳世，而臨川則以文儒擅稱。彼此樹立不同，而其祖本貴池則一也。予本將家子，然被儒風已久。聞海内有臨川之號，思得一登其堂，訪玉茗遺風而仰溯之，庶幾以殷人而竊比老彭之義。然地相隔且三千餘里，壬辰通籍詞林，限以官守，勢不得遠越江湖而詢吾子姓。予同譜有李君石臺，其尊人嘗受業玉茗之門，因亟就而詢之，道其家世甚悉。稱其後人之才者，則以小岑爲最。予時亦心識之，而願望之意終難已也。其後孝廉有善卿兄者，屢試春官。予從長安旅舍中愾然相遇，因齒善卿爲兄，而善卿亦以弟厚予。玉茗遺風始得彷佛其一二。問其後來之雋，亦舉小岑以對。是小岑者，吾一得之於石臺，而再得之善卿兄矣。今季春，予與石臺以纂修之命聚京師，朝夕以史事相商略。而小岑適館於石臺之室，以明經廷試而來也。緣善卿之誼，遂復以叔視予，因得於揚搉古今之際，相與上下其議論。其折衷經史，確有源流，霏霏如解玉屑。問其撰述何如，則出《碧澗山房詩賦》一編相示，披而讀之，敷景言情，綿麗超異，玉茗宗風於今不墜矣，真令我眉開十丈也。然予於小岑有感焉。臨川自玉茗文章名世以來，其子孫之登賢書者項背相望。獨予之知小岑也，在二十餘年之前，而今始得於長安相見，何其悒悒而久不自達也。吾聞君子之畜德也，健而能止，篤實而後光輝發焉；則小岑之承玉茗而大其宗者，其有得於畜之義乎？因舉而爲之序。

（《臨川縣志》）

湯斌，字孔伯，號潛庵。河南睢州人，順治壬辰（一六五二）進士。有《潛庵先生全集》行世。

阮峴 阮嵩

玉茗堂全集序

先生乃峴兄弟外王父行也。峴恨生不同時，弗獲瞻有道風儀；而學術虧疏，又不能窺先生之底藴。然幼喜讀《玉茗集》，不忍釋手。知其組織經史，原本關閩，故其發爲文章，奥衍宏深；是匹夫而爲百世師，一言而爲天下法。唐有昌黎，明有先生，其揆一也。乃先生雖學究天人，而剛直蹇諤之操，爲當事所忌，竟投閒置散，至今令人惋惜。顧當世能忌先生，而先生千秋之名，原不因是而有增損也。况不以組解爲戚，不以謗興爲憂，而獨抒其厚識遠神於大小著述之間，自非大賢篤志，與道污隆，孰能如此乎？而世僅企其才名，嘆爲古今文人所莫及，猶淺之視乎先生也已。其集有韓、沈二選本，然沈本漫滅不可校讎。余因取韓本詳爲訂定，捐資重鋟，聊效一瓣香，敬爲曾南豐之義。而母舅小岑先生，以陶潛之傳孟嘉，過爲獎借。夫先生之學，海涵地負；先生之風，山高水長；固度越孟江州，而峴兄弟則不堪作柴桑牛馬走也，敢曰能傳先生哉？時康熙三十三年季春朔日，重外孫阮峴、嵩同頓首謹識。

（《玉茗堂全集》）

王士禛

池北偶談

明萬曆中年以後，迄啓、禎間，無詩。惟侯官曹能始宗伯（學佺）詩，得六朝、初唐之格。一時名士如吴兆、徐桂、林古度輩，皆附之，然海内宗之者尚少。錢牧齋所折服，惟臨川湯先生義仍與先生二人而已。

（《池北偶談》卷十七）

香祖筆記

予最愛湯義仍先生絶句：「清遠樓中一覺眠，雨鳩風燕乍晴天。年來愛作團欒語，不得中男在眼前。」昔丁卯戊辰間，予家居，而第三男啓汸官文登廣文，嘗寫此詩寄之，以代家書，真不減子由「彭城逍遥堂」絶句也。興觀羣怨，學詩者當于此等求之。

（《香祖筆記》）

古夫于亭雜録

陳大樽《明詩選》，於弘、正間持擇甚精，嘉靖以來便稍皮相，什得七八耳。至擬早朝應制之體闌入，未免可厭。萬曆以下，如湯義仍、曹能始，不愧作者，概置之鄶下無譏之列，此則大誤。須合牧齋《列朝詩集》觀之。

（《古夫于亭雜録》卷五）

陳大樽，即陳子龍，字卧子。華亭人。崇禎丁丑（一六三七）進士。有詩文集。王士禛，字貽上，號阮亭，別號漁洋山人。山東新城人。順治乙未（一六五五）進士。有《帶經堂集》、《池北偶談》、《香祖筆記》等。

何　棅

拉雲小集序

若士先生，生之鄉先達也。當王弇州執詞壇牛耳，奔走天下，士所不能屈者，若士與文長兩人耳。

（《臨川縣志》）

何棟，清初人。經歷不詳。

吴　喬

圍爐詩話

于鱗見元美文學《史》、《漢》，乃學《左傳》，欲以勝之。笨伯固宜如此。湯若士，慧人也，亦欲學初唐以勝二李，何歟？袁中郎亦欲翻二李，而識淺力薄，反開鍾、譚門竇。

（《圍爐詩話》卷六）

吴喬，又名殳，字修齡。清初江蘇崑山人。有《圍爐詩話》、《舒拂集》等。

吴肅公

明語林

一時相子乞湯臨川顯祖爲父傳，臨川唾曰：「嚴、夏、高、張，被狐貉噉盡，以筆綴之，如以帚聚塵。惟青霞、君典，時在吾心眼中。」臨川爲龍宗武諛墓，士論惜之。

（《明語林》卷十一）

吴肅公，字雨若，號晴巖。安徽宣城人。生清初。有《街南集》等。

朱彝尊

静志居詩話

嘉靖七子之派，徐文長欲以李長吉體變之，不能也；湯義仍欲以尤、蕭、范、陸體變之，亦不能也；王百穀、王承父、屠長卿雖迭有違言，然寡不敵衆。自袁伯修出，服習香山、眉山之結撰，首以《白蘇》名齋，既導其源，中郎、小修繼之，益揚其波，由是公安流派盛行。

吴詔相，字廷承，宣城人。由舉人萬曆初知汝州。有《吴汝州集》。臨川湯義仍爲廷承作傳，述其生而不慧，既就塾，日記千言。縣試，令訝其幼，謂曰：「童子豈外黄兒邪？」應聲答曰：「明府比中牟令矣。」令竦然異之。廷承嘗夢紫衣人指點一閣道中，松柏葱青數里。及知汝州，果有閣道松林中。嘆曰：「命止此邪！」因慵於治事，未秩滿稱病痞去。歸見其母，抱持大哭失聲，疾遂愈。丁母憂，未終喪而卒。存詩雖無幾，近年編續《宛雅》者竟遺之，惜也！

（《静志居詩話》，載《明詩綜》）

毛奇齡

二友銘

予與徐君伯調先後出遊者若干年。……己酉秋，予赴豫州，而君以次年若月日卒於家。……君諱緘，家山陰之木汀，又家梅市。初擅舉子文，爲雲門五子之一，既以詩古文争長海内，海内人皆知君名。方是時，郡詩文自靖、慶後沿趨不振，而君力反之一歸于正。……往與常熟錢宗伯爲論文書，宗伯曰：「少爲舉子，偕李長蘅公車，見僕爲文，嘆曰：『子他日者爲李、王輩流已矣。』僕曰：『李、王而外有文章乎？』長蘅爲言唐、宋大家與俗學異，而略指所以，爲之心動。近與練川諸宿素游，得聞歸熙甫之緒言，與近代剽賊雇賃之病。臨川湯若士寄語相商曰：『本朝勿漫視宋景濂也。』於是始覃精研思，學唐、宋大家爲文，以及金、元元裕之、虞伯生諸家，非敢矜創以譁世也。」君覆書曰：「長者教思，敢忘佩誦！但歷引長蘅、若士之言，以規橅秦、漢爲俗學，不如奉唐、宋大家爲質的，則不然。夫學無古今，真與贋而已。學《史》、《漢》者正如孔廟奏古樂，琴瑟柷敔，僅得形模，故難爲耳。若夫學大家，則古樂之遞變者也。三百、漢、魏樂府而降，如近世清商梨園等曲，雖去古已遠，其窮情極態，亦復感動頑愚，故可爲。實則彼以古而難追，此以今而易襲，未可謂易爲者爲古，而難爲者反非古也。夫真能爲《史》、《漢》者莫如大家，然大家之文不類《史》、《漢》；真能爲大家者莫如先生，然先生之文不類大家；此無他，真者内有餘故不求類，贋者内不足故求類也。若夫景濂、熙甫之文，鄉者亦嘗略觀之，今因先生之言，復從南昌人家借得學士集，反復覽觀。竊以爲惟聖人之文，能兼德行言語之盛，下此即《國策》、《史記》，詘於譚理，濂洛關閩，不善行墨；今景濂思起而兼之，取理于程、朱，而掞詞于遷、固，惆然自以爲古之作者莫已若也，而不知其去古者正復坐此。今其文具在。凡文少理蔽，稍橅前古，猶卓然可觀；若明明言理，則皆卑薾熟爛，老生學究振筆有餘。由此觀之，二者之不能合并也，決矣；景濂之不及古人，明矣。遂欲懸此爲質的，使後學咸崇焉，緘不能無少惑也。且夫長蘅、若士之言，亦安足據也？」

（《西河合集》）

毛奇齡，原名甡，字大可，號西河。浙江蕭山人。康熙己未（一六七九）試博學鴻詞。有集。

明史

文苑傳序

弘、正之間，李東陽出入宋、元，溯流唐代，擅聲館閣。而李夢陽、何景明倡言復古，文自西京，詩自中唐而下，一切吐棄。操觚談藝之士，翕然宗之。明之詩文，於斯一變。迨嘉靖時，王慎中、唐順之輩，文宗歐、曾，詩仿初唐。李攀龍、王世貞輩，文主秦、漢，詩規盛唐。王、李之持論，大率與夢陽、景明相倡和也。歸有光頗後出，以司馬、歐陽自命，力排李、何、王、李。而徐渭、湯顯祖、袁宏道、鍾惺之屬，亦各争鳴一時，于是宗李、何、王、李者稍衰。至啓、禎時，錢謙益、艾南英、準北宋之矩矱，張溥、陳子龍擷東漢之芳華，又一變矣。（《明史》）

胡亦堂

湯義仍先生集序

今有馬於此，其貌同也，試以馳驟，廣遠則不免駑鈍與跅弛，於是咎天下之無馬。有從而語之曰，是未見夫騏驥也，一日千里，其過都國，若歷塊然。迨騏驥之馬出，自以爲至矣，而人又議之曰，夫騏驥之馳千里也，比其將至，舉首而日在其前，是騏驥亦未爲足也。有天馬者出，倜儻雄奇，光景噓吸，若滅若没，于是天下之馬盡空。夫天馬，非能空天下之馬也，彼其有天者存，所以異之也。湯義仍先生，明所稱一代之才也。以予觀之，先生之著文甚多，人以爲功在乎人，而不知本其天。諸凡制義及填詞，大例不入手集，而其古文追琢成工，而取掇競爽，人也；若其沛然雄放，超忽無前，則天也。其詩賦聯翩華藻，而錯雜黼黻，人也；若其興情緜邈，一往自如，天也。其簡牘，敍致遥深，而選萃芳潤，人也；若其時加顛倒，勃萃自喜，則天也。蓋先生之文可貴者，大抵其詩在漢、魏，而文尤望《史》、《漢》而上遡，視他人之欲至而必不能至者，其天爲之耳。至其才可取通貴，而受知如舉主，於館選猶惎之，故沉淪於一令。幸爲郎，復下爲尉卒，終困窮而不恤。故嘗以他人之才者，人；而先生之才，天也。惟其爲天，萬物之理，予之齒者亡其角，予之足者缺其翼，得其才不復得其遇，天固先有以自限也。且無論先生之爲文爲天，其爲人亦全乎其天也。尹平昌，而縱囚觀燈歸家；爲南郎，忽以疏言權貴；家居時，一同年貴人招致之，有「與公等俱，今不能屑」之語：率皆其天之所致然也。漢武帝雄才好士，時多才子，而相如爲最；然使當高文大册，尚嫌于遲，謂疾不如枚臯。如使先生當其時，則尚書給筆札，猶可不需上林之一月，侍從華國之選，古人又何足道哉！（《湯義仍先生集》卷首）

丘毛伯先生集序

臨川之爲邑，賢達如林。如陳公惟濬之理學，湯公義仍之淵博，艾公千子之經義。自此以外，抑尚有人。而文章經濟兼有其長，即一時豪傑並舉而觀，未之有遜焉。（《丘毛伯先生集》卷首）

傅平叔先生集序

世稱臨川多才子，予年來長臨川，窮搜博覽後，知此言之不誣。自前晏同叔、王介甫兩公以後，理學方正，吾敬明水陳公；才氣豪放，吾敬毛伯丘公；文采華贍，吾敬義仍湯公。隨則章、艾、羅、陳數君，相與競爽，而艾爲最，噫嘻盛哉！（《傅平叔先生集》卷首）（《臨川文獻》）

胡亦堂，字二齋。浙江慈谿人。康熙十六（一六七七）年任臨川知縣。編刻《臨川文獻》。

趙吉士

寄園寄所寄

舉業八大家：王鏊，唐順之，瞿景淳，薛應旂，歸有光，胡友信，楊起元，湯顯祖。（卷七）

黄山白嶽，靈奇甲東南。勝朝重科名，亦有兄弟九進士四尚書者，一榜十九進士者。乃風雅如湯臨川先生亦不精察，有詩曰：「欲議金銀氣，多從黄白遊。一生癡絶處，無夢到徽州。」得毋貽笑山靈。（卷八）

（《寄園寄所寄》）

何　焯

兩浙訓士條約

癸未湯若士之文，饜飫於五經三史，以發其深情逸韻，自言宗師王、錢、信乎能得髓者也。後人俎豆震川而推排若士，豈知詩筆一理，有曹、劉即有沈、謝，有少陵即有義山，本並行而不悖。有愚夫焉，習鷺之振振，而憎鳳之翽翽爲怪鳥，則人皆笑之矣。甲戌之高邑趙忠毅公，其宦稿妙悉人情，格高而調贍，用法雖疏於湯，然亦可謂才子之最。

或曰，湯臨川教子及指授里中後生，好舉湯、許；是宗匠才人懸爲準格，而未可斥其俚俗也。是曷不審臨川之所教者何人乎？臨川述其子士蘧與丁元禮讀書各數千卷，瑰於文詞，能鈎抉時勢物情之變，而好深言之。里中後生乃蕭伯玉、邱毛伯、姜居之、涂映徹、陳大士、艾千子、羅文止、章大力也，龍文虎脊，一息則千里耳，而未能應鸞和之節，大馭不顧。以湯之細潤、許之捷疾導之，斯曰調良矣。本無古學以立幹，而欲以湯、許概天下，其不終爲跛驢病駒者哉！……甲寅以後，大士、大力方爲諸生，而海内争相慕效，非孟旋爲之乎？典午之清言，玉茗先生聊以博其趣也，而大力務焉；於是僅具説家一談一詠之致，求夫議論卓犖，可以闡聖言、斷國論者，不復見矣。……

湯臨川於王、唐而外，推思泉之奇氣，固嘉、隆間一大手也。

（《義門先生集》卷十）

何焯，字屺瞻，號義門。長洲人。康熙四十二年（一七〇三）進士。有文集及《讀書記》等。

宋長白

柳亭詩話

湯臨川詩，在樊川、義山之間。而其名乃著於「四夢」。七字句如「去日漸多烏繞樹，舊遊誰在馬鷩香」、「世事始知碁局淺，悲歌全賴唾壺堅」之類，皆沈着有味。其題龍潭閣曰：「罅樹紅無地，巖簷緑有江。蝶花低語檻，鼯竹亂秋窗。楚歷杯誰箇，吴歌榜欲雙。崩騰過雲影，浥浥片心降。」尤覺刻畫崎嶔。

梅禹金贈義仍詩：「器大苦難用，分乖適不華。繩墨中自諧，安能趨羣邪。所虞在鑿下，斤斧或見加。」蓋以豫章擬之。范箕生曰：「義仍詩，情瀾縟於用修，骨法蒼於君采。」余謂：「明季多宗此派，實一時氣運所關。」

虞奎章《撫州玉茗堂》詩：「見説瓊花屬廣陵，汝州玉茗賽奇英；瓊花已作無雙冠，玉茗當推第一亭。」按山茶小者曰海紅，淺色曰玉茗，深紅曰都勝。湯義仍有玉茗堂，屢見諸詩。揚州蕃釐觀有無雙亭，相傳景文公書，或曰歐陽永叔也。（以上卷二）

《臨川集》有《送達公上都》詩：「艇子湖樓破衲衣，秣陵秋影片雲飛。庭前舊種芭蕉樹，雪裏埋心待汝歸。」芭蕉用淨名經語。時若士暴下旬日，故以中無有堅爲比。其後又有《水月疏山尋達公遊處》詩：「欲禮名山作草堂，達公曾此費商量。惠休靈徹争來往，慚愧三生恰姓湯。」「湯」字下得有據。此時憨山、蓮池與紫柏，號三大老。若士機緣，於達公獨契，投贈連篇，不減琶鼓相逢，兩會家也。（卷七）

曾茶山和曾宏父《餉柑》詩：「莫向君家樊素口，瓠犀微齼遠山顰。」齼，謂齒怯也。此字《玉篇》不載。湯義仍《病齒》詩：「微角清吟齬不辭。」義同而字異，或以爲音側。（卷十三）

臨川十詠，有「信陵君飲酒近婦人」一題，詩曰：「魏國乃爲累，萬古悲公子。世上無神仙，英雄如是死！」骯髒拉雜，與王弇洲所謂不欲生爲秦虜者，同一悲痛。

湯若士《觀劉忠愍手筆口占》曰：「危言奉天門，疾雷擊鴟吻；骨肉了無餘，銀鈎見忠愍！」按正統五年，雷震奉天門鴟吻，詔求直言，劉侍講球以王振擅權爲對。下錦衣獄。指揮馬順阿振意，夜率小校斷其首，骨肉竟無存者。臨川所見手筆，不知即疏稿否。土木之禍，天鑒已兆於此矣。（卷十七）

閩、粤之間，其樹榕有大葉細葉二種，紛披輪囷，細枝着地，遇水即生，亦異品也。前人取爲詩料，始於柳子厚「榕葉滿庭鶯亂啼」。蘇子瞻有「卧聞榕葉響長廊」，楊誠齋有「榕葉梢頭訪古臺」，程雪樓有「老榕能識舊花驄」，湯臨川有「榕樹蕭蕭倒掛啼」。此外無有專詠者。（卷二十三）

（《柳亭詩話》）

宋長白，原名俊，字岸舫，山陰人。《柳亭詩話》成於康熙乙酉（一七〇五）年。

李紱

應敬庵先生七十壽序

吾郡以道德文章含跨天下六七百年，而溯本窮源，則樂侍郎子正實爲文獻之祖。當炎宋之初，父子五人著書千卷，其風流之美，可謂盛哉！……自子正既往，臨淄八晏繼之，四王、六曾又繼之，二謝、三陸又繼之；至元，草廬吴氏繼之，虞、危諸大家又繼之；有明，湯、丘、陳、艾、章、羅諸公又繼之。扶輿清淑之英，造物者亦幾智盡能索，而無以復加矣。（《穆堂初稿》卷三十六）

蔣樹存七十壽讌序

昔人改佗人之作，亦有存之集中者，如湯若士先生改歸震川、帥惟審、孫百川諸人文，並載入《玉茗堂稿》。（卷二十六）

秋山論文四十則

詩文各有大家名家二派，時藝亦然。有明大家，以歸震川爲主，而胡思泉輔之。金正希、羅文止，其後勁也。名家以湯若士爲宗，而徐思曠繼之。

題中頭緒多者，須用歸納法。……如湯祠部「故天將降」一節文，將「苦其心志」五句，納入下「動心忍性」二句内皆是也。（卷四十四）

（《穆堂别稿》）

清風門考

元、明以來，撫之人文若草廬、道園、介庵、明水、若士、大士諸先生，亦皆偉人。然以視晏、王、曾、陸，不無多讓。且吳、虞不登制科，章、湯、二陳未躋通顯，皆未能盡其耳目聰明之用。則謂清風門塞而人文衰落，較財富尤有明驗矣。

（《臨川縣志》卷十四）

李紱，字巨來，號穆堂。江西臨川人。康熙己丑（一七〇九）進士。有《穆堂類稿》等。

朱　琰

湯顯祖送别劉大甫詩評語

臨川志意激昂，視當世事無足難者。一發不中，蹭蹬終老。讀《燕王臺》及此二作，英爽畢露。其他言情之作，有托而爲也。或謂《牡丹亭》刺曇陽子，真痴人不可與説夢也。

（《明人詩抄續集》卷九）

朱琰，號笠亭。山東平原人。《明人詩抄續集》刊於乾隆二十五年（一七六〇）。

應　麟

湯顯祖文評語

騷苑笙簧序　杜君以將種而工文詞，名曰《騷苑》，自有一種紆鬱悲壯之致。

文將屈子能文，未必能武，見韜武兼才，可爲世用，命意既高，而清音苦節，正復類騷些氣味。

趙仲一鶴淚草序　　仲一仕不顯，故得完璧以去。倘有一好鶴者，恐難免於平原之嘆矣。通篇見仲一保全處，總見仕途危險處。但筆妙不露，反覆玩之方出。

趙仲一鄉行録序　　無一筆不曲，無一意不深。趙君性情，大老行徑，俱可想見。

李超無問劍集序　　此君蹤迹頗奇，即以奇情奇筆出之，足以相配。

蕪湖張令公給由北上序　　前半見蕪令難爲，文情沉鬱。轉入張君能治，不多着筆，隱隱與上相應。此行文避實之法。

壽趙仲一母太夫人八十二歲序　　借子推孟博托高仲一身分，持論中正，而文氣亦悲咽清壯。

壽方麓王老先生七十序　　内懷機欲，貌爲長厚，正與真人水火冰炭。方麓仕不顯，只因太真。所感於時事者深矣。

汪閫夫制義序　　太史故欲晦閟，太史可出示人。前曰年少，後曰秘藏之久，寓有深意。

臨川縣古永安寺復寺田記　　提道爲主。不惟侵奪者當入地獄，即捧鉢者亦難消受。看得袁公此舉，並非飯僧造福細事。

蘄水朱康侯行義記　　寫得康侯俠氣勃勃欲生，其慨嘆世情處，亦大可哀可畏。

青蓮閣記　作此記自離不得青蓮居士，但最易俗。看他筆筆生新，俗態俗格淘汰俱盡。

送吴侯本如内徵歸宴世儀堂碑　中一段從雉生發，有煙雨迷離之致。歌亦古穆。

澄源龍公墓誌銘　龍公才大功高，與世不合。先生素爲憤懣。故每一敍述，必有牢騷嗚咽之音，激發昂藏之氣。惟司馬公優爲之，餘子不及也。

祭酒劉公墓表　司成性氣剛躁，好惡太明。故志大而不究所施，文於表揚中寓惋惜之意。古人作文絶少偏狥，正所以存其人真面目也。末引柳子厚相況，却是十分爲司成出脱處。

邱節母墓表　有理學氣，有俠烈氣，賢能若此，安得不生寧馨兒也？

（《江右古文選》卷二十一）

應麟，字圃呈，號屏山。江西宜黄人。《江右古文選》鐫於乾隆丙戌（一七六六）。

謝啓昆

論明詩絶句九十六首（録其一）

豔曲閒情喝小伶，俞孃斷腸《牡丹亭》。廿年投劾詩三變，視世茫茫一夢醒。先生有大「夢」傳奇。（《樹經堂詩文集續集》卷七）

謝啓昆，字蘊山，號蘇潭。江西南康人。乾隆庚辰（一七六〇）進士。有《樹經堂詩文集》。

四庫全書總目提要

五侯鯖字海二十卷（安徽巡撫採進本）

不著撰人名氏，題曰湯海若訂正。考湯顯祖號曰若士，亦曰海若。臨川人。萬曆辛丑進士，官至禮部主事，終於遂昌縣知縣。《明史》有傳。則當爲顯祖所作矣。前有陳繼儒序，云取《海篇》原本，遵依《洪武正韻》，參合成書。然其註釋極爲簡略，體例亦頗蕪雜。每字皆用直音，尤多僞謬。至卷首以四書五經難字别爲一篇，則弇陋彌甚。顯祖猶當日勝流，何至於此？蓋明末坊賈所依托也。

别本茶經三卷（浙江鮑士恭家藏本）

舊本題曰玉茗堂主人閲。玉茗堂主人，湯顯祖之别號也。顯祖有《五侯鯖字海》，已著録，是編取陸羽之書合爲一卷。後附《水辨外集》各一卷。然編次無法，疏舛頗多。如皇甫冉《送陸鴻漸山人採茶》詩，誤爲皇甫曾；歐陽修《大明水》、《浮槎山水》二記，列《東坡志林》之後；「雀舌下材」一條，出沈括《夢溪筆談》，題下失註書名。連於唐人張又新《煎茶水記》之後，遂似又新之作；皮日休《茶中雜詠序》，删詩存序以冠篇首，改名《茶經序》；《陸羽傳》删去《唐書》舊贊，别加童史氏承緒贊語。冗雜顛倒，毫無體例。顯祖似不至此。殆庸劣坊賈托名歟？

愛吾廬集八卷（江西巡撫採進本）

明徐良傅撰。良傅，字子弼。東鄉人。嘉靖戊戌進士。官至吏科給事中，以言事斥爲民。其門人湯顯祖所作傳，載其行履頗詳。集凡八卷。詩體略近七子，氣度安雅，而風骨不足以振之。古文則序多至數十篇，而論、碑、記、祭文，僅得六篇。第八卷中題曰瑞金楊子莊採補。疑本有散佚，而後人掇拾刊行之，非其全也。

玉茗堂集二十九卷（兩江總督採進本）

明湯顯祖撰。顯祖有《五侯鯖字海》已著録。顯祖於王世貞爲後進。世貞與李攀龍持上追秦、漢之説，奔走天下。歸有光獨詆爲庸妄。顯祖亦毅然不附，至塗乙其《四部稿》，使世貞見之。然有光才不逮世貞，而學問深密過之。顯祖則才與學皆不逮，而議論識見，則較世貞爲篤實，故排王、李者亦稱焉。是集凡詩十三卷，文十卷，尺牘六卷，前有南豐朱廷誨序，稱其解陰符五賊禽制之法，序《春秋輯略》，發仁孝動天下之旨，記小辨，明復小乾大之一致，非無根據之學者。然終非有光匹也。

（《四庫全書總目提要》）

《四庫全書》修成於乾隆四十七（一七八二）年。

范懋柱

天一閣書目

湯臨川《問棘堂郵草》十卷刊本　明臨川湯顯祖著。萬曆六年謝廷諒序稱：所述有《十三經存註》、《讀二十一史略》。而前後火，所藏書、著作殆盡。獨《易》、《詩》、《書》、《論語》、《孝經》、《爾雅》、《孟子》、《左氏》、《後漢》、《三國志》、《南北史》、《舊唐書》、《五代史》數十卷，在友人饒崙伯宗、陽以善吉甫處幸存。而君性豪略，恐亦不能續全之矣。爲是刻其丁丑以來詩賦，或有所附，題曰《郵草》，所傳達四方馳示余者也。君名顯祖，字義少。

（《天一閣書目》卷四）

范懋柱，浙江鄞縣人，乾隆廩生。

遂昌縣志

雜事志

萬曆癸巳，遂昌多虎患。知縣湯顯祖禱于城隍之神，夢有神告曰：「觀樞密公意何如？」因立滅虎祠于報願寺之内。初疑樞密公見夢，必平昌有此神也。簡志：張公貴謨，起家教授，後以吏部郎陞樞密參院。樞密公殆是耶？欲追祀之社，會有言其曾論朱紫陽僞學而止。嗟夫，人亦各是其見爾。何必同祀之滅虎，其亦社之意與？公宦遊所至，爲其民已災，爲鄉里滅虎，不亦可乎？後止稱樞密公，而不以張實之。

（乾隆《遂昌縣志》）

汪端

明三十家詩選凡例

湯臨川顯祖、徐文長渭、王百穀稺登，排斥七子之非，皆有特識。惟臨川以詞曲名家，詩傷粗率；徐既失之粗野，王又病於纖穠。何其明于繩人，而昧于鏡己也？

（《明三十家詩選》卷首）

汪端女士，字允莊。杭州人。道光初年編刊《明三十家詩選》。

萬　咏

如章公傳

吾友湯君如章者，祠部玉茗先生後碧澗公之裔孫也。名梗。爲人明達慷慨而嚴于事體。……又以《玉茗堂集》板之久而漸蝕也，且落他人手，捐貲贖之，較訛縫闕藏於家。

（《文昌湯氏宗譜》）

湯梗，字行可，號如章。生於乾隆己丑（一七六九），卒於嘉慶庚午（一八一〇）。

迮鶴壽

蛾術編元黃潛之文案語

明初，楊廉夫以文豪東南，而王彝斥爲文妖，蓋僞體也。若劉伯温以學術侍帷幄，宋景濂以宏達代絲綸，方希直以忠烈著文章，實爲開國元音。繼則楊東里、李西涯皆從容大雅，擅聲華閣；而解大紳、程克勤、邱仲濬、吴原博、王濟之，亦其亞也。迨李崆峒崛起北地，倡言復古，何仲默、徐昌穀羽翼之，學者翕然相從。及嘉靖中，王元美、李于鱗復祖述李、何，先後揚鑣，然以堆垛爲富，以欹側爲古，故歸熙甫力排之，所謂一二庸妄之目。至于醖釀深醇，言皆合道，必推震川。「千載有公，繼韓、歐陽。」蓋弇州亦爲心折云。隆、萬以後，則湯若士、鍾伯敬、徐文長、袁伯修兄弟，非無著述，然不失之佻巧，即失之枯澀，非復行文正軌。及其季，而艾千子準北宋之矩矱，陳卧子擷東漢之菁華，抑亦可稱文學之選矣。

（《蛾術編》卷八十）

迮鶴壽，字青厓，江蘇吴江人。道光六年（一八二六）進士。王鳴盛《蛾術編》九十五卷，經其校勘，並加案語，於道光廿三年刻成。

李聯琇

效張月舫寶鈺江陰寇變記

月舫，江陰人。年十六，從余學詩古文辭。茲記皆臚所見聞之切實者。余爲潤色成篇。若湯若士潤色歸震川、帥惟審、孫百川諸人文，並入玉茗堂稿。余亦援其例以是篇入集。

雜識

吾邑玉茗才名噪萬曆間，時稱西江四傷，缺一不可。四傷者，鄒德溥、湯顯祖、萬國欽、葉修，皆癸未同榜，以制藝論也。見俞長城《百廿名家文選》。

（《好雲樓集》卷廿二）

李聯琇，字季雲，號小湖。臨川人。道光二十五年（一八四五）進士。有《好雲樓集》。

曾　燠

論詩雜詠

湯玉茗

優孟具衣冠，但堪演傳奇。人愛公傳奇，如愛王李詩。公詩則休矣，妙處誰當知！（《江西詩徵》卷末）

譚　獻

復堂日記

閲湯臨川詩，掇皮皆真，音裁亦雅。（《復堂日記》，載《半广叢書》）

譚獻，初名廷獻，字仲修，號復堂。浙江仁和人。同治六年（一八六七）舉人。有《復堂類集》等。

李慈銘

越縵堂讀書記

明文授讀　清黄宗羲編

閱梨洲先生《明文授讀》，其子百家所編校，凡六十二卷。……其論文主於隨地流出，而謂方言語録皆可入文。於明文痛貶前後七子，以宋潛溪、方正學、楊東里、解春雨、李西涯、王震澤、王新建、唐荆川、王遵巖、歸震川、郭江夏，錢虞山諸家爲大宗，趙大洲、趙浚谷、徐天池、桑民懌、劉子素、盧次楩、吾惟可謹、湯若士、倪鴻寶、黄石齋、尹宣子民興、李寒支、曾弗人諸家爲别子。

（《越縵堂讀書記》八文學）

平步青

霞外攟屑

有明一代，稱文章大家者，不過數人。王弇州司寇，於後七子中，學殖之博，著述之富，最爲渠帥；又以高位享耆年。先秦、西漢之文，虎視六合，珠槃玉敦，麇赴婁江。獨震川歸氏以妄庸巨子訶之，趙忠毅得《四部稿》，一覽即散之村嫗，玉茗亦塗抹無完膚。洎虞山、東鄉出，益相抨射，弇山之光燄幾熄；易代而後，壇坫門户俱空，遂無人問津矣。平心論之，文之模儗龍門，似有套括填寫者，使人厭棄；至匠心獨運之作，色韻古雅，掌故淹通，實足與荆川方駕。其真實本領具在，不能以毁譽掩也。（卷七上）

古文寫生逼肖處，最易涉小説家數，宜深避之。避之如何，勿用小説家言而已矣。明季人犯此病者多，以其時小説盛行，人多喜讀之故也。……一云作文須如作畫。又云，昔王季重謂古今文人，取左邱明，司馬遷，劉義慶，歐陽永叔，蘇子瞻，王實甫，羅貫中，徐文長，湯若士。以其文皆寫生者也。袁中郎謂案頭不可少之書：《葩經》，《左》，《國》，《南華》，《離騷》，《史記》，《世説》，杜詩，韓、柳、歐、蘇文，《西廂記》，《牡丹亭》，《水滸傳》，《金瓶梅》，豈非以其書皆寫生之文哉？……庸按：謔庵文體纖仄，中郎亦涉佻詭，皆非古文正法眼藏，宜其言之蕪雜。《世説》豈足與《左》、《史》並論？《西廂》、《牡丹》皆豔曲，施、羅平話均不可置齒頰，《金瓶》乃弇州報父讎，有爲而作，堪爲案頭不可少之書乎？此《荊園小語》之所爲深唱切戒也。（卷七下）

（《霞外攟屑》）

平步青，字景孫，號霞外，又號常庸。浙江山陰人。同治元年（一八六二）進士。著有《香雪崦叢書》。《霞外攟屑》列入叢書丙集。

金谿縣志

人物志

王允佐，字右卿。經八世孫。父國定，辟益王府典儀，早卒。允佐三歲而孤。母余氏苦節自厲。允佐以崇禎三年貢生選武寧訓導。巡按御史劉宗祥薦其操守，陞教諭，擢楚府教授……尋遷長史。十六年致仕歸，卒。允佐事寡母孝謹，論學以力行爲先，爲文務探理奥，不尚浮華。著有《律吕考辨》、《燭餘漫紀》，臨川湯顯祖序

之。（卷二十三）

王懋德，字敬甫，民順族孫。成隆慶五年進士。改庶吉士，授編修。萬曆初同修《會典》、《起居注》。奉命册封楚藩，乞假歸。年餘推國子監司業，入都及臨清而卒，年四十二。臨川湯顯祖與懋德不相識，聞其卒，以詩哭之。懋德性廉介，雖貴不改。盱富人犯法，請以千金求解於所厚御史，固却之。其卒也，貧無以葬。諸縉紳悼其清節，賻賵交至，其子遵遺命，一無所受。人皆多之。（卷二十四）

（《金谿縣志》）

陳　田

明詩紀事己籤序

嘉靖之季以詩鳴者，有後七子。李、王爲之冠。與前七子隔絶數十年，而此唱彼和，聲應氣求，若出一軌。海内稱詩者，不奉李、王之教，則若夷狄之不遵正朔。而噉名者，以得其一顧爲幸。奔走其門，接裾聯袂，緒論所及，噓枯吹生。……暨乎隨波之流，摹倣太甚，爲弊滋多。黄金紫氣之詞，叫囂亢壯之章，千篇一律，令人生

厭。臨川攻之於前，公安、竟陵掊之於後；逮牧齋《列朝詩集》，詆諆不遺餘力。（己籤卷首）

明詩紀事庚籤序

萬曆中葉，王、李之燄漸熸。公安、竟陵狙起而擊。然公安之失，曰輕，曰俳；竟陵之失，曰纖，曰僻。……若專與弇州爲難者，江右湯若士，變而成方，不離不雅。……若區海目（大相）之清音亮節，歸季思（子慕）之澹思逸韻，謝君采（三秀）之聲情激越，高孩之（出）之骨采騫騰，並足以方軌前哲，媲美昔賢。湯若士、李伯遠（應徵）、謝在杭（肇淛）、程松圓（嘉燧）、董遐周（斯張）、吴凝父、孫寧之、晉安二徐，抑其次也。（庚籤卷首）

湯顯祖小傳按語

義仍才氣兀傲，不可一世。集中五古，清勁沈鬱，天然孤秀；而時傷蹇澀，則矯枉之過也。其詩云：「常恐古人先，乃與今人匹。」又云：「文家雖小技，目中誰大手？何李色枯薄，餘子定安有？」李、何取法於杜，義仍則並杜而薄之，曰：「少陵詩少一清字。」可謂因噎廢食也。義仍與袁中郎善，舍七子而另闢蹊逕，趣向則一。但義仍師古，較有程矩，尚能别派孤行。中郎師心自用，勢不至舍正路而入荆榛不止。余論兩家之得失如此。不得一概抹殺，致没作者苦心也。（庚籤卷二）

（《明詩紀事》）

陳田，别號黔靈山樵。貴州貴陽人。《明詩紀事》編成於光緒己亥（一八九九）年。

林　紓

春覺齋論文

但觀歐、曾之文，平易極矣，有才之士，幾以爲一蹴而幾，乃窮老盡氣，恒不能得，何者？平易不由艱辛而出，則求平必弱，求易必率；弱與率類于平易，而實非平易。不由于學，則出之無本；不衷于道，則言之寡要。以無本寡要之文，胡能自立于世？于是懷才者往往歧出其途，趨入險怪，以爲可以炫惑時輩之心目。明湯若士序孫鵬初《遂初堂文集》曰：「間者文士好以神明自擅，忽其貌而不修，馳趣險仄，驅使稗雜，以是爲可傳。視其中，所謂反置而臆屬者，尚多用之；亂而靡幅，盡而寡蘊。」嗚呼！若士先生其真知文者矣。「反置臆屬」，即怪險之病根。以純正爲平衍，始求反其所爲；不根于經史，自然流于臆屬。天下造臆之文，其不出於險怪，鮮矣。

（《春覺齋論文》）

林紓，字琴南，號畏廬。咸豐二年（一八五二）生，民國十三年（一九二四）卒。福建閩縣人。清末民初，以桐城古文翻譯西洋小説名世。

邱聿木

玉茗堂文集萬曆本校勘記

《玉茗堂文集》萬曆刊本，爲湯顯祖晚年所編訂，傳世者極少。全書共十六卷。扉頁題作《臨川湯海若玉茗堂文集》。丙午夏金陵周如溟刊，板心則題作《玉茗堂集選》。第五卷末行有「文斐堂梓」字樣。卷首有屠隆、帥機序。卷一收賦五篇，題「友人帥機選」。卷二收賦十二篇，題「友人黄立言選」。卷三收五言古詩三十九首，卷四收五言古詩三十八首，均題「友人帥機選」。卷五收五言古詩二十一首，題「友人黄立言選」。卷六收七言古詩三十七首，卷七收七言古詩三十七首，均題「友人帥機選」。卷八收五言律詩五十六首，卷九收七言律詩九十四首，均題「友人姜鴻緒校」。卷十收七言律詩六十一首，題「友人黄立言選」。卷十一收五言排律二十二首，卷十二收七言排律三首，卷十三收五言絶句五十六首，卷十四收七言絶句八十五首，均題「友人姜鴻緒校」。卷十五收七言絶句三十一首，題「友人黄立言選」。卷十六收文一篇，題「友人帥機選」。此書保存作品本來面目及編排次序，有巨大研究價值。竟十日之力，以天啓本細加比勘，發現兩本不同之處甚多。特寫成校勘記，以供研究者參考。各篇篇名、次序悉按萬曆本。題目字句全相同者，註明「全同」。題目不同而字句相同者，註明「詩同」。天啓本所有不同字句，均加括弧，以便識別。

卷一　賦

遊羅浮山賦 有序

居其堂以鬱呼（而載盱）。

緬增城其在□（玆）。

始浮（神）山其浮來。

進孱顔其若闃（闑）。

青珠冷風其欲乳（亂）。

神麢倚其雍容（在）。

降兹巒而子末（未）。

秦淮可遊賦 有序

借彈碁而辭客(容)。
淚(唳)簫倡於隣舫。
收沈驪而一驤(□)。

青雪樓賦 有序

辛巳以失意江陵相致仕(任)里居。
適愴蓋(莽)以忘懷
乘樓觀以經過，及美人之無恙。(天啓本在「過」「及」之間多一「還」字。)

西音賦 有序

夫上困者不知(如)井養。
指英雄而自占(古)。
潔(絜)才度於時人。
恃嫛跚(蹣)而可久。

嗤彪賦 有序

退蹢躅而下門(闕)。
略綱(網)絓而風飛。

卷二　賦

感宦籍賦 有序

或三會而抱(扼)奇。

下至一尉一侯(候),險如三亳(毫)三危。

選則通急之殊其侯(候)。

予寧者去住(往)以彌期。

則必没身乎訪(藻)綴。

吏人學(讀)律。

有鳳凰之使(官),則必有蟣虱之臣(使)。

散之人有二(十)等。

有提鹽(鹺)而擬方伯。

緩則穆如塤篪(箎)。

至消詳于品別(列)。

和尊言賦　(全同)

庭中有異竹賦 有序

采薺(齊)而步其視。

謂枋(妨)檐而欲剪。

翫比(此)簳之生成。

療鶴賦 有序

嫁（駕）雲蹤其委蛇。

臆染蒐戎之丘（血）。

百仙圖賦壽郭年伯相奎父

月鼎（鼎）裁圓。

辨（辯）葡萄兮進酒。

池上四時圖賦 有序

染玄津而嗽（潄）泳。

匡山館賦爲友人豫章胡孟弢作 有序

柱北斗以崔嵬（巍）。

空述（迷）閬水之中。

華矯（嶠）之蓮半卷。

銅馬湖賦爲友人金壇鄧伯羔作

去滄波兮獨鈎（釣）。

緑草迷干（芊）。

嗽（潄）寒流而隊繭。

愁霖賦

在蟻（蟻）封而有時。

懷人賦 有序
結遥情于（千）荆越。
西湖畫（書）艇。
吏部棲鳳亭小賦 有序　（全同）
哀黄生賦 有序
玉佩金事（車）。
蟣肝（腸）蠅鬢。

卷三　五言古詩

出都晚登里二泗道院高閣　（全同）
陽穀田主人園中　（全同）
采藥者關外　（全同）
雀兒行 在七級作
故（放）之不能去。
飲以冰（水）盤水。
陽穀助田主人宗祈雨　（全同）
陽穀主人飲　（全同）
南旺分泉

依陰有（發）泉鬱（壑），蒙屯（開陽）盛雲雷。

魯橋南望山

素心悲荏苒（染）。

夜泛魚臺河渠接沛　（天啓本無「渠接沛」三字）　（詩同）

臨清哭王太史懋德太史同郡不相識，病且死，自以爲恨，感而哭之

懷緒此沽（沾）巾。

喜丁右武稍遷南僕丞治滁　（天啓本作「答丁右武稍遷南僕丞懷仙作」）

逢（從）君獨酌謡。

但令有仙（真）骨。

靈瑣（阿）發昭輝。

汶上懷右武淮陽

并浙（淛）東南征。

送鄒爾瞻吏部　（全同）

江館憶别蔡青門　（全同）

飛霞閣夜宿送冷道人遊嵩山（丘）　（詩同）

喜雪

度臘嫌（逾）風和。

望報恩寺燈塔　（全同）

過太常博士宅　（全同）

六月苦旱渴，偶就弘濟寺，得江水飲　（全同）

己丑立秋作

　誰（敢）云地津竭。

送武部周元孚歸黄州　（全同）

送董光禄北上　（全同）

雪夜望報恩塔燈　（全同）

夕林　（全同）

赴帥生夢作有序　（全同）

江樓曉望同劉司業鄒吏部　（全同）

杪秋度嶺，却寄御史大夫朱公、王弘陽大理、董巢雄光禄、劉兑陽司業、鄒南皐比部五君子金陵

　澹此（然）瀟湘姿。

　百年安（女）所希。

登報恩塔歸騎望塔燈同江仲蔚

　華跌（趺）暗消隱。

送朱司空上都二十韻朱公前南客曹時陸公南祠郎也

　虚微有（自）本性。

喜麥 時皖賊初散，南都解嚴　（全同）

北望同劉司業兑陽

　天好若靈花（天高百靈護）。

　萬歲（戴北）起明雲。

靈洞篇呈趙太史蘭陰

　坐嘆紅蘭（蓮）速。

髮落　（全同）

丁亥戊子大饑疫　（全同）

欲遊棲霞寺不果

　春淹水田頃（塡）。

京察後小述

　貫沓（踏）花枝卧。

三十七　（全同）

懷帥惟審郎中戴公司成

　高樓（談）常夜兮。

　首足隨二光（如雲墮江光）。

題趙生册子　（全同）

卷四　五言古詩

顧膳部宴歸三十韻時大水饑

明月（日）隱深竹。

怨婦詩

常懷明月心（音）。

別有鳳凰音（簪）。

無緣（緑）拾香骨。

夏至齋爲西署芟竹　（全同）

送吴幼鍾歸皖

嘉命（會）密（信）流徙（止）。

送沈郎陽

流人（甿）易風聽，玄岳倍（卧理即）神明。

送郭考功北調（征）采藥南歸

河漢豈無（夜何）明。

分隨雕虎（高隼）執。

江山自神俊（凌峻），沈浮爲（榮賤有）階級。

朝華（陽）秀初掞，月津（玉笙）清可吸。

庶此陽（寒）泉汲。忻（沂）言動臯壤。

贈唐仁卿謫歸海上

抗辨乃（力）誰馴。

殊（佇）望桂林雲。

送汪仲蔚行藥匡山

出自漢（嘆）西門。

送范敬之郎中便遊匡山

晻（杳）暖蒼梧間。

和別李儀郎道甫

流塵日相諭（輸）。

秋夜盧龍冠　（天啓本在「冠」字下有「苦熱」二小字）（詩同）

雨　（全同）

送汪汝立郎中奏最兼懷吴幼鐘馬長平　（全同）

送徐民部北奏歸覲

我（戊）子初陽春，三五（壬）日華初。

懷郭美命編修吉除勸駕有作　（全同）

丙戌五月大水　（全同）

懷范敬之太守潤州

數典（點）身上衣。

慈竹山
何如（期）孤鳳鸞。
自有（宵宵）軒轅子。
穆天子　（全同）
戚夫人　（全同）
秋夕偶成　（天啓本無「偶成」二字）（詩同）
湯考功招遊燕子磯別洞獨宿圓愛師房六十韻
清齋饒奉常（稚卿），出壑如（懷）謝傅。
朱紘徒（莽蒼誠）自徽（喜）。
且復晞浮（流）露。
白日延新（心）素。
安定五勝詩有序
［序］頗存（爲）咏思。
五指山　（全同）
彩筆峯　（全同）
金鷄岫　（全同）
馬鞍峴　（全同）
青橋水　（全同）

漢武故事　（全同）

讀張敞傳　（全同）

相如二首　（全同）

京鷄　（全同）

部中鶴　（全同）

茶馬　（全同）

胡克遜　（全同）

宿浴日亭因出小浪望海

　清（濤）輝臨淯盤。

達奚司空立南海王廟門外　（全同）

衙岡望羅浮夜至朱明觀

　不見飛雲末（末）。

陽江道中

　閒（間）房眷幽客。

檳榔園　（全同）

讀延庚樓詩有懷并序　（全同）

吾廬　（全同）

卷五　五言古詩

過洪陽先生叢桂軒望仙有作　（全同）

答梅季豹梅川舊遊

何悟（于棘）遂翻飛。

本無柔（媚）枝葉，况乃集（盡）風雷（徽）。

如何此（遠）奇翼。

南都懷舊寄高太僕

鼎鼎惟一心（持一身）。

懷賢無飾裝（肺腸）。

十年在（禮）傾握，一意宜消詳（字情飛翔）。

欸冬（薄遊）歸不忘。

雖非采真遊（天老隣）。

我行天根（夕火）中。

雨花臺所見

感動（發越）懷春興。

倏爍斗裙裾（徒倚極煙霄），徘徊整花勝。愁（態）隨花（驚）蝶飄（起），愛（思）逐流鶯聽（凝）。

美目乍宜（延）盼，弱腰安可憑？朝日望何明（猶鮮），春風立（語）難定。拾翠杳

(豈)無期。

同(持)向佛(慧)香前，乍此佳(爲許心)期證。

黄橋西望　（天啓本作「黄岡西望寄王子聲」）

涼風送(江聲遶)秋至。

幽芳結荷芰(渺難寄)。

木葉寒(號)蟬悲，水荇遊(潛)鱗戲。

栖栖遊(王)子情。

未同浮丘隱(及湘纍醒)。

遥松起清(暝)色，虚竹驚(警)寒吹。　峥嶸(物往)年序遷，徘徊(情存)風景異。

新昌阻雨夜宴朱明府署中時度四十七

未(乍)覺雲氣疏。

未抵嵊數里阻雨仙巖詰朝留新昌作

秋風(光)灑蘿薜。

古意言别　（天啓本「别」後有「右武」二字）

麗水風雨下船棘口有懷

江花莞憔悴(流放)。

秋雨九華館憶屠長卿　（天啓本作「秋雨九華館送屠長卿便入會城課滿」）

課奏亦(常)有期，牽絲那(即)前路。

争呼（吐）野渡急。

望羅浮進（夜）發

招摇似（側）東指。

中夜若有人，衣霑緑霞綺（弄影風霞裹）。

送黄太次　（天啓本在「次」字後有「上都」二字）

形（情）神坐（近）修雅，風徽語（遠）駘宕。

參星常（良）夜中。

留連闕歡賞（償）。　叢蘭霜已肅（委浥）。

遲爾歲寒姿（華滋）。

奉寄趙仲一吏部並問達師得三十韻　（天啓本作「奉寄趙仲一真寧并問達師」）

白雪陽春曲（我思一何迥），朱絲王壺冰。

無人（期）遍燕越。

詎剪甘棠敝（憩）。

塵泥忽瀟（森）灑。

絶俗神峯峻（結夏雲已峻），兼天（秋）氣宇（何）凝。

臺殿日（河嶽雨）初昇。

念往長天盡（側西笑）。

奉寄李峘嶠侍御（盧氏）并問達師二十韻　（詩同）

送馬仲高入都并問區太史鄧吏部二詞丈　（天啓本將「二詞丈」改作「梅嶺詩」三字）
江關（光）映重阻。
試語（惻惻）江潭人。
奉答新喻張克雋明府
失候（官）非我素。
何來深（長天紓）物色。
客見（言）神仙尹，振色（舄）龍池墅。
貽（儀）文燁（籾）兼金。
止周叔夜嶺行并示丹壇諸友　（全同）
送魯司農還朝　（天啓本作「還南漳」）
蕩漾（舟）星巖遊，留連（筏）海珠歇。
遠映（洗氣）蒼梧謁。
絲（清）淚銷金（人）骨。
送謝曰可吴越遊
嚶其芳（綺）樹思。
留別江院林公
瓊枝（秋河）不及攀，璿潤（南斗）有餘輝。

人譽（長嘆）阻修畿。

簪筆奮閩海（飛書留近關），執法侍（弭蓋下）遥微。

寧言奉清（向夕動深）欵，聊（持）用慰朝饑。

溥零稱邂逅（露適所願），祖暑咏（眷）將歸。

離析（和光）既云若。

貞松并（與）蘿薜。

離合詩寄京邑諸貴

琅玕（玗）豈不珍。

木葉亂（辭）秋苑。

卷六　七言古詩

送趙中舍量移東歸并寄大勞僧　（全同）

送袁滄州

銷香點白會（世）人情。

江湘歷歷愁（魂）孤征。

高（京）闕重逢霽煙雪。

海塵飛盡莫關（湏）愁。

金陵歌送張太學兼問伯起　（天啓本「太學」作「幼于」）

真人握鏡飛桐柏（開神烈）。
往往將軍敬（禮）逢掖。
昔歲過君梅白盡（乍吐）。

遥和諸郎夜過桃葉渡

菌庄（翠納）香奩夜著人。
送前宜春理徐茂吾
落魄（耿耿）東來渡江水。
今朝（微飈）木葉江波生，昨夜（皓露）芙蓉秋色死。
倍是飛（憶離）鴻江（十）月時。
舊日銀屏（郡鈐陽）醉烟柳，二（動）道宜春春不宜。
荃蘭杜若（墨妙）連舟重。

懷戴四明先生并問屠長卿

金樽（尊）寶瑟殊清真。
忽報金堂（塘）蓮半吐。
豈有嬌（狡）童解咏詩。
畫裡桃（挑）心是絶癡。

送内方山人還天臺

金芝翠篇玲瓏映（暎）。

送許伯厚歸長水便過吴訪趙公　（全同）
雪中再贈伯厚　（全同）
金壇歌贈王悦之從焦弱侯所徙太常東署側
家貧闕養嫁（妹）未嫁。甫（雨）雪寧并左伯衣。
倭王刀子歌答丁右武
繞怯纖水（冰）墮寒指。處處從行（來）足知己。
夜聽鄧孺孝説山水　（全同）
聽説迎春歌　（全同）
立春日憶孫生　（全同）
黄卿歸廬江　（全同）
送胡山人歸楚依朱子得
酟尊（歸裝）數被僧（歡）持去。浪士（花下）乘舟興欲殘。
送祁羡仲訪瑯琊丁太僕　（全同）
春酒篇寄帥思南
桂樹芳（芬）薑遠難掇。
送俞采并示姑熟子弟　采故叔白鹿生賢豪人也，悲之　（全同）

送臧晉叔謫歸湖上。時唐仁卿以談道貶，同日出關。并寄屠長卿江外　（全同）

觀趙郭里小圖爲汾源郎中作　（全同）

别光禄周公　（天啓本在「公」字下有「諱弘祖」三小字）

　　戴公蕭散帥郎（即）真。

仙蒲靈松二篇爲畢太宰作。太宰，石埭人，以五日生，時以司農徵　（全同）

帝雩篇宿陵下作　時有爰立　（天啓本無「時有爰立」四小字）

　　仙皇（帝）十二紀乾靈。

天妃宫玉皇閣夕眺

　　樹影潮音入梵（暮）聽。

二百年來深紫（栝）柏。

夜月太玄樓　（天啓本在「樓」字下有「在神樂觀」四小字）

　　仙（琪）樹蒼茫河漢聲。

太玄樓留客

　　偏多宿鳥黐淋滴（冥密）。

代書寄上人　（天啓本作「代書寄可上人」）　（詩同）

觀閩海游徵君南陽草屋圖歌　（全同）

吹笙歌送梅禹金　感嘆龍君揚郡丞沈君典太史姜孟穎明府　（全同）

答王恒叔給事憶丁鄒二君　（全同）

送饒伯真之天台兼訊王給事（天啓本在「事」字下有「明德長君五松子」七小字）（詩同）

爲郭考功題趙松雪山水歌（全同）

渤海臺歌

（睥）脾睨壓雲寒大澤。

銅陵（江南）橘香送君有。

送胡孟弢應制兼懷趙夢白劉子玄

非關遊子易分（披）離。

多拚（擲）獻歲入西秦。

春風魯酒道（送）行軒。

送王伯禎同顧吏部兄弟登三山（全同）

寄馬尉雲中（全同）

卷七　七言古詩

寄賀知忍清齋

驚（鮮）風乍裂芙蓉精（開）。

送于公彝歸金壇（全同）

送劉子玄使歸

見説淮南淮（津）吏迎。

送乳林齋經入東海見大慈國寄達師峨嵋

達觀太（大）師汝和上。

招梅生篇

拚（擛）知着處能唐突。

董光禄招遊城南三蘭若同南海曾人蒨即事

虚壑（埊）階前山翠微。

紫海帝江相遶幹（斡）。

各自（獨此）開天正葱鬱。

河漢無梁度（過）七夕。

曾公（生）信宿當明發。

送曾人蒨由武夷還南海

挾日丹靈（霞）不作雨。

送周宗太遊泰山　吾郡東鄉人自號劍石子

太常謝公　北泊天妃宫有作明（來）年正朔宜春謝公前使琉球感天妃神光寄海（天啓本「海」下多「焉」字）（詩同）

署客曹浪喜

今冬寒多忽乍（作）煖。

始怪明星高（出）不低。

鐘（鍾）鼓空思長樂宮（官）。

榆林老將歌　（天啓本在「歌」字下有「奇萬丘澤」四小字）（詩同）

邊市歌答丁右武　（天啓本無「答丁右武」四字）（詩同）

鳳臺同人望句曲

江岸迴帆颩（飀）落梅。

伐鼓鳴鐘（鍾）山谷哀。

重過石城埭　（全同）

文登羽客謁齊王子宿天妃宫

何處志（煩）憂著此身。

流（明）珠闌干須自保。

凌陽篇　（全同）

送杜給事出憲延安并問高君桂吴君正志二郎吏 時杜過省其尊人明府山西　（天啓本在「郎吏」下作「杜諱華先失同鄉楊太宰意出」）（詩同）

江東歌　（全同）

寄李岝峉内鄉追憶陳寶鷄

赤縣彈琴自（目）一時。

三月二日碧王孫山亭飲

衣簪（暨）約綽相寒温。
向夕餘言（妍）定三五。

聞王悦之説閭門隱者

但是（坐）相逢成主客。

憶祁羡仲武夷　（全同）

送梅禹金應制入都

每怨春歸（來）不見人。
乘（逸）興遊（豪）心詎肯低。
含情芳靄（江館）足攀攜。
敬沓（亭）合沓青雲梯。
窺飛故燕久參差（應留）。
借問吴官（宫）佳麗地。
且向雲（朝）陽侍仙蹕（候雲物）。
雲（朝）陽仙署接才英，極浦（目）清（空）江留佩聲。
吴（閨）中少婦憎啼别。
直取終春寒煖適（花月滿）。
繡襠（衿）汗色持存在。
自許山川作期契（儲歲月）。

去路周流(參差)河漢分。

夏州亂　(全同)

黎女歌

並上鞦韆索(兩)摇曳

分頭攜手簇來(遨)遊。

歌中答意兩(自)心知，但許昏因(家)箭爲誓。

爲歡那復如(知)年歲。

萬州藤障子歌　(全同)

伍仲元老人飲酒歌　(全同)

緑漪園聽簫有作同耀先　(全同)

玉雲生過平昌，徐生畫扇爲别　(全同)

留屠長卿不得　(全同)

長卿初擬恣遊浙東勝處，忽念太夫人返棹。悵焉有作　(全同)

送謝君實理高州　(全同)

送李參之侍尊人以魯邸傳歸漳浦　(全同)

送鄭見素遊江東　(全同)

送帥從龍北上

艷艷(灔灔)春隨遊子發。

金錢障(除)書不挂(控)眼,連珠酒令常(當)争新。
我向(尚)爲人覺才盡。
寄嘉興馬樂二丈兼懷陸五臺太宰　(全同)
立春過鍾陵訪黄明府貞父偶興　(全同)

卷八　五言律詩

古意　(全同)
九江送王元景之登封　(全同)
送華楚客歸夷陵　(全同)
德州逢李道父觀察　(全同)
河上送張明府　(全同)
龍潭高閣二首　(全同)
第五子生　(全同)
送楊安入太原軍　(全同)
銅陵　(全同)
送袁生漢中　(全同)
河林有酌　(全同)
初至江關　(全同)

送歐虞部　（全同）

送客避難和州　（全同）

送客湘西

今夕（日）醉言歸。

鷲峯寺別季孟陽　（全同）

對客二首　（全同）

寄李少華　（全同）

題王逸人莊　（全同）

送蘭道者往天台　（全同）

出關至滄州阻風　（全同）

江上送張七歸楚　（全同）

送客歸岳州　（全同）

過年　（全同）

高座陪達公　（全同）

懷張別駕閬中　（全同）

金陵西園作

嘆息并（荆）扉掩。

送客荆南　（全同）

魯王孫　（全同）

江樓送東粤翟先（天啓本在「先」字下有「輩」字）（詩同）

白水園　（全同）

送周叟東遊　（全同）

秋夜入廣别帥郎　（全同）

將之廣留别姜丈

幽期常目（自）深。

秋發庾嶺　（全同）

小金山同陳潯州冷提運送軍府夜酌四首　（全同）

波（渡）羅廟　（詩同）

光孝寺　（全同）

南海江　（全同）

出朱明觀　（全同）

戲别冷提運　（全同）

别魯司理　（全同）

陳潯州　（全同）

園居示姜緒父　（全同）

送酉陽椽　（全同）
遥憶右武自蜀赴關西　（全同）
東莞江望白雲山　（全同）
平昌送屠長卿歸省　（全同）
雁山種茶人多阮姓偶書所見　（全同）
七月念日移宅沙井，八月十九日殤我西兒，慘然成韻　（全同）
聞梅客生監軍二首　（全同）
送古萍歸百丈山　（全同）
靈谷寺寶誌塔上禮望孝陵遇雨　（全同）
靈谷寺浮屠憶謝友可少小鍾山之約　（全同）
戴師席上送王子厚北上。子厚名渾然，司徒北海王公公子也。有物表之姿，昔人之度。溽雨來辭。戴公平生不飲，此日連舉兕爵數度。公笑曰：「吾之郈原也。」用「原」字贈詩，命僕就和　（全同）
與郭祠部公廨避暑　（全同）

卷九　七言律詩

長至奉慰趙祭酒鄉思　（全同）
送何衞輝時喜潞藩新出

　　總爲倚（猗）蘭定（是）國香。

送王比部供奉採藥扶侍太夫人歸粵。比部故侍御殿中　（全同）

己丑長至奉陪王趙二宗伯齋居有感　（全同）

懷帥惟審　帥行山陰有萬壑千山賦　（全同）

池陽余聿雲（余立雲）小時，是尊吏部君請爲之字。以詩問予復有漢祠官風味否。答之

　　愛汝能飛字聿（立）雲。

北安門曉望　（全同）

再寄帥思南

　　湘沅（流）還是眼中人。

龍雲卿花燭後來署中過年　（天啓本作「龍雲卿花燭詩」）（詩同）

　　江海寒（晴）雲接帝鄉。

　　并道乘龍歲月（對重爐夕艷）長。

送王侍御。以論耿公歸蜀。侍御故吉州人　（全同）

至日聞聖主深居有感　（全同）

送杜給事入都歸覲　（全同）

送黃侍御出還東粵暫歸洪都　侍御以論王弇州行　（全同）

夏至齋居理樂感鶴奉命有述　（全同）

送伍大儀入都。大儀舊知澧(灃)州，是年冬，虜入鳳凉　(全同)

送越客

晤(陪)郎真得省朝參。

送京兆郭公 公以立春日北徵歸閩覲省　(全同)

懷路鞏昌汶上　(全同)

送饒太醫歸東邑　(全同)

元夕送吴參軍上九年計

重(垂)來定不參親老。

送史德安　(全同)

送吴竟父西歸過運司伯子　(全同)

奉答朱方伯　(全同)

萬壽節送顧郎中北上暫歸省長洲　(全同)

送趙舍人出守永昌追憶楊用修太史　(全同)

送程中舍還朝　(全同)

大樓僧真這　(全同)

問薛太學近洙　(全同)

送熊茂客從汝歸臨川　(全同)

送方比部北上　(全同)

送劉祠部視學南中　（全同）

戲李季宣　（全同）

送揚武選入都　（全同）

戲贈梅禹金

　　蓼（藕）花秋冷菊花殘。

　　才子勸（上客向）歸將酒送（留佩語）。

送李于田吏部北上　（全同）

臘憶王道服南海　（全同）

送饒司理順德 伯宗故於予不淺，各亢壯別去。悲之　（全同）

送來黃梅　（全同）

贈趙司理池陽　（全同）

送劉貽哲出餉宣府，因攜少婦過汝南，歸華山續婦　（全同）

劉君東下第歸西昌

　　風定扶（擣）砧催木葉。

和答帥思南　（全同）

送張蓮濱曲周 張君，雲川人。其尊公名御史大夫也　（全同）

答君東天津夜泊　（全同）

聞蘭溪令謝客戲贈　（全同）

書郭武郎畫扇　（全同）

送林廷任之進賢便歸閩省　（全同）

送劉子極歸餉蘭州　（全同）

于中父餉薊邊便歸金壇

古戍（戊）蟬聲木葉中。

送周鄞縣 座師余相國家覲也。君便道歸湘潭，省其兄方伯殿中君　（全同）

送王當世理台州。有懷天台勝寄，乞縣不果。偶及

霞（帝）城西影（風彩）日飄飄（飖）。

不妨吟岸（望）赤欄橋。

蔣蟄父宜春以文履繡胸留別，却謝　（全同）

寄馬長平理廬州　（全同）

虞惔然在告

河漢風清有報（法）章。

送李蔚元扶風　（全同）

送王正之宜陽

洛橋車馬候晴（晴）雲。

百年棠棣（樹）正氤氳。

送王淑父理廣平，有懷馬長平　（全同）

送長沙易掌故　（全同）

送沅州衛參軍懷計辰州帥思南　（全同）

懷姜宣城并贈馮易州兄弟　（全同）

送朱應春平湖　（全同）

送盧少從馬平歸東粤　（全同）

送林志和巴陵

晴拈（拈）碧草占春色。

送陳仲道餉延綏歸嘉定州　（全同）

送陸震卿大行祭韓藩歸吴　（全同）

送李獻可賫馬價薊門，便攜家歸華山 余與李君同是沈几軒先生門人也 （天啓本無「余與」二字）　（詩同）

送李明瑞歸華州因餉兵寧夏

還朝若問鳴沙戍（戍）。

送楊太素中書出祭趙府　（全同）

和答南城梅公　（全同）

送牛光山暫歸涇陽

仕宦向來多曲折（拆）。

奉懷羅先生從姑

鶴唳（淚）月明珠樹裏。

送譚侍御歸茶陵　侍御疏閣中故有絲綸簿，爲大璫竊去，触璫。詔旨切責問出何記，御史臺爲言。竟謫歸

（全同）

送伍給事謫萬載丞　（全同）

江上逢龍使君話沅辰事有嘆

浪迫（泊）迴鳶看湖波。

送魏光祿便過歸覲　光祿前爲侍御，時哭其弟茂速（「茂速」天啓本作「茂權」）

子舍春懷殊未（難自）淺。

聞姜別駕守沖遷守，不知是滇是貴，問之。姜君前户部郎，以忤江陵相謫

（全同）

送王可大遂昌　（全同）

送葉鹿吴明府　（全同）

寄右武滁陽　（全同）

送黄觀察雲南　觀察鄉親多南中賈　（全同）

赴傅觀察宴先向西城夕眺　（全同）

約謝吏部先九日同令弟友可伍山人仲元造池上　（全同）

新歸偶興　（全同）

雷陽初歸別樂少南文學。文學故從其大人之燕，歸青雲峯讀書。談予所居

「北垣迴武曲，東井映文昌」爲勝。漫云　（全同）

約造謝家池不果，高卿便有和作。復次前韻　（全同）

高太僕九月三日天水姬生第八子戲贈　（全同）

八日謝公（家）池宴二首　（詩同）

九日東（城）樓宴即事　（詩同）

小閣　（全同）

西陵夕照　（全同）

送何生海寧僧歸寄青陽諸弟子　（全同）

送於掌故宰彭澤　（全同）

送周掌故遷掌寧都教事。歸于（千）越，與彭澤於明府同西

石碓雲春（春）夜幾秋。

麗水十景　（天啓本「景」作「憶」）

翠潭

雨過瀟湘（墟厚）暮影（色）舍（含）。

青室

憑誰（生香）便借芝蘭色，三徑青（天影空）青許看來。

桃源　（全同）

竹嶼　（全同）

琴石　（全同）

釣磯　（全同）

虚廊

四注空濛雲山（下）宿。

響瀨　（全同）

峭壁　（全同）

崎巖　（全同）

卷十　七言律詩

送連孟準餉薊兼歸穎　（天啓木「薊」下作「暫歸禹州」）

中嵩（高）片璧自連城，種玉田邊餉七兵（得侍同門望不輕），鶯集共憐芳月飲（久拼燕市醉），雁行（來）翻作薊門（苦寒）行。崆峒絳節朝雲拂，渤海朱旗夜火迎，到得一車回漢吏（並道巍峨簪筆裏），吹臺秋畫草煙平（長河襟帶潁流清）。

送劉傒如司理金華　（天啓本作「送徐司理金華。司理時以縣屬相戲，及之」）

曲江花雨半垂簷（天臺斜月醉初厭），紫閣青尊夜未厭（起見雙旌拂畫簷）。

卧邸寄帥思南　（全同）

送劉襄陽

百花高宴雨（兩）留連。

送戴孝升之萬縣　（天啓本作「送戴萬縣」）

自言（愛）三巴景物幽。

芳皐到日逢新雨（安鄉最近神靈雨），無事西華送督郵（并作隨車苗麥秋）。

送吴太原　（全同）

送汪生　（天啓本作「送胡生」）

京邸移居别東隣郎舍　（天啓本在「别」字下作「比舍錢國賢沈胤盛二兄」）

送徐敬輿之任浮梁暫歸蘭溪　（天啓本在「輿」字下作「浮梁暫歸蘭溪省覲」）

列宿河梁望不輕（昨夜明）。

送殷無美夷陵

長笑儂（君）家短後髯。

送吴司簿朝正　（天啓本「朝正」作「朝朔上都」）

先春人報洛陽城（切去時情）。

爲道寢園初薦麥（酎），思君旋旆（奉常原重）漢西京。

范敬之醉後有深語醒之

過逢郎吏醉（得）藏名。沾花夜雨留懽曲（醉）。過夢（恨）杳隨雙闕迴（彈劍盡），投心差覺寸（報）珠明。蕭疏半榻容高隱（天河語），慚愧（長見）栖鴉接鳳城。

夕讌吴駕部署中

懸愁雁後仙郎别（十月歸苕水），犯月誰邀（同誰）看早梅。

送陳司勳兼柬魏劍(見)泉李于田二吏部

聞君奏最出江陽(勳司奏績自河陽)。

送何郎入對　(天啓本作「送何仲雅入對」)

置酒臨皐拂纜(日影)斜。

送梁興古暫歸東莞,並寄袁萃霞貴竹　(全同)

送汪雲陽計部賑秦　(全同)

送路肇昌　(全同)

送徐司廳歸越　(全同)

送蔡小儀入都　(天啓本作「送蔡體言儀部入都」)　(詩同)

七夕送張計部西歸　(全同)

漢西門樓春望

縈迴花鳥續(屬)春嬌。

豈(共)惜氤氲淑氣飄。

送錢常州歸覲　(天啓本「錢常州」作「錢用父常州」)

送徐諫議辭越憲歸宜興　(天啓本「徐諫議」作「徐士影諫議」)

年年還得戲沙汀(清迴憶江汀)。

送趙國子倅湖

能(還)似蘭亭(餘波)照雪川。

齊山秋眺

不堪（秖應）遊子登臨意。

永嘉送客遊金陵便謁王恒叔參知濟南

遠勢能（如）飛雁蕩雲。

縉雲仙都朝陽洞　（全同）

送宋崇陽暫歸蜀都　（天啓本「蜀都」作「廣漢」）

楚天（可中）風物半臨湘。

欲（新）將家口過明月。

且緩（醉）離情餞（傍）夕陽。　暫與登高（摇落未須）憐宋玉，年來江漢滿秋光（蜀絃春拂楚明光）。

過曾贈公舊第。　時參知君在秦　（天啓本在「舊」字下作「宅時參知君如春在秦」）

抗壯那知（獨拜那嫌）交態淺，沈淪（同遊）初覺官情稀。　沾襟不盡（衣一夕）高堂淚，公子秦川客未歸。

平昌得右武家絶决詞，示長卿，各哽泣不能讀竟（起）罷去　（天啓本在「去」字下有「便寄張師相感懷成韻」九字）

貝錦動（動）迎中使語。

和劉季德平昌一蓋樓撫琴贈别

無因並汝（秖應拂拭）江湖外。

寄樂石帆　（天啓本在「帆」字下增「儀曹」二字）

子公帝城能隱（憶）否。

送姜耀先　（天啓本在「先」字下增「寄懷周臨海」五字）

樓前鍾梵（巾幘）起朝霞。思歸（君）欲似西園語。

簡都下友人二首　（天啓本作「即事寄孫世行吕玉繩二首」）

蕭蕭衙院鎮（隱）焚香。

達公舟中見（同）本如明府喜月之作

吴敬父談處郡佳山水欣然　（「吴敬父」天啓本作「郝永嘉」）

此（一）郡高居接少微。

送徐生歸平昌　（天啓本作「甌江别鄭生孔授時生可諫朱生九綸輩」）（詩同）

徐生歸寄聲吏民　（「徐生歸」天啓本作「孔授人歸」）

答周松陽

夜半瀟湘流（留琴奏）水雲。

答范南宫兼懷曹貞生　（天啓本「兼懷」二字作「同」字）（詩同）

戲答華三石建亭之問　（「華三石」三字天啓本作「平昌」二字）

玩月時分出寺鐘（鍾）。

没字碑中（陵谷蕭蕭）有得儂。

初歸　（天啓本作「初歸柬高太僕應芳曾岳伯如春」）

泥左（丸）初着遠遊冠。

憶德園　（天啓本作「憶虞德園初去官時作」）

爲驢（風光）趁逐有情神，樹脱（遶）花飛欲墜茵。

休將蠟屐試高人（也應高枕惜餘春）。

山資（似）自覺妨賢久，酒債（旅食）何當發興新。

忽憶（一棹）西湖舊烟月（雨），虞卿席上半絲蒪（蒪絲菰米最宜人）。

憶真父并其高弟羅玄父　（「憶真父」天啓本作「憶黄貞父」，又在「玄父」下增「孝廉」二字）

文談（北高）尊酒興淋漓，蕩（映）漾黄家千頃陂。

次吴明府　（天啓本作「次吴本如言歸」）

風散墨香詩卷臢（浄）。

送王郎歸盱，并問登州使君　（天啓本作「送王性凝叔彝還盱，并問登州王使君」）（詩同）

送傅觀察東川　（天啓本作「送傅觀察以故重慶起監平播軍」）

卜築原知是（傍）列星，幾年爲（魂）夢憶（入）丹青。

傅參戎平倭過家有作　（「平倭」天啓本作「朝鮮」）

提戈萬里破（到）林胡。

壯氣凌（雪意滿）空貂拂座。

送劉參藩南粤　（天啓本作「送劉參藩寄問東筦覃見日盧海疇諸君子」）

曲江春老賦凌（停）雲。

將（高）餐楚（露）菊逢秋盡，細語霜鐘（鍾）入夜分。待（更）折梅花相憶否（問耆舊），嶺南時有雁聲聞（羅浮清隱最相聞）。

同黄孝廉太次夜坐懷戴司諫　（天啓本在「太次」下作「懷戴思諫廉海」）

夜（應）疏雨露過梅嶺，漸許（長憶）秋風入雁湖。

送葉時陽嶺外歸平昌　（天啓本作「送葉梧從嶺海歸獨山」）（詩同）

棄時陽歸書似時任　（「似時任」天啓本作「以期之」）（詩同）

爲亡蘧謝平昌諸弟（士）子

千秋一步（此）有情傷。

送朱山人遊淮奉懷司空李公　（天啓本作「送朱山人元芳赴總河千越李公之招」）

楚（遶）天春（江）色到寒（窮）崖。

相思紅藥（葉）正翻堦。拚教（傾心）座上題鸜鵒（行河筆），折莫鑪邊挂玉釵（別興壚頭拂袂釵）。

思波還復（麯波春送）酒如淮。

送遊先民宣城訪禹金　（天啓本在「送」「遊」之間加「豐城」二字）

寶氣長（横）飛劍影潭。

浩唱同（閑）敲碧玉簪。

送胡元吉饒陽歸覲有期　（天啓本無「歸覲有期」四字）　（詩同）

送宜水鄭青陸歸甌寧

端居長夏息（思）紛耘。

送張思元文學歸渝水　（天啓本作「送張自雲兄弟歸新渝」）　（詩同）

送朱鴻臚使粤還朝　（全同）

送張廣陵

江岸（棹）瀑花吹短鬢。

卷十一　五言排律

送王比部北上光禄　比部以諫取麒麟謫起　（全同）

送艾太僕六十韻　太僕以乙科爲郎，論江陵起復戍起南鴻臚

御挺（梃）驚魂落。

遠竄逢魑（羣）魅。

恩波得（許）自由。

似（遂）作雲雷起，還同（令）湘漢浮。

難分北闕（爲西塞）憂。

鶴怨轉(且)夷猶。
千尋(九河)原自(曲)直,百鍊肯隨(剛)柔。
似雪耻浮游(蜉蝣)。
何(似)緣參世業,不惜與(偶)人儔。
城(祠)陰宿鳥啾。
行藏燕市古(標古色),出入仰前(楚門)修。
自可趁朝列,無煩問故丘(老亦趨千里,今何問一丘)。
同董光禄望雪漢西禪閣陪胡瑞芝武部　(全同)
高座寺懷可上人　(全同)
盧溝曉望　(全同)
萬侍御赴判劍州過金陵有贈三十韻　(天啓本無「三十韻」三字,但在「贈」下增「君以邊事論政府行」八字)
瑶(湟)池駿足(曳落)迴。周王(安攘)餘上策,漢帝諟(駕御失)雄清(猜)。
弄文羞(奸闌嫌)説劍,縱武(斷道)怯行枚。
買爵問(富)中台。
叫閽將(心)展轉,卧閣幾(語)徘徊。
爲(燭)開書(燕)黯淡,那覺氣(車入劍)摧頹。
初發瑶湖次宿廣溪　(天啓本在「溪」下增「别吴十一舅隆八弟」八小字)

斑爛垂池（地）泣。

尉徐聞抵家直丁侍御莊浪備兵遷越歸覲遠遺西物却寄三十韻　嘉靖間寧夏將王翊議決水退虜

春汛新移牒（煠）。

伯父秋園晚宴有述四十韻

行藥（樂）醉烏烏。

秋日西池望二仙橋　（全同）

酉塘煙渚憶大父徵君　（全同）

陽江避熱入海至瀾洲夜看珠池作寄郭廉州

盈盈煙露（霧）黄。

相圃新成十韻示諸生　（全同）

平昌報願寺鐘（鍾）樓新成十韻

樓傾怯曙鐘（鍾）。

如（露）雷隱夜龍。

潮音閣聞李本寧參知赴闕有懷　（全同）

平昌尊經（羅）閣成，率諸生恭讀御箴，下宴相圃欣言十八韻

周（問）公即有源。

遂爾生隆（升層）棟，因兹奔複恒（亘）。

日月倒簷(縣)軒。
連珠(弁星)趨北斗。
入國傳經教(語)。
文囿(圃)竹書翻。
座繞(嶺借)遊蘭馥。

喜劉温州(川)奏最述懷

況復孤危于(子)。
遠心多不(欲)警。
蘭陵似(令)老荀。
偏枯雨露均(鈞)。
薄遇(照)有存隣(身)。

謫尉過錢塘，得姜守沖和(宴)才太守詩，悃然成韻

獻賦登梅(枚)子。
獨嘆關門尹(題輿此)，重瞻許子(曾邀數騎)將。
風期何(行)荏苒，月且正(坐)游揚。
暗蹀歌(戲出馨)兒語。
歲除深(雨齋知)蟋蟀，情換數(晴檻淺)鴛鴦。
欲(共)夢常千里。

共（尚）持心膽素。
禮卑存（行）授簡。
興劇屢（儼）垂堂。
擲地詩盈（摇）卷。
語經吴越（署）俊。（天啓本在此句之上，增「南屏鍾初斷，西泠漏不妨」二句。）
市筑留燕（還）俠，輿歌接楚（似）狂。
自多懷（魂來多）白岳，兼以寄（人去獨）滄浪。
微韻（陳事）一悽鏘。
自愧雕蟲（紛吾）久。
還自惜（惜）餘芳。

奉寄李蒼門諫議并呈省院諸公二十韻

如炎（數災）山少木。
愁聞澤畔（倚柱）吟。
繭絲抽欲盡（老）。
朝下偶（惬）攀尋。
清尊許（薄）夜斟。
賞新應倒屣（喧散帙），懷舊益（嘿）沾襟。
覊孤懷荏苒（魂莽蒼），朝集氣（意）蕭森。

似我誰（路盡求）牽復，如君（春多）肯幸臨。

與玦虛捐（報玖將遺）珮。

奉懷開府曾公河南四十韻　（天啓本在「韻」字下有「并懷達公」四字）

明玉氣沖天（霏煙）。

調停（均調）氣脈全。

維喬下接延（曲卷）。

珮玉深棠棣。

寒灰竟不（濕詎）然。

有（自）天高緬貌，無（餘）地小翩旋。

秖恐三公（台衡）入，遥瞻八（詹佛）座聯。

氣泛（積氣）江湖上，心銷日（幽芳歲）月邊（延）。

倘陪丞相閣（幕），猶有伯牙絃（自惜青蓮）。

再答夢澤張明府二十二韻　（「張明府」天啓本作「張新喻」）

微細（昫）必依仁。

幾時（遲君）臺閣裏。

送南大宰趙公致政歸餘姚　（全同）

與劉浙君東　（全同）

卷十二　七言排律

奉贈趙宗伯二十韻
　干(干)霄蚤映長虹色。
　君王馳傳欲春(春)容。
答李郴州乞雨蘇仙有應。因憶與高太僕、謝友可、吴拾之夜遊。時謫徐聞，不得過郴爲恨耳
　歌風文學諸生有(滿)。
嶺外初歸，讀王恒叔點蒼山寄示五岳遊。欣然成韻
　自我園陵沾(新)酎飲，爲郎漢署，得(宿)香含。
　諸公且看青樓(鏤)筆。

卷十三　五言絶句

秋江　(全同)
偶成　(全同)
遷詞部拜孝陵　(全同)
聞聖躬調御有感　(全同)
送汪主客　(全同)
上巳日遊牛首登寶塔　(全同)

又登文殊閣　（全同）

上巳後二日遊幽棲寺　（全同）

遊獻花岩芙蓉閣　（全同）

住鷲峯寺曉起同夏正之　（全同）

曹溪以下多嶺南作　（全同）

子篙灘　（全同）

憑頭灘　（全同）

瀉灑灘　（全同）

觀音洞　（天啓本作「觀世洞在韶河」）（詩同）

飜風燕灘　（全同）

浪石灘　（全同）

大廟峽　（全同）

登飛來寺右絶嶺　（全同）

迴岐驛　（全同）

廣城二首　（全同）

湛林　（全同）

惜東莞祁生　（全同）

答崔子玉明府朱明洞相遲不至二首　（全同）
至月朔羅浮沖虛觀夜坐　（全同）
羅浮上簾泉避雨蝴蝶洞遲南海崔子玉不至四首　（全同）
番禺江上七日長至二首
　珠海半輪（輪）月。
南海浴日亭拜長至二首　（全同）
夜坐東倪司理時恤刑在廣　（全同）
至日懷劉兑陽太史　（全同）
至日懷鄒爾瞻比部
　不知仙館（瑄）裡。
戲蜀客　（全同）
恩平中火　（全同）
海上襍咏　（全同）
過河間題壁留示趙仲一　（全同）
陽穀店丁亥　（全同）
覲回宿龍潭乙未　（全同）
度廣南蜆江至長沙口號　（全同）
符離道中　（全同）

河間主人店　（全同）
廣陵偶題二首
　恰(怯)知新涕淚。
呼春鳥口號二首　（全同）
去錢塘別劉季德關叔秀　（全同）
雁山大龍湫　（全同）
雁山迷路　（全同）
雁湫白雲菴　（全同）
廣陵有贈　（全同）
丁酉三月平昌率爾口號　（全同）
答龍凌玉痛蘧兒　（全同）

卷十四　七言絶句

黄金臺　（全同）
池陽城南　（全同）
送趙大歸齊　（全同）
送秦次君之汴　（全同）
別梅固安　（全同）

送陸生遊齊　（全同）
送鄭午陽之文登　（全同）
豫章送何貞長遊岳州
　爲憶故山（中）芝草長。
武進道中　（全同）
梁溪　（全同）
宜興道中　（全同）
逢賣玉者　（全同）
憶丁右武關西
　羌笛梅花戍（戍）樓裡。
看賈胡别　（全同）
津西晚望　（全同）
送文生九谿　（全同）
王小坏去溧陽　（全同）
秀州　（全同）
金竹　（全同）
新林浦　（全同）
青陽道口　（全同）

宿鍾樓尖　（全同）

赤鑄山

借問闔（閶）門騰虎氣。

采石化城寺　（全同）

穀池店　（全同）

庚辰再過南陵懷林明府　（全同）

望華亭夕　（全同）

魚龍洞　（全同）

九華　（全同）

花塘答蘇青陽　（全同）

望春　（全同）

廣陵夜　（全同）

病酒答梅禹金　（全同）

答龍郡丞　（全同）

江宿　（全同）

青陽道中

香（衫）袖淩風酒色消。

數道松杉舍（殘）日氣（裡）。

溧陽洞山　（全同）
豫章東湖送客　（全同）
南康一夕至冬流　（全同）
與劉東流　（全同）
寄林南陵　（全同）
寄林巴陵　（全同）
莫愁湖　（全同）
送人入蜀　（全同）
邸報御門有喜　（全同）
和王伯臯薄粧含暮景　（全同）
張老别　（全同）
即事　（全同）
送陸生從軍薊門二首　（全同）
寄右武莊浪　（全同）
朔塞歌二首
　歸總（驄）莫緩遊鄉口。
　娘娘灘上有寒棋（纁旗開）。
河州　（全同）

弔西寧帥（全同）

王莎衣欲過葉軍府肅州（全同）

南華寺二首（全同）

乳源道中（全同）

廣南聞雁（全同）

小金山次蘇長公韻（全同）

石城弔鄔汝愚（全同）

徐聞泛海歸百尺樓示張明威（全同）

白沙海口出沓磊落（天啓本無「落」字）（詩同）

送賣水絮人過萬州（全同）

和宋周太常平昌草堂四詠（全同）

和葉可權草堂四詠（全同）

平昌清城山（全同）

赤壁望浦城 平昌（全同）

東梅嶺 平昌（全同）

洞峯 平昌（全同）

石門泉青田（全同）

班春二首　（全同）

上巳渡安仁水有憶兩都　（全同）

黄塘廟　（全同）

午日處州禁競渡　（全同）

九日登處州萬象山時繡衣按郡　（全同）

送徐吉父長安上書　（全同）

松遂界石鏡

何似松陰側員（圓）鏡。

遂昌松陽界萬歲山口號。舊名晚翠，趙康王避金騎所棲　（全同）

送客信陽謁何太史

直到三灣（鴉）九曲河。

看畫口號　（全同）

送客萍鄉成禮

暮雨雲朝玉女堆（推）。

讀四十二章經　（全同）

唐山寺 有序

廣仁院 有序

卷十五　七言絶句

再覲回宿龍潭 戊戌　（天啓本在「潭」下增「驛」字）（詩同）

迎春口占二首　（天啓本在「首」下增「甲午」二小字）

　年來乞與春花（晴）好，却笑（得見）河陽似舊時。

夜聽松陽周明府鳴琴四曲

　嚴城畫角映悲（霜漏隱疏）笳。

出松門回憶琴堂更成四絶

　無奈（滅燭）露寒清漏曉。

　自（誰）憐映燭（獨照）高堂影。

韶陽夜泊

　露華高染（枕）曲江寒。

清遠送客過永州　（「永州」天啓本作「零陵」）（詩同）

湘陰曲　（天啓本在「曲」下增「有贈」二字）（詩同）

送袁生謁南寧郡　（全同）

送武陵陳判之鬱林　（全同）

送林貴縣　（全同）

小孤夜泊

　山（小）姑廟前迴夜舟。

淮清橋弔許公　（全同）

高座寺爲方侍講築塋臺四絶　有引

好雨香花向暮（墓）田。

送關叔秀北遊　（全同）

得馮具區祭酒書懷紫柏師　（「懷紫柏師」天啓本作「示紫柏」）

書中只説勾（春）容老。

拾之偶有所縺，恨不從予同達師（公）遊爲咏此　（詩同）

聞王子聲令太湖是明德先生（師）舊涖

雲夢湘騷（諸生）年少郎。

都下柬同年三君　有引

曲江花裏（老）曲臺前，試政傳宣（看）美少年。碁酒動隨（流涕復來）歌笑地，珮環（白頭）相喚起朝天。

御河冰雪冷（已）溶溶。

衣冠還似聽朝鐘（鍾）。

樓外二首

卧向枕衾（障）時有態。

答無懷　（全同）

芭蕉　（天啓本作「雨蕉」）（詩同）

寄題劉君東遠遊樓

試問（世事）山中何所（那得）有。

七夕醉答君東二首　（全同）

七夕

曾（閒）從天外看文機。

八月三日吳觀察得月亭夜宴，已而客病，主人别有悽然。感人事之何常，悵爲歡之不易，率然成韻。并有懷人二首

多情多病即（莫）多愁，乘興何須待月（纖月風亭得乍）遊。

謝家春早欲（斷雲城郭半）侵樓。

水遠芙蓉玉（竹）遶堦。

少婦嘆示諸山人三首　（天啓本無「示諸山人」四字）

少女西（思）歸一倍愁。

閒來只索看朝報（圖西笑）。

帝里明春（餘生）定一過。

庚子八月五日得南京七月十六日亡蘧信十首

空教弱冠敞（敵）才名。

那堪二友情珍重（誰能哭向千秋裏）。

寄甘子開　（全同）

人日

獨笑歌人遠(還)未老。

寄曾開府并問達老　(天啓本「老」作「公」)

飲青來閣即事八絶

只應紅(風前長)袖與三(拂鶯)兒。

脈脈山川(斜日霏霏)草樹烟。

三層樓上絮(彌)紅顔。

富樓(望雲)那辦(辨)與湯師。

卷十六　文

劉氏類山序

足敖(傲)世以所不知,而辨人之所不擇(釋)。

考之先生家世(世家)。

在宋吴邑多耆(嗜)學。

旁及佛老伎蠻夷之荒忽詭變。(天啓本在「佛老」、「蠻夷」之間有「估藝」二字。)

必有得于(乎)内而成乎理者。

無瑕道人

花間集跋

戊申秋，梁谿肆毒，爰及於余。余是以廢舉業，忘寢食，不復欲居人間世矣。搢紳同袍力解之弗得。忽一友出袖中二小書授余曰：「旦暮玩閱之，吟咏之，牢騷不平之氣，庶幾稍什其一二。」余視之，則楊升菴、湯海若兩先生所批選《草堂詩餘》、《花間集》也。於是散髮披襟，遍歷吴、楚、閩、粤間，登山涉水，臨風對月，靡不以此二書相校讐。……時萬曆歲庚申菊月，苕上無瑕道人書於貝錦齋中。

（明刊湯顯祖評《花間集》）

無瑕道人，姓名生里不詳。

徐士俊

湯顯祖詞評語

菩薩蠻（赤闌橋盡香街直）出臨川口，一字一句令人腸斷。

菩薩蠻（織錦迴文詞）兩作瑕瑜不相遠。謝朓詩：「遠樹暖芊芊，生烟紛漠漠。」靈運撰《征賦》：「披宿莽以迷徑，覩生烟而知墟。」生乃生熟之生。又劉禹錫詩「瀼西春水縠紋生」，晏丞相云，「作生熟之生，語乃健」。又王建詩「自別城中禮數生」。

添字昭君怨　鬼趣宛然。

好事近（簾外雨絲絲）前半改吴文英，殊不若。（以上卷五）

南歌子（題南柯夢）著化楊時可「待倩東風吹夢過江城」句意。（卷七）

（《古今詞統》）

《菩薩蠻》見《紫釵記》四十八齣。《織錦迴文詞》見《邯鄲記》二十四齣。《添字昭君怨》見《牡丹亭》二十七齣。《好事近》見《紫釵記》三十九齣。《南歌子》見《南柯記》第一齣。

李雯

留春令 和湯若士

緩約雙紋，繡被私尋，獨見香鞋。金荷粟小背妝臺，暗處銷魂猶在。　昔喜春風到日，今愁秋月來時。已拋蓮葯見菱絲，心事牽雲帶水。

（《蓼齋詞》，載《清名家詞》）

李雯，字舒章。江南華亭人。萬曆戊申（一六〇八）生，順治丁亥（一六四七）卒。諸生。有《蓼齋詞》等。

尤侗

艮齋雜説

詞有自度曲，如吴夢窗《西子妝》是也。然溯厥由來，皆一人創造；但求分刌合拍耳。升菴之《落燈風》、《欵殘紅》，弇州之《怨朱絃》、《小諸皋》，未知音節如何。若士之《添字昭君怨》，猶之《減字木蘭花》耳。

（《艮齋雜説》卷三，《西堂全集》）

倚聲詞話序

每見時流填詞，平側誤銜，增減任意，一字之謬，便乖本宮。如《菩薩蠻》迴文，臨川未免爲枸俑，皇責其他。以是知詞曲二道，相去亦不甚遠也。

（《西堂雜俎》二集卷二，《西堂全集》）

鄒祗謨

梅村詩餘序

有明才人，莫過於楊用修、湯若士。用修親抱琵琶，度北曲，而詞顧寥寥。若士「四夢」，爲南曲野狐精，而填詞自賓白外無聞焉。即詞與曲亦有不相兼者，不可解也。

（《梅村詩餘》，載《清名家詞》）

遠志齋詞衷

鄒祗謨，字訏士，號程村。江南武進人。順治十五年（一六五八）進士。有《遠志齋集》。

詞有隱括體，有迴文體。迴文之就句迴者，自東坡、晦菴始也；其通體迴者，自義仍始也。

（《遠志齋詞衷》，載《賜硯堂叢書》）

沈　雄

古今詞話

湯顯祖玉茗堂詞

沈雄曰：「義仍精思異彩，見於傳奇。出其餘緒以爲填詞。後人猶咏其『迴文』，必指爲義仍傑作也。」

（《古今詞話・詞評》卷下）

沈雄，字偶僧。清初吴江人。有《古今詞話》等。

王又華

古今詞論

毛稚黄曰：「清真『衣染鶯黄』詞，忽而歡笑，忽而悲泣，如同枕席，又在天畔，真所謂不可解，不必解者。此等最是難作；作，亦最難得佳。『夜漸深，籠燈就月，仔細端相。』義仍之『就月籠燈袗袖張』，出此。」

（《古今詞論》，載《詞話叢編》）

王又華，字静齋。清初錢唐人。有《古今詞論》。

徐釚

詞苑叢譚

王西樵士禄曰：「《菩薩蠻》迴文有二體：有首尾迴環者，如丘瓊山《秋思》，湯臨川《織錦》是也；有逐句轉換者，如蘇子瞻《閨思》、王元美《别思》是也。」

（《詞苑叢譚》卷一）

萬樹

詞律發凡

能深明詞理，方可製腔。茗明人則于律吕無所授受，其所自度，竊恐未能協律。故如王太倉之《怨朱絃》、《小諸臯》，楊新都之《落燈風》、《欸殘紅》、《惧佳期》等，今俱不收。至近日顧梁汾所犯《踏莎美人》，非不諧婉，亦不敢收。蓋意在尊古輟新焉耳。又如湯臨川之《添字昭君怨》，古無其體，時譜亟收之。愚謂「昔日千金小姐」之

語，止可在傳奇用，豈可列諸詞中？又如徐山陰之「鵲踏花翻」，亦無可考，皆在所削。勿訝其不備也。（《詞律》卷首）

萬樹，字紅友。江蘇宜興人。《詞律》寫成於康熙年間。又有傳奇多種。

王奕清

歷代詩餘話

湯義仍文采風流，照耀一世。出其餘緒以爲填詞。如《迴文菩薩蠻》、《添字昭君怨》，皆傑作也。（《今古詞選》）（《御選歷代詩餘》）

《御選歷代詩餘》由王奕清等輯選，成於康熙四十二年（一七〇三）。《詩餘話》附於卷末。

王昶

明詞綜

湯顯祖小傳

湯顯祖，字義仍，臨川人。萬曆十一年進士。官禮部主事。有《玉茗堂詞》一卷。

（《明詞綜》卷四）

吴衡照

蓮子居詞話

紅友《詞律》，于明人自度腔，概置弗録。既録金、元制矣，何獨于明而置之？謂律吕有未協，又安知律吕之必不協也？竊意王太倉之《怨朱絃》、《小絡皐》，楊新都之《落燈風》、《誤佳期》，徐山陰之《鵲踏花翻》，陳華亭之《闌干拍》，皆當補列。惟湯

臨川《添字昭君怨》，本出傳奇，宜從《乾荷葉》、《小桃紅》例，以示界限。（卷二）

金、元工於小令、套數，而詞亡論。詞於明，并不逮金、元，遑言兩宋哉！蓋明詞無專門名家，一二十人如楊用修、王元美、湯義仍輩，皆以傳奇手爲之，宜乎詞之不振也。其患在好盡，而字面往往混入曲子。（卷三）

（《蓮子居詞話》，載《詞話叢編》）

張德瀛

吴衡照，字子律。浙江海寧人。同治進士。有《蓮子居詞話》等。

詞徵

湯義仍詞，情文俱美，大致不出曲家科臼。茗《阮郎歸》之「斷腸春色在眉彎，倩誰臨遠山」，「蜀妝啼雨畫來難，高唐雲影間」。舞身如環，綽有丰度，斯足稱矣。

（《詞徵》卷六，《詞話叢編》）

張德瀛，字禺麓。清末廣東人。著有《詞徵》。《阮郎歸》見《牡丹亭》十四齣。

况周儀

蕙風詞話

世譏明詞纖靡傷格，未爲允協之論。明詞專家少，粗淺蕪率之失多，誠不足當宋、元之續。唯是纖靡傷格，若祝希哲、湯義仍（義仍工曲，詞則敝甚）、施子野輩，僂指不過數家，何至爲全體詬病。洎乎晚季，夏節愍、陳忠裕、彭茗齋、王薑齋諸賢，含婀娜於剛健，有風騷之遺則，庶幾纖靡者之藥石矣。

（《蕙風詞話》卷五）